utb 3066

D1994911

Eine Arbeitsgemeinschaft der Verlage

Böhlau Verlag · Wien · Köln · Weimar
Verlag Barbara Budrich · Opladen · Toronto
facultas · Wien
Wilhelm Fink · Paderborn
A. Francke Verlag · Tübingen
Haupt Verlag · Bern
Verlag Julius Klinkhardt · Bad Heilbrunn
Mohr Siebeck · Tübingen
Ernst Reinhardt Verlag · München · Basel
Ferdinand Schöningh · Paderborn
Eugen Ulmer Verlag · Stuttgart
UVK Verlagsgesellschaft · Konstanz, mit UVK/Lucius · München
Vandenhoeck & Ruprecht · Göttingen · Bristol
Waxmann · Münster · New York

Karin Landerl, Stephan Vogel, Liane Kaufmann

Dyskalkulie

Modelle, Diagnostik, Intervention

3., überarbeitete und erweiterte Auflage

Mit 25 Abbildungen, 7 Tabellen und 33 Übungsfragen

Ernst Reinhardt Verlag München Basel

Prof. Dr. *Karin Landerl* lehrt Entwicklungspsychologie an der Universität Graz.

Ass.-Prof. Dr. *Stephan Vogel* ist wissenschaftlicher Mitarbeiter im Arbeitsbereich Begabungsforschung an der Universität Graz.

Prof. Dr. *Liane Kaufmann* ist Neuropsychologin am Landeskrankenhaus Hall in Tirol.

Bibliografische Information der Deutschen Nationalbibliothek

Die Deutsche Nationalbibliothek verzeichnet diese Publikation in der Deutschen Nationalbibliografie; detaillierte bibliografische Daten sind im Internet über <http://dnb.d-nb.de> abrufbar.

UTB-Band-Nr.: 3066
ISBN 978-3-8252-4809-3

Printed in Germany
Einbandgestaltung: Atelier Reichert, Stuttgart
Satz: FELSBERG Satz & Layout, Göttingen

Ernst Reinhardt Verlag, Kemnatenstr. 46, D-80639 München
Net: www.reinhardt-verlag.de E-Mail: info@reinhardt-verlag.de

Inhalt

Hinweise zur Benutzung dieses Lehrbuches

Zur schnelleren Orientierung werden in den Randspalten Piktogramme benutzt, die folgende Bedeutung haben:

 Literaturempfehlung

 Begriffserklärung, Definition

 Pro und Contra, Kritik

B Beispiel

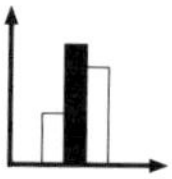 Forschungen, Studien

? Fragen zur Wiederholung am Ende des Kapitels

Vorwort zur 3. Auflage

Im Vorwort der ersten Auflage dieses Buches, die im Jahr 2008 erschien, wurde Dyskalkulie als eine von Forschung und Praxis vernachlässigte Lernstörung präsentiert. Ein knappes Jahrzehnt später ist die Charakterisierung der Dyskalkulie als vernachlässigte Lernstörung nach wie vor nicht ganz unrichtig, aber der Rückstand in unserem Wissen um dieses Störungsbild, etwa im Vergleich zum Kenntnisstand zu Beeinträchtigungen des Schriftspracherwerbs (Legasthenie), ist sehr viel kleiner geworden, was eine umfassende Überarbeitung dieses Buches erforderlich machte.

In dieser Neuauflage wurden in den Kapiteln 2 und 3 die zahlreichen Forschungsbefunde zu typischer und atypischer Entwicklung der Zahlenverarbeitung und der Rechenleistungen eingearbeitet, die im Lauf der letzten 10 Jahre erzielt wurden. Insbesondere sind hier Befunde zu nennen, die die hohe Relevanz des Verständnisses für symbolische Zahlenrepräsentationen (also Zahlwörter und arabische Zahlen) als Grundlage der Entwicklung der Rechenleistungen verdeutlichen. Kinder mit Dyskalkulie zeigen persistierende Probleme, analoge Zahlenmengen effizient mit den korrespondierenden symbolischen Zahlencodes in Verbindung zu setzen. Auch neue Entwicklungen in unserem Verständnis der neuronalen Spezialisierung für Zahlenverarbeitung und Rechenleistungen werden dargestellt.

Auch Kapitel 4 und 5 zu Diagnostik und Intervention wurden wesentlich erweitert. In den Kanon der Verfahren zur Diagnose von Rechenleistungen und Rechenstörungen konnte eine Reihe von interessanten, konzeptuell und methodisch fundierten Neuerscheinungen aufgenommen werden. Für Diagnose und Intervention ist evidenzbasiertes Vorgehen von wachsender Bedeutung. Darunter verstehen wir theoretisch fundierte Methoden, deren Wirksamkeit durch wissenschaftlich kontrollierte und unabhängige Studien empirisch belegt ist. Hier ist insbesondere auf die von der deutschen Arbeitsgemeinschaft der Wissenschaftlichen Medizinischen Fachgesellschaften konsensual entwickelten evidenzbasierten Richtlinien für Best Practice der Diagnose und Behandlung von Rechenstörungen hinzuweisen (vgl. Kapitel 3.1), welche für die Praxis eine wichtige Orientierung darstellen können. Im Bereich der Intervention erweisen sich computerbasierte

Trainingsprogramme zu Zahlenverarbeitung und Rechnen als eine wesentliche Unterstützung herkömmlicher psychologisch-pädagogischer Zugänge.

Weiterhin bleibt aber viel zu tun für Forschung und Praxis. Nach wie vor ist wenig bekannt über genetische Grundlagen der Dyskalkulie. Auch wenn unser Verständnis von der typischen und atypischen Gehirnentwicklung aufgrund beständiger methodischer Weiterentwicklungen rasche Fortschritte macht, ist unser Wissen über Gehirnfunktion und -struktur bei Kindern mit guten und schwachen Rechenleistungen derzeit noch beschränkt und die Relevanz dieser Befunde für Unterricht und Förderung nicht immer deutlich. Eine Herausforderung für die numerische Kognitionsforschung wird es sein, diesen Praxisbezug zu erarbeiten. Auch die Untersuchung der vorschulischen Entwicklung von Kindern, die später eine Dyskalkulie entwickeln, gestaltet sich methodisch schwierig, obwohl derartige Befunde zentrale Erkenntnisse für die Früherkennung dieser Lernstörung erbringen könnten. Bereits in der 1. Auflage hatten wir darauf hingewiesen, dass im deutschsprachigen Raum Dyskalkulie von den meisten Schulsystemen nicht offiziell als Lernstörung anerkannt wird und keine adäquaten Maßnahmen des Nachteilsausgleichs vorgesehen sind. Wir hoffen, mit dieser Neuauflage unseres Buches einen Beitrag leisten zu können, um derartige relevante Entwicklungen in der nahen Zukunft anzuregen.

Februar 2017

Karin Landerl
Stephan E. Vogel

Vorwort zur 1. Auflage

Dyskalkulie, also eine spezifische Störung in der Entwicklung der Rechenleistung, galt lange als die vernachlässigte Lernstörung. In Bezug auf andere entwicklungsbedingte Störungen wie Legasthenie, ADHS oder Autismus wird seit vielen Jahren intensive Forschung betrieben, deren Erkenntnisse zunehmend in die Praxis Eingang fanden und damit direkt Betroffenen zugutekamen. Dagegen ist erst in jüngster Zeit ein vermehrtes Forschungsinteresse im Bereich der typischen und atypischen Entwicklung der Rechenleistungen festzustellen.

Besonders deutlich wird die Diskrepanz im direkten Vergleich mit der „anderen“ Lernstörung der Legasthenie. Bereits vor mehr als einem Jahrhundert tauchten in der Medizin erste Fallbeschreibungen von Kindern mit offenkundig guter Allgemeinbegabung auf, die unerwartet große Probleme im Erwerb des Lesens zeigten. Insbesondere seit sich die kognitionspsychologische und psycholinguistische Forschung in den 1970er Jahren des Themas annahmen, gibt es eine Vielzahl von relevanten empirischen Befunden. Es gibt inzwischen regelmäßige internationale Tagungen, auf denen diese Befunde diskutiert werden, und eigene Fachzeitschriften, in denen nur einschlägige Beiträge zum Thema publiziert werden. In enger Kooperation mit Elternorganisationen und Praktikern, die mit betroffenen Kindern arbeiten, konnte die Situation für Personen mit Legasthenie deutlich verbessert werden: Heute ist es möglich, Risikokinder für Legasthenie zu identifizieren, bevor noch der schulische Unterricht einsetzt. Diese Früherkennung ermöglicht die spielerische Anregung von Vorläuferfertigkeiten im Rahmen von Kindergarten- und Vorschulprogrammen sowie die adäquate Unterstützung des schulischen Schriftspracherwerbs. Besonders im Grundschulbereich wissen mehr und mehr Lehrerinnen und Lehrer Bescheid über die Symptome und Ursachen der Legasthenie, und in vielen (wenn auch bei weitem nicht allen) Bundesländern ist eine schulrechtliche Anerkennung und Berücksichtigung eine Selbstverständlichkeit.

Ein Indikator für die hohe Akzeptanz dieses Phänomens in der Öffentlichkeit ist, dass heutzutage Personen des öffentlichen Lebens und „Promis“ kein Problem damit haben, sich zu ihrer Legasthenie zu bekennen und damit für andere Betroffene deutlich zu machen, dass eine erfolgreiche Laufbahn trotz dieser Schwierigkeiten möglich ist. Prominente mit Dyskalkulie sind demgegenüber bis dato nicht bekannt. Das kann kaum daran liegen, dass es sie nicht gibt, schließlich zeigen aktuelle Prävalenzstudien, dass die Vorkommenshäufigkeit der beiden Lernstörungen sehr ähnlich ist. Eine schulrechtliche Anerkennung der Dyskalkulie gibt es bisher in keinem einzigen deutschen Bundesland.

Die Gründe für diese Diskrepanz sind unklar. Zum einen gelten massive Schwierigkeiten im Rechnen nach wie vor als Indikator für eine allgemein schwache Begabung, so dass manche Kinder mit einer spezifischen Rechenstörung möglicherweise bis heute sonderpädagogischen Maßnahmen zugeführt werden, die für Kinder mit allgemeiner Lernschwäche gedacht sind. Zum anderen werden bestimmte Symptome, von denen wir bereits wissen, dass sie mit Dyskalkulie assoziiert sind, nach wie vor als Folge einer Legasthenie interpretiert.

Ein klassisches Beispiel sind hier etwa Zahlendreher (63 gelesen als 36), die im Kontext einer veralteten Theorie (Orton 1937) fälschlicherweise als ein legasthenietypisches Symptom interpretiert wurden – teilweise hält dieses Missverständnis bis heute an. Da die beiden Lernstörungen auch häufig in Kombination auftreten, ist es tatsächlich nicht einfach, hier eine präzise Unterscheidung zu treffen.

Aber gerade in den letzten Jahren verändert sich die Situation deutlich. Vielen Lehrerinnen und Lehrern fallen im alltäglichen Unterricht Kinder auf, die trotz guter allgemeiner Begabung und trotz adäquater Entwicklung der schriftsprachlichen Leistungen im Umgang mit Zahlen und Mengen und mit den einfachsten Rechenleistungen große Probleme haben. Ein wichtiger Schritt in der öffentlichen Anerkennung des Phänomens Dyskalkulie ist, dass als international erste Elternvereinigung der deutsche Bundesverband für Legasthenie und Dyskalkulie e. V., der historisch die Interessen legasthener Kinder vertrat, sich offiziell auch der Rechenstörung annahm und dies auch in einer Namensänderung deutlich machte.

Die wissenschaftliche Untersuchung des Phänomens Dyskalkulie nimmt in vielen Dingen einen vergleichbaren Verlauf wie die Legasthenieforschung, was angesichts der großen Erfolge in diesem Bereich sicherlich positiv zu bewerten ist. Auch in der Legasthenieforschung half die neuropsychologische Untersuchung von spezifischen Ausfällen der Leseleistungen bei Erwachsenen aufgrund von Schädel-Hirn Verletzungen, den komplexen Leseprozess in Teilkomponenten zu zerlegen. Die neuropsychologischen und neurokognitiven Modelle der Leseverarbeitung bei Erwachsenen dienten in weiterer Folge als wesentlicher Ausgangspunkt für die Untersuchung der Entwicklung des Lesens im Kindesalter. Im Rückblick betrachtet zeigte sich relativ rasch, dass sich die Teilkomponenten des Lesesystems im Entwicklungsverlauf in engem Zusammenhang miteinander ausdifferenzieren. Demgemäß sind auch die spezifischen Ausfälle, die bei erworbenen Lesestörungen beobachtet werden konnten, bei Kindern nur in Ausnahmefällen zu finden. Nichtsdestotrotz ermöglichte diese Herangehensweise eine wesentlich detailliertere Untersuchung der typischen und atypischen Entwicklung des Lesens und Rechtschreibens, die in differenzierten diagnostischen Verfahren und spezifisch auf die Schwierigkeiten des einzelnen Kindes abgestimmten Komponenten für Intervention und Förderung resultierten.

Die kognitions- und neurowissenschaftliche Forschung zur Zahlenverarbeitung und zum Rechnen bei Erwachsenen hat in den letzten Jahren bereits zahlreiche spannende Befunde hervorgebracht. Diese Befunde basieren zum Teil auf Patienten mit erworbenen Dyskalkulien und zum Teil auf Studien mit bildgebenden Verfahren, die Auskunft über die Gehirnaktivität geben. Diese Befunde zeigen sehr deutlich auf, dass die einzelnen Teilkomponenten arithmetischer Leistungen bei Erwachsenen zum Teil erstaunlich unabhängig voneinander funktionieren und auch sehr spezifisch gestört sein können. Diese Befunde und die daraus resultierenden theoretischen Modelle werden im ersten Kapitel dieses Buches dargestellt, weil sie eine wesentliche Basis für das Verständnis der Entwicklung dieser Kompetenzen bei Kindern darstellen. Wir haben uns bemüht, die nicht ganz unkomplizierten Theorien und Modelle anhand anschaulicher Beispiele und Einzelfallvignetten möglichst zugänglich und nachvollziehbar darzustellen.

Die neurokognitive Herangehensweise an die hochkomplexen Rechenleistungen hat unser Verständnis für die Entwicklung numerischer Kompetenzen und der Rechenleistungen revolutioniert. Jean Piaget (1952; Piaget/Szeminska 1975), der Begründer der modernen Entwicklungspsychologie, ging noch vor nur wenigen Jahrzehnten davon aus, dass erst wesentliche allgemeine Schritte in der kognitiven Entwicklung geleistet sein müssten, bevor Kinder im Alter von etwa 6 bis 7 Jahren mit dem Übertritt in die Stufe des konkret operationalen Denkens in der Lage seien, numerische Konzepte zu erfassen. Demgegenüber zeigen uns die modernen Forschungsmethoden sehr deutlich auf, dass bereits Neugeborene über basale Kompetenzen in der Verarbeitung von Anzahlen verfügen, die vermutlich die Grundlage für alle weiteren Entwicklungsprozesse darstellen. Diese Befunde zur typischen Entwicklung der rechnerischen Leistungen sind Gegenstand des zweiten Kapitels dieses Buches.

Kapitel 3 trägt die in letzter Zeit deutlich zunehmenden empirischen Befunde zu Symptomen und Ursachen der Dyskalkulie zusammen. Inzwischen gibt es sehr deutliche Hinweise, dass es sich bei Dyskalkulie ebenso wie bei der Legasthenie um eine neurobiologische Störung handelt. Auch die kognitiven Mechanismen, die Rechenschwierigkeiten zugrunde liegen, werden zunehmend besser verstanden. Eine wesentliche Erkenntnis dieser Forschungsrichtung ist, dass Personen mit Dyskalkulie nicht nur mit Rechenprozessen an sich Probleme haben, sondern dass bereits die kognitive Verarbeitung von Zahlen und Anzahlen beeinträchtigt ist. Diese grundlegenden Probleme im Umgang mit Zahlen und Anzahlen potenzieren sich vermutlich, je komplexer die geforderte Rechenleistung ist.

Das vierte Kapitel gibt einen Überblick über aktuelle Verfahren zur Diagnose der Rechenleistungen und der Dyskalkulie. Besonders in diesem Bereich zeigt sich eine erfreuliche Entwicklung: Noch vor kurzem fehlten standardisierte Verfahren weitgehend, doch derzeit erscheint eine ganze Reihe von Tests, die sowohl die objektive Abklärung des schulischen Leistungsstandes ermöglichen als auch eine differenzierte Diagnose der Teilkomponenten der Zahlenverarbeitung und des Rechnens. Hier wird es in den nächsten Jahren wichtig sein, Erfahrungen zu sammeln, wie gut die einzelnen Verfahren für den konkreten Einsatz in der diagnostischen Praxis tatsächlich geeignet sind.

Das fünfte Kapitel ist mit Methoden der Förderung der Zahlenverarbeitung und der Rechenleistungen im schulischen Unterricht und in der Dyskalkulietherapie befasst. Auch hier gibt es vielversprechende Entwicklungen, wie etwa erste positiv evaluierte Kindergartenprogramme zur spielerischen Anregung zur Beschäftigung mit Zahlen und Mengen. Allerdings ist insgesamt festzustellen, dass wissenschaftlich evaluierte Programme oder Förderkomponenten bisher bedauerlicherweise eher die Ausnahme als die Regel sind. Für Kinder mit Dyskalkulie ist die Erstellung von maßgeschneiderten Interventionsprogrammen zentral, die von einer detaillierten Diagnose der individuellen Defizite ausgehen und auch die persönlichen Stärken und Ressourcen geeignet einbeziehen. Voraussetzung hierfür ist ein gutes und umfassendes Verständnis für die Bedingungsfaktoren der Dyskalkulie auf allen relevanten Ebenen (neurobiologisch, kognitiv, psychosozial und pädagogisch).

Wir haben uns bemüht, die aktuellen wissenschaftlichen Erkenntnisse, die derzeit vorliegen, in diesem Buch zusammenzutragen. Trotz der wesentlichen Fortschritte im Erkenntnisstand zur Dyskalkulie müssen etliche Fragen derzeit noch unbeantwortet bleiben. Forschungslücken und Forschungsziele für die nähere Zukunft werden in diesem Buch ebenso aufgezeigt wie die erfreulichen Entwicklungen der letzten Jahre. Insgesamt wird eine Verbesserung der Situation von Kindern und auch Erwachsenen mit Dyskalkulie nur interdisziplinär und durch eine enge Verzahnung von Forschung und Praxis zu erreichen sein. Wir möchten mit diesem Buch einen Beitrag zu diesem Prozess leisten.

Abschließend möchten wir uns beim Ernst Reinhardt Verlag, insbesondere bei Frau Dipl. Psych. Ulrike Landersdorfer für die kompetente Betreuung und umsichtige Unterstützung bedanken. Ein herzliches Dankeschön auch an Herrn Stephan Vogel für die grafische Aufbereitung der in diesem Buch gezeigten Abbildungen, sowie Sarah Neuburger, Patrick Schleifer und Ariane Wruk für die sorgfältige und umsichtige Unterstützung bei der Erstellung des Manuskripts.

Juni 2008

Karin Landerl
Liane Kaufmann

1 Zahlenverarbeitung und Rechnen bei Erwachsenen

1.1 Einleitung

Gute Rechenfertigkeiten sind in unserer Gesellschaft mindestens ebenso wichtig wie gute Lesefertigkeiten. Diese Aussage gilt nicht nur für die Schulzeit, sondern auch für das Berufsleben. Wer gravierende Schwierigkeiten beim Rechnen hat, ist sowohl im Alltag (beim Einkaufen, Einparken: Schätzen, ob die Parklücke groß genug für das Auto ist, etc.) als auch in der Berufswahl erheblich eingeschränkt. Personen, die Schwierigkeiten beim Kopfrechnen haben oder solche, denen beim Lesen und Schreiben arabischer Zahlen leicht Fehler passieren, werden den Anforderungen von Berufen, die den Umgang mit (Wechsel-)Geld erfordern, nicht entsprechen können (z. B. Kassierer, Verkäufer, Bankangestellte). Auch die meisten naturwissenschaftlichen Professionen sind mathematiklastig (z. B. Physik, [Bio-]Chemie) und werden von Menschen mit Rechenschwierigkeiten meist vermieden.

Rechnen ist eine neurokognitiv hochkomplexe Leistung. Bereits intuitiv ist uns klar, dass wir die einfache Rechnung „2 + 6“ anders lösen als die komplexe Rechnung „23233 x 72“. Bei Textaufgaben besteht das Problem oft nicht in der eigentlichen Ausführung der geforderten Rechenleistung, sondern in der Entwicklung des korrekten Lösungsweges. Rechnen setzt voraus, dass wir mit Zahlen kompetent umgehen können. Eine wesentliche Erkenntnis der neurokognitiven Forschung ist, dass schon die einfache Verarbeitung von Zahlen in eine ganze Reihe von Teilkomponenten zerfällt, die im Einzelfall sehr spezifisch gestört sein können.

Der Begriff *numerische Kognition* umfasst all jene Denkprozesse, die mit dem Verstehen und Verarbeiten von Zahlen (gesprochene Zahlwörter, geschriebene arabische Zahlen) sowie mit dem Ausführen von Rechenoperationen (mental im Sinne von Kopfrechnungen oder beim schriftlichen Rechnen) zu tun haben. Die numerische Kognition unterscheidet sich von anderen Domänen der Kognition in vielerlei Hinsicht. Noël (2000) hebt hier vor allem drei Aspekte der Zahlenverarbeitung hervor:

(a) Zahlen stellen einen besonderen Aspekt der Realität dar (es geht um Größe bzw. Mächtigkeit);
(b) Zahlen sind Objekte spezifischer Denkprozesse, wie z. B. Rechnen, Größenvergleich, Paritätsbeurteilung; und
(c) Zahlen können in verschiedenen Formaten repräsentiert werden, nämlich als arabische Zahlen (Ziffernfolgen, wie z. B. 37), geschriebene Zahlwörter (Buchstabenfolgen, wie z. B. *siebenunddreißig*), gesprochene Zahlwörter (phonologische Sequenzen, wie z. B. „sieben und dreißig"), römische Zahlen (z. B. XXXVII) etc.

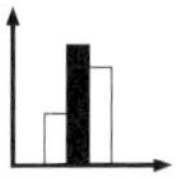

Teilkomponenten des Rechnens

Während sich die Forschung erst in jüngerer Zeit mit der typischen und atypischen Entwicklung der Zahlenverarbeitung und Rechenleistungen beschäftigt, gibt es eine lange und reiche Tradition der wissenschaftlichen Untersuchung der Teilkomponenten des Rechnens bei Erwachsenen. Ausgangspunkt dieser Forschungstradition war die detaillierte neuropsychologische Beschreibung von erworbenen Rechenstörungen, also Ausfällen der Rechenleistungen als Folge einer Hirnschädigung, in der ersten Hälfte des 20. Jahrhunderts. In der zweiten Hälfte des 20. Jahrhunderts ermöglichten insbesondere die detailreichen Methoden der Kognitionspsychologie zunehmend die Untersuchung der numerischen Kognition bei kompetenten Erwachsenen. Auf dieser Forschungsrichtung basieren die wesentlichen neurokognitiven Modelle der Zahlenverarbeitung und des Rechnens, mit denen wir heute arbeiten.

Einen weiteren wesentlichen Entwicklungsschub erfuhr die Untersuchung der Rechenleistungen durch die modernen Techniken der Neurowissenschaften, die durch diverse bildgebende Verfahren die Erforschung der Gehirnaktivität bei kompetenten Rechnern ermöglichen. Wesentliche Erkenntnisse dieser reichen Forschungstradition sind die Identifikation einer ganzen Reihe von Teilkomponenten der Zahlenverarbeitung und der arithmetischen Leistungen bei Erwachsenen, die zum Teil erstaunlich unabhängig voneinander funktionieren und auch sehr spezifisch gestört sein können. Diese Erkenntnisse stellen eine wichtige Grundlage für die Erstellung von Modellen der typischen und atypischen Entwicklung der Rechenleistungen dar, daher sollen sie in diesem Kapitel detailliert erläutert werden.

1.2 Erste Fallberichte von Patienten mit erworbenen Rechenstörungen

entwicklungsbedingt vs. erworben

Probleme mit der Zahlenverarbeitung und/oder dem Rechnen treten nicht nur bei Kindern in Form von entwicklungsbedingten Rechenstörungen (bzw. Dyskalkulie) auf. Auch Erwachsene mit vormals guten arithmetischen Fertigkeiten können im Zuge einer neurologischen Erkrankung (also einer erworbenen Hirnschädigung infolge eines Hirntumors, Schlaganfalls oder Schädel-Hirn-Traumas) spezifische Defizite beim Rechnen „erwerben" (für eine Übersicht siehe z. B. Cipolotti und van Harskamp 2001; Dehaene 1999). Im Gegensatz zu den entwicklungsbedingten Rechenstörungen spricht man in diesem Zusammenhang von sogenannten erworbenen Rechenstörungen.

Akalkulie

Die ersten detaillierten und systematischen Fallberichte von Patienten mit erworbenen Rechenstörungen wurden 1919 von Henschen veröffentlicht, der auch den Begriff „Akalkulie" einführte. Henschen konnte zeigen, dass Akalkulie sehr unterschiedliche Erscheinungsformen haben kann. Sie kann sowohl isoliert auftreten (also als einziges Symptom nach einer Hirnschädigung) als auch mit anderen Störungen wie Aphasie (erworbene Sprachstörung), Alexie (erworbene Lesestörung) oder Agraphie (erworbene Schreibstörung) einhergehen. Besonders hervorzuheben ist, dass die Arbeit von Henschen auch der erste Bericht einer spezifischen Beeinträchtigung des Erkennens und Lesens arabischer Zahlen ist, die unabhängig vom Ausführen von Rechenoperationen auftreten kann.

primär vs. sekundär

Bereits vor Henschens einflussreicher Publikation wurde in der neurologischen Fachliteratur darauf hingewiesen, dass strukturelle Hirnschädigungen Rechenstörungen bedingen können (z. B. Lewandowsky/Stadelmann 1908; Peritz 1918; Sittig 1917). Diese frühen Berichte waren jedoch meist auf die Beschreibung von Patienten mit Sprachstörungen (Aphasie) beschränkt, die zusätzlich auch Probleme beim Lesen und/oder Schreiben arabischer Zahlen oder beim Rechnen zeigten. Diese Form der erworbenen Rechenstörung, die mit anderen funktionellen Störungen wie Aphasie assoziiert ist, wurde von Berger (1926) als „sekundäre" Akalkulie bezeichnet und folgegemäß von der „primären" Akalkulie differenziert, die sich isoliert – also unabhängig von anderen kognitiven Defiziten – manifestiert. Berger war es auch, der erstmals berichtete, dass die Rechenfehler von Patienten mit erworbenen Hirnschädigungen nicht alle Rechenoperationen gleichermaßen betreffen müssen, sondern dass spezifische Rechenoperationen selektiv gestört sein können: So kann beispielsweise Multiplikationswissen besser erhalten sein als Subtraktionswissen. Vor allem Schädigungen der linken hinteren (posterioren) Hirnabschnitte, die häufig in Sprachstörungen resultieren, wurden auch als Ursache für Rechenstörungen erkannt.

Gerstmann-Syndrom

Gerstmann (1927; 1940) beschrieb erstmals einen Patienten, der nach einer Läsion in der Nähe des Gyrus angularis (lokalisiert im Scheitel- oder Parietallappen, der Teil hinterer Hirnabschnitte ist) eine Rechenstörung zeigte: Sie trat in Assoziation mit Fingeragnosie (defizitäres Erkennen der Finger), Agraphie (Schreibstörung) sowie Rechts-links-Desorientierung auf. Die Kombination dieser vier Symptome (Akalkulie, Fingeragnosie, Agraphie und Rechts-links-Störung) wurde nach deren Erstbeschreiber als Gerstmann-Syndrom benannt.

Eine moderne Einzelfallanalyse der Rechenleistungen eines Patienten mit Gerstmann-Syndrom findet sich z. B. bei Delazer und Benke (1997; s. Abschnitt 1.3).

konstruktive Akalkulie

In der unmittelbaren Folgezeit auf Gerstmanns Publikationen wurde allgemein die Ansicht vertreten, dass Rechenstörungen lediglich ein sekundäres Symptom von grundlegenderen visuell-räumlichen Defiziten seien (z. B. Krapf 1937; Singer/Low 1933). So prägte Krapf (1937) den Begriff der „konstruktiven Akalkulie“ für jene Art der Rechenstörung, bei der Patienten Schwierigkeiten beim Schreiben von Zahlenkolonnen bzw. deren räumlicher Anordnung aufwiesen.

Häufig wird angezweifelt, ob es sich beim Gerstmann-Syndrom um ein einheitliches Störungsbild handelt, weil viele Patienten nur eines, zwei oder drei der vier charakteristischen Symptome zeigen (Benton 1977). Nichtsdestotrotz ist das Interesse der aktuellen Forschung zur numerischen Kognition am Gerstmann-Syndrom wieder neu erwacht, vor allem im Hinblick auf einen potenziellen Zusammenhang zwischen räumlicher und numerischer Kognition (Schlagwort „Zahlenraum“). Erst kürzlich wurde ein Sonderheft einer renommierten neurowissenschaftlichen Fachzeitschrift diesem Thema gewidmet (Sonderheft von Cortex [2008]: „Number, Space, and Action“, herausgegeben von Martin Fischer und Guilherme Wood).

modalitätsspezifische Beeinträchtigungen

Von Interesse ist, dass auch das Wissen um die Bedeutung der Operationszeichen gestört sein kann: So beschrieben Ferro und Botelho bereits 1980 zwei neurologische Patienten (AL und MA), deren Rechenfehler bei einfachen Multiplikationen auf Operationsfehler zurückzuführen waren (z. B. 3 x 5 = 8 bzw. 9 x 3 = 6). Bei einem der beiden Patienten (MA) traten diese Fehler interessanterweise nur in der schriftlichen Modalität auf (also beim Bearbeiten arabischer Zahlen), nicht jedoch beim verbalen Lösen derselben Aufgaben (also beim Bearbeiten gehörter/gesprochener Rechenaufgaben). Diese Diskrepanz zeigt, dass rechnerische Fertigkeiten modalitätsspezifisch beeinträchtigt sein können: So kann die Verarbeitung arabischer Zahlen gestört, die Verarbeitung von Zahlwörtern aber erhalten sein.

1.3 Akalkulie aus der Sicht der klinischen Neuropsychologie und der kognitiven (Neuro-)Psychologie

Der Hauptverdienst der ersten neurologischen Fallberichte ist sicher darin zu sehen, dass Rechenstörungen erstmals als Folgeerscheinung von Hirnläsionen beschrieben wurden (z. B. Lewandowsky / Stadelmann 1908). Der Großteil der damaligen neuro(psycho)logischen Fachwelt war allerdings lange Zeit der Meinung, dass Akalkulie als ein Begleitsymptom von anderen Störungen anzusehen sei. So publizierten Hecaen und Mitarbeiter mehrere Arbeiten, in denen sie einen Klassifikationsversuch von Akalkulie in folgende drei Subtypen vornahmen: (a) Akalkulie infolge von Lese- und / oder Schreibstörungen (von Zahlen); (b) Akalkulie infolge von räumlichen Defiziten beim schriftlichen Rechnen; und (c) die sogenannte Anarithmetie, welche Defizite beim Ausführen arithmetischer Operationen reflektiert (Hecaen / Angelerques 1961; s. a. Luria 1973).

Dissoziation

Bereits in den frühen Falldarstellungen zeigt sich, dass Rechenstörungen von anderen kognitiven Störungen dissoziieren können, d. h. sie treten manchmal trotz intakter kognitiver Leistungen auf. Auch zwischen Teilkomponenten der numerischen und arithmetischen Fertigkeiten zeigen sich bei einzelnen Patienten Dissoziationen, die uns wesentliche Aufschlüsse über unser kognitives System geben.

Dissoziation und doppelte Dissoziation

Wenn eine Leistung A intakt ist, aber eine Leistung B defizitär, dann spricht man von einer *Dissoziation*. Eine *doppelte Dissoziation* liegt dann vor, wenn bei einem Patienten eine Leistung A erhalten, eine Leistung B jedoch defizitär ist und bei einem anderen Patienten das umgekehrte Leistungsprofil vorliegt (Leistung B ist intakt, aber Leistung A ist defizitär). Das Vorhandensein von doppelten Dissoziationen wird in der kognitiven Psychologie als Evidenz für die modulare Architektur kognitiver Systeme betrachtet (Shallice 1988). Man nimmt also an, dass die Leistungen A und B voneinander unabhängig sind, sowohl hinsichtlich ihrer funktionellen Aufgaben als auch hinsichtlich ihrer strukturellen (neuronalen) Korrelate.

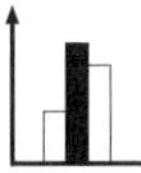

Dissoziation zwischen Rechenfertigkeiten und intellektuellem Leistungsniveau: Eine Schlüsselarbeit für die aktuelle numerische Kognitionsliteratur war die von Grafman und Mitarbeitern (1982) publizierte Gruppenstudie neurologischer Patienten. Die Autoren untersuchten – erstmals mit einem standardisierten Rechentest – 76 Patienten mit Hirnläsionen (41 mit links- und 35 mit rechtsseitigen Strukturschäden) sowie 26 Kontrollpersonen. Die Befunde von Grafman und Kollegen sind hinsichtlich zweier Aspekte besonders erwähnenswert:

(a) Das Vorliegen bzw. der Schweregrad der Rechenstörung war unabhängig vom allgemeinen intellektuellen Leistungsniveau (s. a. Lewandowsky / Stadelmann 1908; Warrington 1982); und
(b) Patienten mit linksseitiger Hirnstrukturschädigung hatten relativ zu jenen mit rechtshemisphärischen Läsionen und Kontrollpersonen die gravierendsten Rechenprobleme (s. a. Jackson / Warrington 1986).

Savant Syndrom

Im Hinblick auf die intellektuelle Leistungsfähigkeit liegt eine doppelte Dissoziation vor, da auch die andere Seite der Dissoziation beschrieben wurde: nämlich Personen mit sogenanntem „Savant Syndrom", die über sehr gute Rechenleistungen trotz niedrigem Intelligenzniveau verfügen (z. B. Kelly et al. 1997).

Dissoziation zwischen Rechenfertigkeiten und Sprachleistung: Großen Einfluss auf die moderne Zahlen- und Rechenforschung hatten auch die Arbeiten von Elizabeth Warrington. Warrington konnte bereits 1982 anhand detaillierter Einzelfallanalysen zeigen, dass verschiedene Komponenten des Rechnens modular organisiert sind.

Im Jahre 1995 beschrieben Warrington und Mitarbeiter einen Patienten, der trotz globaler Aphasie gute Leistungen hinsichtlich der Zahlenverarbeitung und des Rechnens zeigte (Rossor et al. 1995). Dieses Fallbeispiel demonstriert eindrücklich, dass gute Rechenleistungen nicht unbedingt intakte sprachliche Fähigkeiten voraussetzen (s. a. Hodges et al. 1992; Lewandowsky / Stadelmann 1908).

Dissoziation zwischen numerischem und nichtnumerischem Gedächtnis: Cappelletti und Mitarbeiter (2001) publizierten einen detaillierten Fallbericht eines Patienten (IH) mit semantischer Demenz: Das ist eine progrediente hirnorganische Erkrankung, die im Anfangsstadium meist durch beeinträchtigte Gedächtnisleistungen und Sprachstörungen charakterisiert ist. Dieser Patient zeigte erstaunlich gut erhaltene numerisch-rechnerische Fertigkeiten, jedoch gravierende Defizite bei nichtnumerischen Gedächtnisinhalten. IH verfügte über sehr gutes Additions- und Subtraktionswissen beim Rechnen mit ein- und zweistelligen Zahlen (seine Bearbeitungsgenauigkeit von Multiplikations- und Divisionsrechnungen war etwas niedriger, jedoch weit über dem Rateniveau) und zeigte exzellente Leistungen beim Platzieren von Zahlen auf einem Zahlenstrahl. Offenbar führen Gedächtnisdefizite nicht zwangsläufig zu Beeinträchtigungen der Rechenleistungen.

Dissoziation zwischen Zahlenverständnis und Zahlenproduktion sowie zwischen dem Lesen von arabischen Zahlen und Zahlwörtern: Benson und Denckla (1969) stellten zwei Patienten mit Gerstmann-Syndrom vor, die auch eine Aphasie hatten. Beide Patienten konnten einstellige Additionsaufgaben wie „4 + 5“ nicht korrekt verbal beantworten. Dennoch konnte ein Patient die richtige Lösung niederschreiben und der andere die richtige Antwort unter mehreren möglichen auswählen. Diese Arbeit war ein Eckpfeiler für die moderne Kognitionspsychologie, weil sie erstmals anhand von Dissoziationen aufzeigte, dass Zahlenverständnis- und Zahlenproduktionssysteme funktionell voneinander unabhängig sein können.

Cipolotti und Kollegen (1995; Cipolotti 1995) zeigten, dass Patienten sehr spezifische Schwierigkeiten beim Lesen arabischer Zahlen haben können. Die von Cipolotti beschriebenen Patienten hatten Schwierigkeiten beim Lesen arabischer Zahlen, nicht jedoch beim Lesen von Zahlwörtern. Die umgekehrte Dissoziation wurde ebenfalls beschrieben, so dass von einer doppelten Dissoziation zwischen den Lesemechanismen für arabische Zahlen und jenen für Zahlwörter gesprochen werden kann (s. Abschnitt 1.5.1 „Struktur des Zahlensystems“).

Dissoziation zwischen verschiedenen Rechenoperationen: Benson und Weir (1972) beschrieben – erstmals nach Berger (1926) – einen Patienten, dessen Rechenschwierigkeiten auf bestimmte Operationsarten beschränkt waren: Während Additionen und Subtraktionen intakt waren, bereiteten ihm Multiplikationen und Divisionen auffällige Schwierigkeiten. Es gibt inzwischen zahlreiche Fallberichte von

Patienten mit operationsspezifischen Defiziten beim Lösen einfacher Rechnungen. Selektive Probleme beim Lösen einfacher Additionen zeigte beispielsweise Patient FS (van Harskamp/Cipolotti 2001), während Patient SS eine selektive Beeinträchtigung beim Lösen simpler Subtraktionsaufgaben zeigte.

Da auch ein Fallbericht von einem Patienten (BB) mit erhaltenem Subtraktionswissen bei defizitärem Additions- und Multiplikationswissen existiert (Pesenti et al. 1994), liegt in Bezug auf das Subtrahieren eine doppelte Dissoziation vor: Es kann sowohl selektiv erhalten als auch selektiv gestört sein. Letzteres gilt auch für das Multiplikationswissen (selektiv erhalten: Patient JG [Delazer/Benke 1997], selektiv beeinträchtigt: Patient VP [van Harskamp/Cipolotti 2001]). Diese doppelten Dissoziationen stützen die Annahme, dass das arithmetische Wissen je nach Operationsart modular organisiert ist. In anderen Worten: Die Verarbeitungsprozesse und -mechanismen für jede Operationsart scheinen unabhängig voneinander zu funktionieren.

Dissoziation zwischen arithmetischem Faktenwissen und prozeduralem Wissen: Eine grobe Differenzierung von Rechenfertigkeiten ist jene in das *arithmetische Faktenwissen* und das Wissen um *arithmetische Prozeduren* (s.a. Abschnitt 1.5.2).

Als *Faktenwissen* bezeichnet man einfache Rechnungen, deren Ergebnis man direkt aus dem Gedächtnis abrufen kann, ohne es „ausrechnen" zu müssen (z.B. Einmaleins). *Prozedurales Wissen* umfasst alle Rechenprozeduren, die wir benutzen, um zu einem Ergebnis zu kommen. So muss man z.B. beim Lösen mehrstelliger schriftlicher Additionen wissen, wie man die Zahlen untereinander schreibt, ob man bei den Einern oder Zehnern/Hundertern mit dem Additionsprozess beginnt, wie man Überträge behandelt, wie man mit Nullen umzugehen hat etc. Die Unterscheidung zwischen Faktenwissen und prozeduralem Wissen wurde anhand von Einzelfallstudien wiederholt empirisch validiert (z.B. Delazer/Benke 1997; Hittmair-Delazer et al. 1994; 1995; McCloskey et al. 1985; Warrington 1982).

Eine der frühesten detaillierten Beschreibungen einer Dissoziation zwischen arithmetischem Fakten- und Prozedurenwissen war eine Einzelfallstudie von einem hirngeschädigten Patienten (DRC), der Probleme beim direkten Faktenabruf hatte, dieselben einstelligen Rechnungen jedoch mit Hilfe sogenannter Backup-Strategien (in diesem Falle zeitaufwändige Zählprozeduren) lösen konnte (Warrington 1982).

B

Einzelfallstudien zur Unterscheidung zwischen Faktenwissen und prozeduralem Wissen

Mehr als ein Jahrzehnt später wurde Warringtons Bericht einer Dissoziation zwischen arithmetischem Faktenwissen und prozeduralem Wissen von Margarete Delazer und Kollegen repliziert und sogar um die umgekehrte Dissoziation erweitert (Hittmair-Delazer et al. 1994; Delazer/Benke 1997). Patient BE war ein 45-jähriger Buchhalter, der nach einem Hirninfarkt linker subkortikaler Hirnstrukturen (Basalganglien) zusätzlich zu einer rechtsseitigen Lähmung und einer Sprachstörung auch spezifische Probleme beim Abruf von Multiplikationsfakten zeigte (einfache Additionen und Subtraktionen bereiteten ihm vergleichsweise weniger Schwierigkeiten; Hittmair-Delazer et al. 1994). Erstaunlich war, dass dieser – von Berufs wegen in Arithmetik sehr geübte – Mann seine Faktenabrufdefizite durch teils sehr komplexe prozedurale Lösungsstrategien spontan kompensierte. So konnte er zwar die Lösung von „5 x 8" nicht direkt aus dem Langzeitgedächtnis abrufen, konnte das korrekte Resultat (40) jedoch über Umwege lösen (z.B. [8 x 10] : 2 bzw. [5 x 10] – [2 x 5]).

Ein konträres Leistungsprofil zeigte JG, eine 56-jährige Patientin, die nach einem hirnchirurgischen Eingriff zur Entfernung eines Tumors in linken parietalen Hirnarealen ein Gerstmann-Syndrom entwickelte (Delazer/Benke 1997). JG zeigte relativ gut erhaltenes Multiplikationsfaktenwissen, aber defizitäres Additions- und Subtraktionswissen. Im Gegensatz zu BE konnte JG ihr Abrufdefizit nicht durch prozedurales arithmetisches Wissen kompensieren.

Zusammenfassung

Empirische Evidenz an Erwachsenen stützt die Annahme einer modularen Architektur von Rechenleistungen. Dissoziationen zwischen Rechenleistungen und nichtnumerischen Fähigkeiten einerseits sowie Dissoziationen zwischen verschiedenen Komponenten der Zahlenverarbeitung und des Rechnens andererseits zeigen, dass (a) Zahlenverarbeitung und Rechnen unabhängig von der allgemeinen intellektuellen Leistungsfähigkeit und von nichtnumerischen Fähigkeiten wie Sprache und Gedächtnis sind; und (b) dass verschiedene Teilbereiche des Rechnens nach erworbenen Hirnschädigungen selektiv beeinträchtigt sein können (z.B. operationsspezifische Defizite).

1.4 Neurokognitive Modelle der numerischen Kognition bei Erwachsenen

Einer Vielzahl von systematischen und sehr differenzierten Einzelfall- und Gruppenstudien von gesunden Probanden und von neurologischen Patienten mit Hirnverletzungen ist es zu verdanken, dass unser aktuelles Verständnis der kognitiven Prozesse und Mechanismen, die einer intakten Zahlenverarbeitung und guten Rechenfertigkeiten zugrunde liegen, bereits recht umfassend ist. Dass es trotz des akkumulierten Wissens immer noch beträchtliche Wissenslücken und Kontroversen gibt, spiegelt sich in den im Folgenden dargestellten Rechenmodellen wider.

Modell von McCloskey und Kollegen: Das erste auf neuropsychologischen Theorien und Patientenbefunden basierende Rechenmodell, das der Differenzierung unterschiedlicher Teilkomponenten der Zahlenverarbeitung und der arithmetischen Leistungen Rechnung trägt, stammt von McCloskey und Mitarbeitern (1985; s. Abb. 1.1).

Input- und Outputsystem

Das Modell unterscheidet zwischen einem Inputsystem (Zahlenverständnis) und einem Outputsystem (Zahlenproduktion). Innerhalb beider Systeme findet sich jeweils eine Komponente für Verständnis/Produktion von Zahlwörtern und eine weitere Komponente für

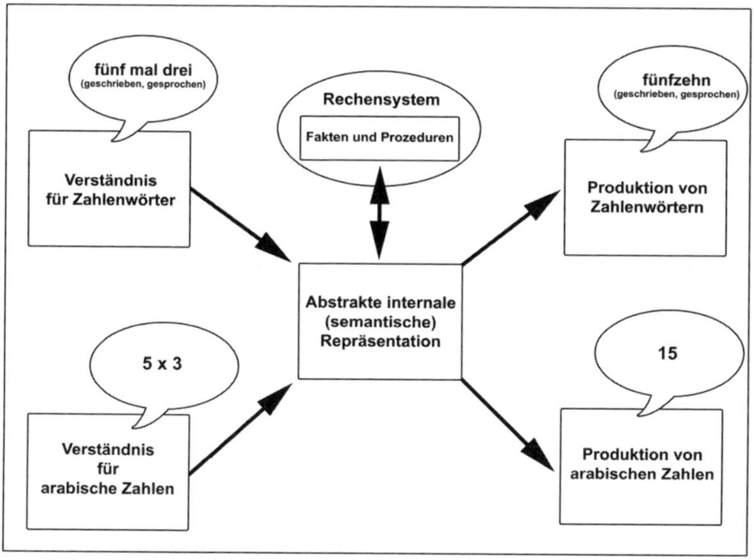

Abb. 1.1: Das Rechenmodell von McCloskey et al. (1985)

Verständnis / Produktion arabischer Zahlen. Jede dieser Repräsentationsformen von Zahlen steht mit der zentralen abstrakten semantischen Repräsentationskomponente in Verbindung. McCloskey und Kollegen (1985; McCloskey 1992) nehmen an, dass jede Zahl – in welcher Form auch immer sie präsentiert wird – eine internale abstrakte Größenrepräsentation generiert, welche ihrerseits wiederum das Outputsystem (also die Produktion) von Zahlen und Zahlwörtern aktiviert. Folglich evoziert jede Zahlenverarbeitung (Lesen / Schreiben gesprochener / geschriebener Zahlen) automatisch auch das Wissen um die numerische Größe dieser Zahl.

Rechensystem

Zusätzlich zu diesen Komponenten der Zahlenverarbeitung enthält das Modell von McCloskey ein Rechensystem, das sich wiederum in eine Reihe von Teilkomponenten zerlegen lässt. Zum einen müssen für kompetentes Rechnen die speziellen Symbole (also etwa die Rechenoperationszeichen +, –, x und :) bekannt sein. Eine weitere wichtige Unterscheidung innerhalb der Rechenfertigkeiten ist die zwischen arithmetischen Prozeduren und arithmetischem Faktenwissen. Unter prozeduralem Wissen versteht man das Wissen um Lösungsalgorithmen. Unter arithmetischem Faktenwissen versteht man einfache Rechnungen mit einstelligen Operanden, die von geübten Rechnern meist direkt aus dem Langzeitgedächtnis abgerufen werden können.

3 Zahlenmodule / -codes

Triple-Code-Modell: Das Triple-Code-Modell von Dehaene (1992; Dehaene / Cohen 1995) enthält – ebenso wie das Modell von McCloskey und Autoren – unterschiedliche Komponenten für unterschiedliche Repräsentationsformen von Zahlen und Mengen, die hier als unterschiedliche „Codes“ bezeichnet werden (s. Abb. 1.2). Die *visuell-arabische Zahlenform* ist für die Verarbeitung von arabischen Zahlen zuständig, die *verbal-(phonologische) Zahlenform* verarbeitet dagegen gesprochene und geschriebene Zahlwörter. Die dritte Komponente der *analogen Größenrepräsentation* ist bei all jenen Zahlenverarbeitungs- und Rechenprozessen involviert, die auf die Numerosität von Mengen oder Zahlen zugreifen. Anders ausgedrückt repräsentiert diese Komponente die eigentliche Zahlensemantik, also das Wissen um die numerische Größe bzw. Mächtigkeit einer Menge oder Zahl. Beim kompetenten Erwachsenen interagieren diese drei Codes, wann immer Zahlenverarbeitung stattfindet. Jede dieser Komponenten kann aber laut Dehaene auch spezifisch beeinträchtigt sein, so dass bei Beeinträchtigung der analogen Größenrepräsentation Zahlenlesen (Übersetzung einer arabischen Zahl in ein Zahlwort) oder Zahlenschreiben (Übersetzung eines Zahlworts in eine arabische

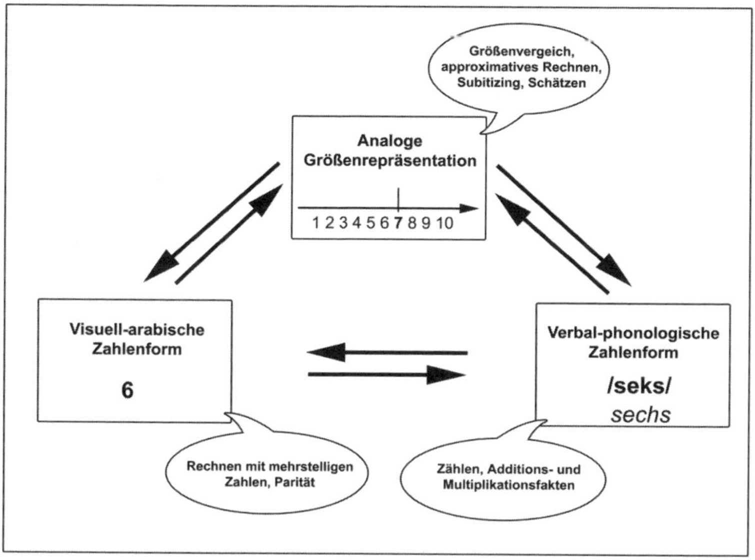

Abb. 1.2: Das Triple-Code-Modell von Dehaene (1992)

Zahl) noch möglich sein sollte, ohne dass die Bedeutung der Zahlen bzw. deren Numerosität erfasst werden könnte.

Unterschiede zum McCloskey-Modell

Mit der Annahme der funktionellen Unabhängigkeit der drei Zahlenformate unterscheidet sich Dehaenes Triple-Code-Modell vom Rechenmodell von McCloskey und Autoren, das besagt, dass jede Zahlenverarbeitung zu einer automatischen Aktivierung der internalen semantischen Größenrepräsentation führt. Ein weiterer Unterschied zwischen den zwei Modellen ist deren Implikation für die Organisation bzw. die Verarbeitung von Rechenoperationen. So gibt es im Gegensatz zum McCloskey-Modell beim Triple-Code-Modell keine separate Komponente für Rechenleistungen. Vielmehr werden Leistungen der Zahlenverarbeitung und des Rechnens der Komponente zugeordnet, auf deren Repräsentationsform sie basieren. So erfordert schriftliches Rechnen mit mehrstelligen Zahlen den kompetenten Umgang mit arabischen Zahlen und ist somit der visuell-arabischen Zahlenform zugeordnet. Zählen sowie arithmetisches Faktenwissen (Addition und Multiplikation) sieht Dehaene als vorwiegend verbale Leistungen und ordnet sie daher der verbal-phonologischen Zahlenform zu. Die analoge Größenrepräsentation ist die Grundlage von approximativen Rechenprozessen wie Schätzen, Größenvergleich oder dem Subitizing (ein spezieller Zählmechanismus im kleinen Zahlenraum, s. Abschnitt 2.3.1)

Im nächsten Abschnitt werden die wichtigsten Erkenntnisse zur numerischen Kognition dargestellt, auf denen diese beiden Modelle basieren.

1.5 Zentrale Komponenten der arithmetischen Verarbeitung

Im Gegensatz zu den frühen neurologischen und klinisch-neuropsychologischen Arbeiten, die meist unsystematische und eher anekdotische Fallbeispiele berichten, beruhen die Erkenntnisse der modernen Kognitionspsychologie auf sehr detaillierten und systematischen Untersuchungen von Denkprozessen und kognitiven Fähigkeiten (Shallice 1988).

An einem einfachen Beispiel sei dies illustriert: Wenn man ein 6-jähriges Kind und einen Erwachsenen bittet, die Aufgabe „4 + 2" zu lösen, so werden beide Personen diese Rechenaufgabe richtig lösen. Erst die exakte Erhebung der Bearbeitungszeit zeigt, dass das 6-jährige Kind viel länger braucht, um das Ergebnis zu produzieren als der Erwachsene. Daraus lässt sich schließen, dass das Kind beim Lösen dieser einfachen Rechenaufgabe komplexe, mehrstufige Lösungsprozesse in Anspruch nehmen muss (z. B. Rechnen mit Hilfe der Finger). Die meisten Erwachsenen müssen für das Lösen derselben Rechenaufgabe nicht auf rechnerische Denkprozesse zurückgreifen, sondern können die Aufgabenlösung (6) spontan nennen.

multikomponentielle Verarbeitung

Eine zentrale Erkenntnis dieser Forschungsrichtung ist, dass die arithmetische Verarbeitung *multikomponentiell* ist, sich also aus zahlreichen Teilkomponenten zusammensetzt. Zu unterscheiden sind die Komponenten der *Zahlenverarbeitung* im engeren Sinn (Lesen/Schreiben arabischer Zahlen, Vergleichen arabischer Zahlen etc.) einerseits und der *Rechenfertigkeiten* (Kopfrechnen, schriftliches Rechnen etc.) andererseits. Diese beiden Komponenten lassen sich in jeweils weitere Subkomponenten zerlegen, die im Folgenden im Detail dargestellt werden.

1.5.1 Basisnumerische Verarbeitung

Der Begriff *basisnumerische Verarbeitung* bezeichnet basale und für den Erwerb arithmetischer Kompetenzen grundlegende numerische Fertigkeiten.

Auf den ersten Blick scheint Zahlenverarbeitung sehr simpel zu sein. Schließlich führen kompetente Erwachsene entsprechende Prozesse x-mal am Tag automatisiert aus, ohne sich darüber weitere Gedanken zu machen. Die im Folgenden dargestellten detaillierten kognitionspsychologischen Analysen machen allerdings deutlich, dass es sich um einen komplexen Prozess handelt, der das effiziente Zusammenspiel einer Mehrzahl von Teilkomponenten erfordert.

Struktur des Zahlensystems

dekadisches Positionssystem

Eine Besonderheit des Zahlensystems ist, dass es auf einem Basis-10-System beruht. Der Aufbau dieses sogenannten dekadischen Positionssystems ist durch eine eindrückliche Regelhaftigkeit charakterisiert. Hervorzuheben ist jedoch, dass das verbale (gesprochene) und das arabische (geschriebene) Zahlensystem in ihrer Grundstruktur nicht identisch sind. Im arabischen Zahlencode ist die Komposition mehrstelliger Zahlen ab der Zahl 11 regelmäßig. In anderen Worten: Bei jeder Folgezahl erhöht sich die Einerstelle um eins (n + 1) und sobald wieder ein voller Zehner erreicht ist, beginnt dieser Prozess (n + 1) von neuem (z. B. 11, 12, 13 etc.; 21, 22, 23 etc. bis 91, 92, 93 etc.). Demgegenüber stellen beim Zahlwortsystem die Zahlwörter von 11 bis 19 eine besondere Wortklasse dar, weil sie nicht dieser regelhaften Komposition entsprechen (z. B. heißt es im Deutschen „elf" und nicht „eins-zehn" bzw. „ein-und-zehn").

Zehner-Einer-Inversion

Eine weitere Besonderheit des deutschen Zahl*wort*systems ist, dass die Zahlen von 21 bis 99 durch eine Inkongruenz zwischen Stellenwertsystem (ersichtlich aus der geschriebenen arabischen Zahl) und der verbalen Ziffernabfolge (beim Zahlwort) charakterisiert sind. Diese Unregelmäßigkeit erfordert, dass während des Lesens / Schreibens arabischer Zahlen ein Inversionsprozess stattfindet (die arabische Zahl „23" entspricht dem gesprochenen Zahlwort „dreiundzwanzig"). Das heißt, deutschsprachige Kinder müssen zusätzlich zum komplexen Stellenwertsystem auch die dem deutschen Zahlwortsystem innewohnende Inversionsregel erlernen, was – zumindest in den ersten beiden Grundschuljahren – manchen Kindern schwerfällt (s. Abschnitt 2.5).

Stellenwertsystem

Die Verarbeitung mehrstelliger arabischer Zahlen erfordert ein Verständnis des Stellenwertsystems (für einen Überblick s. Nuerk / Willmes 2005). Beim Lesen / Schreiben mehrstelliger Zahlen beziehen die (die Gesamtzahl konstituierenden) einzelnen Ziffern ihren numerischen Wert aus ihrer Stellung in der Zahlenfolge. Am Beispiel der Ziffer 929 – und von links gelesen – heißt das, dass die Ziffer 9 einmal einen numerischen Wert von 900 und das andere Mal einen Wert von 9 darstellt.

syntaktische Struktur

Ein weiteres Charakteristikum des arabischen Zahlensystems ist seine syntaktische Struktur. Mehrstellige arabische Zahlen erhalten ihren numerischen Wert durch die Verknüpfung zweier oder mehrerer Ziffern, wobei dem Stellenwert der Ziffer innerhalb der Zahlenfolge eine wesentliche Bedeutung zukommt (29 vs. 92). Die syntaktische Struktur mehrstelliger arabischer Zahlen ist entweder additiv oder multiplikativ. Der Zahl 405 wohnen beispielsweise beide Kompositionsregeln inne, nämlich eine additive im Hinblick auf die Einerstelle (400 + 5) und eine multiplikative im Hinblick auf die Hunderterstelle (4 x 100). Während der Erwerbsphase wird gewöhnlich die multiplikative vor der additiven Kompositionsregel gemeistert (Power/dal Martello 1997; Seron/Fayol 1994).

Transkodieren

Eine wesentliche Komponente innerhalb der basisnumerischen Verarbeitung ist das Lesen und Schreiben von Zahlen, welches das Umwandeln von einem Zahlen- bzw. Notationsformat in ein anderes erfordert. Dieser Umwandlungsprozess wird als *Transkodieren* bezeichnet. Die Übersetzung einer arabischen Zahl in ein Zahlwort beim Lesen einer Zahl wird als visuell-verbales Transkodieren bezeichnet, die umgekehrte Übersetzung eines Zahlwortes in eine arabische Zahl beim Zahlenschreiben heißt demgemäß verbal-visuelles Transkodieren. Die Zahlen von 1 bis 9 (sowie die Zahl 0) sind die konstituierenden Elemente des Zahlensystems und begründen zugleich die Zahlwortabfolge.

Transkodierfehler

Typische Fehler beim Transkodieren betreffen entweder die syntaktische Struktur (z. B. 405 wird geschrieben als 4005) oder lexikalische Elemente (z. B. 405 wird geschrieben als 407; Deloche/Seron 1982a, b). Transkodierfehler bei erworbenen Rechenstörungen sind häufig von beiden Fehlerarten charakterisiert, wobei lexikalische Fehler vor allem dann zu beobachten sind, wenn die Rechenstörung mit einer Lese- oder Sprachstörung assoziiert ist (Cipolotti/Butterworth 1995).

Granà und Kollegen (2003) weisen darauf hin, dass die Differenzierung in lexikalisch und syntaktisch auch für die Bearbeitung der „0" gilt. Der von den Autoren beschriebene Patient LD tendierte dazu, sogenannte „syntaktische" Nullen auszulassen (z. B. wurde die Zahl 408 als 48 transkodiert). Dagegen unterliefen ihm bei der Produktion von „lexikalischen" Nullen (also Nullen in einer vollen Zehnerzahl, wie z. B. bei der Zahl 40, aber auch bei der Zahl 40236) keine Fehler. Granà und Mitarbeiter interpretieren dieses spezifische Leistungsprofil als Hinweis, dass lexikalische Nullen leichter zu verarbeiten sind als syntaktische. Grund dafür sei, dass lexikalische Nullen unmittelbar mit einem numerischen Konzept (nämlich einer semantischen Größe, die auf dem Basis-10-System beruht) assoziiert werden können, was für syntaktische Nullen nicht der Fall sei.

semantisch vs. asemantisch

Eine derzeit noch sehr kontrovers diskutierte Frage ist, ob das Transkodieren von einem Zahlenformat in ein anderes immer auch erfordert, dass die entsprechende Zahl in ihrer Mächtigkeit erfasst wird. Man spricht hier auch von semantischem Transkodieren, also Transkodieren unter Zugriff auf die Bedeutung der Zahl. Asemantische Modelle gehen demgegenüber davon aus, dass Zahlenformen auch ohne jedes Verständnis für die numerische Bedeutung der Zahl transkodiert werden können (Barouillet et al. 2004; Deloche/Seron 1987; Power/dal Martello 1997). Bei gesunden Erwachsenen wird die Zahlensemantik üblicherweise automatisch aktiviert, in welchem Format auch immer Zahlen präsentiert werden. Patientenstudien weisen allerdings darauf hin, dass dies nicht zwingend der Fall ist.

Ein-Routen- vs. multiple Transkodiermodelle

Das Modell von McCloskey und Mitarbeitern (1985) postuliert, dass jeder Transkodierprozess über eine abstrakte internale (semantische) Repräsentation vonstatten geht. Es ist im Hinblick auf das Postulat von ausschließlichen – und obligatorischen – semantischen Transkodierrouten ein sogenanntes Ein-Routen-Modell. Demgegenüber postulieren sogenannte Multi-Routen-Modelle des Transkodierens sowohl semantische als auch asemantische Verarbeitungswege (Cipolotti 1995; Cipolotti/Butterworth 1995; Cohen et al. 1994; Dehaene/Cohen 1995).

So zeigte die detaillierte Untersuchung eines Patienten mit erworbener Lesestörung (Alexie) eine Dissoziation zwischen erhaltenem Lesen von Zahlen mit hohem Bekanntheitsgrad (z. B. geschichtlich bedeutsame Jahreszahlen wie 09 11 für den Terroranschlag in den USA; oder Zahlen, welche mit Markenlabels in Verbindung gebracht werden, wie z. B. 4711 für Kölnischwasser) und defizitärem Lesen von Zahlen ohne semantischer Konnotation (Cohen et al. 1994). Die Autoren interpretieren diese Dissoziation dahingehend, dass Zahlen mit hohem Bekanntheitsgrad über lexikalische Transkodierrouten verarbeitet werden, während bedeutungslose Zahlen über nichtlexikalische Routen verarbeitet werden.

Der von Cipolotti (1995) beschriebene Patient SF (mit beginnender Demenz vom Alzheimer Typ) konnte mehrstellige Zahlen nur dann lesen, wenn sie in Form eines Zahlwortes (also über die orthografische Route), nicht jedoch, wenn sie in Form einer arabischen Zahl präsentiert waren. Demgegenüber hatte ein anderer von Cipolotti beschriebener Patient Schwierigkeiten bei Transkodieraufgaben, die verbalen und schriftlichen Output erforderten. Er konnte jedoch ein- und mehrstellige Zahlen beim schriftlichen Rechnen sowie zweistellige Zahlen beim Kopfrechnen richtig zuordnen (Patient SAM: Cipolotti / Butterworth 1995). Beide von Cipolotti beschriebenen Patienten demonstrierten teilweise intaktes Zahlenverständnis: Das heißt, dass die Transkodierleistungen unabhängig vom Zahlenverständnis beeinträchtigt sein können (SF: Lesen arabischer Zahlen; SAM: Schreiben von Zahlwörtern und arabischen Zahlen).

Multi-Routen-Modell

Basierend auf diesen Einzelfallstudien entwickelten Butterworth und Cipolotti das in Abbildung 1.3 dargestellte multiple Transkodiermodell. Das Modell postuliert die Existenz von vier voneinander differenzierbaren asemantischen Transkodierrouten, die zusätzlich zu einem semantischen Transkodierweg in Aktion treten können. Zwei asemantische Transkodierrouten ermöglichen das Lesen und Schreiben arabischer Zahlen (gestrichelte Linien in Abb. 1.3). Die restlichen zwei asemantischen Transkodierrouten treten gemäß Cipolotti und Butterworth (1995) beim Wiederholen von gehörten Zahlwörtern und beim Lesen geschriebener Zahlwörter in Aktion (durchgezogene Linien in Abb. 1.3) und sind höchstwahrscheinlich nicht für Zahlen spezifisch, sondern allgemeinen Sprachverarbeitungsmechanismen zuzuschreiben.

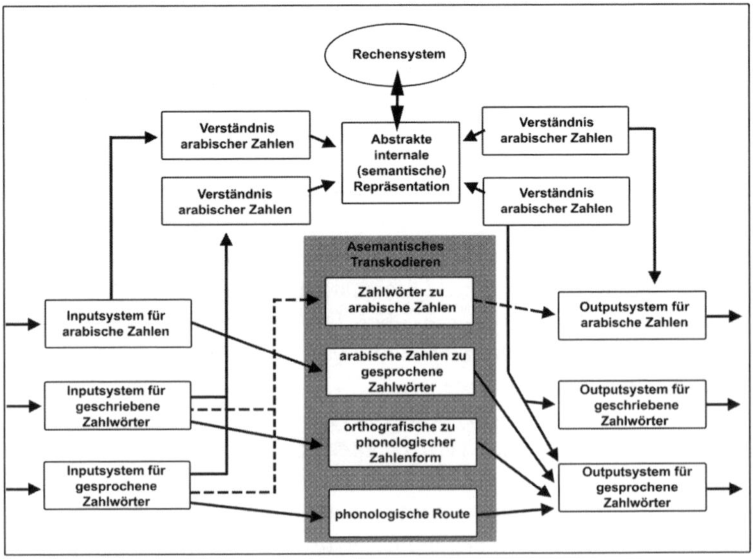

Abb. 1.3: Das Multi-Routen-Modell des Transkodierens von Cipolotti und Butterworth (1995)

Das Multi-Routen-Modell des Transkodierens (Cipolotti/Butterworth 1995) unterscheidet sich also vom McCloskey-Modell (McCloskey et al. 1985; McCloskey 1992) in folgenden zwei Punkten: (a) Weder das Nachsprechen noch das Abschreiben von Zahlwörtern erfordern den Zugriff auf abstrakte semantische Repräsentationen (in diesem Falle also die dem entsprechenden Zahlwort inhärente Numerosität); und (b) sowohl für das Lesen als auch für das Schreiben arabischer Zahlen gibt es zusätzlich zu der semantischen Route direkte asemantische Transkodierrouten.

Zusammenfassung

Das Zahlensystem ist regelhaft aufgebaut und durch eine Basis-10-Struktur charakterisiert (dekadisches Positionssystem). Bei mehrstelligen Zahlen werden die Ziffern (0–9) durch additive und multiplikative Kompositionsregeln in Form eines Stellenwertsystems miteinander verknüpft. In der deutschen Sprache ist das verbale Zahlwortsystem im Bereich der zweistelligen Zahlen (21–99) durch das Inversionsprinzip gekennzeichnet.

Transkodieren – also die Umwandlung von einem Zahlencode in einen anderen – ist ein komplexer kognitiver Prozess. Die Befunde aktueller Patientenstudien im Hinblick auf deren Transkodierleistungen sind am besten durch multiple Routenmodelle erklärbar, die die Koexistenz von semantischen und asemantischen Transkodierrouten postulieren. Semantisches Transkodieren beinhaltet den Zugriff auf die analoge Größenrepräsentation bzw. den numerischen Wert der zu verarbeitenden Zahlen, während asemantische Routen direkt von einem zum anderen Zahlenformat (also ohne Aktivierung der Semantik) verlaufen.

Semantische (Zahlen-)Größenrepräsentation und die Metapher des mentalen Zahlenstrahls

mentaler Zahlenstrahl

Das Konstrukt des mentalen Zahlenstrahls ist eine sehr populäre Metapher in der numerischen Kognitionsliteratur und besagt, dass in der mentalen Vorstellung die Zahlen analog (nämlich linear) und räumlich von links nach rechts angeordnet sind (Dehaene 1992; s.a. Dehaene 1999). Die analoge Repräsentation ermöglicht den Zahlenvergleich, wobei numerisch weiter entfernte Zahlen (z.B. 2 vs. 6) leichter zu unterscheiden sind als numerisch benachbarte Zahlen (z.B. 2 vs. 3). Die Vorstellung der räumlichen Anordnung von Zahlen auf einer Linie basiert auf zwei wiederholt replizierten Befunden zur Verarbeitung von Zahlen, nämlich dem *Distanzeffekt* einerseits und dem *SNARC-Effekt* („spatial numerical association of response codes" bzw. auf gut deutsch: räumlich-numerische Assoziation des Antwortcodes) andererseits.

Distanzeffekt

Der Distanzeffekt kann berechnet werden, wenn ein Proband möglichst schnell entscheiden soll, welche von zwei gleichzeitig präsentierten Zahlen die größere ist. Dabei zeigt sich, dass die Reaktionszeit systematisch sinkt, je größer die numerische Distanz zwischen den beiden Zahlen ist. Es besteht also ein negativer Zusammenhang zwischen Reaktionszeit und numerischer Distanz der zu vergleichenden Zahlen (s. Abb. 1.4a). Anders formuliert: Probanden klassifizieren nu-

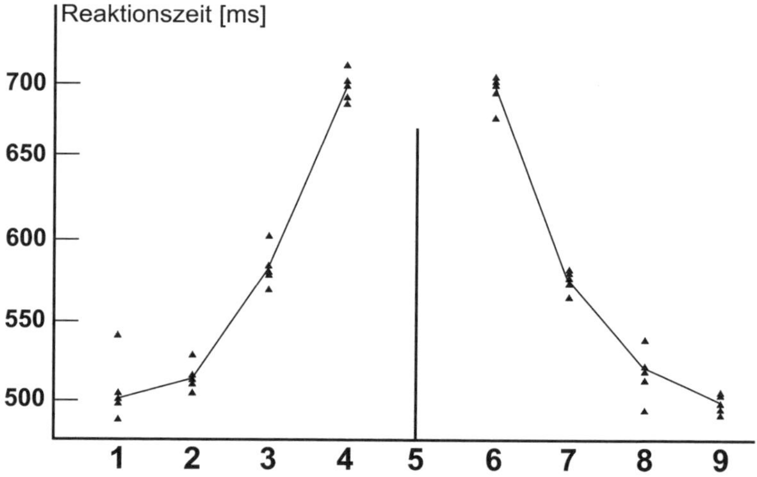

Abb. 1.4a: Distanzeffekt bei einstelligen Zahlen (aufgrund der gewöhnlich hohen Bearbeitungsgenauigkeit wird der Distanzeffekt beim einstelligen Zahlenvergleich primär in der Bearbeitungsgeschwindigkeit ersichtlich)

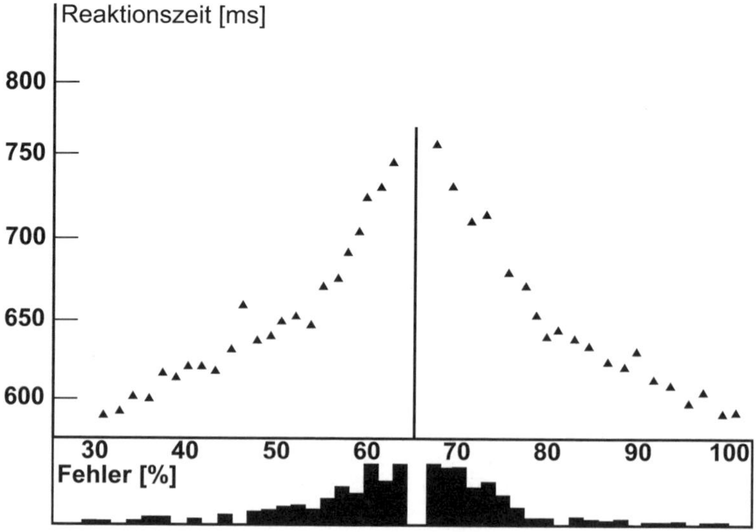

b: Distanzeffekt bei zweistelligen Zahlen (modifiziert nach Dehaene et al. 1990) merisch benachbarte Zahlen (2 vs. 3) langsamer als numerisch weiter voneinander entfernte (2 vs. 8; Moyer/Landauer 1967). Wie aus Abbildung 1.4b ersichtlich, gilt dies auch für zweistellige Zahlen. Ein von Henik und Tzelgov (1982) postulierter und in der Folgezeit weithin etablierter plausibler Erklärungsansatz für den Distanzeffekt ist, dass relativ zu weiter entfernten Zahlen die internen semantischen Größenrepräsentationen von benachbarten Zahlen auf dem Zahlenstrahl eher überlappen und somit beim Abruf miteinander in Konkurrenz treten (interferieren).

logarithmische Charakteristik

Dehaene und Kollegen gehen davon aus, dass die Zahlen am Zahlenstrahl logarithmisch komprimiert sind. Logarithmisch bedeutet, dass trotz gleichbleibenden numerischen Abstands mit zunehmender Zahlengröße der subjektive Abstand zwischen zwei Zahlen abnimmt (Dehaene et al. 1990). So erscheint beispielsweise der Abstand zwischen den Zahlen 3 und 8 subjektiv größer als jener zwischen 53 und 58, obwohl die tatsächliche numerische Differenz bei beiden Zahlenpaaren gleich ist (s. Abb. 1.5a).

Dies entspricht dem sogenannten Weber'schen Gesetz für unsere Wahrnehmung, welches besagt, dass sich die subjektive Stärke von Sinneseindrücken logarithmisch zur objektiven Intensität des physikalischen Reizes verhält. Interessanterweise verarbeiten wir numerische

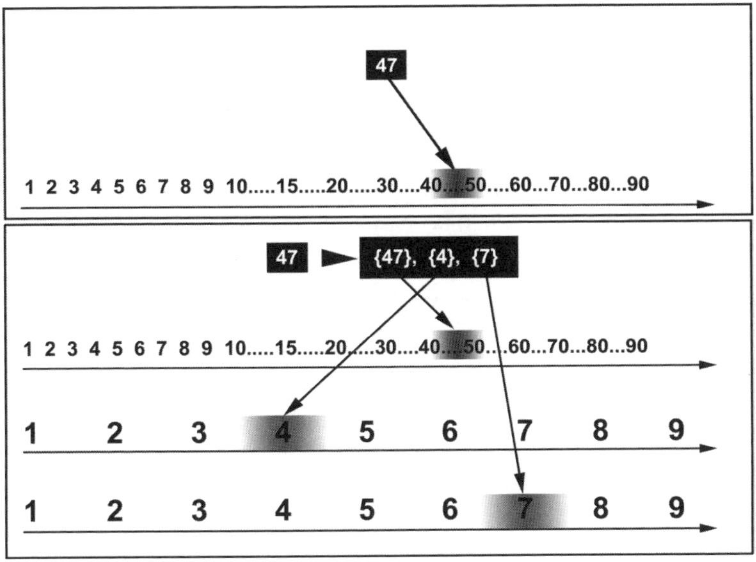

Abb. 1.5 a, b: Schematische Darstellung des mentalen Zahlenstrahls. Der obere Teil der Abbildung (Abb. 1.5 a) entspricht der holistischen Modellvorstellung der Zahlenverarbeitung (Dehaene et al. 1990). Eine alternative Modellvorstellung besagt, dass die Einer und Zehner bei zweistelligen Zahlen separat verarbeitet werden (Abb. 1.5 b, Nuerk et al. 2001; wir danken Hans-Christoph Nuerk für diese Abbildung)

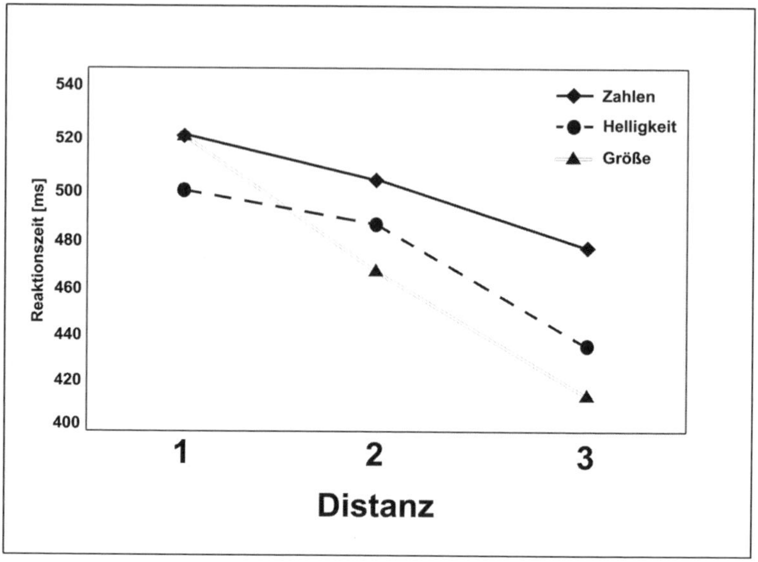

Abb. 1.6: Distanzeffekt bei numerischen und nichtnumerischen Größen (Cohen Kadosh et al. 2005)

Größe also ebenso wie physikalische Größen (z.B. Helligkeit, Lautstärke; s. Abb. 1.6). Durch die logarithmische Charakteristik des Zahlenstrahls ist es auch erklärbar, dass kleine relativ zu großen Numerositäten/Zahlen mit größerer Exaktheit bearbeitet werden können.

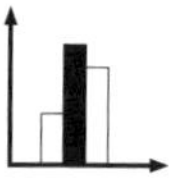

Der Zahlenstrahl bei Neglektpatienten

Die Hypothese der räumlichen Orientierung der Zahlen am Zahlenstrahl wird auch durch aktuelle Untersuchungen von Neglektpatienten unterstützt. Neglekt ist eine neurologische, meist temporäre, Störung, die nach (rechtshirnigen) parietalen Schädigungen auftritt und mit einer Vernachlässigung der linken Raum- und/oder Körperhälfte einhergeht (bei intakter Sehleistung). Das äußert sich beispielsweise beim Lesen und Schreiben sowie bei Alltagsaktivitäten wie dem Essen und der Körperpflege.

Ein klassisches in der Neglektdiagnostik verwendetes Verfahren sind Linienbisektionsaufgaben: Hier sollen die Patienten jeweils die Mitte von horizontal präsentierten Linien markieren. Ein systematischer Fehler von Neglektpatienten ist die Verschiebung dieser Mitte nach rechts, da sie die linke Raumhälfte – also auch die linke Seite der zu halbierenden Linie – nicht wahrnehmen. In einer viel beachteten Arbeit berichten Zorzi und Mitarbeiter (2002), dass Neglektpatienten auch bei einer verbalen Zahlenbisektionsaufgabe („Welche Zahl liegt genau zwischen 2 und 6?“) systematische Fehler unterlaufen, die analog zu den Fehlern bei der Linienbisektionsaufgabe sind: Neglektpatienten ignorieren die linke Seite des mentalen Zahlenstrahls und behaupten beispielsweise, dass 5 die numerische Mitte von 2 und 6 sei. Diese Arbeiten unterstützen eindrücklich die Hypothese, dass der mentale Zahlenstrahl räumlich (von links nach rechts) orientiert ist.

SNARC-Effekt

Ein Reaktionszeiteffekt, der die Hypothese der räumlichen Orientierung des Zahlenstrahls stützt, ist der *SNARC* (spatial numerical association of response codes)-*Effekt*. Die dem SNARC-Effekt zugrunde liegende klassische experimentelle Aufgabe ist eine Paritäts-Entscheidung: Die Probanden sehen jeweils eine (meist einstellige) arabische Zahl und sollen entscheiden, ob diese gerade oder ungerade ist. Das heißt, die numerische Größe ist bei dieser Aufgabe irrelevant. Wichtig ist, dass in der ersten Hälfte des Experiments die rechte Hand der Reaktionstaste „gerade“ zugeordnet ist und die linke Hand der Reaktionstaste „ungerade“, dass in der zweiten Hälfte des Experiments die Zuordnung aber vertauscht wird. Ein typisches und in der Zwischenzeit vielfach repliziertes Antwortmuster ist, dass numerisch kleine Zahlen schneller mit der linken Hand und numerisch große Zahlen schneller mit der rechten Hand beantwortet werden (Dehaene et al. 1993; Gevers et al. 2005; Nuerk et al. 2005). Die Erklärung für diesen Befund ist, dass kleine Zahlen auf unserem mentalen Zahlenstrahl eher links angeordnet sind, so dass die räumlich nähere Hand hier schneller reagieren kann als bei großen Zahlen, die sich räumlich auf dem Zahlenstrahl näher an der rechten Hand befinden.

Reaktionszeitdifferenz

Grafisch wird dieser Effekt dargestellt durch eine Subtraktionsmethode, wobei die Reaktionszeiten der linken Hand von jenen der rechten Hand subtrahiert werden. Wie aus Abbildung 1.7 ersichtlich, ist diese Reaktionszeitdifferenz für kleine Zahlen positiv und für numerisch große Zahlen negativ, und zwar unabhängig vom Zahlenformat. Der SNARC-Effekt ist also evozierbar bei der Präsentation von arabischen Zahlen, gehörten und geschriebenen Zahlwörtern und sogar bei Punktmustern (Nuerk et al. 2005).

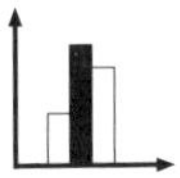

In einer aktuellen Meta-Analyse von 46 Studien zum SNARC-Effekt (die insgesamt 106 Experimente und 2.206 Probanden zwischen 9 und 66 Jahren inkludierte) konnten Wood und Kollegen (2008) zeigen, dass die Stärke des SNARC-Effekts mit dem Alter linear zunimmt. Ef-

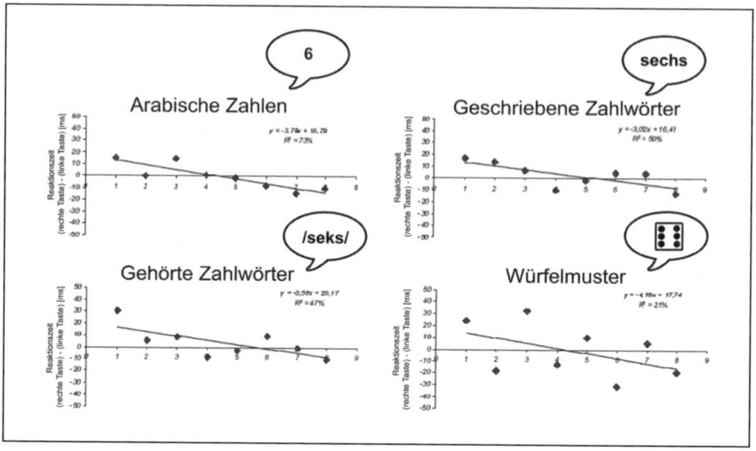

Abb. 1.7: Der SNARC-Effekt (modifiziert nach Nuerk et al. 2005)

fekte von Geschlecht und Händigkeit waren weniger stark ausgeprägt, aber tendenziell vorhanden: Männer und Rechtshänder zeigten stärkere SNARC-Effekte relativ zu Frauen und Linkshändern. Wood und Kollegen betonen jedoch, dass die Ergebnisse zwischen den Studien recht variabel waren und dass nicht alle Probanden einen SNARC-Effekt zeigten. Der SNARC-Effekt ist also kein besonders robuster Effekt. Trotzdem haben seine Entdeckung und die Vielzahl der Studien, die sich in der Folgezeit mit dem SNARC-Effekt beschäftigten, einen wesentlichen Beitrag zu einem besseren Verständnis der mentalen Zahlenrepräsentationen und deren Interaktion mit der räumlichen Kognition geleistet.

Kompatibilitätseffekt

Dehaene und Mitarbeiter (1990) postulieren, dass mehrstellige Zahlen als numerische Einheit, also holistisch verarbeitet werden. Gegen diese Annahme sprechen allerdings aktuelle empirische Befunde, die belegen, dass die einzelnen Ziffern in einer mehrstelligen Zahl separat verarbeitet werden. Nuerk und Mitautoren (2001) konnten zeigen, dass gesunde Probanden beim Größenvergleich zweistelliger Zahlen schneller waren, wenn sowohl die Einer- als auch Zehnerstellen zum gleichen Entscheidungsprozess führten. Beim Zahlenpaar 58 versus 32 ist dies der Fall, da sowohl die Einer (8 vs. 5) als auch die Zehner (5 vs. 3) jedes Mal bei derselben Zahl numerisch größer sind und die Größenvergleiche der Zehner und der Einer somit in die gleiche Richtung gehen, also miteinander kompatibel sind. Hatten die Probanden jedoch zu entscheiden, welche Zahl beim Zahlenpaar 85 versus 37 größer ist, so waren die Bearbeitungszeiten wesentlich langsamer und die Fehlerraten höher, da bei diesem Zahlenpaar die Größenentscheidung der Einer und Zehner in unterschiedliche Richtungen gehen (Zehner: 8 > 3; Einer: 5 < 7) und somit inkompatibel sind. Nuerk und Kollegen (2001) prägen für diesen Reaktionszeiteffekt den Begriff „Kompatibilitätseffekt“ und interpretieren die Ergebnisse als Beleg für die separate Verarbeitung mehrstelliger arabischer Zahlen (s. Abb. 1.5b). Wenn zweistellige Zahlen tatsächlich holistisch verarbeitet werden (wie von Dehaene et al. 1990 postuliert), dann sollten die Reaktionszeiten unabhängig von der Kongruenz der Einer- und Zehnerstellen sein. Dies ist jedoch nicht der Fall.

Der Kompatibilitätseffekt konnte sowohl für deutsch- als auch für englischsprachige Stichproben gezeigt werden, d. h. er ist unabhängig von der Irregularität der zweistelligen Zahlwörter im Deutschen. Zudem tritt er sowohl bei arabischen Zahlen als auch bei Zahlwörtern auf und ist also unabhängig vom Zahlenformat (Nuerk/Willmes 2005).

Basisnumerische Verarbeitung ist automatisch und oft nicht intentional

Zahlen-Größen-Interferenz

numerischer Stroop

Generell fällt es geübten Rechnern schwer, den mit der entsprechenden arabischen Zahl assoziierten numerischen Wert zu unterdrücken. Zahlreiche experimentelle Untersuchungen zeigen, dass der numerische Wert einer Zahl auch dann automatisch aktiviert wird, wenn er für die Lösung einer Aufgabe irrelevant oder sogar hinderlich ist. Dies ist beispielsweise der Fall, wenn Probanden die Schriftgröße zweier (einstelliger) Zahlen beurteilen sollen und die Aufgabe darin besteht, die physisch größere Zahl mittels Tastendruck auszuwählen. Die Entscheidung ist schwieriger (reflektiert in längeren Reaktionszeiten und höherer Fehleranzahl), wenn die zwei präsentierten Ziffern hinsichtlich ihrer numerischen und physischen Größe inkongruent sind (6 3). Die Entscheidungsfindung ist demgegenüber leichter (ersichtlich aus schnelleren Bearbeitungszeiten und geringeren Fehlerraten), wenn die zu vergleichenden Zahlenpaare hinsichtlich ihrer numerischen und physischen Größe kongruent sind (6 3) oder wenn die beiden Zahlen hinsichtlich ihres numerischen Wertes neutral sind (3 3). Diese Aufgabe ist auch als Zahlen-Größen-Interferenzaufgabe bzw. numerische Stroop-Aufgabe bekannt.

Größenkongruenzeffekt

Der entsprechende Reaktionszeiteffekt (schnellere Bearbeitungszeit bei kongruenten oder neutralen relativ zu inkongruenten Zahlenpaaren) wird dementsprechend *Größenkongruenzeffekt* genannt.

Zusammenfassung

Die Metapher des mentalen Zahlenstrahls besagt, dass die mentalen Repräsentationen von Zahlen und Mengen analog und räumlich (von links nach rechts) orientiert sind. Befunde zu Distanzeffekt und SNARC-Effekt unterstützen die Annahme der räumlichen Orientierung der Zahlen am mentalen Zahlenstrahl. Der Kompatibilitätseffekt zeigt, dass der Zugriff auf die semantische Größenrepräsentation bzw. Numerosität bei zweistelligen Zahlen nicht holistisch erfolgt, sondern separat für die Einer und Zehner. Die Aktivierung der Numerosität kann auch automatisch erfolgen: Beim physischen Zahlenvergleich kann die aufgabenirrelevante numerische Größe zu Interferenzeffekten führen.

1.5.2 Rechenfertigkeiten

Arithmetisches Faktenwissen

assoziative Netzwerke

Wie bereits erwähnt, versteht man unter arithmetischen Fakten einfache Rechnungen mit einstelligen Operanden (z. B. 4 + 2; 4 – 2; 4 x 2). Arithmetisches Faktenwissen wird direkt aus dem Langzeitgedächtnis abgerufen. Es herrscht weitgehend Übereinstimmung, dass die arithmetischen Fakten in Form von *assoziativen Netzwerken* organisiert sind (Ashcraft 1995). Dabei wird ein arithmetisches Problem (3 x 5) durch wiederholte Präsentation bzw. wiederholtes Üben mit der entsprechenden Antwort (15) assoziativ verknüpft. Über die Erwerbsprozesse und Schwierigkeiten beim Enkodieren oder Abruf arithmetischer Fakten wird in den Kapiteln 2 und 3 ausführlicher berichtet. An dieser Stelle soll die Organisation des Faktenwissens bei Erwachsenen erläutert werden. Besonders hervorzuheben ist, dass auch Erwachsene ohne Rechenstörung eine Vielzahl von Strategien beim Lösen einfacher arithmetischer Multiplikations- und Additionsfakten anwenden und bei weitem nicht alle als arithmetische Fakten gespeichert haben (z. B. LeFevre et al. 1996).

Multiplikationsfakten

Die klassische Form des numerischen Faktenwissens ist das kleine Einmaleins. McCloskey (1992) postuliert hier drei verschiedene Arten von Multiplikationsfakten.

(1) Regelbasierte Fakten, das sind Aufgaben, die eine 0 oder eine 1 beinhalten. Bei dieser Aufgabenart muss man nur eine Aufgabe verstanden haben, um alle Aufgaben dieser Art zu lösen. Wenn ich weiß, dass „3 x 0 = 0“ ist, dann kann ich diese Regel (nämlich n x 0 = 0 bzw. n x 1 = n) auf alle anderen Aufgaben anwenden, die eine 0 bzw. eine 1 beinhalten.

(2) Sogenannte „ties“, das sind alle Multiplikationen, bei denen die beiden Operanden identisch sind (z. B. 3 x 3; 9 x 9). Empirische

Befunde zeigen, dass diese Fakten besonders gut abgespeichert und besonders schnell abrufbar sind (s. McCloskey 1992; LeFevre et al. 1996).

(3) Bei allen übrigen Multiplikationsfakten muss jede einzelne Rechnung assoziativ erlernt und abgerufen werden.

Tafelsuchmodell

Das sogenannte Tafelsuchmodell ist eine grafische Darstellung dieser assoziativen Netzwerkmodelle, anhand derer die mentale Organisation der arithmetischen Fakten sowie bestimmte Reaktionszeitphänomene und Fehlertypen beim Faktenabruf veranschaulicht werden können (Ashcraft 1995; s. Abb. 1.8).

Geübten Rechnern fällt es schwer, aufgabenirrelevantes Faktenwissen zu unterdrücken. Thibodeau und Mitarbeiter (1996) baten Probanden, zwei hintereinander präsentierte Zahlenpaare miteinander zu vergleichen und zu entscheiden, ob die Zahlenpaare identisch sind. Die Resultate zeigten, dass Probanden langsamer waren und mehr Fehler begingen, wenn auf das erste Zahlenpaar (z. B. 3 4) ein zweites Zahlenpaar (z. B. 1 2) folgt, das ein Produkt der beiden vorher gezeigten Zahlen ist (3 x 4; 12). Auch wenn die falsche Antwort das Produkt einer *benachbarten* Multiplikation ist (sogenannte Operandenfehler, s. folgenden Absatz), waren Interferenzeffekte – reflektiert in längeren Reaktionszeiten und höheren Fehlerraten – beobachtbar (3 x 4; 15;

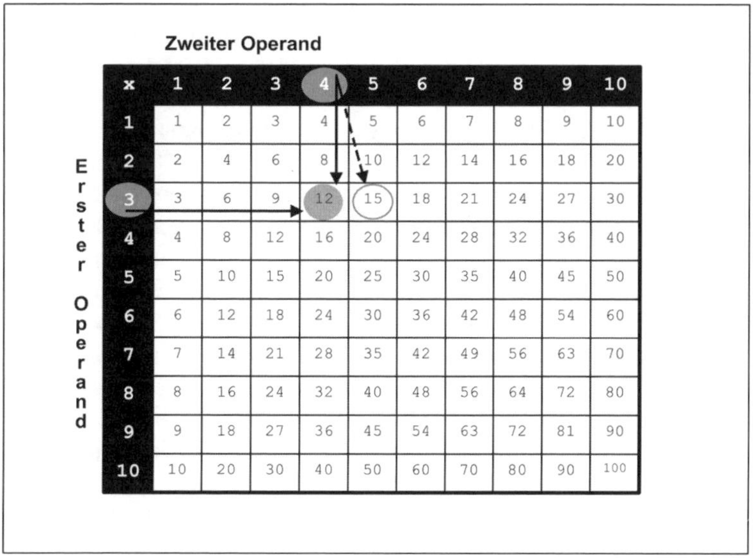

Abb. 1.8: Tafelsuchmodell. Schematische Darstellung eines Operandenfehlers (gestrichelte Linie) im assoziativen Netzwerk der Multiplikationsfakten. Die korrekte Lösung ist durch durchgehende Linien gekennzeichnet

Galfano et al. 2003). Dagegen wird schneller und genauer geantwortet bei Ablenkern, die nicht aus der Multiplikationsreihe der beiden Stimuluszahlen kommen (3 x 5; 17). Dieser Reaktionszeiteffekt, der die automatische Aktivierung von gespeichertem Multiplikationswissen reflektiert, konnte auch bei Kindern (Kaufmann et al. 2004) sowie bei älteren Probanden und Patienten mit minimaler kognitiver Dysfunktion beobachtet werden (Zamarian et al. 2007).

Operandenfehler

Eine sehr häufige Fehlerart beim Abruf von Multiplikationsfakten sind sogenannte *Operandenfehler*. Hier handelt es sich um Fehler, bei denen die falsche Lösung am Tafelsuchmodell direkt neben der richtigen Lösung liegt (also zur Multiplikationsreihe eines benachbarten Operanden gehört; z. B. 3 x 6 = 15). Operandenfehler kommen nicht nur bei Patienten mit erworbenen Rechenstörungen vor, sondern machen auch einen Großteil der Fehler bei gesunden Erwachsenen aus: gemäß Campbell (1987) bis zu zwei Drittel bzw. vier Fünftel aller Fehler. Operandenfehler sind auch bei Kindern in der Erwerbsphase häufig zu beobachten (Siegler 1988) und treten sowohl bei Produktions- als auch bei Verifikationsaufgaben auf.

Produktions- und Verifikationsaufgaben

Produktionsaufgaben sind solche, bei denen der Proband das Problem sieht / hört und die Antwort selbst generieren muss. Bei einer Verifikationsaufgabe sieht der Proband die vollständige Aufgabe (Problem mit Lösung, z. B. 3 x 7 = 24) und soll entscheiden, ob die Lösung richtig oder falsch ist. Wenn in einer solchen Verifikationsaufgabe Operandenfehler wie „3 x 6 = 15“ dargeboten werden, so werden sie generell langsamer zurückgewiesen und eher fälschlich als korrekt bewertet als sogenannte „non-table“-Fehler (das sind solche, deren Lösung nicht das Ergebnis einer Multiplikationsreihe ist: 3 x 6 = 17).

Problemgrößeneffekt

Die Auftretenswahrscheinlichkeit von Operandenfehlern wird durch den Problemgrößeneffekt (Zbrodoff / Logan 2005) moduliert. Dieser besagt, dass Aufgaben mit größeren Operanden (z. B. 7 x 8) fehleranfälliger sind und auch langsamer bearbeitet werden als Aufgaben mit kleinen Operanden (z. B. 3 x 4). Eine Sonderstellung in Bezug auf die Problemgröße nimmt die 5er-Reihe der Multiplikationen ein (z. B. 6 x 5) sowie sogenannte „ties“, das sind Multiplikationsfakten mit zwei identischen Operanden (z. B. 6 x 6). Diese Fakten sind offenbar besonders gut gespeichert und können daher besser und schneller abgerufen werden als andere (LeFevre et al. 1996). Wie bereits weiter oben erwähnt, kann das arithmetische Faktenwissen je nach Operationsart unterschiedlich beeinträchtigt sein. Dies gilt sowohl für entwicklungsbedingte Dyskalkulie (z. B. Kaufmann 2002) als auch für erworbene Rechenstörungen.

Prozedurales arithmetisches Wissen

Unter *prozeduralem Wissen* versteht man das Wissen um das Ausführen von Lösungsalgorithmen bzw. das Wissen um die richtige Abfolge von Lösungsschritten bei mehrstufigen und komplexen Rechnungen. Prozedurales Wissen ist wichtig beim schriftlichen Rechnen, wie beispielsweise beim Lösen von „327 + 25". Als Erstes muss erkannt werden, dass es sich um eine Addition handelt. Dann muss man die Zahlen (räumlich) richtig untereinander schreiben, so dass die Einer unter den Einern, die Zehner unter den Zehnern usw. zu stehen kommen. Mit dem nächsten Schritt beginnt nun der eigentliche Rechenvorgang: Im Falle der Addition muss der Rechner wissen, dass er bei den Einern beginnen muss (was bei einer Multiplikation oder Division die falsche Strategie wäre). Im obigen Beispiel beinhaltet der erste Rechenschritt eine Zehnerüberschreitung (7 + 5): Das heißt man muss die Einerstelle anschreiben (die 2 von der Zwischensumme 12) und den Zehnerübertrag mitnehmen und beim Addieren der Zehnerstellen berücksichtigen (2 + 2 + 1; 5 muss angeschrieben werden, diesmal ist kein Übertrag zu berücksichtigen). Beim letzten Schritt müssen die Hunderterstellen zusammengezählt werden: da im obigen Beispiel nur die erste Zahl eine Hunderterstelle hat, bedeutet dies, dass hier eine 0 bzw. nichts dazugezählt wird. Wie aus diesem relativ einfachen Beispiel ersichtlich wird, ist eine komplexe Reihe von Lösungsschritten in der chronologisch richtigen Reihenfolge durchzuführen.

prozedurale Defizite

Prinzipiell kann man zwei Arten von prozeduralen Defiziten unterscheiden. Der erste Fehlertyp ist charakterisiert durch konsistente und systematische (also immer gleichbleibende) Fehler. Dieser Fehlertyp ist ein Hinweis für das Vorliegen von defizitärem schematischen Wissen. Girelli und Delazer (1996) berichten beispielsweise von einem Patienten (MT), der beim Subtrahieren mehrstelliger Zahlen ein sehr konsistentes Fehlermuster zeigte: Er zog immer die kleinere von der größeren Zahl ab, und zwar unabhängig davon, ob die größere Zahl in der oberen oder unteren Zeile stand (bzw. zum Subtrahenden oder Minuenden gehörte).

Ähnliche Fehlermuster sind auch bei Kindern beobachtbar und reflektieren fehlendes Verständnis für die zugrunde liegenden Rechenoperationen (z. B. Resnick 1982; van Lehn 1990).

Im Gegensatz zu diesen konsistenten und systematischen Fehlern besteht die zweite Fehlerart beim Ausführen von komplexen Lösungsalgorithmen in inkonsistenten Fehlern, die höchstwahrscheinlich durch defizitäre mentale Kontrolle des Rechenvorgangs (Monitoring) verursacht werden (Semenza et al. 1997).

Einfluss des Arbeitsgedächtnisses

Für das Lösen komplexer Rechnungen sind auch intakte *Arbeitsgedächtnisleistungen* wichtig (z. B. Logie et al. 1994; Tronsky 2005). Beim Arbeitsgedächtnis handelt es sich um ein Gedächtnissystem, das für die vorübergehende Speicherung und Bearbeitung von Gedächtnisinhalten zuständig ist (Baddeley 1986). Die Komponente des Arbeitsgedächtnisses, die hier vor allem zum Tragen kommt, ist die sogenannte zentrale Exekutive. Gemäß dem populären Arbeitsgedächtnismodell von Baddeley (1986; 2000) ist die *zentrale Exekutive* das supervisorische Kontrollsystem: Es koordiniert die Aktivitäten der beiden Speichersysteme (von denen eines verbal-phonologisches Material [phonologische Schleife] und das andere visuell-räumliches Material [visuell-räumlicher Notizblock] verarbeitet). Die Anforderungen an das Arbeitsgedächtnis sind dann besonders hoch, wenn man Zehnerüberträge bearbeiten muss und diese nicht schriftlich festhält, sondern während der Bearbeitung der nächsten Zahlenkolonne im Arbeitsspeicher hält. Überträge werden während des Ausführens der weiteren Rechenschritte in der phonologischen Schleife subvokal rezitiert. Ist die Kapazität der phonologischen Schleife reduziert, kann es leicht passieren, dass Überträge verlorengehen bzw. „vergessen werden" und das Endergebnis – trotz fehlerfreier Anwendung der Rechenprozedur – falsch ist (z. B. Noël et al. 2001).

mangelndes Faktenwissen

Eine häufige Fehlerquelle beim Lösen komplexer Rechnungen ist, unabhängig vom prozeduralen Wissen, mangelndes bzw. fehlerhaftes Faktenwissen. So erfordert das Lösen einer mehrstelligen Rechnung, wie beispielsweise „43 x 25", auch intaktes Faktenwissen: Zuerst muss der Multiplikand mit 2 (also 3 x 2 sowie 4 x 2) und anschließend mit 5 (3 x 5 sowie 4 x 5) multipliziert werden. Ist bereits das Faktenwissen fehlerhaft, dann ist auch das Gesamtresultat falsch.

Die Differenzierung dieser Fehlerarten kann nur durch eine qualitative Fehleranalyse erfolgen. Das heißt, es ist wichtig, nicht nur das Endergebnis der Rechnung zu kontrollieren, sondern anhand einer detaillierten Analyse der einzelnen Verarbeitungsschritte die Fehlerquellen aufzuspüren. Dies ist vor allem im Hinblick auf die Interventionsplanung wichtig, die nur dann ökonomisch und effizient ist, wenn vor Interventionsbeginn die Störungsursachen identifiziert worden sind (s. Kaufmann / Nuerk 2008).

Konzeptuelles arithmetisches Wissen

Konzeptuelles arithmetisches Wissen meint das Verständnis für arithmetische Operationen sowie für die diesen Operationen zugrunde liegenden Gesetzmäßigkeiten und Lösungsalgorithmen (Sokol et al.

1991). Dieses Wissen ist für die flexible und adaptive Anwendung numerisch-rechnerischen Wissens äußerst relevant. Das konzeptuelle Wissen wird jedoch bis dato in den Erwachsenenmodellen der Zahlenverarbeitung und des Rechnens weitgehend vernachlässigt.

B

Ein anschauliches Beispiel für spezifisch beeinträchtigtes konzeptuelles Wissen bietet Patient JG (Delazer/Benke 1997): Er konnte zwar einige (aber bei weitem nicht alle) arithmetische Fakten direkt aus dem Gedächtnis abrufen, zeigte jedoch keinerlei konzeptuelles Wissen. Er konnte weder arithmetische Operationen definieren noch arithmetische Verständnisaufgaben lösen, bei denen die Lösung einer zweiten Aufgabe von einer ersten Aufgabe abgeleitet werden sollte. Das Wissen, dass „12 x 4 = 48" ist, hilft beispielsweise bei der Lösung von „4 x 12" oder bei der Lösung von „12 + 12 + 12 + 12". Das heißt, diese Rechnungen müssen nicht mehr prozedural unter Zuhilfenahme von Backup-Strategien gelöst werden: Geübte Rechner erkennen auf einen Blick, dass die verschiedenen Lösungsalgorithmen ein und dieselbe Rechenaufgabe repräsentieren.

B

Die Patientenbeschreibung von BE (Hittmair-Delazer et al. 1995) demonstriert eindrücklich, wie umgekehrt verlorenes Faktenwissen über die Anwendung teils sehr komplexer alternativer Lösungsstrategien kompensiert werden kann. BE konnte das Ergebnis von „4 x 9" zwar nicht direkt aus dem Gedächtnis abrufen, aber kam über mehrere Zwischenschritte zum richtigen Ergebnis (der Rechenweg von BE wurde wie folgt beschrieben: (9 x 2) + (9 x 2) oder (9 x 10 : 2) – 9. Diese sehr komplexen Backup-Strategien machen deutlich, dass BE trotz des beeinträchtigten Faktenwissens über ein ausgezeichnetes Verständnis mathematischer Prinzipien wie Assoziation, Distribution und Kommutativität verfügte.

Dissoziationen zwischen prozeduralem und konzeptuellem Wissen wurden ebenfalls in der Literatur beschrieben (Girelli/Delazer 1996; Sokol et al. 1991). Mangelndes konzeptuelles Wissen äußert sich beispielsweise in unplausiblen Fehlern, also Fehlern, deren numerischer Wert von der richtigen Lösung weit entfernt ist. Wenn ein Proband etwa 3.570 als Lösung für die Aufgaben „35 x 12" berechnet (und das Ergebnis nicht hinterfragt), dann reflektiert dieser Fehler zum einen das zumindest teilweise richtige Anwenden von Lösungsprozeduren (35 x 1 = 35, 35 x 2 = 70 → 3.570) und zum anderen mangelndes konzeptuelles Verständnis: Der Proband sollte mit Hilfe eines Schätzprozesses bzw. einer ungefähren Vorstellung der Zahlengröße erkennen, dass ein vierstelliges Ergebnis nicht richtig sein kann.

Bei Kindern in der Erwerbsphase gibt es bis dato keine systematischen Berichte über Dissoziationen zwischen prozeduralem und konzeptuellem Wissen. Resnick (1982) und van Lehn (1990) berichten zwar über systematische Fehler beim Anwenden von Lösungsprozeduren bei Kindern: diese prozeduralen Fehler sind in der Erwerbsphase jedoch auch meist mit mangelndem konzeptuellen Wissen assoziiert.

Zusammenfassung

Arithmetische Fakten sind Rechnungen mit einstelligen Operanden, die bei geübten Rechnern direkt aus dem Langzeitgedächtnis abgerufen werden können und keine willentlichen Rechenprozesse mehr erfordern. Sogenannte arithmetische Regeln sind Multiplikationsfakten, bei denen ein Operand eine 0 oder eine 1 ist. Bei kompetenten Rechnern wird das Faktenwissen sogar dann automatisch aktiviert, wenn es für die Aufgabenbearbeitung irrelevant ist. Das Faktenwissen ist in Form von assoziativen Netzwerken gespeichert. Der sogenannte Problemgrößeneffekt reflektiert die Aufgabenschwierigkeit: Fakten mit größeren Operanden werden langsamer abgerufen als solche mit kleinen Operanden.

Prozedurales Wissen (also das Wissen um die richtige sequenzielle Anordnung von Lösungsalgorithmen) kann rein schematisch, ohne zugrunde liegendes Verständnis der dahinterstehenden Rechenoperation angewendet werden. In diesem Falle sind die Fehlermuster meist konsistent und systematisch. Ein anderes Fehlermuster, das durch inkonsistente Fehler charakterisiert ist, reflektiert eher mangelnde Monitoring-Mechanismen. Beim Lösen komplexer (mehrstelliger) Rechnungen sind auch intaktes Faktenwissen sowie gute Arbeitsgedächtnisleistungen relevant. Defizitäres Faktenwissen oder schlechte Arbeitsgedächtnisleistungen können die Leistung beim Lösen komplexer Rechnungen beeinträchtigen: Dies ist jedoch nicht gleichzusetzen mit einer Störung des prozeduralen arithmetischen Wissens!

Konzeptuelles arithmetisches Wissen bzw. arithmetisches Verständnis ist für die flexible und adaptive Anwendung numerisch-rechnerischer Leistungen unerlässlich. Das konzeptuelle Wissen wurde jedoch – wie auch das prozedurale Wissen – in den populären Rechenmodellen vernachlässigt. Sowohl das arithmetische Faktenwissen als auch das prozedurale arithmetische Wissen können ohne zugrunde liegendes Verständnis rein schematisch angewendet werden.

1.6 Neuronale Grundlagen der Zahlenverarbeitung und des Rechnens

Methoden der Hirnforschung

Die Erforschung des Zusammenhangs zwischen Gehirnfunktionen und -strukturen ist eine klassische Domäne der Neuropsychologie. Im Englischen existiert dafür der kernige Begriff der „Brain-Behaviour Relationship“. Wie bereits oben erwähnt, hat die Neuropsychologie vom Technikboom der letzten Jahrzehnte sehr profitiert. Das wohl eindrücklichste Beispiel hierfür sind die bereits weiter oben erwähnten bildgebenden Verfahren. Techniken wie die funktionelle Magnetresonanztomografie (fMRT) und die funktionelle Nahinfrarotspektroskopie (fNRIS) erlauben es uns, die am Lösen einer Aufgabe beteiligten Hirnregionen zu visualisieren. Im Falle der fMRT bedeutet dies, dass mit Hilfe von Magnetresonanz die Sauerstoffsättigung des Blutes gemessen werden kann, und zwar während die Probanden bestimmte Aufgaben lösen. Jene Hirnregionen, die beim Lösen der Aufgaben aktiviert werden, verbrauchen mehr Sauerstoff als inaktive Regionen. Mit Hilfe aufwändiger Datenverarbeitungs- und Analysetechniken kann man die Veränderung im Sauerstoffverbrauch visualisieren und erhält so kortikale Aktivierungsmuster mit guter räumlicher Auflösung (im Millimeterbereich).

Eine Einschränkung der fMRT-Methode ist, dass sie für Kleinkinder nicht gut geeignet ist, da die Probanden für die Dauer des Experiments (mindestens 20 Minuten) still liegen müssen und die MRT-Umgebung zudem sehr laut ist (die Lärmbelastung wird zumindest teilweise durch das Tragen von Kopfhörern gemildert). Die meisten fMRT-Untersuchungen im Entwicklungsbereich werden daher erst bei Kindern ab 6 bis 7 Jahren durchgeführt und erfordern spezielle Anwendungstechniken für die Datenerhebung (Vogel et al. 2016). Neben der Darstellung von Aktivitätsmustern im Gehirn spielt die Erhebung anatomischer Gehirnstrukturen mittels MRT eine zunehmend wichtige Rolle bei der Erforschung von Gehirnfunktionen. Hervorzuheben ist hier die Diffusions-Tensor-Bildgebung (abgekürzt DTI von englisch diffusion tensor imaging), welche durch die Diffusionsbewegung von Wassermolekülen den strukturellen Aufbau von Nervenfaserbündeln misst. Nervenfasern ermöglichen die Erregungsleitung zwischen Nervenzellen und ganzen Gehirnregionen. Individuelle Unterschiede im strukturellen Aufbau von Faserbündeln konnten bereits mit individuellen Unterschieden in diversen kognitiven Leistungen assoziiert werden, etwa im Bereich des Lesens (Klingberg et al. 2000) und des Rechnens (Überblick bei Matejko/Ansari 2015). Ein Vorteil dieser Methode ist, dass die Messung relativ rasch erfolgt und die Probanden keine aufwendigen Aufgaben im Scanner durchführen müssen.

Eine gute Alternative zur Visualisierung von Gehirnaktivierungen bei (Klein-)Kindern bietet die funktionelle Nahinfrarotspektroskopie. Das NIRS-System besteht primär aus einer Haube mit Sensoren (sogenannten Optoden) und Detektoren, die direkt an der Schädeloberfläche montiert werden. Die Sensoren messen über die Absorption von Nahinfrarotlicht Veränderungen im Sauerstoffmetabolismus und somit kortikale Aktivierungen. Da die Sensoren direkt an der Schädeldecke angebracht sind, müssen die Probanden bei der Untersuchung nicht still liegen und können sich relativ frei bewegen. Zudem ist die Apparatur portabel und erzeugt keine lauten Geräusche, was einen sehr flexiblen Einsatz in natürlichen Umgebungen ermöglicht (etwa im Klassenzimmer). Aufgrund dieser wichtigen Eigenschaften erfreut sich fNIRS besonders für die Untersuchung von Kindern und Kleinkindern zunehmender Beliebtheit. Der zentrale Nachteil dieser Methode liegt allerdings in der begrenzten räumlichen Signalauflösung. Im Vergleich zum fMRT können kortikale Aktivierungen nur sehr grob identifiziert werden und Aussagen über die präzise Lokalisation der Aktivierung sind nur begrenzt möglich (Lloyd-Fox et al. 2010).

Eine andere häufig verwendete Methode der Neurowissenschaften basiert auf dem Elektroenzephalogramm (EEG). Das EEG erfasst die elektrophysiologische Tätigkeit des Gehirns und wird wegen seiner sehr guten zeitlichen Auflösung der Hirnaktivierung geschätzt. Eine spezielle, für die Neurowissenschaften interessante Anwendung ist die Methode der ereigniskorrelierten Potenziale (EKP). Mit Hilfe der EKP-Methode werden die elektrophysiologischen Parameter direkt im Anschluss an eine Stimuluspräsentation gemessen. Die Probanden sollen beispielsweise Bilder ansehen oder bestimmte Aufgaben mental lösen. Die Forscher können dann anhand der EEG-Kurvenverläufe Rückschlüsse auf die zugrunde liegenden neuronalen Erregungsmuster ziehen. Ein Nachteil von EEG-basierten Methoden ist, dass primär Aktivierungen erfasst werden, die direkt unter den Elektroden (bzw. dem Schädelknochen) liegen. Das heißt, elektrophysiologische Methoden erlauben nur bedingt Aussagen über die kortikale Erregungsleitung in tieferen Hirnstrukturen.

Eine weitere Methode, die für die Zahlenforschung sehr interessante Resultate erbrachte (Cohen Kadosh et al. 2007), ist jene der transkraniellen Magnetstimulation (TMS). Hier werden mit Hilfe eines starken Magnetfeldes bestimmte (vorher mittels struktureller MRT individuell definierte) Hirnregionen stimuliert, was dazu führt, dass diese temporär „außer Gefecht“ gesetzt werden bzw. funktionell stillgelegt werden. Dies erlaubt es den Forschern, die Funktionsfähigkeit des restlichen Gehirns im Hinblick auf die interessierenden Fragestellungen zu erfassen.

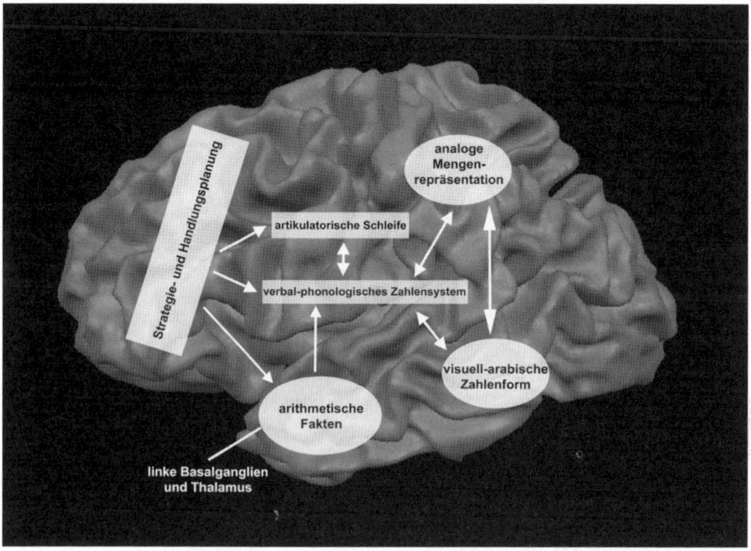

Abb. 1.9: Neuronale Korrelate der Zahlenverarbeitung und des Rechnens (modifiziert nach Dehaene/Cohen 1995)

Wie bereits zu Beginn dieses Kapitels beschrieben, betonen schon die frühen klinisch-neurologischen Fallberichte einen Zusammenhang zwischen erworbenen Rechenstörungen und linken posterioren (hinteren) Hirnregionen (z.B. Henschen 1919; Lewandowsky/Stadelmann 1908). Unter Verwendung bildgebender Verfahren wie der fMRT konnte man diese relativ grobe Lokalisation von Rechenleistung zu posterioren Hirnregionen noch verfeinern. In der aktuellen numerischen Kognitionsliteratur herrscht Übereinstimmung dahingehend, dass gute Rechenleistungen von der Intaktheit des Parietallappens abhängen (Überblick bei Kaufmann/Nuerk 2007 und Vogel/Ansari 2012).

anatomisch-funktionelles Rechenmodell

Das wohl einflussreichste anatomisch-funktionelle Rechenmodell ist dasjenige von Dehaene und Cohen (1995), das auf dem ebenfalls von Dehaene erstmals im Jahre 1992 postulierten rein funktionellen Triple-Code-Modell beruht (s. Abb. 1.2). Basierend auf einer Vielzahl von Patientenstudien und den ersten Ergebnissen der bildgebenden Verfahren macht das anatomisch-funktionelle Rechenmodell folgende Vorhersagen hinsichtlich der Lokalisation der im Triple-Code spezifizierten Module (s. Abb. 1.9):

(a) Das neuronale Korrelat der analogen Größenrepräsentation ist der *intraparietale Sulcus (IPS)* (mit Sitz im Parietallappen);
(b) die verbal-phonologische Zahlenform bzw. die diesem Modul zu-

geordneten Funktionen wie Zählen und arithmetischer Faktenabruf werden durch Hirnregionen moduliert, die auch für Sprachfunktionen wichtig sind (nämlich die sogenannte *perisylvische Furche*), und zudem von subkortikalen Hirnregionen wie den Basalganglien;

(c) die visuell-arabische Zahlenform und die diesem Modul zuordbaren Funktionen wie schriftliches Rechnen werden unterstützt durch *okzipitale Hirnregionen* (das sind Regionen im Hinterhauptslappen; überlappende Hirnareale sind auch beim Lesen von Wörtern und Buchstaben relevant und demgemäß als „visuelles Wortformareal" bekannt).

Weiterhin postuliert dieses Modell, dass komplexe Rechenleistungen zusätzlich von der Intaktheit *frontaler Hirnregionen* (Stirnhirn) abhängen, weil diese oft hohe Anforderungen an das dort lokalisierte Arbeitsgedächtnis stellen (Dehaene/Cohen 1995). Das Arbeitsgedächtnis ist besonders bei mehrstufigen Aufgabenlösungen relevant, die das kurzfristige Erinnern von Zwischenergebnissen (während man simultan andere Bearbeitungsschritte ausführt) oder das Überwachen einer Lösungsprozedur (Monitoring) erfordern (Baddeley 1986; 2000).

parietale Netzwerke

Im Hinblick auf die semantische (analoge) Größenrepräsentation nehmen Dehaene und Mitarbeiter (2003) eine weitere Differenzierung vor und postulieren die Existenz von „drei parietalen Netzwerken", die in benachbarten und teils überlappenden Regionen des IPS lokalisiert sind (s. Abb. 1.10). Gemäß den Autoren ist das neuronale Kor-

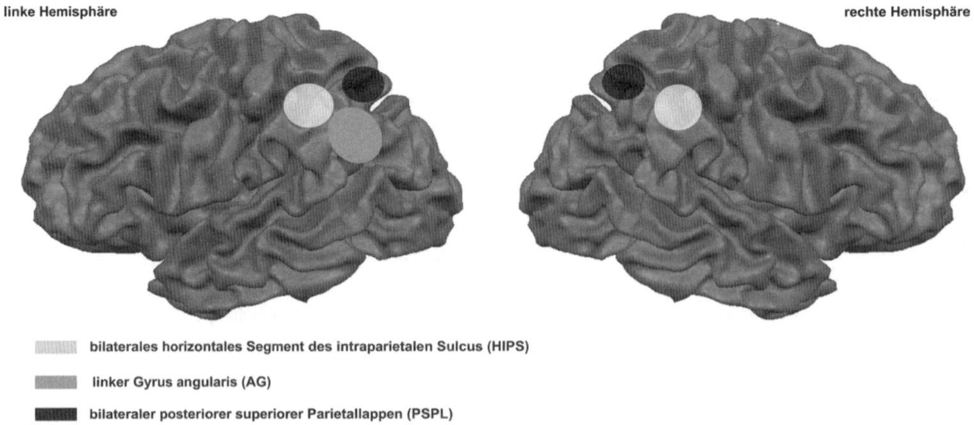

Abb. 1.10: Schematische Darstellung der von Dehaene et al. (2003) postulierten drei parietalen Netzwerke der Zahlenverarbeitung

relat der *Mengenverarbeitung* im engeren Sinn das *horizontale Segment des IPS (HIPS)*; die räumliche Orientierung auf dem mentalen Zahlenstrahl wird durch den *posterioren superioren Parietallappen (PSPL)* moduliert; und verbal-phonologisches rechnerisches Wissen wie beispielsweise die Repräsentation von überlerntem und automatisiertem Faktenwissen ist im *Gyrus angularis* anzusiedeln (s. Abb. 1.10). Während letzteres Modul nur in der linken Hirnhälfte vorfindbar ist (da verbale Verarbeitungsmechanismen gewöhnlich linkshemisphärisch organisiert sind), sind die beiden ersteren von Dehaene und Kollegen (2003) postulierten parietalen Netzwerke in beiden Hirnhälften angelegt.

Cohen Kadosh und Mitarbeiter (2007) berichten, dass gute Rechner nach Applikation von TMS (transkranieller Magnetstimulation, die dazu führt, dass die entsprechende Hirnregion vorübergehend dysfunktional bzw. stillgelegt ist) im IPS Defizite hinsichtlich der automatischen Aktivierung der Zahlengröße zeigten. Die Autoren verwendeten die weiter oben beschriebene physische Stroop-Aufgabe (s. Abschnitt 1.5.1) bei der die Probanden zwei Zahlen hinsichtlich ihrer Schriftgröße vergleichen sollen. *Vor* TMS-Applikation konnten die Probanden bei physisch und numerisch kongruenten Zahlenpaaren (z. B. 8 3) schneller die physisch größere Zahl auswählen als bei numerisch neutralen Zahlenpaaren (z. B. 8 8), d. h. sie aktivierten die aufgabenirrelevante numerische Größe der Zahlen automatisch. Unmittelbar *nach* TMS-Applikation konnten dieselben Personen diesen Zahlen-Größen-Interferenzeffekt allerdings nicht mehr generieren. Cohen Kadosh und Kollegen (2007) interpretieren diese Ergebnisse dahingehend, dass die Stilllegung des IPS dazu führt, dass die Probanden keinen Zugriff mehr auf die numerisch-semantische Größenrepräsentation haben oder andersherum, dass ein dysfunktionaler IPS Probleme in der Zahlenverarbeitung evozieren kann.

ATOM-Hypothese

Hervorzuheben ist, dass der Parietallappen *nicht* ausschließlich für die Zahlenverarbeitung und das Rechnen zuständig ist. Vielmehr handelt es sich hier um eine wichtige Hirnregion für viele nichtnumerische Funktionen wie räumliche Fähigkeiten, Aufmerksamkeit etc. (Hubbard et al. 2005; Simon et al. 2002). Im Jahre 2003 erschien eine sehr einflussreiche Arbeit von Vincent Walsh, in der der Autor die ATOM-Hypothese („A theory of magnitude") formuliert. Diese Hypothese besagt, dass der Parietallappen nicht zahlenspezifisch ist, sondern dass Zahlenverarbeitung nur ein Aspekt einer umfassenderen Größenrepräsentation im Parietallappen ist, die zusätzlich zur numerischen Größe auch räumliche und zeitliche Größe inkludiert. Seit Walshs Publikation gibt es nun etliche empirische Befunde, die für die Gültigkeit der ATOM-Hypothese sprechen. Dazu gehört auch die in Abschnitt 1.5.1 „Semantische (Zahlen-)Größenrepräsentation und die Metapher des mentalen Zahlenstrahls" dargestellte Arbeit von Cohen Kadosh und Mitarbeitern (2005): Sie zeigt, dass der Distanzeffekt nicht nur beim Zahlenvergleich, sondern auch beim Vergleich physischer (räumlicher) Größen sowie beim Vergleich von Helligkeiten (Luminosität ist ebenfalls eine physikalische Größe) zutage tritt (s. a. Abb. 1.6).

Ergebnisse bei Kindern

Die bisher vorliegenden Ergebnisse von bildgebenden Studien bei Kindern sind spärlich und kontrovers, was teilweise durch methodische Unterschiede im Untersuchungsdesign erklärbar ist (Kaufmann/Nuerk 2007). Während einige Arbeitsgruppen vergleichbare Aktivierungen bei Kindern und Erwachsenen beim Lösen von numerischen oder rechnerischen Aufgaben berichten (Cantlon et al. 2006; Kucian et al. 2005; Temple/Posner 1998), zeigen andere Studien, dass die Stärke der zahlenspezifischen Aktivierungen im Parietallappen mit dem Alter zunimmt (also bei Kindern weniger ausgeprägt ist als bei Erwachsenen; Ansari et al. 2005; Ansari/Dhital 2006; Holloway/Ansari 2010; Kaufmann et al. 2006; Vogel et al. 2015). Des Weiteren belegen etliche Befunde eine linkshemisphärische Spezialisierung im Entwicklungsverlauf, besonders für die Repräsentation von Zahlensymbolen wie arabischen Zahlen (Bugden et al. 2012; Emerson/Canton 2014; Vogel et al. 2015). So konnten etwa Vogel und Kollegen (2015) in einer fMRT Studie mit Kindern im Alter von 6–14 Jahren zeigen, dass die neuronale Aktivität des linken IPS beim Betrachten und Verarbeiten arabischer Zahlenmengen mit dem Alter zunimmt.

Zusammenfassung

Die neuronalen Grundlagen der Zahlenverarbeitung und des Rechnens sind komplex. Gute Rechenleistungen sind von der Intaktheit sehr unterschiedlicher Hirnregionen abhängig, die über das gesamte Gehirn verteilt sind. In anderen Worten: (a) Die Funktionen des Parietallappens sind nicht auf die Zahlenverarbeitung und das Rechnen beschränkt; und (b) Zahlenverarbeitung/Rechnen werden auch von Regionen außerhalb des Parietallappens moduliert. Aktuelle Fragestellungen der numerischen Kognitionsforschung betreffen unter anderem den potenziellen Zusammenhang zwischen numerischer und räumlicher Kognition sowie die Relevanz fingerbasierter Zähl- und Rechenmechanismen für das Erlernen arithmetischer Fertigkeiten. Diese Fragestellungen bzw. deren Konsequenzen sind nicht nur für die Grundlagenforschung von Interesse, sondern können auch für die Mathematikdidaktik und die Intervention von Dyskalkulie relevant sein.

Überprüfen Sie Ihr Wissen

1. Worauf begründen sich die aktuellen Annahmen und Modellvorstellungen der dem Rechnen zugrunde liegenden Denkprozesse?
2. Nennen Sie die Hauptkomponenten des McCloskey-Modells.
3. Nennen Sie die Hauptkomponenten des Triple-Code-Modells von Dehaene.
4. Was ist das Hauptunterscheidungsmerkmal zwischen den Rechenmodellen von McCloskey und Kollegen (1985) und Dehaene (1992; Dehaene / Cohen 1995)?
5. Was versteht man unter doppelten Dissoziationen?
6. Worauf basiert die Erkenntnis, dass Transkodieren auch asemantisch, also ohne Zugriff auf die numerische Größenrepräsentation bzw. Numerosität, vonstatten gehen kann?
7. Zeigen Sie anhand eines Beispiels, wie man aus Fehlern (z.B. Transkodier- oder Faktenabruffehler) Rückschlüsse über die diesen Fehlern zugrunde liegenden kognitiven Prozesse ziehen kann.
8. Nennen und erläutern Sie Reaktionszeiteffekte, die die Hypothese des mentalen Zahlenstrahls stützen.
9. Woran kann man erkennen, dass jemand automatischen Zugriff auf die Zahlensemantik hat?
10. Erläutern Sie die Begriffe arithmetisches Fakten- und Prozedurenwissen.

2 Allgemeine Entwicklung der Zahlenverarbeitung und der Rechenleistungen

2.1 Zahlenverständnis bei Tieren

Wissenschaftliche Befunde aus dem Tierreich werden häufig herangezogen, wenn die biologische Basis einer Fähigkeit belegt werden soll. Obwohl unbestritten nur der Mensch in der Lage ist, komplexe und abstrakte mathematische Prozesse durchzuführen, so wird sich doch im nachfolgenden Kapitel zeigen, dass vermutlich auch Tiere über ein oft überraschend detailliertes Verständnis von Anzahlen und Mengen verfügen.

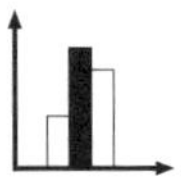

abstrakte Repräsentation

Einen eindrucksvollen Befund zur Verarbeitung von Anzahlen bei Tieren lieferten Jordan und Brannon (2003) in einer Studie mit Rhesusäffchen. Drei Rhesusäffchen wurden trainiert, visuelle Displays anhand der Anzahl der abgebildeten Elemente zu sortieren: Zuerst wurde ein Display mit entweder 2 oder 8 Elementen präsentiert. Wenn das Äffchen den Bildschirm berührte, verschwand diese Vorlage, und es erschienen zwei neue Displays mit 2 und 8 Elementen. Nun mussten die Tiere dasjenige Display auswählen, das in der Anzahl mit dem zuvor gezeigten Target-Display übereinstimmte. Jede korrekte Antwort wurde unmittelbar belohnt (durch Futter). Die Tiere konnten ihre Entscheidung nicht an visueller Identität orientieren, weil das korrekte Auswahldisplay niemals identisch zur Vorlage war: Vorlage- und korrektes Auswahldisplay unterschieden sich in Größe, Farbe und Dichte und stimmten lediglich in der Anzahl der Elemente überein. Wichtig war es auch, dass die Tiere nicht eine relativ einfache Entscheidung von „mehr" und „weniger" treffen konnten. Mehr Punkte verdecken üblicherweise auch eine größere Fläche des Displays. Dies wurde gewährleistet, indem in einem Teil der Aufgaben 2 sehr große Punkte 8 sehr kleinen Punkten gegenübergestellt wurden. Eine Entscheidung auf Basis von „mehr Oberfläche" würde hier also systematisch zu falschen Entscheidungen führen.

Verständnis für Ordinalität

Nach einer Lernphase waren die Äffchen gut in der Lage, ihre Entscheidung tatsächlich ausschließlich auf Basis der Anzahl der dargebotenen Elemente zu treffen und dabei gleichzeitig andere Merkmale wie Farbe, Größe oder verdeckte Fläche zu ignorieren. Um zu untersuchen, ob die Äffchen nun in diesem Experiment lediglich die Unterscheidung von „2“ und „8“ gelernt hatten oder ob sie tatsächlich verstanden hatten, dass sie Urteile auf Basis der präsentierten Anzahlen treffen sollten, wurde im Anschluss an die Trainingsphase eine weitere Aufgabe durchgeführt: Jetzt enthielt das erste Display plötzlich eine beliebige Anzahl von 1 bis 9 Elementen, anschließend wurden nach wie vor 2 oder 8 Elemente präsentiert. Die Aufgabe bestand nun darin, zu entscheiden, welches der beiden Auswahldisplays dem ersten Display ähnlicher war. In dieser Testphase ließ sich zeigen, dass die Tiere tatsächlich imstande waren, die Anzahl als zentrales Kriterium ihrer Entscheidung heranzuziehen: Während 7 Punkte eher 8 Punkten zugeordnet wurden, wurden 3 Punkte eher dem Auswahldisplay „2“ zugeordnet.

Verständnis der Ordinalität

In einem anderen experimentellen Paradigma (Brannon/Terrace 1998; 2000; 2002) lernten Rhesusäffchen, vier parallel dargebotene Displays, die jeweils 1, 2, 3 und 4 Objekte abbildeten, in ansteigender Reihenfolge am Touch-Screen zu berühren. Die vier Displays bildeten zum Teil sehr unterschiedliche Objekte ab (z. B. 1 Kreis, 2 Dreiecke, 3 Blumen und 4 Kreuze). Wiederum wurden nichtnumerische Faktoren wie Größe, Dichte und insgesamt verdeckte Oberfläche experimentell variiert. Auch hier zeigte sich, dass die Äffchen diese perzeptuellen Merkmale tatsächlich ignorieren konnten und rasch lernten, ihre Auswahl auf Basis der *Ordinalität*, also der ansteigenden Anzahl der vier Displays, zu treffen. Interessanterweise konnten die Äffchen das Prinzip der Ordinalität auch auf die nicht trainierten Ordinalzahlen 5 bis 9 anwenden: Die Tiere sollten nun Displaypaare ansteigend nach ihrer Ordinalität berühren, erst das numerisch kleinere und dann das numerisch größere. Im trainierten Zahlenraum 1 bis 4 konnten die beiden Äffchen diese Anforderung mit hoher Genauigkeit erbringen. Auch der Vergleich einer trainierten mit einer untrainierten Anzahl (z. B. 2 vs. 6) bereitete ihnen wenig Schwierigkeiten. Spannenderweise lag auch die Leistung bei Vergleichen von zwei untrainierten Anzahlen (z. B. 8 vs. 6) signifikant über dem Rateniveau.

Die hier beschriebenen nonverbalen Fertigkeiten, numerische Anzahlen zu unterscheiden und zu ordnen, zeigt sich interessanterweise nicht nur bei Primaten, sondern auch bei einer Vielzahl anderer Tiere. So gibt es bereits wissenschaftliche Befunde darüber, dass diverse Vogelarten (z.B. Pepperberg 2006; Pepperberg/Carey 2012), Fische (z.B. Agrillo et al. 2009) und Amphibien (z.B. Krusche et al. 2010) über ein rudimentäres Mengenverständnis verfügen. Die meisten Studien wurden allerdings im Labor durchgeführt und die Tiere waren erst nach einer intensiven Trainingsphase in der Lage, die hier beschriebenen Leistungen zu erbringen. Evidenz dafür, dass numerische Information in der freien Wildbahn genutzt wird (z. B McComb et al. 1994) sind eher selten und es ist nicht endgültig geklärt, ob Tierarten auch spontan, ohne spezifisches Training, numerische Fertigkeiten hervorbringen.

arabische Zahlenrepräsentation

Ebenfalls aus dem Labor stammen die beeindruckenden Befunde, dass nicht-menschliche Primaten in der Lage sind, symbolische Darstellung von Anzahlen in Form von arabischen Zahlen zu erlernen. Washburn und Rumbaugh (1991) boten z. B. zwei Rhesusäffchen arabische Zahlenpaare auf einem Touchscreen dar. Die jeweils berührte Zahl erhielten die Tiere als Futtereinheiten (z. B. 5 Futterkügelchen, wenn sie die Zahl 5 wählten). Die beiden Äffchen lernten schnell, die jeweils größere arabische Zahl zu wählen, d.h. sie hatten verstanden, dass diese Ziffer die größere Futtermenge symbolisierte. Weitere Studien um die Forschungsgruppe von Professor Tetsuro Matsuzawa in Tokio konnten eindrucksvoll belegen, dass Schimpansin AI in der Lage ist, arabische Zahlen zu lernen, diese mit der entsprechenden Mächtigkeit von Punktemengen zu verknüpfen (5 = 5 Punkte) und der Reihe nach aufsteigend anzuordnen (Biro/Matsuzaw 2001; Matsuzawa 1985; Tomonaga/Matsuzawa 1993). Auch hier erlernen Primaten diese symbolischen Repräsentationen von Mengen nie spontan, sondern immer nur im Rahmen von teils sehr aufwendigen Trainingseinheiten. Hier wird ein wesentlicher Unterschied zur Entwicklung der Zählfertigkeiten bei Kindern deutlich. Diese erwerben gewöhnlich bereits im Vorschulalter, eingebettet in Alltagsaktivitäten, anscheinend automatisch numerische Kompetenzen, die Tiere kaum entwickeln können.

Zusammenfassend belegen diese Studien eindrucksvoll, dass Sprache keine zentrale Voraussetzung für das Verständnis von Anzahlen und Mengen ist und Tiere in der Lage sind, einfache numerische Fertigkeiten zu erwerben. Wie präzise ist diese nonverbale mentale Repräsentation von Numerositäten bei Tieren? Die derzeitigen Befunde deuten darauf hin, dass Tiere Anzahlen nicht präzise (diskret), sondern vielmehr unpräzise als ungefähre (approximative) Mächtigkeit von Mengen repräsentieren (Brannon 2006; Cantlon et al. 2009) – dies wird häufig als *Approximatives Zahlensystem* bezeichnet. Platt und Johnson (1971) trainierten etwa Ratten, eine bestimmte Anzahl (4, 8, 16 oder 24) von Hebelbewegungen durchzuführen, um eine Belohnung zu erhalten. Es zeigte sich, dass die Ratten die Anzahl der Hebelbewegungen natürlich nicht präzise abzählen konnten. Vielmehr ergab sich eine Normalverteilung um die geforderte Anzahl.

Interessanterweise zeigen Menschen in vielen Fällen ähnliche Antwortmuster wie Tiere, was darauf hindeutet, dass die zugrundeliegende Basis numerischer Verarbeitungsprozesse von Menschen und Tieren Gemeinsamkeiten aufweisen (Cantlon 2012). So zeigten Erwachsene ein ähnliches Verhaltensmuster wie die Ratten im Experiment von Platt und Johnson (1971), wenn sie gebeten wurden, eine Taste so schnell wie möglich und ohne explizit mitzuzählen zwischen 7- und 25-mal zu betätigen (Whalen et al. 1999). Diese und andere Befunde weisen darauf hin, dass die mentale Repräsentation von Numerositäten bei Tieren und Menschen grundsätzlich ähnlich sein dürfte, auch wenn Menschen die ihnen angeborenen numerischen Kompetenzen kulturell weiter ausdifferenzieren können. Eine wesentliche Kompetenz, die Menschen im Unterschied zu Tieren hilft, die kognitive Repräsentation von Numerositäten zu präzisieren, ist die Fähigkeit abstrakte symbolische Repräsentationssysteme wie Sprache und das Arabische Zahlensystem zu erwerben. Wir können 745 Büroklammern präzise zählen und in Form von Zahlensymbolen darstellen – eine Kompetenz, die Tieren nicht zur Verfügung steht. Nichtsdestotrotz ermöglicht uns die Erforschung der mentalen Repräsentation von Numerositäten bei Tieren einen wichtigen Einblick in die evolutionsbiologischen Grundlagen der numerischen Kognition des Menschen. Der letzte Abschnitt sollte deutlich machen, dass Vorläufer der menschlichen Kognition auch bereits im Tierreich zu beobachten sind.

Zusammenfassung

Etliche Tierarten sind in der Lage, die Anzahl von Elementen unabhängig von kontinuierlichen Merkmalen wie Größe oder Oberfläche zu repräsentieren. Es gibt sogar erste Hinweise, dass diese Repräsentationen intermodal genutzt werden können. Diese abstrakten Repräsentationen von Numerositäten können genutzt werden, um Sets von Elementen nach ansteigender Anzahl zu ordnen (ordinale Repräsentationen). Obwohl Numerosität per definitionem ein Merkmal eines diskreten Sets von Elementen ist (ein Set kann aus 4 oder 5 Elementen bestehen, aber nicht aus 4–5), ist davon auszugehen, dass das Format der nonverbalen mentalen Repräsentation von Anzahlen kontinuierlich und approximativ ist.

2.2 Präverbales Verständnis von Numerositäten bei Babys

Kernsysteme: angeborene Grundkompetenzen

Neben Belegen für numerische Kompetenzen im Tierreich bilden Befunde an Babys in den ersten Lebensmonaten die zweite Evidenzgruppe zur Beantwortung der Frage, ob und welche Aspekte der numerischen Kognition uns angeboren sind. Die Annahme besteht nicht darin, dass uns Rechenleistungen schlechthin angeboren sind – diese erwerben wir üblicherweise tatsächlich erst und nur in einem geeigneten kulturellen (zumeist schulischen) Kontext. Aber viele Forscher nehmen heute an, dass gewisse Basiskompetenzen genetisch determiniert und von Geburt an in den Grundzügen angelegt sind (z.B. Butterworth 1999; Dehaene 1999). Auf diese Grundausstattung kann die weitere, stark umweltbedingte Entwicklung geeignet aufbauen. Die kognitiv orientierte Entwicklungspsychologie spricht hier von sogenannten *Kernsystemen* (core systems) (Spelke/Kinzler 2007). Das Kernsystem des Verständnisses für Numerositäten bildet gemäß dieser Sichtweise also die genetisch determinierte Grundlage für alle Leistungen im Bereich der Zahlenverarbeitung und Arithmetik, die sich im Lauf des Lebens entwickeln.

Habituations-Dishabituations-Paradigma

Methodisch ist es ausgesprochen schwierig, mit Sicherheit zu bestimmen, über welche Kompetenzen Säuglinge verfügen. Die Säuglingsforschung hat in den letzten Jahren empirische Paradigmen entwickelt, die gut gesicherte Aussagen erlauben. Im sogenannten Habituations-Dishabituations-Paradigma wird Babys wiederholt ein bestimmter Stimulus gezeigt. Mit zunehmender Anzahl der Präsentationen in dieser Habituations- oder Gewöhnungsphase sinkt üblicherweise die Blickdauer, offenbar verlieren die Kinder allmählich das Interesse an diesem mittlerweile vertrauten Stimulus. Nun wird der kritische neue Dishabituationsstimulus präsentiert, der sich zumeist vom bisher präsentierten Stimulus nur in einem kritischen Merkmal unterscheidet. Nur wenn die Kinder diesen Unterschied zwischen altem und neuem Stimulus wahrnehmen, verändert sich die Blickdauer – die Kinder betrachten Stimuli, die sie als neu identifiziert haben, länger und damit aufmerksamer –, offenbar ist ihr Interesse nun wieder geweckt. Diese Unterschiede in der Blickdauer helfen uns festzustellen, wie differenziert die Wahrnehmung und kognitive Verarbeitung von Säuglingen ist.

Differenzierung von Stimulus-Sets

Eine ganze Reihe von Studien liefert Belege dafür, dass Babys und zum Teil sogar Neugeborene imstande sind, Stimulus-Sets auf Basis ihrer Anzahl zu differenzieren. Babys steigern ihre Blickdauer, wenn die Anzahl der präsentierten Elemente von 1 auf 2, von 2 auf 3 und meist auch noch wenn sie von 3 auf 4 steigt. Bei mehr als 4 Elementen (z. B. 4 vs. 5) reicht die Differenzierungsfähigkeit aber üblicherweise nicht mehr aus (Antell/Keating 1983; Starkey/Cooper 1980; Strauss/Curtis 1981; van Loosbroek/Smistman 1990). Die meisten Studien untersuchten diese präverbale (d. h. vor Einsetzen des Spracherwerbs vorhandene) Differenzierung von Anzahlen anhand visueller Stimuli. Einige Studien konnten aber auch belegen, dass Säuglinge auch die Anzahl von Ereignissen oder die Anzahl akustischer Stimuli registrieren und dass sie sogar intermodale Zuordnungen machen, die basale numerische Kompetenzen voraussetzen. So diskriminieren 6 Monate alte Babys offenbar zwischen 2 und 3 Sprüngen einer Puppe (Wynn 1996). Bereits 4 Tage alte Säuglinge habituieren auf eine 2- (oder 3-)silbige verbale Äußerung und dishabituieren, wenn sie eine 3- (oder 2-)silbige Äußerung hören (Bijeljac-Babic et al. 1993). Säuglinge betrachten ein Display von Haushaltsobjekten aufmerksamer, wenn die Anzahl mit der Anzahl von akustisch präsentierten Tönen korrespondiert, als wenn diese Korrespondenz nicht gegeben ist (Starkey et al. 1983).

Neben diesen klassischen behavioralen Studien konnte erste Evidenz dafür gefunden werden, dass schon sechs Monate alte Babys bei der präverbalen Verarbeitung von Anzahlen spezifische Gehirnstrukturen aktivieren. Ähnlich wie in den oben beschriebenen Habituations-Dishabituations-Studien präsentierten Hyde und Kollegen (2010) eine Abfolge von Displays mit einer gleichbleibenden Menge von Elementen. Nach dieser Habituationsphase wurden neue Stimuli präsentiert, die sich entweder in der Anzahl oder der visuellen Form der Elemente von den Stimuli der Habituationsphase unterschieden. Mit Hilfe der funktionellen Nahinfrarotspektroskopie (fNIRS) konnten die Autoren zeigen, dass sich das neuronale Aktivitätsmuster des rechten Parietallappen während der Differenzierung von Anzahlen signifikant veränderte. Dieses Ergebnis deutet darauf hin, dass relativ umschriebene Gehirnregionen bereits im Säuglingsalter eine erhöhte Sensitivität für die Wahrnehmung von numerischen Mengen aufweisen.

Befunde zeigen des Weiteren, dass die Wahrnehmung von Numerositäten bei Säuglingen nicht – wie lange angenommen – auf den kleinen Zahlenraum bis höchstens 4 Elemente beschränkt ist. Xu und Spelke

(2000) konnten etwa zeigen, dass 6 Monate alte Babys die Veränderung der Numerosität visueller Stimuli auch bei größeren Sets bemerken, solange das Verhältnis der beiden Anzahlen 2 : 1 beträgt, aber nicht, wenn dieses Verhältnis unterschritten wird. So konnten die Kinder 8 von 16 und auch 16 von 32 Elementen unterscheiden, bemerkten aber keinen Unterschied zwischen 12 und 16 oder 24 und 32 Elementen.

Verständnis für Ordinalität

Aktuelle Befunde belegen weiterhin, dass Babys auch ein rudimentäres Verständnis für die Ordinalität von Anzahlen besitzen. Brannon (2002) konnte zeigen, dass 11 Monate alte Kinder, die auf eine Sequenz von Punktemustern mit ansteigender Numerosität habituiert wurden, dishabituierten, wenn ihnen eine Sequenz gezeigt wurde, bei der die Anzahl der Items abnahm.

Obwohl diese Befunde ausgesprochen eindrucksvoll sind, werden nach wie vor intensive wissenschaftliche Diskussionen geführt, auf Basis welcher Informationen Kinder diese Unterscheidungen eigentlich treffen. Eine größere Anzahl von Stimuli ist üblicherweise auch mit der Veränderung von kontinuierlichen Merkmalen wie Menge oder Größe assoziiert (3 Kekse sind mehr Keksmenge als 2 Kekse). Beobachten Kinder tatsächlich die diskrete Anzahl der präsentierten Elemente oder basiert die Differenzierung eher auf kontinuierlichen, nichtnumerischen Merkmalen wie mehr versus weniger Menge oder Oberfläche?

diskrete Anzahlen oder kontinuierliche Merkmale?

Insbesondere aktuelle Befunde von Clearfield und Mix (1999) stellen in Frage, ob Säuglinge tatsächlich eine diskrete numerische Quantifizierung vornehmen können. In dieser Untersuchung wurden 6 bis 8 Monate alte Babys auf visuelle Displays mit entweder 2 oder 3 Objekten habituiert. Anschließend wurden zwei Arten von Testdisplays präsentiert: (1) Displays mit derselben Anzahl von Objekten, aber unterschiedlicher Oberfläche und (2) Displays mit veränderter Anzahl (3 oder 2), aber identischer Oberfläche zum Habituationsdisplay. Wenn die Kinder tatsächlich die Anzahl der präsentierten Objekte registrieren, dann sollten sie nicht nur beim ersten, sondern auch beim zweiten Testdisplay eine Dishabituation zeigen. In dieser Studie führten allerdings nur jene Testdisplays zu einem signifikanten Anstieg der Blickdauer, die eine veränderte Oberfläche zum Habituationsdisplay aufwiesen, auch wenn die Anzahl der Stimuli identisch blieb. Die Veränderung der Anzahl bei gleichbleibender Oberfläche löste dagegen keine Dishabituation aus, die Babys schienen diesen Unterschied nicht zu registrieren.

Allerdings hatten auch frühere Studien zur Differenzierung von Numerositäten in den ersten Lebensmonaten derartige kontinuierliche Merkmale kontrolliert und waren zu anderen Befunden gekommen. Xu und Spelke (2000) variierten etwa in der Habituierungsphase die Größe der präsentierten Elemente systematisch, lediglich die Anzahl der Elemente blieb in allen Habituierungsdisplays konstant. Wenn Babys tatsächlich ausschließlich kontiniuerliche nichtnumerische Merkmale registrieren, aber nicht die Anzahl, dann wäre in dieser Studie bereits die Habituierungsphase nicht gelungen. Auch in anderen Studien wurden kontinuierliche Merkmale entweder kontrolliert oder – ähnlich wie in der Studie von Clearfield und Mix (1999) – experimentell mit der Anzahl von Elementen kontrastiert (Brannon / Gautier 2003; Leslie et al. 2003). Im Unterschied zu den negativen Befunden von Clearfield und Mix schienen Babys in diesen Studien sehr wohl in der Lage zu sein, die Veränderung der Anzahl von Elementen auch dann wahrzunehmen, wenn sie nicht mit der Veränderung kontinuierlicher Merkmale korrespondierte.

Obwohl die Evidenzlage dafür spricht, dass Babys diskrete Anzahlen getrennt von kontinuierlichen Merkmalen wahrnehmen, deuten einige Befunde darauf hin, dass zwischen den beiden Systemen zumindest eine enge Interaktion besteht (Leibovich et al. 2013, 2015).

Zusammenfassung

Während einige Forscher davon ausgehen, dass am Beginn des Entwicklungsverlaufs Quantifizierung einzig und allein auf kontinuierlichen Merkmalen (mehr oder weniger) basiert, sind andere fest davon überzeugt, dass wir bereits ab der Geburt in gewissem Ausmaß in der Lage sind, die diskrete Anzahl von Elementen, zusätzlich und zumindest teilweise unabhängig von deren physischer Erscheinungsform (Größe, Umfang usw.) zu registrieren. Zukünftige Forschung mit verbesserten experimentellen Paradigmen wird hier wohl erst die Klärung dieser Diskussion erbringen.

2.3 Theoretische Modelle der präverbalen Verarbeitung von Numerositäten

Zahlverarbeitung ohne Zahlwörter

Zahlverarbeitung ohne Zahlwörter ist für uns Erwachsene nur schwer vorstellbar. Wie können Säuglinge (und Tiere) die „Dreiheit" eines Elementsets wahrnehmen und mental repräsentieren, obwohl sie das Wort „drei" nicht kennen? Die im nachfolgenden dargestellten Modellvorstellungen von Object Files und einem Akkumulator-Modell sind genau aus dem Grund, dass es Erwachsenen schwerfällt, ohne Zahlwörter über Mengen nachzudenken, nicht ganz einfach nachzuvollziehen. Sie stellen aber eine wichtige theoretische Grundlage für das Verständnis der Entwicklung der mathematischen Kognition dar. Eine zentrale Annahme besteht darin, dass auch Erwachsene Numerositäten im Grunde genau gleich repräsentieren wie Säuglinge und Tiere. Denn ohne Zweifel sind Zahlwörter für die Repräsentation von Numerositäten zwar sehr hilfreich, aber sie sind keineswegs eine notwendige Voraussetzung.

2.3.1 Object Files

mentale Repräsentationen

Das Konzept von Object Files geht auf Kahneman und Mitarbeiter (1992) zurück, die sich mit der Verfolgung von Objekten im visuellen Umfeld beschäftigten. Object Files kann man sich als mentale Platzhalter vorstellen, die zumindest minimale Informationen über die beobachteten Objekte enthalten, nämlich Form und Position. Diese einfachen mentalen Repräsentationen spielen eine wesentliche Rolle für die Objektpermanenz (Piaget 1974), also dem Verständnis, dass Objekte permanent existieren, auch wenn wir sie gerade nicht sehen. Diese mentalen Repräsentationen benutzen auch Säuglinge, die – im Gegensatz zur Piaget'schen Konzeption – bereits wissen, dass Objekte auch dann existent sind, wenn wir sie gerade nicht sehen können (Baillargeon et al. 1985).

Studien an Erwachsenen zeigen, dass es für diese Object Files eine numerische Beschränkung gibt: Üblicherweise können lediglich 4 bis maximal 5 Objekte gleichzeitig visuell verfolgt werden (Pylyshyn 1989; Scholl/Pylyshyn 1999; Trick/Pylyshyn 1994). Bei Säuglingen scheint diese Begrenzung sogar noch etwas niedriger, nämlich bei 3 bis 4 Objekten, zu liegen (Leslie et al. 1998).

Einige Forscher nehmen an, dass sowohl Kinder als auch Erwachsene derartige Object Files verwenden, um zwischen Anzahlen von Objekten im kleinen Zahlenraum (bis etwa 4) zu differenzieren (Leslie et al. 1998; Trick/Pylyshyn 1994). Anhand dieser Object Files gelingt die Unterscheidung von 2 und 3 Objekten, aber nicht mehr die von 4 und 6 Objekten, weil diese Unterscheidung die Kapazität der Object Files überschreitet. Diese Sichtweise bietet also eine plausible Erklärung für die oben dargestellten Befunde der Säuglingsforschung, dass kleine Anzahlen bis etwa 4 gut differenziert werden können.

Einschränkend ist hier allerdings zu bemerken, dass Object Files per definitionem für die visuelle Verarbeitung geeignet sind, aber nicht für die akustische. Diese Konzeption bietet also keine sehr gute Erklärung für die Tatsache, dass Säuglinge auch die Anzahl von Tönen im kleinen Zahlenraum differenzieren und dass sie intermodale Eins-zu-eins-Zuordnungen zwischen visuellen und akustischen Ereignissen herstellen können. Auch reichen Object Files nicht aus, um die neueren Befunde zu erklären, dass Säuglinge (und Tiere) in der Lage sind, auch größere Mengen nach ihrer Numerosität zu differenzieren, sofern das Verhältnis zwischen den beiden Mengen 2 : 1 nicht unterschreitet. Hier werden Vorstellungen vom sogenannten Akkumulator-Modell relevant.

2.3.2 Vom Akkumulator-Modell zum Approximativen Zahlensystem

numerische und Zeitverarbeitung

Dieses von Gallistel und Gelman (1992) propagierte Modell basiert auf einer Konzeption von Meck und Church (1983), die Befunde zur Korrespondenz der numerischen und der Zeitverarbeitung bei Ratten erklären sollte. Der Mechanismus ist in Abbildung 2.1 schematisch dargestellt und funktioniert wie folgt: Ein Schrittmacher sendet in konstanten Abständen Energieimpulse aus, die von einem Zählmechanismus, dem sogenannten Akkumulator, empfangen werden. Zwischen dem Schrittmacher und dem Akkumulator befindet sich ein Schalter, mit dem zwischen einem Zeitverarbeitungsmodus und einem Modus für die Verarbeitung von Mengen umgeschaltet werden kann. Im Zeitverarbeitungsmodus wird der Schalter am Beginn des zu messenden Zeitintervalls so gestellt, dass die Energie in den Akkumulator fließt, und bleibt so bis zum Ende des Intervalls. Die Energie, die kon-

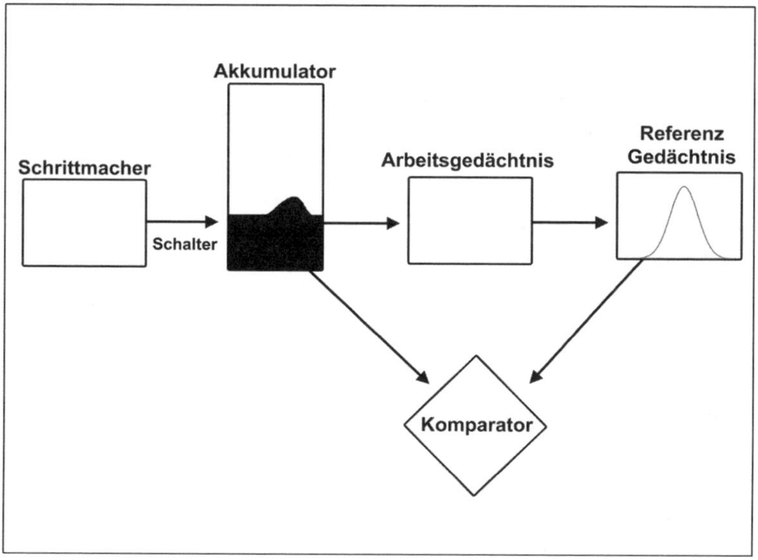

Abb. 2.1: Schematische Abbildung des Akkumulator-Modells (adaptiert nach Meck/Church 1983)

tinuierlich in den Akkumulator überwechselt, entspricht also direkt proportional dem Ausmaß der verstrichenen Zeit. Die Energiemenge im Akkumulator kann anschließend im Arbeitsgedächtnis mit früheren Energiemengen verglichen werden, die im Referenzgedächtnis gespeichert sind. Das heißt, es kann entschieden werden, ob das soeben gemessene Zeitintervall länger, kürzer oder gleich lang war wie frühere Zeitintervalle.

Im Zählmodus schließt der Schalter für ein kurzes, fixes Intervall, wenn ein zu zählendes Element wahrgenommen wird, und öffnet sich anschließend wieder. Der Akkumulator füllt sich also jetzt mit identisch großen Energiezuwächsen, korrespondierend zur Anzahl der beobachteten Elemente. Die Füllung des Akkumulators entspricht nun also direkt der diskreten Anzahl der Elemente. Somit kann anhand eines kontinuierlichen Energieflusses diskret gezählt werden. Dieser mentale Mechanismus enthält eine ganze Reihe von Akkumulatoren und Schaltern, so dass im Prinzip mehrere Zähl- und Zeitmessungsvorgänge parallel erfolgen können.

Zahlverarbeitung und Zeitwahrnehmung – ein und derselbe kognitive Mechanismus?

Die Annahme, dass Zeitverarbeitung und Verarbeitung von Numerositäten auf demselben kognitiven Mechanismus basieren, geht auf Befunde von Meck und Church (1983) zurück und wurde seither vielfach in unterschiedlichen experimentellen Paradigmen bestätigt (Überblick bei Brannon 2005). Meck und Church (1983) trainierten Ratten, zwei Abläufe zu unterscheiden und jeweils mit einer spezifischen Antwort zu reagieren. Ein Ablauf dauerte 2 Sekunden und bestand aus 2 akustischen Signalen, der andere dauerte 8 Sekunden und bestand aus 8 akustischen Signalen. Anschließend an dieses Training wurden unterschiedliche Testabläufe präsentiert: Entweder die Dauer des Testablaufs wurde konstant bei 4 Sekunden gehalten, aber die Anzahl der akustischen Signale wurde variiert, oder aber die Anzahl der Signale wurde konstant bei 4 gehalten, und die Dauer wurde systematisch variiert.

Interessanterweise modulierten beide Arten von Testabläufen das Verhalten der Tiere gleichermaßen. Das bedeutet, dass die Tiere offenbar Anzahl und Zeitdauer im selben Modus enkodiert hatten, ansonsten könnte es nicht zu dieser Konfundierung kommen. Die Wahrscheinlichkeit für eine „lange Zeitdauer"- oder „mehr Stimuli"-Antwort nahm bei steigender Stimulusdauer und steigender Stimulusanzahl sogar genau identisch zu, die psychophysischen Funktionen waren kaum zu unterscheiden. Verabreicht man Ratten Metamphetamin, ein Aufputschmittel, so erhöht sich im beschriebenen Paradigma die Wahrscheinlichkeit, dass die Tiere einen Testablauf als „lange" (Zeit) oder „viel" (Numerosität) beurteilen, in exakt gleichem Ausmaß. Die theoretische Erklärung besteht darin, dass das Metamphetamin zu einer Erhöhung der Rate der vom Schrittmacher an den Akkumulator gesendeten Impulse führt.

Ausgehend von derartigen Befunden schlug Vincent Walsh (2003) „A Theory of Magnitude (ATOM)" vor, also ein gemeinsames neurokognitives System für die Verarbeitung von Anzahlen, Zeit und Raum (s. Abschnitt 1.6). Neurophysiologisch siedelt Walsh dieses System im inferioren parietalen Kortex an. Dieses Modell ist entwicklungspsychologisch von hohem Interesse, weil Walsh davon ausgeht, dass Neugeborene mit einem relativ undifferenzierten Kernsystem ausgestattet sind, das für die Verarbeitung aller drei Domänen zuständig ist. Erst in der Interaktion mit der Umwelt lernt das Kind, das ursprünglich gleichermaßen auf Veränderungen der Größe, Geschwindigkeit, Distanz und Dauer externer Ereignisse reagiert, allmählich zwischen den Dimensionen zu differenzieren. Diese anfangs undifferenzierten Reaktionen sind häufig sinnvoll, weil in der realen Welt Raum, Zeit, Geschwindigkeit, Größe und Anzahl ohnehin meist nicht vollständig voneinander zu trennen sind.

Zwei numerische Wahrnehmungsmechanismen?

Das Akkumulator-Modell kann gut erklären, warum Babys im größeren Zahlenraum nur Elementsets mit einem deutlichen Unterschied (8 vs. 16, aber nicht 8 vs. 12) differenzieren können. Der Schrittmacher sendet die Energieimpulse nicht mit der Präzision einer Atomuhr. Vielmehr gibt es hier leichte Abweichungen. Die Zählung von größeren Anzahlen wird somit unpräzise. Weniger gut erklären kann dieses Modell, warum Babys sehr wohl in der Lage sind, 3 von 4 Elementen zu unterscheiden. Auch hier sollte sich die beschränkte Präzision des Zählmechanismus bereits auswirken, nichtsdestotrotz treffen Säuglinge und auch Tiere diese Differenzierung mit überzufälliger Genauigkeit. Einige Forscher (Carey 2001; Feigenson et al. 2004; Xu 2003; Xu et al. 2005) gehen daher davon aus, dass Menschen und Tiere tatsächlich zwei neurofunktional separierbare Mechanismen zur Wahrnehmung von Numerositäten zur Verfügung haben: eines für die präzise Wahrnehmung von Anzahlen im kleinen Zahlenraum bis etwa 4 und ein zweites für die approximative Verarbeitung von größeren Mengen.

Aufbauend auf dem Akkumulator-Modell hat sich die Vorstellung eines **approximativen Zahlensystems** (im Englischen: approximate number system, ANS) in der numerischen Kognitionsforschung durchgesetzt. Die Annahme einer unscharfen Mengenrepräsentation basiert auf den bereits diskutierten Befunden, dass sowohl unterschiedliche Tierarten als auch Kleinkinder in der Lage sind, numerische Anzahlen zu unterscheiden. Diese Leistung ist aber unpräzise und folgt einer eng umschriebenen Gesetzmäßigkeit – dem vom Physiologen Ernst Heinrich Weber (1834) postulierten Gesetz der differentiellen Wahrnehmungsschwelle. Damit ein Organismus die Veränderung einer Ausgangsintensität(/-menge) wahrnehmen kann (differentielle Wahrnehmungsschwelle), bedarf es einer Intensitätsveränderung, die in einem konstanten Verhältnis zur Ausgansintensität(-menge) steht. Zum Beispiel: Wenn es einer Intensitätsveränderung von 2kg bedarf um eine Veränderung der Ausgangsmenge von 10kg wahrzunehmen, bedarf es einer Intensitätsveränderung von 4kg (die doppelte Menge) um eine Veränderung der Ausgangsmenge von 20kg wahrzunehmen. Die Diskriminierungsfähigkeit von numerischen Mengen verhält sich ähnlich. Bereits im Alter von 6 Monaten können Unterschiede in der Anzahl bei einem konstanten Verhältnis von 2:1 wahrgenommen werden (8 von 16 und 16 von 32 Elementen können in den unter Absatz 2.2 beschriebenen Habituationsparadigmen differenziert werden), im Alter von 9 Monaten ist bereits eine Differenzierung von Unterschieden im Verhältnis 1:3 (also z.B. 8 vs. 12 Punkte) möglich (z.B. Xu/Spelke 2000). Auch Erwachsene benötigen mehr Zeit, die numerisch größere von zwei Zahlen auszuwählen, wenn das Verhältnis zwischen den beiden Anzahlen relativ klein ist (z.B. 8 vs. 9 – Verhältnis 0.89), als wenn das Verhältnis zwischen den Anzahlen groß ist (z.B. 4 vs. 8 = Verhältnis 0.5). Der so genannte Weberbruch ist also eine alternative Beschreibung des in Absatz 1.5 erläuterten Distanzeffekts. Zusammengefasst deuten diese Befunde darauf hin, dass Anzahlen unscharf repräsentiert sind. Aus diesem Grund werden Anzahlen im approximativen Zahlensystem als sich überschneidende Wahrscheinlichkeitsverteilungen beschrieben (s. Abb. 2.2).

Webersches Gesetz der differentiellen Wahrnehmungsschwelle

Inwieweit das approximative Zahlenverständnis tatsächlich eine funktionelle Rolle für die Entwicklung symbolischer und arithmetischer Kompetenzen spielt, ist derzeit nicht eindeutig geklärt (z.B. De Smedt et al. 2013; Leibovich/Ansari 2015; Schneider et al. 2016). Der Nachweis einer Kausalbeziehung erweist sich als äußert schwierig. So gibt es derzeit keine Studie, die einen überzeugenden Beleg dafür

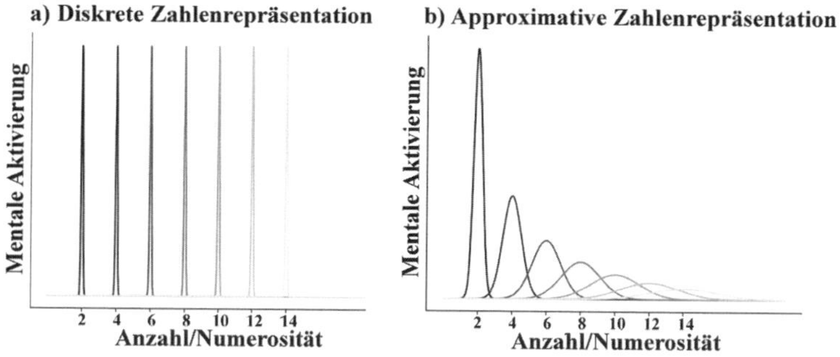

Abb. 2.2: Vergleichende Darstellung einer diskreten (a) und approximativen (b) Zahlenrepräsentation (adaptiert nach Cantlon et al, 2009)

erbringen konnte, dass eine schwache Ausprägung des approximativen Zahlenverständnisses in den ersten Lebensmonaten zu schwachen arithmetischen Leistungen im Kindes- und Erwachsenenalter führt – die dafür erforderlichen Längsschnittstudien fehlen. Wie die nächsten Unterkapitel zeigen, bildet die Entwicklung eines gut ausgeprägten symbolischen Zahlenverständnisses dagegen eine zentrale Basis für den Erwerb arithmetischer Fertigkeiten.

2.4 Die Entwicklung des Zählens

Kenntnis der Zahlwörter

Auch wenn bereits Säuglinge offenkundig über beachtliche Fähigkeiten zur Verarbeitung von Numerositäten verfügen, wird die zentrale numerische Kompetenz des Zählens üblicherweise im Kindergartenalter erworben. Ein wichtiger erster Bestandteil dieses Erwerbs ist die Kenntnis der Zahlwörter. Allerdings geht aus der Tatsache, dass ein Kind die Zahlwortsequenz korrekt wiedergeben kann, nicht hervor, ob es auch die damit verbundene numerische Leistung schon erbringen kann. Vielleicht hat dieses Kind bisher erst gelernt, die Zahlwortsequenz auswendig aufzusagen wie einen lustigen Kinderreim. Bittet man das Kind, aus einem Korb 4 Murmeln herauszunehmen, greift es möglicherweise in den Korb und nimmt eine Handvoll – ob diese Handvoll dann nur 3 oder vielleicht auch 6 oder 7 Murmeln enthält, ist nicht relevant. Offenbar hat dieses Kind noch nicht verstanden, dass das Zahlwort „vier“ für eine diskrete Menge von Murmeln steht. Die Aussage der stolzen Mutter eines Dreijährigen: „Mein Kind kann schon bis zehn zählen“ ist also mit entsprechender Zurückhaltung zu interpretieren – oft werden hier im Alltag die numerischen Fähigkeiten der Kinder überschätzt.

„Wie man zählt“-Prinzipien

Gelman und Gallistel (1978) benennen einige dem Zählprozess inhärenten Prinzipien, wobei sie zwischen den drei zentralen Prinzipien

„Wie man zählt“ (how-to-count principles) und den Prinzipien „Was man zählen kann“ (what-to-count principles) unterscheiden. Die drei „Wie man zählt“-Prinzipien sind:

(1) Das *Prinzip der Eins-zu-eins-Zuordnung*: Jedem zu zählenden Objekt muss genau ein Zahlwort zugeordnet werden. Typische Fehler, die hier passieren können, sind, dass ein Objekt doppelt oder auch gar nicht gezählt wird.

(2) Das *Prinzip der stabilen Abfolge*: Die Zahlwörter werden in einer konsistenten (der Konvention der jeweiligen Sprache entsprechenden) Abfolge verwendet. Ein Kind, das 5 Murmeln mit den Zahlwörtern „eins, zwei, vier, fünf, sieben“ zählt, ist mit der genauen Abfolge der Zahlwörter offenbar noch nicht ausreichend vertraut. Wenn das Kind bei einem zweiten Zählversuch dann „eins, drei, vier, sieben, fünf“ zählt, ist offenkundig, dass es das Prinzip der stabilen Abfolge noch nicht beherrscht.

(3) *Das Kardinalitätsprinzip*: Das letzte Wort des Zählprozesses repräsentiert die Mächtigkeit oder Kardinalität der zu zählenden Menge. Das Verständnis dieses Prinzips ist besonders schwer festzustellen. Das Nichtverstehen der ersten beiden Prinzipien führt schnell zu einem fehlerhaft durchgeführten Zählprozess. Dagegen kann es sein, dass der Zählprozess von 5 Murmeln völlig korrekt durchgeführt wird, obwohl das Kind noch nicht erfasst, dass es eine Menge von genau 5 Murmeln vor sich hat. Fragt man ein Kind, das das Kardinalitätsprinzip noch nicht erfasst hat, nach Abschluss des Zählprozesses, wie viele Murmeln es denn nun habe, kann es sein, dass es den Zählprozess wieder von vorn beginnt und die Murmeln neuerlich von „eins“ bis „fünf“ durchzählt. Die Frage „Wie viele sind das?“ wird offenbar als Aufforderung zum Zählen verstanden. Dass das Ergebnis dieses Zählprozesses der Mächtigkeit der Menge entspricht, ist dem Kind noch nicht deutlich geworden. Aber selbst wenn das Kind auf die Frage „Wie viele Murmeln sind das?“ korrekt mit „fünf“ antwortet, ist letztlich nicht klar, ob es versteht, dass das Zahlwort „fünf“ die Kardinalität der gezählten Menge repräsentiert, oder ob es bisher lediglich gelernt hat, dass man auf die Frage „wie viele“ mit dem letzten Zahlwort der ordinalen Zahlwortreihe antworten muss.

„Was man zählen kann“-Prinzipien

Zwei weitere Prinzipien besagen, „was man zählen“ kann:

(4) Das *Prinzip der Irrelevanz der Abfolge*: Die zu zählenden Items

können in jeder beliebigen Abfolge gezählt werden. Solange das Eins-zu-eins-Prinzip dabei Berücksichtigung findet, erhält man ein korrektes Ergebnis.

(5) Das *Prinzip der Irrelevanz des Zählinhalts*: Gezählt werden kann alles: Wenn ich wissen möchte, wie viele Tiere im Zoo leben, muss ich Elefanten, Spitzmäuse und Pinguine zusammenzählen, auch wenn es sich hier um sehr unterschiedliche Tierarten handelt. Gezählt werden kann über alle denkbaren semantischen Kategorien hinweg: alle Dinge, die sich gerade auf dem Tisch befinden (1 Tischtuch, 1 Apfel, 1 Fliege, 3 Kuchenbrösel und 2 Bilderbücher ergeben 8 Dinge), die Monster in meiner Vorstellung oder die Tage bis zum nächsten Geburtstag. Gegebenenfalls kann man auch all diese Dinge zusammenzählen – der Zählprozess an sich erlegt hier keinerlei Beschränkungen auf. Erst wenn all diese Prinzipien verstanden werden, wird der Zählprozess so durchgeführt, wie es für uns Erwachsene selbstverständlich ist.

verbales Zählen

Dem Erwerb des verbalen Zählens kommt in der Entwicklung der numerischen Kognition in zweierlei Hinsicht eine zentrale Rolle zu. Zum einen stellt die Zuordnung von Zahlwörtern zu den korrespondierenden Numerositäten im Erwerb die erste symbolische Repräsentation von Numerositäten dar. Die arabischen Ziffern und Zahlen, die von der Mehrzahl der Kinder erst im schulischen Kontext erworben werden, sind dann die zweite gängige symbolische Repräsentationsform für Numerositäten. Zum anderen stellt Zählen die wesentliche Grundlage für die Entwicklung früher Rechenoperationen (Addition und Subtraktion) und somit für die Entwicklung der arithmetischen Kompetenz dar. Mit diesen beiden Aspekten befassen sich die nächsten beiden Abschnitte.

Zusammenfassung

Zählfertigkeiten werden von den meisten Kindern bereits vor dem Schulalter erworben. Die Durchführung eines korrekten Zählprozesses erfordert das Verständnis und die adäquate Umsetzung der Prinzipien „Wie man zählt" (Eins-zu-eins-Zuordnung, stabile Abfolge und Kardinalität) und „Was man zählen kann" (Irrelevanz der Abfolge und Irrelevanz des Zählinhalts).

2.5 Symbolische Repräsentation von Numerositäten: Zahlwörter, arabische Zahlen und Transkodieren

Zahlengrößenvergleich

Zahlensemantik

Ob und wie gut Kinder die symbolischen Notationen von Numerositäten in Form von Zahlwörtern und arabischen Zahlen verstehen, lässt sich sehr gut anhand der Aufgabe des Zahlengrößenvergleichs feststellen: Es werden visuell oder auditorisch zwei Zahlen dargeboten, und das Kind muss entscheiden, welche Zahl die numerisch größere Menge abbildet. Diese einfache Aufgabenstellung kann nur dann gelöst werden, wenn das Verständnis vorliegt, welche Menge die jeweiligen Zahlen symbolisch abbilden. Der Zahlenvergleich zeigt also sehr schnell, wie gut Kinder die *Zahlensemantik* von Zahlwörtern und arabischen Zahlen verstehen. Zumeist sind bereits Kindergartenkinder in der Lage, einstellige arabische Ziffern korrekt miteinander zu vergleichen (Duncan/McFarland 1980; Sekuler/Mierkiewicz 1977). Natürlich steigt mit zunehmendem Alter die Antwortgeschwindigkeit bei dieser Aufgabe, bis sie dann im Erwachsenenalter mit hoher Genauigkeit und Reaktionszeiten im Bereich von wenigen 100 ms durchgeführt werden kann. Eine wesentliche Frage ist, wie sich die in Abschnitt 1.5.1 besprochenen Muster der Zahlenverarbeitung entwickeln.

approximative Repräsentation

Interessanterweise wurde der *Distanzeffekt* (je größer der numerische Abstand zwischen den beiden Ziffern, desto schneller und sicherer die Entscheidung) bereits im Kindergartenalter festgestellt. In Abschnitt 1.5.1 wurde dieser Effekt als Evidenz dafür interpretiert, dass unsere kognitive Repräsentation von Mengen approximativ ist. In dieser analogen Repräsentation sind ähnliche Mengen schwerer zu differenzieren als Mengen, bei denen der Größenunterschied sehr deutlich ist. Ohne vorherigen Zählprozess 8 Murmeln von 2 Murmeln zu unterscheiden ist einfacher als 8 Murmeln von 7 Murmeln zu unterscheiden. Dieser Effekt findet sich auch dann, wenn die zu vergleichenden Mengen in Form von arabischen Ziffern dargestellt sind.

Die Relevanz einer gut ausgeprägten Zahlensemantik (Zugriff auf die numerische Bedeutung von Ziffern) zeigt sich auch darin, dass Leistungen in der Zahlenvergleichsaufgabe mit individuellen Leistungsunterschieden in der Bearbeitung einfacher arithmetischer Aufgaben in Zusammenhang stehen: Eine schnelle und sichere Entscheidung beim Zahlengrößenvergleich geht mit besseren Leistung beim Lösen von arithmetischen Aufgaben einher (De Smedt et al. 2009; Holloway/Ansari 2009; Landerl 2013; Landerl/Kölle 2009; Vogel et al. 2015). Vermutlich bildet der effiziente und akkurate Zugriff auf die Zahlensemantik eine wichtige Grundlage für den Umgang mit Ziffern – ein zentrales Merkmal für den Erwerb arithmetischer Fertigkeiten.

physischer Zahlengrößenvergleich

Für Erwachsene lässt sich auch zeigen, dass die numerische Größe der präsentierten Ziffern die Reaktionszeit beim physischen Zahlenvergleich beeinflusst: Die Reaktionszeiten in der inkongruenten Bedingung (z.B. 3 8) sind systematisch niedriger als in der kongruenten Bedingung (z.B. 3 8). Obwohl die *Zahlensemantik* der dargebotenen Ziffern für diese Aufgabenstellung irrelevant (und sogar hinderlich) ist, wird sie dennoch offenbar *automatisch aktiviert*, und zwar so schnell, dass sie eine sehr einfache Größer-kleiner-Differenzierung beeinflusst. Ein weiterer Hinweis auf den hohen Automatisierungsgrad bei der Verarbeitung von arabischen Ziffern ist, dass sich auch im physischen Größenvergleich ein numerischer Distanzeffekt zeigt: Welches die physisch größere Zahl ist, kann bei den Zahlenpaaren 3 8 und 3 8 schneller entschieden werden als bei den Zahlenpaaren 3 4 und 3 4, weil die Distanz zwischen den beiden ersteren Zahlen größer ist.

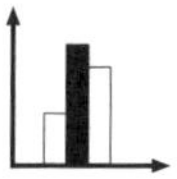

Effekte bei Schülern

Girelli und Mitarbeiter (2000) konnten zeigen, dass diese Effekte auch bei Schülern der 5. Schulstufe bereits vorliegen. Für Kinder der 3. Schulstufe konnte zwar ein Einfluss der Kongruenz der physischen und numerischen Größe gefunden werden, aber kein Einfluss der numerischen Distanz auf die physische Entscheidung. Für Kinder der 1. Schulstufe konnte keiner der beiden Effekte gefunden werden, offenbar war die Zahlenverarbeitung bei diesen Kindern noch nicht ausreichend automatisiert. Rubinsten und Kollegen (2002) konnten kürzlich bestätigen, dass am Beginn der 1. Schulstufe tatsächlich noch keine Interferenz zwischen physischer und numerischer Größe vorliegt. Nur ein Schuljahr später, am Ende der 1. Klasse, zeigte sich in dieser Studie allerdings bereits ein Kongruenzeffekt, d.h. die Automatisierung der Zahlenverarbeitung hatte hier bereits eingesetzt.

Die eben diskutierten Befunde beziehen sich auf das Wissen, dass eine bestimmte Menge mit der jeweiligen Zahl symbolisch abgebildet wird. Offensichtlich spielt der effiziente Zugriff auf diese Repräsentation eine zentrale Rolle für die Entwicklung der numerischen Kognition. In jüngerer Zeit setzt sich allerdings das Verständnis durch, dass die Repräsentation von Zahlen wesentlich reichhaltiger ist und über das Assoziationsverständnis von „Symbol-Menge" hinausreicht. Besonders das Wissen um Beziehungen zwischen Zahlensymbolen (Symbol-Symbol) scheint eine weitere und wichtige Dimension der Zahlensemantik zu sein (Überblick bei Lyons et al. 2016).

Reihenverständnis von Zahlen

Dies wird in der Forschung auch als Sequenz- oder Reihenfolgenverständnis (Ordinalität) bezeichnet und beschreibt das Wissen darüber, dass etwa das Zahlensymbol „4“ vor dem Zahlensymbol „5“ aber nach dem Zahlsymbol „3“ kommt (*auch im Alphabet finden sich solche Beziehungen, der Buchstabe B kommt vor C aber nach A*). Zur Untersuchung dieses Repräsentationswissens wird häufig eine Verifikationsaufgabe verwendet: Zahlenpaare oder Zahlentriplets (z.B. 2 3 4 oder 4 3 2) werden auf einem Bildschirm präsentiert. Die Aufgabe besteht darin, so schnell und akkurat wie möglich zu entscheiden, ob die präsentierten Zahlen in einer aufsteigenden/absteigenden oder keiner (z.B. 2 4 3) Reihenfolge angeordnet sind. Im Gegensatz zur Zahlenvergleichsaufgabe zeigt sich bei dieser Verifikationsaufgabe ein umgekehrter Distanzeffekt für Items mit der Distanz von 1 (z.B. 2 3 4). Mit anderen Worten, Zahlenkombinationen mit einer Distanz von 1 (z.B. 2 3 4) werden schneller als aufsteigend/absteigend identifiziert als Zahlenkombinationen mit einer Distanz von 2 (z.B. 2 4 6; Turconi et al. 2006; Vogel et al. 2017). Empirische Befunde bei Erwachsenen und Kindern konnten nun zeigen, dass individuelle Unterschiede in der Bearbeitungsgeschwindigkeit in einem reliablen und positiven Zusammenhang mit der Rechenleistung stehen – je schneller die Aufgabe gelöst wird, desto besser sind Rechenleistungen (Lyons/Ansari 2015; Vogel et al. 2017). Des Weiteren scheint besonders bei aufsteigenden Zahlen die Größe des umgekehrten Distanzeffektes mit arithmetischer Kompetenz zu korrelieren (Goffin/Ansari 2016). Interessant sind vor allem die Ergebnisse einer groß angelegten Querschnittstudie mit 1391 Kindern der ersten bis sechsten Schulstufe (Lyons et al. 2014). Während in der ersten und zweiten Klasse die Zahlenvergleichsaufgabe – also der Zugriff und das Wissen über die „Symbol-Mengen“-Beziehung – der beste Prädiktor für arithmetische Leistungen war, erwies sich bei Kindern der sechsten Klasse die Verifikationsaufgabe von Zahlenreihen – also das „Symbol-Symbol“-Verständnis als der beste Prädiktor für arithmetische Leistungen. Anscheinend hängen beide Dimensionen zu unterschiedlichen Zeitpunkten mit der arithmetischen Kompetenzentwicklung zusammen.

Zahlenstrahl-aufgaben

Auch Zahlenstrahlaufgaben geben Aufschluss über die reichhaltige kognitive Repräsentation von Zahlen: Hier werden Kinder gebeten, auf einer geraden Linie, deren Anfangs- und Endpunkte numerisch gekennzeichnet werden (z. B. 0 und 100), anzuzeigen, wo bestimmte Zahlen (z. B. 64) anzuordnen sind, bzw. die Zahl zu benennen, die einer bestimmten Markierung am Zahlenstrahl entspricht. Bei dieser Aufgabe muss also die numerische Distanz einer Zahl von den Endpunkten im Zahlenstrahl in Form einer räumlichen Distanz dargestellt werden.

von logarithmisch zu linear

Interessanterweise konnten Siegler und Kollegen (Opfer/Siegler 2007; Siegler/Booth 2004; Siegler/Opfer 2003) hier einen typischen Entwicklungsverlauf festmachen, der in Abbildung 2.3 exemplarisch für Kinder der 2. und 4. Schulstufe dargestellt ist. Die Abbildung zeigt, dass Kinder der 4. Schulstufe ganz gut in der Lage sind, Zahlen auf einem Zahlenstrahl bis 1.000 anzuordnen, Kinder der 2. Schulstufe jedoch dazu neigen, kleine Zahlen systematisch zu weit rechts auf dem Zahlenstrahl zu platzieren (d. h. sie *über*schätzen deren Distanz von 0). Die Zahl 100 tragen sie beispielsweise dort auf, wo sich tatsächlich die Zahl 250 befindet, die Zahl 250 zeigen sie wiederum in etwa dort an, wo sich tatsächlich die Zahl 600 befindet. Im großen Zahlenraum wird die Distanz dagegen geringfügig *unter*schätzt. Insgesamt entspricht dies einer logarithmischen Funktion. Daraus schließen Siegler und Kollegen, dass die kognitive Repräsentation von Zahlen (mentaler Zahlenstrahl) ursprünglich logarithmisch ist und sich erst durch Übung und Erfahrung der lineare Zahlenstrahl herausbildet, wie er bei den älteren Kindern der 4. Schulstufe zu beobachten ist. Für kleinere Zahlen (Zahlenstrahl 0–100) zeigt sich eine ähnliche Entwicklung vom Kindergarten (logarithmisch) bis in die 2. Schulstufe (linear; Siegler/Booth 2004).

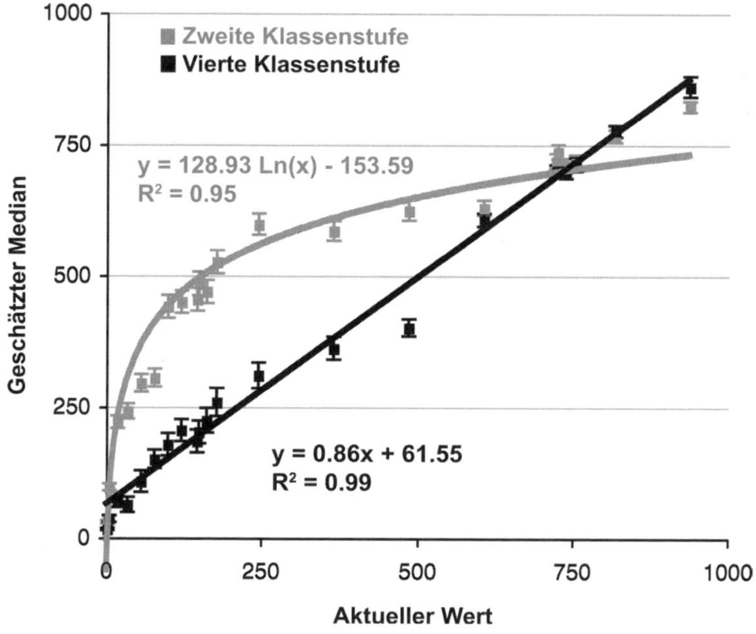

Abb. 2.3: Geschätzte Positionen von Zahlen am Zahlenstrahl von 0 bis 1.000 für Kinder der 2. und 4. Schulstufe (aus Opfer/Siegler 2007)

Aktuelle Befunde weisen auch darauf hin, dass die logarithmische Kurve, die Siegler und Kollegen beobachten, möglicherweise auf zwei unterschiedliche Repräsentationen zurückzuführen ist, die allerdings jeweils wieder linear sein könnten. Pixner und Kollegen (2009) berichten etwa, dass bei jüngeren Kindern ein- und mehrstellige Zahlen unterschiedlich repräsentiert sein könnten. Ebersbach und Mitarbeiter (2008) erhoben, wie weit Kinder zählen konnten. Es zeigte sich, dass sowohl innerhalb des bereits zählend beherrschten Bereichs als auch jenseits dieses Bereichs die Abbildungen am Zahlenstrahl linear waren, wobei der gut vertraute Bereich am Zahlenstrahl überrepräsentiert war. Das heißt, dass Kinder Zahlen, die ihnen bereits gut vertraut sind, tatsächlich in ihrem Abstand zu Null überschätzen und Zahlen, die sie noch nicht beherrschen, eher unterschätzen.

Erwerb des Stellenwertsystems – Zahlensyntax

Die Besonderheit des arabischen Zahlsystems, die für seine weltweite Verbreitung sorgte, ist das Stellenwertsystem. Mit nur zehn unterschiedlichen Ziffern von 0 bis 9 können unendlich viele Zahlen gebildet werden. Der Erwerb dieses eleganten Notationssystems birgt allerdings eine ganze Reihe von Stolpersteinen: Das Kind muss verstehen, dass ein und dieselbe Ziffer in unterschiedlichen Positionen im Zahlwort stark unterschiedliche numerische Bedeutungen hat (z. B. *3*, *3*5, *3*25, *3*.251 usw.). Weiterhin muss verstanden werden, dass die Ziffer 0 nicht gleichbedeutend ist mit „nichts“, sondern dass dieser Ziffer als Platzhalter im arabischen Notationssystem eine wichtige Funktion zukommt (305 ist etwas völlig anderes als 35). Umgekehrt dürfen aber nicht alle Nullen von Zahlwörtern immer angeschrieben werden: Die Zahl „fünftausenddreihundertundzwanzig“ ist nicht anzuschreiben als 500030020, sondern als 5.320, wobei der Platzhalter 0 jeder Stelle immer adäquat überschrieben werden muss. Die Zahl „dreihundert“ ist nicht als „3.100“ darzustellen, obwohl doch 3 für „drei“ und 100 für „hundert“ steht. Diese Kompositionsprinzipien (Überblick bei Nuerk et al. 2006) werden auch als *Zahlensyntax* bezeichnet.

Erwerb des Transkodierens

Obwohl die meisten Sprachen das arabische Notationssystem übernommen haben, gibt es dennoch sprachabhängige Unterschiede im Transkodieren, die von den linguistischen Prinzipien der Zahlwortkonstruktion abhängen. Ein spezielles Merkmal des deutschen Zahlwortsystems ist die Inversion von Zehnern und Einern (21, aber „einundzwanzig“). Tatsächlich zeigen empirische Befunde, dass deutschsprachige Kinder mit dem Erwerb des arabischen Notationssystems etwas mehr Mühe haben als französische (von Aster et al. 1997) oder japanische (Moeller et al. 2015). Deutsch ist nicht die einzige Sprache, in der bei zweistelligen Zahlen zuerst die Einer und dann erst die Zehner benannt werden: Für Niederländisch, Kroatisch und Ungarisch gilt das Gleiche, Tschechisch erlaubt sogar beide Konstruktionen („zweiunddreißig“ und „dreißigundzwei“).

Transparenz des dekadischen Systems

Eine weitere Besonderheit, die für den Erwerb des arabischen Notationssystems möglicherweise noch problematischer ist als die Zehner-Einer-Inversion, ist die Intransparenz der ersten Zahlwörter der zweiten Dekade: Aus der Wortform „elf“ geht nicht hervor, dass dieses Zahlwort „10 + 1“ bedeutet, Gleiches gilt für „zwölf“. Erst ab „dreizehn“ wird das dekadische System wieder einigermaßen transparent erkennbar, auch wenn die Wortkomposition für 13 bis 19 nicht der systematischen Komposition in den weiteren Dekaden (dreiunddreißig, dreiundfünfzig, dreiundneunzig) entspricht. Also genau an der Stelle, an der das Stellenwertsystem der arabischen Zahlen einsetzt, wird es durch die deutschen Zahlwörter nicht transparent abgebildet.

asiatische Sprachen

Viele asiatische Sprachen machen es Kindern deutlich leichter, das arabische Stellenwertsystem zu erfassen, weil das zehnerbasierte System auch in den Zahlwortformen systematisch abgebildet wird. Das chinesische Zahlwort für 11 heißt wörtlich übersetzt „zehn-eins“, 15 heißt dementsprechend „zehn-fünf“. Diese Systematik setzt sich auch in den weiteren Dekaden fort: 21 wird verbal dargestellt als „zwei-zehn-eins“, 71 ist „sieben-zehn-eins“, 331 entspricht „drei-hundert-drei-zehn-eins“. Diese systematische Zahlensyntax hat für die Entwicklung des Zählens wesentliche Vorteile: Ebenso wie in allen anderen Zahlwortsystemen müssen auch chinesische Kinder natürlich erst einmal die Zahlwörter von eins bis zehn lernen. Darüber hinaus ist der verbale Lernaufwand für den Zählprozess allerdings sehr gering, das nächste neue zu lernende Zahlwort ist erst wieder „hundert“. Sobald das systematische Kompositionsprinzip verstanden wird, können Kinder im Prinzip zumindest bis 100 durchzählen.

deutsche Sprache

Deutschsprachige Kinder müssen dagegen erst einmal die relativ intransparenten Zahlwörter bis 19 erwerben. Außerdem muss für jede Dekade ein neues Zahlwort gelernt werden („zwanzig“, nicht: „zweizig“; „dreißig“, nicht „dreizig“; „vierzig“; „siebzig“, nicht: „siebenzig“). Dass die Dekadennamen zumindest ab 30 den jeweiligen Zahlwörtern für die Einer ähnlich sind, mag hilfreich sein, möglicherweise erhöht aber für manche Kinder auch gerade diese Ähnlichkeit die Verwechslungsgefahr der Zahlwörter für Zehner und Einer. Wenn man Vorschulkindern beim Zählen zuhört, wird man typischerweise beobachten, dass sie am Ende einer Dekade stocken und überlegen, welche Dekade als nächste drankommt, und dass sie des Öfteren auch die falsche wählen („… achtundvierzig, neunundvierzig“ – Pause – „siebzig …“). Ein weiterer typischer Zählfehler besteht darin, dass innerhalb einer Dekade bis 19 weitergezählt wird („… neunundvierzig, zehnundvierzig, elfundvierzig …“). Die mangelnde Systematik der zweiten Dekade erweist sich hier tatsächlich als Stolperstein.

Kinder, die das zehnerbasierte Zahlensystem bereits im Zuge des Zahlworterwerbs erfassen können, haben vermutlich auch geringere Probleme, später das arabische Notationssystem zu erlernen. Auch hier haben Kinder vermutlich einen gewissen Vorteil, die eine asiatische Sprache mit transparenter und systematischer Zahlwortkonstruktion beherrschen, die konsistent zur arabischen Notationsweise passt. Das belegt etwa ein direkter Vergleich des Lesens und Schreibens arabischer Zahlen bei deutschen und japanischen Kindern (Moeller et al. 2015).

italienische und französische Sprache

Auch andere Zahlwortsysteme verfügen über bestimmte Eigenarten. Das italienische Zahlwortsystem setzt die Zehner-Einer-Inversion genau bis zur Zahl 16 („sedici“) um, ab 17 wird der Zehner vor dem Einer genannt („diciasette“). Das französische Wort für 80, „quatre vingt“, bedeutet wörtlich übersetzt „vier mal zwanzig“. Für den frühen Erwerb stellt dieses Phänomen allerdings vermutlich ein geringeres Problem dar: Kinder, die bis 80 zählen können, haben die grundsätzliche Systematik der Zahlensyntax bereits verstanden und vermutlich keine besonderen Schwierigkeiten, diese etwas umständliche Zahlwortkomposition zur Kenntnis zu nehmen. Im Gegenteil werden sie bereits im Zuge des Erwerbs der Zählleistungen darauf hingewiesen, dass größere Zahlen nicht nur in ihre Dekaden zerlegt werden können, sondern dass die Zahl 80 eben auch „4 x 20“ enthält.

Entwicklung des Kompatibilitätseffekts

Bereits in Abschnitt 1.5.1 wurden aktuelle Befunde dargestellt, die aufzeigen, dass zweistellige Zahlen vermutlich nicht holistisch verarbeitet werden. Vielmehr scheinen Zehner und Einer separat verarbeitet zu werden. So kann etwa die Entscheidung „42 < 57“ schneller getroffen werden als „47 < 62“, weil im ersteren Fall sowohl Zehner- als auch Einerziffer der ersten Zahl kleiner sind als die entsprechende Ziffer der zweiten Zahl, wohingegen beim zweiten Zahlvergleich der Einer der kleineren Zahl größer ist als der Einer der größeren Zahl. Inzwischen liegt Evidenz vor, dass auch Kinder Zehner und Einer separat verarbeiten, allerdings scheint die Verarbeitungsstrategie stark von der jeweiligen Aufgabe abhängig zu sein.

Während Pixner und Kollegen (2008) bereits bei Kindern am Ende der 1. Schulstufe einen Kompatibilitätseffekt beobachten konnten (der zwar noch deutlich kleiner ausfiel als bei Erwachsenen, aber ein ähnliches Verarbeitungsmuster suggeriert), fanden Nuerk und Mitarbeiter

(2004) erst ab der 5. Schulstufe ein ähnliches Verarbeitungsmuster wie bei Erwachsenen. Jüngere Kinder (2. Schulstufe) schienen zweistellige Zahlen eher sequenziell von links nach rechts abzuarbeiten, d. h. sie trafen ihre Auswahl, welche Zahl die größere ist, im Wesentlichen auf Basis der Zehnerstelle. In dieser Studie war dies eine effiziente Strategie, weil sich alle zu vergleichenden Zahlenpaare in ihrer Zehnerstelle unterschieden. Pixner und Kollegen (2008) präsentierten dagegen auch Zahlenpaare, die in der Zehnerstelle identisch waren (z. B. 48 – 42), so dass auch die Einerstelle verarbeitet werden musste. Die Verarbeitung scheint also in gewissem Ausmaß strategieabhängig zu sein. Die wichtige Erkenntnis ist allerdings, dass zweistellige Zahlen offenbar nicht als holistische Einheit verarbeitet werden.

Zusammenfassung

Das Zahlwortsystem und die arabische Notationsweise für Zahlen werden in der Vor- und Grundschulzeit erworben. Ein wesentlicher Faktor im Erwerb dieser beiden symbolischen Repräsentationsformen für Numerositäten ist, wie gut das Zahlwortsystem das dekadische Positionssystem der arabischen Zahlen darstellt. Spezifische Probleme des deutschen Zahlwortsystems sind die Intransparenz der Zahlwörter der zweiten Dekade (elf, zwölf), die arbiträre Wortform der Zehner (zwanzig, nicht: zweizig) und die Zehner-Einer-Inversion bei zweistelligen Zahlen.

Der Erwerb des arabischen Notationssystems erfordert ein gutes Verständnis für das Stellenwertsystem und die unterschiedlichen Kompositionsprinzipien (Zahlensyntax). Neue Befunde zeigen, dass zweistellige Zahlen bereits im Kindesalter nicht holistisch verarbeitet werden, vielmehr geht jede Ziffer separat in die Verarbeitung ein.

2.6 Erwerb der arithmetischen Kompetenzen

Karen Wynn (1992) konnte in ihren bahnbrechenden Studien belegen, dass Babys in den ersten Lebensmonaten nicht nur in der Lage sind, zwischen Numerositäten zu differenzieren, sondern dass sie offenbar auch über ein Verständnis für einfache arithmetische Operationen (Addition und Subtraktion) verfügen (s. grauer Kasten).

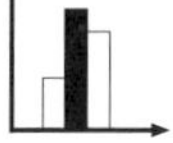

Auch Starkey (1992) demonstrierte an etwas älteren Kindern (18–35 Monate), dass sie auf Basis von einfachen arithmetischen Operationen numerische Erwartungen entwickeln und demgemäß auch ihre Handlungen anpassen: Die Kinder beobachteten, wie zwischen 1 und 5 identisch aussehende Tischtennisbälle in eine Schachtel gelegt wurden, deren Inhalt sie nicht sehen konnten. Als Nächstes beobachteten die Kinder, wie der Versuchsleiter kleine Anzahlen von Bällen entweder hinzufügte (addierte) oder aus der Schachtel herausnahm (subtrahierte). Jetzt durften die Kinder in die Schachtel hineingreifen und die Bälle herausholen, wobei die Öffnung so eng war, dass jeweils nur ein Ball herausgenommen werden konnte. Bei entsprechend kleinen Anzahlen passten bereits die 18 Monate alten Kinder die Anzahl der Griffe in die Schachtel an die beobachtete einfache arithmetische Operation an – die Anzahl der Greifbewegungen korrespondierte mit der Anzahl der Tischtennisbälle, die „errechnet“ worden war.

Präverbales Addieren und Subtrahieren

Wynn (1992) zeigte 5 Monate alten Babys den in Abbildung 2.4 schematisch dargestellten Handlungsablauf: Das Kind beobachtet eine Bühne, auf der 1 Figur steht. Die Bühne wird nun durch einen Schirm verdeckt, so dass die Figur nicht mehr sichtbar ist. Als Nächstes bewegt sich von der Seite eine Hand hinter den Schirm, die eine 2. Figur hält. Die Hand wird anschließend wieder zurückgezogen – sie ist jetzt offenkundig leer und hält keine Figur mehr. Nun wird der Handlungsablauf auf eine von zwei Arten, die sich kritisch voneinander unterscheiden, fortgesetzt. Das Kind beobachtet entweder einen *möglichen* oder einen *unmöglichen Handlungsablauf*: Im möglichen Handlungsablauf bewegt sich der Abdeckschirm nach unten und auf der Bühne werden 2 Figuren sichtbar. Im unmöglichen Handlungsablauf bewegt sich der Abdeckschirm ebenfalls nach unten, aber diesmal steht auf der Bühne nur 1 Figur – obwohl doch soeben offenkundig eine 2. Figur dazugestellt wurde. Gemessen wurde die Blickdauer: Wynn (1992) konnte zeigen, dass jene Babys, die den unmöglichen Handlungsablauf beobachteten, diesen signifikant länger inspizierten als Babys, die den möglichen Handlungsablauf vorgeführt bekamen.

Eine längere Blickdauer wird in der Säuglingsforschung üblicherweise als Überraschung interpretiert – sozusagen als Interesse an etwas, das bisher nicht beobachtet werden konnte. Im Kontext des Experiments würde das bedeuten, dass bereits 5 Monate alte Babys aufgrund einer mental durchgeführten Addition (1 Puppe + 1 Puppe) erwarten, dass hinter dem Schirm 2 Puppen stehen, und dann überrascht sind, wenn dies nicht der Fall ist. Allerdings sollten derartige Interpretationen sehr vorsichtig gemacht werden, möglicherweise gibt es einen anderen Grund für das Verhalten der Babys.

Eine offenkundige Alternativerklärung ist, dass Babys möglicherweise 1 Puppe interessanter finden als 2 Puppen und dass der durchgeführte Handlungsablauf, der eine Addition repräsentiert, gar nicht relevant ist für den empirischen Befund. Diese Alternativerklärung lässt sich leicht überprüfen, indem man Babys gleichzeitig nebeneinander 1 und 2 Puppen präsentiert und beobachtet, ob sie eine dieser Konfigurationen ausführlicher betrachten. Genau diese Kontrollbedingung führte Wynn durch und konnte keinen derartigen Unterschied in der Blickdauer für 1 und 2 Puppen beobachten, somit wird diese Alternativerklärung eher unplausibel.

Ein weiteres Experiment belegt ebenfalls, dass eine natürliche Präferenz für 1 gegenüber 2 den Unterschied in der Blickdauer nicht erklären kann: Diesmal stehen zu Beginn des Experiments 2 Puppen auf der Bühne. Dann verdeckt wiederum ein Schirm die beiden Figuren. Von der Seite kommt eine – diesmal leere – Hand herein. Als sie wieder zurückgezogen wird, hält diese Hand 1 Puppe fest. Der Schirm senkt sich, und auf der Bühne steht entweder 1 Puppe (diesmal das mögliche Ereignis) oder 2 Puppen (das unmögliche Ereignis). Hätten die Kinder eine natürliche Präferenz für 1, dann wäre auch in diesem Experiment am Ende wieder die Blickdauer für 1 Puppe länger als für 2 Puppen. Wenn die Kinder dagegen in der Lage waren, die einfache arithmeti sche Operation 2 – 1 = 1 nachzuvollziehen, dann sollten sie überrascht sein, wenn am Ende des Handlungsablaufs wieder 2 Puppen auf der Bühne stehen. Tatsächlich war auch bei dieser

Abb. 2.4: Versuchsablauf des Additionsexperiments von Wynn (1992)

Anordnung die Blickdauer für das unmögliche Ereignis (2 Puppen) signifikant länger als für das mögliche Ereignis (1 Puppe).

Aber es gibt noch weitere Alternativerklärungen für die bisher dargestellten Befunde: Es könnte z.B. sein, dass die Kinder die exakte arithmetische Operation nicht nachvollziehen, sondern lediglich aufgrund der Tatsache, dass sie eine Handlung beobachten, erwarten, dass am Ende des Handlungsablaufs – sozusagen als Ergebnis der Handlung – etwas anderes zu sehen sein sollte als am Beginn des Handlungsablaufs. Die längere Blickdauer wäre dann in beiden bisher beschriebenen Versuchsabläufen darin begründet, dass die Kinder überrascht sind, dass am Ende die selbe(n) Puppe(n) steht/-en wie am Anfang, dass sie aber keine exakte arithmetische Erwartung haben, wie viele Puppen denn am Ende der arithmetischen Operation auf der Bühne stehen sollten.

Zur Überprüfung dieser Erklärung führte Wynn ein weiteres Additionsexperiment durch: Der Handlungsablauf war exakt derselbe, wie in Abbildung 2.4 dargestellt. Am Ende des Handlungsablaufs standen diesmal aber entweder 2 oder 3 Puppen auf der Bühne. Wenn die Kinder lediglich erwarten, dass am Ende der Handlung etwas anderes auf der Bühne steht als am Anfang, dann sollten sie beide Ergebnisse gleich aufmerksam betrachten. Allerdings schien auch diese Anordnung zu belegen, dass die Kinder tatsächlich „mitrechneten“: Die Blickdauer für das unmögliche Ergebnis (3 Puppen) war signifikant länger als die für das korrekte Resultat der Addition „1 + 1 = 2“ Puppen.

In einem weiteren eleganten Experiment konnten Simon und Kollegen (1995) zeigen, dass Babys (diesmal im Alter von 3 bis 5 Monaten) tatsächlich die korrekte Anzahl der Objekte nachvollziehen und ihre Differenzierung nicht nur auf visuellen Eigenschaften der Objekte basiert. Sie variierten in der Wynn'schen Versuchsanordnung („1 + 1“ und „2 – 1“) nicht nur die Numerosität, sondern auch die Identität der Puppen: Für die „Rechnung“ 1 Ernie-Puppe + 1 Ernie-Puppe wurden nun vier unterschiedliche Ergebnisse präsentiert: 2 Ernie-Puppen (Numerosität und Identität korrekt), 1 Ernie-Puppe und 1 Elmo-Puppe (Numerosität korrekt, aber Identität inkorrekt), 1 Ernie-Puppe (Numerosität inkorrekt, aber Identität korrekt) oder 1 Elmo-Puppe (Numerosität und Identität inkorrekt). Interessanterweise zeigten die Kinder eine sehr deutliche Differenzierung zwischen numerisch möglichen und unmöglichen Ergebnissen (längere Blickdauer bei 1 als bei 2 Puppen), schienen sich aber an Veränderungen des Aussehens der Puppen nicht besonders zu stören.

Trotz dieser eindrucksvollen empirischen Evidenz ist Art und Umfang der präverbalen arithmetischen Kompetenz in den ersten Lebensmonaten nach wie vor nicht eindeutig geklärt. So konnten etwa Wakely und Mitarbeiter (2000) Wynns Befunde nicht replizieren.

Das Format einer Rechenaufgabe hat oft Einfluss auf die Leistung der Kinder – dies zeigt sich bereits im Kindergartenalter (Hughes 1981; Jordan et al. 1992; Levine et al. 1992). Hughes (1981) gab 4- bis 6-jährigen Kindern einfache Additions- und Subtraktionsaufgaben in drei unterschiedlichen Formaten:

(1) *nonverbal – konkret*: Es liegen x Plättchen auf dem Tisch, werden verdeckt, dann werden y Plättchen hinter der Abdeckung hinzugefügt oder weggenommen, und das Kind wird gefragt, wie viele Plättchen sich nun unter der Abdeckung befinden;
(2) *verbal – Textaufgabe*: „Wenn in einem Geschäft x Kinder sind und noch y Kinder hineingehen, wie viele Kinder sind dann im Geschäft?“;
(3) *verbal – mathematisch*: „Wie viel ist x und y?“

Vierjährige waren in der nonverbal-konkreten Anordnung deutlich besser in der Lage, das korrekte Ergebnis zu erarbeiten, als in der verbal-mathematischen Bedingung. Die Leistungen in der Textaufgabe-Bedingung lagen zwischen diesen beiden Bedingungen. Bei 6-Jährigen ist dieser Unterschied allerdings bereits nicht mehr festzustellen. Kinder mit gutem sozioökonomischen Hintergrund sind in den verbalen Aufgabenstellungen oft besser als Kinder mit niedrigem sozioökonomischen Hintergrund, für die nonverbal-konkrete Bedingung zeigte sich dieser Unterschied allerdings nicht. Ein plausibler Erklärungsansatz für diese Ergebnisse ist, dass die nonverbal-konkrete Bedingung (relativ zu den beiden anderen Bedingungen) viel geringere Anforderungen an nichtnumerische kognitive Funktionen wie Sprache, Arbeitsgedächtnis und abstraktes Denken stellt.

2.7 Fingerrechnen

Fingerzählstrategien

Die mathematischen Konzepte Addition und Subtraktion werden also offenbar bereits früh verstanden. Üblicherweise werden bei der frühen Form des zählenden Rechnens die Finger als zentrales Hilfsmittel verwendet, wobei hier unterschiedliche Strategien zu beobachten sind (Fuson 1988; Siegler und Jenkins 1989):

(1) *sum* oder *count-all*: Jeder Operand wird durch die entsprechende Fingeranzahl dargestellt, dann werden die Finger abgezählt (z. B. 2 und 3 Finger für „2 + 3“, das Abzählen aller Finger ergibt die Lösung 5);
(2) *count-from-first-addend*: Es wird vom ersten Operanden weitergezählt, z. B. „3 + 4“ = „drei, vier, fünf, sechs, sieben“;
(3) *count min*: Hier handelt es sich um eine effizientere Form der „count-from-first-addend“-Strategie, indem zuerst der größere Addend bestimmt wird und dann der kleinere Addend weitergezählt wird. „3 + 4“ wird also nun gerechnet als „vier, fünf, sechs, sieben“.

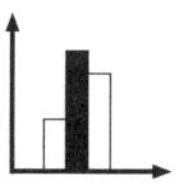

Die Fingerzählstrategien, die Kinder verwenden, sind stark übungsabhängig. Groen und Resnick (1977) trainierten mit Kindern im Kindergartenalter das Rechnen mit Operanden ≤ 5, indem sie ihnen die *sum*-Prozedur anhand von Blöcken beibrachten. Nach einer ausgedehnten Übungsphase wechselten immerhin fünf der zehn Kinder ganz von selbst zur effizienteren *min*-Strategie. Längsschnittliche Verfolgungen der Entwicklung von Rechenstrategien im Kindergartenalter (Baroody 1987; Siegler/Jenkins 1989) zeigen, dass viele Kinder früher oder später anscheinend automatisch zur *min*-Strategie übergehen. Allerdings gibt es hier sehr große Unterschiede, ab welchem Alter und wie konsistent diese Strategie angewendet wird. Häufig existiert diese effiziente Strategie neben anderen, zum Teil weniger effizienten Strategien des zählenden Rechnens.

2.8 Der Übergang vom zählenden Rechnen zum Abruf von arithmetischen Fakten

Mit entsprechender Übung werden einfache Rechnungen, deren Ergebnis wiederholt „errechnet“ wurde, als *arithmetische Fakten* im Langzeitgedächtnis gespeichert. Dies gilt insbesondere für einfache Additionen (z.B. 2 + 3) sowie für das kleine Einmaleins. Wie lange es dauert, bis ein Kind über ein einigermaßen umfangreiches Faktenwissen verfügt, hängt von verschiedenen Faktoren ab. Wesentliche Einflussgrößen sind hier vermutlich ein gutes Verständnis für die durchgeführten arithmetischen Operationen sowie das symbolische Wissen über Zahlenmengen und deren Ordinalität. Des Weiteren tragen verbale Funktionen, Arbeitsgedächtnisfunktionen und exekutive Funktionen sowie Übung wesentlich zum Aufbau des Faktenwissens bei. Wie genau diese Faktoren zusammenspielen, ist bisher wenig untersucht und Gegenstand aktueller Forschungsbemühungen (Überblick De Smedt 2016).

Lange Zeit wurde der Übergang vom zählenden Rechnen zum direkten Abruf von numerischem Faktenwissen anhand von nichtexperimentellen Methoden untersucht. Einerseits wurden Kinder beobachtet und danach gefragt, welche Lösungswege sie bei bestimmten Aufgaben benutzen (z.B. Carpenter/Moser 1982; 1984). Dieser Ansatz ist jedoch nicht ohne Probleme. Bei Kindern mit eingeschränkten introspektiven Fähigkeiten lässt die Aussage „Ich habe das Ergebnis gewusst“ nicht unbedingt auf Faktenabruf schließen. Selbst bei Erwachsenen deuten einige Studien darauf hin, dass einfache Additionsaufgaben (z.B. 2 + 3) nicht als Fakten gespeichert sind, sondern nur sehr rasch berechnet werden und daher in unserer Wahrnehmung als Fakten erscheinen (Fayol/Thevenot 2012; Barrouillet/Thevenot 2013; Mathieu et al. 2016). Ein anderer Ansatz versucht auf Basis der Antwortzeiten zu entscheiden, ob das Ergebnis errechnet oder aus dem Gedächtnis abgerufen wurde (Ashcraft/Fierman 1982). Die Annahme bestand darin, dass der direkte Abruf aus dem Gedächtnis relativ wenig Zeit in Anspruch nehmen sollte, so dass ab einer gewissen Antwortzeit geschlossen wird, dass das Ergebnis errechnet und nicht direkt abgerufen wurde. Allerdings ist nicht eindeutig geklärt, ob der Abruf aus dem Gedächtnis – insbesondere im sich noch entwickelnden Gehirn von Kindern – tatsächlich immer unbedingt schneller ist als zählendes Rechnen. Zuletzt können Rechenprobleme nach bestimmten Kriterien, wie etwa der Problemgröße, sortiert werden, um die angewendeten Strategien beim Lösen dieser Rechenprobleme zu vergleichen. Dieser Ansatz beruht auf der Annahme, dass Aufgaben mit kleiner Problemgröße (z.B. Summe < 10) relativ häufig durch Faktenabruf gelöst werden, während Aufgaben mit großer Problemgröße (z.B. Summe > 10) eher mit prozeduralen Strategien gelöst werden.

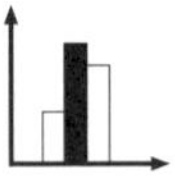

Grube (2006) setzte zur experimentellen Untersuchung der Entwicklung des Faktenabrufs die Methode der „artikulatorischen Unterdrückung“ ein. Parallel zu Verifikationsaufgaben zur Addition im Zahlenraum bis 20 sollten Zweit- und Drittklässler eine Zweitaufgabe durchführen. In einer Bedingung sollte die Silbe „de“ fortwährend artikuliert werden (artikulatorische Unterdrückung), in einer zweiten Bedingung sollte fortwährend auf eine Computertaste getippt werden (Tapping). Von beiden Aufgaben geht eine Belastung durch die

Zweitaufgabe aus, aber nur die Artikulationsbedingung belegt die kognitiven Ressourcen, auf der auch die Prozesse des inneren Zählens beruhen. Während sich noch am Ende des 2. Schuljahres eine deutliche Beeinträchtigung unter der Artikulationsbedingung relativ zur Tapping-Bedingung zeigte, war bereits am Ende des 3. Schuljahres keine solche Beeinträchtigung mehr nachweisbar. Daraus lässt sich schließen, dass zählendes Rechnen in dieser Altersgruppe keine wesentliche Rolle bei der Lösung der Aufgaben mehr spielte.

Dekomposition

Auch wenn im Erwachsenenalter viele Rechnungen auf Basis von Faktenwissen beantwortet werden können, so wird dennoch zu einem gewissen Anteil auf Zählstrategien zurückgegriffen (Campbell / Xu 2001; Geary / Wiley 1991). Häufig wirken Faktenabruf und prozedurales Errechnen eines Ergebnisses auch zusammen: Die Rechnung „6 x 7" kann z. B. zerlegt werden in „5 x 7 = 35 (Faktenwissen) + 7 = 42". Dieser Prozess der Zerlegung einer Rechnung wird als *Dekomposition* bezeichnet.

Die Entwicklung dieser unterschiedlichen Strategien erfolgt nicht in einem stufenförmigen Verlauf. Vielmehr zeigen sich graduelle Veränderungen (overlapping waves theory; Siegler 1996). So zeigen Kinder in einem bestimmten Alter zwar eine erhöhte Wahrscheinlichkeit eine Rechenaufgabe mit einer bestimmten Strategie zu lösen, andere (früher erworbene) Strategien sind aber ebenfalls noch verfügbar. Die graduelle Veränderung von langsamen und fehleranfälligen hin zu effizienten und fehlerresistenten Strategien unterliegt daher großen individuellen Schwankungen (Dowker 2005; Jordan et al. 2003).

2.9 Auswahl der besten Rechenstrategie

Mit zunehmendem Alter und zunehmender arithmetischer Kompetenz stehen für ein und dieselbe Rechnung oft unterschiedliche Strategien zur Verfügung, um zu einem korrekten Ergebnis zu kommen. Wie entscheiden wir im Einzelfall, welche der verfügbaren Strategien wir einsetzen? Siegler und Kollegen (Shrager / Siegler 1998; Siegler / Shipley 1995; Siegler / Shrager 1984) schlagen folgendes Modell vor: In einem ersten Schritt wird versucht, die Antwort aus dem Gedächtnis abzurufen. Nur wenn dieser Versuch scheitert, weil das entsprechende Zahlenfaktum nicht gespeichert ist oder aus situativen Gründen (z. B. Aufregung, Müdigkeit) nicht abgerufen werden kann, wird auf kognitiv aufwändigere Backup-Strategien (z. B. Dekomposition oder zählendes Rechnen) zurückgegriffen.

assoziative Stärke

Entscheidend für die Verfügbarkeit eines Zahlenfaktums ist die sogenannte *assoziative Stärke* zwischen der Aufgabe und dem Ergebnis. Die Addition „3 + 5" sollte z. B. sehr stark mit 8 assoziiert sein und weniger stark mit 4 und 7. Die Stärke der Assoziation hängt wesentlich von früheren Erfahrungen ab. Sie wird sehr hoch sein bei einem Kind, das bereits wiederholt „3 + 5 = 8" gerechnet hat, und eher niedrig bei einem Kind, das diese Rechnung weniger oft durchgeführt und sich dabei auch noch des Öfteren verzählt hat. Von der assoziativen Stärke hängt es auch ab, ob ein Ergebnis genannt wird oder ob eher auf eine Backup-Strategie zurückgegriffen wird. Ist die Assoziation sehr stark, so wird die Antwort vermutlich sofort genannt. Ist die Assoziation dagegen eher schwach oder wird das Problem mit zwei Ergebnissen eher gleich stark assoziiert, so wird wohl in der einen oder anderen Form noch einmal nachgerechnet.

Konfidenzkriterium

Zusätzlich postulieren Siegler und Kollegen ein sogenanntes *Konfidenzkriterium*. Die assoziative Stärke einer Antwort muss über diesem Kriterium liegen, damit sie genannt wird. Liegt sie unter dem Kriterium, kommt eine Backup-Strategie zum Einsatz. Letztlich ist unklar, wie dieses Konfidenzkriterium gesetzt wird. Wichtig ist aber, dass es hier sowohl individuelle als auch situative Unterschiede gibt. Kinder mit hohem Konfidenzkriterium prüfen auch Ergebnisse mit relativ hoher assoziativer Stärke vorsichtshalber durch eine Backup-Strategie des Errechnens noch einmal nach. Kinder mit einem niedrigeren Konfidenzkriterium benennen dahingegen bei gleicher assoziativer Stärke sofort das Ergebnis, das sie aus dem Gedächtnis abrufen können. Im Kontext der Mathematikschularbeit, bei der es ausschließlich auf die Korrektheit der Lösung ankommt, wird das Konfidenzkriterium meist höher liegen als bei einem Rechenwettbewerb, bei dem nur derjenige Punkte erhält, der am schnellsten die Antwort benennen kann.

Eine frühe Version dieses Modells (Siegler/Shrager 1984) bot bereits plausible Erklärungen für empirische Beobachtungen an jungen Rechnern. Insbesondere kann auf Basis des Modells gut erklärt werden, warum Kinder zunehmend die schnellere und kognitiv weniger aufwändige Strategie des Faktenabrufs verwenden und warum sie diese Strategie erst bei eher einfachen, gut vertrauten Rechnungen einsetzen, während sie gleichzeitig bei anderen Aufgaben auf zählendes Rechnen zurückgreifen.

In einer zweiten Modellversion (Siegler/Shipley 1995) wurde unter anderem ein Mechanismus hinzugefügt, durch den bestimmte Probleme mit bestimmten Lösungsstrategien verbunden wurden. Die Stärke dieser Assoziationen mit Lösungsstrategien hängt wiederum von der Genauigkeit und Geschwindigkeit ab, mit der die korrekte Antwort produziert werden kann. Dieser Mechanismus erklärt also, wie zwischen unterschiedlichen Backup-Strategien gewählt wird, wenn der direkte Abruf nicht funktioniert. Er erklärt aber noch nicht, wie Kinder in der Lage sind, neue Rechenstrategien (z. B. count min) zu entwickeln.

Einen derartigen Mechanismus enthält die bisher letzte Überarbeitung des Modells, die Shrager und Siegler (1998) als *Strategy Choice and Discovery Simulation* (SCADS) bezeichneten. Hier werden Strategien, die noch nicht ausreichend beherrscht werden, erhöhte Aufmerksamkeitsressourcen zugewiesen, so dass die Leistung verbessert werden kann. Je besser die neue Strategie beherrscht wird, desto weniger Ressourcen werden zur Durchführung dieser Strategie benötigt. So werden mit der Zeit Aufmerksamkeitsressourcen frei, die wiederum weniger gut beherrschten Strategien zugewiesen werden können. Mit zunehmender Erfahrung wird also nicht nur das Faktenwissen erweitert, sondern auch der Kanon der Backup-Strategien.

Gute Rechner unterscheiden sich von schwachen Rechnern nur bedingt dadurch, dass sie effizientere Strategien benutzen. Der wesentliche Unterschied besteht darin, dass kompetente Rechner eine größere Anzahl von möglichen Strategien zur Verfügung haben, zwischen denen sie effizient wählen können (Beentjes/Jonker 1987; Dowker 1992; Gilles et al. 2001; Hope/Sherrill 1987; Krutetskii 1976).

2.10 Intuitive und kulturelle Mathematik

Alltag vs. Schule

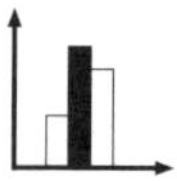

Kinder erwerben ihre mathematischen Kompetenzen nicht ausschließlich im Rahmen des schulischen Unterrichts. Zum Teil zeigen sich wesentliche Differenzen in den mathematischen Kompetenzen, die Kinder im Alltag und in der Schule an den Tag legen.

Carraher und Mitarbeiter (1985) untersuchten z. B. die Rechenleistungen von 9- bis 15-jährigen brasilianischen Kindern, die als Straßenhändler Obst an Touristen verkauften. Alle Kinder besuchten auch die Schule (wenn auch zum Teil nicht mit der erwünschten Regelmäßigkeit). Den Kindern wurden dieselben arithmetischen Aufgaben in drei Bedingungen gestellt:

- In der „Straßen"-Bedingung wurde ihnen die Aufgabe so gestellt, wie sie es von ihrer Händlertätigkeit her kannten: Der Versuchsleiter kaufte Obst von ihnen, und sie mussten Wechselgeld herausgeben.

- In der „Textaufgaben"-Bedingung wurde die Aufgabe als hypothetische Verkaufssituation in Form einer Textaufgabe vorgegeben.
- In der dritten, numerischen Bedingung wurde ihnen dieselbe Aufgabe als schriftliche Rechnung mit mehrstelligen Zahlen vorgegeben.

Während die Kinder fast alle (98 %) Aufgaben in der Straßenbedingung korrekt lösen konnten, lag der Prozentsatz der korrekten Lösungen in der Textaufgabenbedingung mit 74 % bereits wesentlich niedriger. In der numerischen Bedingung konnten die Kinder lediglich 37 % der Aufgaben lösen, die sie im Alltag ohne Probleme bewältigten. Offenkundig verfügten die Kinder über ein gutes arithmetisches Verständnis, konnten aber die Rechenprozeduren, die sie in der Schule anwenden sollten, nicht mit diesem Verständnis in Verbindung bringen und konnten sie demgemäß auch nicht nachvollziehen.

Elsbeth Stern (2005) weist auf den Widerspruch hin, dass Kinder zwar offenbar von Geburt an mit kleinen Anzahlen umgehen können und zumeist mit Leichtigkeit das Zählen von kleinen Mengen erlernen, dass das Schulfach Mathematik aber häufig größte Schwierigkeiten bereitet. Nach Sterns Ansicht liegt das daran, dass die Inhalte des schulischen Mathematikunterrichts das Ergebnis einer komplexen kulturellen Entwicklung sind.

> „Die Herausforderung des schulischen Lernens besteht darin, dass durchschnittlich begabte Schüler in wenigen Jahren Inhalte erwerben müssen, an deren Entwicklung hochbegabte Wissenschaftler über mehrere Jahrhunderte gearbeitet haben." (Stern 2005, 139)

Stern kritisiert, dass der aktuelle Mathematikunterricht diese Aufgabe nicht sehr gut erfülle. Insbesondere werde das Potenzial von mathematischen Textaufgaben nicht ausreichend genutzt. Textaufgaben knüpften typischerweise an das intuitive mathematische Verständnis an und würden nicht dazu eingesetzt, das Verständnis für kulturelle Mathematik zu erweitern.

Stern (1998) findet in ihren Untersuchungen zum Verständnis von Textaufgaben für drei verschiedene Aufgabentypen zur Addition und Subtraktion deutliche Unterschiede hinsichtlich der Anzahl richtig gelöster Aufgaben bei Erst- und Zweitklässlern: Austauschaufgaben („Maria hatte 6 Murmeln. Dann gab sie Hans 4 Murmeln. Wie viele Murmeln hat sie jetzt?") wurden wesentlich besser gelöst als Aufgaben zum Vergleich von Mengen („Maria hat 9 Murmeln. Sie hat 4 Murmeln mehr als Hans. Wie viele Murmeln hat Hans?"). Das Schwierigkeitsniveau von Aufgaben zur Kombination von Mengen („Maria und Hans haben zusammen 6 Murmeln. Maria hat 4 Murmeln. Wie viele Murmeln hat Hans?“) lag zwischen denen von Austausch- und Vergleichsaufgaben. Der wesentliche Unterschied zwischen den Aufgabentypen liegt laut Stern darin, dass Vergleichsaufgaben ein fortgeschrittenes Zahlverständnis erfordern, das über die reine Zählfunktion hinausgeht. „Hans hat 5 Murmeln mehr als Peter“ bezeichnet keine konkrete Menge, sondern eine Relation von zwei Mengen. Kinder, die die Zahl 5 immer nur mit einer Menge von 5 Elementen verbinden, werden Probleme haben, die Aufgabe zu erfüllen. Vielmehr muss „5“ als ein Abschnitt auf einem Zahlenstrahl verstanden werden, der die Relation zwischen zwei anderen Zahlen markiert – z. B. zwischen 3 und 8 oder 4 und 9.

Auch für Textaufgaben zu Multiplikation und Division stellt Stern (1998) unterschiedliche Schwierigkeitslevels fest. Kinder mit rein intuitivem Verständnis fassen Multiplikation als eine wiederholte Addition auf und Division als eine Aufteilung einer Menge in gleiche Teile. Aus diesem intuitiven Verständnis lässt sich die Regel ableiten, dass Multiplikation immer zur Vergrößerung und Division immer zur Verkleinerung einer Menge führt. Diese Regel trifft allerdings nur auf natürliche Zahlen zu. Beim Rechnen mit nichtnatürlichen Zahlen sind für Kinder, die keinen relationalen Zahlbegriff entwickeln konnten, massive Verständnisprobleme vorprogrammiert.

2.11 Geschlechtsunterschiede

Im Allgemeinen wird angenommen, dass Jungen besser in Mathematik seien als Mädchen. Dass sich die Mittelwerte bei Erhebungen der Mathematikleistungen häufig zugunsten der Jungen unterscheiden, liegt im Wesentlichen daran, dass es mehr Jungen als Mädchen gibt, die überdurchschnittlich gute Mathematikleistungen erbringen (Ceci/Williams 2010; Halpern et al. 2007). Im unteren Leistungsbereich sind Jungen und Mädchen dagegen gleichermaßen vertreten, die Prävalenzzahlen für Dyskalkulie unterscheiden sich für die beiden Geschlechter nicht (s. Abschnitt 3.2).

Ob kognitive Geschlechtsunterschiede im Allgemeinen – und solche in Bezug auf Rechenleistungen im Besonderen – durch neurobiologische Geschlechtsunterschiede verursacht sind, wird noch kontrovers diskutiert. Einige Autoren postulieren, dass die meisten bisher gefundenen Geschlechtsunterschiede in Bezug auf rechnerische Leistungen primär auf soziokulturelle Einflussfaktoren zurückzuführen sind, da die biologische Grundausstattung für den Erwerb rechnerischer Fertigkeiten bei Männern und Frauen identisch sei (Hyde 2005; Spelke 2005). Hydes (2005) Argumentation basiert auf einer Meta-Analyse der relevanten Literatur. Diese zeigt interessanterweise, dass – bei strenger Kontrolle potenzieller störender Einflussfaktoren – Geschlechtsunterschiede im Hinblick auf rechnerische Fertigkeiten vernachlässigbar sind. Demgegenüber argumentiert Cahill (2006), dass es sehr wohl biologische (hirnstrukturelle und biochemische) Unterschiede zwischen Männern und Frauen gebe, welche die Entwicklung von funktionellen Geschlechtsunterschieden begünstigten.

Wie Hyde (2005) und Spelke (2005) betonen, sind die gegensätzlichen Befunde teilweise durch methodische Unterschiede erklärbar (Art der verwendeten Tests, Auswahlkriterien für die Stichprobe, Alter der Probanden etc.), die auch einen direkten Vergleich verschiedener Studien erschweren. Frühere Studien wiesen wiederholt darauf hin, dass Geschlechtsunterschiede bezüglich der Rechenleistung im Grundschulalter vernachlässigbar seien und ein signifikanter Leistungsvorteil für Jungen erst ab der Pubertät beobachtbar sei (z.B. Maccoby/Jacklin 1974; s.a. Hyde et al. 1990; Stoet/Geary 2013). Dagegen zeigen neuere Studien, dass geschlechtsspezifische Leistungsunterschiede bei numerisch-rechnerischen Aufgaben bereits in den ersten Grundschuljahren auftreten (Kaufmann et al. 2008a; Krinzinger 2008; Schardt/Merdian 2006).

sozialer Einfluss

Auch wenn die Ursachen für die Geschlechtsunterschiede in den Mathematikleistungen bisher nicht endgültig geklärt sind, so ist dennoch offenkundig, dass gesellschaftliche Faktoren einen großen Einfluss haben: Bis heute wird eher von Jungen als von Mädchen erwartet, dass sie sich für Mathematik interessieren. Interessanterweise lässt sich sogar experimentell zeigen, dass derartige Geschlechtsstereotype einen direkten Einfluss auf die Mathematikleistung haben: Erwähnt man College-Studenten gegenüber vor einem Mathematiktest, dass bei genau diesem Test männliche Studenten üblicherweise bessere Leistungen erbringen als weibliche, so tritt genau dieses Ergebnis ein. Bei einer Kontrollgruppe hingegen, die die Information erhält, dass sich bei früheren Durchführungen keine Geschlechtsunterschiede gezeigt hätten, sind auch tatsächlich keine derartigen Leistungsunterschiede zu beobachten (Ben-Zeev et al. 2005). Eine weitere Vermutung besteht darin, dass Mädchen möglicherweise eher dazu neigen, Angst vor Mathematik zu haben. Aktuelle Forschungsbefunde zeigen sehr gut auf, dass und auf welche Weise diese Angst die Mathematikleistungen sehr konkret negativ beeinflussen kann (Abschnitt 3.6.4).

2.12 Leistungsmotivation, Selbstbild, Emotion und Rechenleistung

Mathematisches Selbstbild

Personen mit hohem Interesse an Mathematik und hoher Motivation zeigen bessere mathematische Leistungen als solche mit niedrigem Interesse und niedriger Motivation (Berger/Karabenick 2011; Köller et al. 2001). Ebenfalls lässt sich ein starker Zusammenhang mit dem mathematischen Selbstbild feststellen, also der Einschätzung der eigenen Kompetenzen (Lee 2009). Zu Schuleintritt sind die Einstellungen gegenüber Rechnen und Mathematik und das Selbstbild zumeist positiv (Stevenson et al. 1990). Die genannten Zusammenhänge differenzieren sich also erst im Lauf der ersten Schuljahre heraus, wobei die Kausalrichtung nicht eindeutig festzumachen ist. Klar ist aber, dass bei hohem Interesse und Motivation und positiverem Selbstbild mehr Zeit und mehr Anstrengung für mathematische Aufgaben verwendet wird (z.B. Leistungskurse belegt werden), als wenn diese Merkmale niedrig ausgeprägt sind.

Inkrementelle vs. stabile Intelligenz

Eine wichtige Rolle spielt auch, inwiefern Kinder ihre Intelligenz und ihre Fähigkeiten als stabil oder veränderbar wahrnehmen (Dweck 1999). Blackwell und Kollegen (2007) konnten zeigen, dass SchülerInnen, die in der 7. Schulstufe davon ausgingen, dass ihre Leistungen inkrementell veränderbar seien (z.B. durch Anstrengung), in den nächsten beiden Schuljahren ihre Mathematiknoten kontinuierlich verbessern konnten und vorwiegend Leistungsziele verfolgten, die die Bewältigung von (auch schwierigeren) Aufgabenstellungen in den Mittelpunkt stellten. Bei jenen SchülerInnen, deren implizite Annahme war, dass ihre Intelligenz stabil und damit unveränderbar sei, veränderten sich die Mathematiknoten im Studienverlauf nicht und ihre Leistungsziele waren eher performanzorientiert, d.h. im Vordergrund stand das Zeigen einer akzeptablen Leistung und nicht der eigene Wissenszuwachs.

Wichtig ist, dass diese Sichtweisen der eigenen Intelligenz veränderbar sind: In einer Interventionsstudie, die darauf abzielte, SchülerInnen der 7. Schulstufe eine inkrementelle Sichtweise ihrer Intelligenz zu vermitteln, konnten innerhalb eines Jahres die Mathematiknoten verbessern, die SchülerInnen gewannen eine positivere Sichtweise bezüglich der Wirksamkeit ihrer Anstrengungen und die Lehrkräfte berichteten ein positiveres Klassenklima.

Stereotype Threat

Auch die Zugehörigkeit zu einer Gruppe, für die stereotyp schwache Leistungen erwartet werden, kann die Mathematikleistung negativ beeinflussen. Beilock und Kollegen (2007) instruierten Frauen vor

Durchführung eines Tests der Rechenleistungen, dass man „... *mit dieser Untersuchung der Frage nachgehen wolle, warum Frauen bei diesem Test schlechter abschneiden als Männer* ...“ („Stereotype Threat“). Unter dieser Instruktion erzielten Frauen tatsächlich schwächere Leistungen als eine andere Gruppe von Frauen, die nur die Information erhalten hatte, dass man „... in dieser Studie die Rechenleistungen untersuchen wolle“. Oft wird vermutet, dass die oben beschriebenen Geschlechtsunterschiede in Mathematik zuungunsten von Frauen und Mädchen möglicherweise durch die Wirkung von Stereotype Threats zu erklären seien (Walton/Spencer 2009), allerdings scheint die Befundlage bisher nicht hinreichend (Stoet/Geary 2012). Stereotype Threats lassen sich durch Aufklärung darüber, dass Informationen über ein Stereotyp die Leistung der jeweiligen Gruppe negativ beeinflussen, relativ einfach beseitigen (Johns et al. 2005). Das Phänomen des Stereotype Threats scheint sich besonders auf Personen mit hoher Erfolgsorientierung in der fraglichen Leistungsdomäne (z.B. Mathematik) negativ auszuwirken (Spencer et al. 1999) und eine Erklärung besagt, dass Angstgefühle, das Stereotyp zu erfüllen, den Effekt induzieren könnten.

Angst vor Mathematik

Insgesamt scheint Mathematik stärker als andere Schulfächer negative emotionale Assoziationen, insbesondere Angst hervorzurufen. Angst vor Mathematik bzw. Rechenangst ist häufig mit Dyskalkulie assoziiert. Sie geht zumeist mit einer negativen Einstellung zu Mathematik einher. Rechenangst kann – wie jede andere Angststörung – neben physiologischen Reaktionen wie Herzrasen und Schweißausbrüchen auch kognitive Auswirkungen haben (angstbezogene Gedankeninhalte) und Vermeidungsverhalten auslösen (Ashcraft 2002; Hembree 1990). Länger andauernde Rechenangst kann dazu führen, dass Kinder die Auseinandersetzung mit Zahlen oder dem Rechnen zu vermeiden versuchen, was dazu führt, dass die Lernlücken immer größer werden und Misserfolgserlebnisse sich häufen. Im schlimmsten Fall entwickeln die betroffenen Kinder eine generelle Schulangst oder psychosomatische Beschwerden (für eine Übersicht siehe Krinzinger/Kaufmann 2006).

Theorie des defizitären Inhibitionsmechanismus

Rechenangst induziert nicht nur Vermeidungsverhalten, sondern kann auch die Ausführung von Rechenaufgaben behindern. Die Theorie des defizitären Inhibitionsmechanismus besagt hier, dass von Rechenangst ausgelöste angstbezogene Gedanken jene Arbeitsgedächtnis- und Aufmerksamkeitsleistungen beanspruchen, die für die Verarbeitung der Rechenaufgabe benötigt werden. (Ashcraft 2015; Ashcraft/Kirk 2001). Allerdings fanden Maloney und Kollegen

(2010; 2011) sogar noch basalere Defizite: Bei einer Punktezählaufgabe nahm die Antwortzeit bei steigender Punktanzahl stärker zu als bei Personen mit niedriger Rechenangst. Auch bei einer Zahlengrößenvergleichsaufgabe zeigte sich ein größerer Distanzeffekt.

Krinzinger und Kollegen (2009) belegten in einer Längsschnittstudie (1. bis 3. Schulstufe) Effekte der frühen Rechenleistung und Rechenangst auf die Selbsteinschätzung der mathematischen Kompetenzen, konnten aber keinen direkten Zusammenhang der Rechenangst mit den Rechenleistungen belegen. Möglicherweise liegt dieser negative Befund darin begründet, dass der Zusammenhang nicht linear ist: Wang und Kollegen (2015) fanden in zwei Stichproben einen umgekehrt U-förmigen Zusammenhang bei Personen mit hoher intrinsischer Motivation zu guten Mathematikleistungen, aber einen nur moderaten negativen Zusammenhang bei niedriger intrinsischer Motivation. Besonders starke Auswirkungen von Rechenangst würden demnach Personen mit hoher intrinsischer Motivation und eher durchschnittlichen Rechenleistungen zeigen.

Das Vorliegen von Ängsten bezüglich der eigenen Mathematik- und Rechenleistung sollte auf jeden Fall zu Beginn einer Dyskalkulie-Intervention abgeklärt werden (Krinzinger/Kaufmann 2006).

Zusammenfassung

Ein basales Verständnis für einfache arithmetische Prozesse (Addition, Subtraktion) ist bereits in den ersten Lebensmonaten zu beobachten. Zunehmend effiziente Strategien des Fingerrechnens spielen eine wichtige Rolle im frühen Erwerb der Rechenleistungen. Mit ausreichender Übung erfolgt der Übergang vom zählenden Rechnen (und anderen Backup-Strategien) zum arithmetischen Faktenabruf. Geschlechtsunterschiede in den Rechenleistungen sind vor allem in den oberen Leistungsbereichen zugunsten der Jungen zu beobachten. Auch motivationale und emotionale Faktoren haben einen wichtigen Einfluss auf die Rechenleistung.

2.13 Modelle der Entwicklung der Rechenleistung

In diesem Kapitel wurden entwicklungspsychologische Befunde zum Erwerb der arithmetischen Kompetenz dargestellt, die einen Einblick geben, ab welchem Alter Kinder typischerweise über bestimmte Fertigkeiten verfügen und mit welchen Entwicklungsaufgaben sie in den einzelnen Domänen der arithmetischen Leistungen (z. B. Zählen, Transkodieren, Aufbau des Faktenwissens, Erwerb mathematischer Prozeduren) konfrontiert sind. Interessanterweise gibt es bisher kein allgemein anerkanntes Modell der Entwicklung der Zahlenverarbeitung und des Rechnens. Einige Autoren (z.B. Dowker 2005) gehen davon aus, dass es ein allgemeingültiges Modell auch gar nicht geben kann: Die arithmetische Leistung setzt sich nämlich aus sehr unterschiedlichen Komponenten zusammen, die sich nicht in einen allgemeingültigen hierarchischen Entwicklungsablauf einordnen ließen, und Kinder eignen sich diese Komponenten individuell unterschiedlich an.

Eine andere Erklärung für die fehlenden Entwicklungsmodelle ist, dass es bisher kaum umfangreiche Längsschnittstudien zum typischen Erwerb der arithmetischen Leistungen gibt, die die Grundlage derartiger Modelle darstellen könnten. Gerade in letzter Zeit sind allerdings interessante Bemühungen festzustellen, die bisher vorliegenden empirischen Befunde zum Entwicklungsverlauf in theoretische Modelle zu integrieren. Drei dieser Modelle sollen hier exemplarisch vorgestellt werden. Für alle drei Modelle gilt, dass die empirische Validierung anhand von Längsschnittdaten noch aussteht.

2.13.1 Ein Vier-Stufen-Entwicklungsmodell der Zahlenverarbeitung nach von Aster

Von Aster und Mitarbeiter (2005; 2006a, b) präsentieren in ihrem Modell den Versuch, das in Kapitel 1 detailliert dargestellte Triple-Code-Modell (Dehaene 1992; Dehaene/Cohen 1995) in einen Entwicklungsverlauf zu integrieren (Abb. 2.5).

Ausgangspunkt der Entwicklung der Zahlenverarbeitung ist die vermutlich angeborene Kompetenz zur Unterscheidung konkreter (kardinaler) Mengen. Dieses Kernsystem ist die Grundlage für den späteren Erwerb von symbolischen Repräsentationen von diskreten Mengen, und zwar zunächst in Form von Zahlwörtern in den Jahren vor der Einschulung und in späterer Folge in Form von schriftlichen Notationssystemen wie den arabischen Zahlen, die zumeist im Kontext des schulischen Unterrichts vermittelt werden. Das Modell setzt den Erwerb von unterschiedlichen Repräsentationen von Zahlen immer auch in Beziehung mit neuroanatomischen Strukturen einerseits und den Funktionen, die auf Basis der jeweiligen Repräsentationsform möglich werden. So erlaubt die analoge Mengenrepräsentation, über die wir von Geburt an verfügen, die Unterscheidung von Mengen, wenn diese klar differenzierbar sind. Der Erwerb der Zahlwortreihe ermöglicht die präzise Enumeration auch von größeren Mengen durch einen systematischen Zählprozess. Schriftliches Rechnen setzt

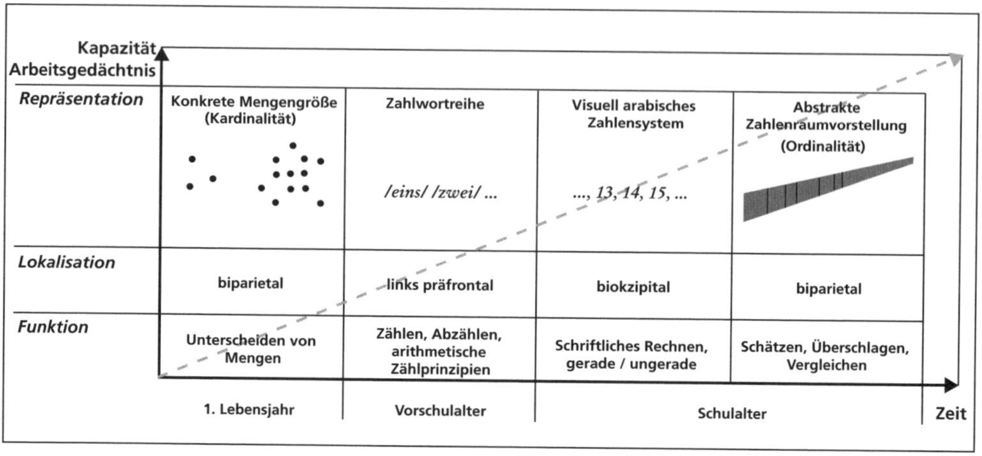

Abb. 2.5: Das Vier-Stufen-Entwicklungsmodell der Zahlenverarbeitung von von Aster et al. (2005)

das Verständnis des arabischen Notationssystems voraus. Der Erwerb dieser symbolischen Repräsentationsformen von Numerositäten bildet nicht nur die Grundlage für den Umgang mit größeren Zahlen und das Erlernen höherer Mathematik. Er induziert auch eine qualitative Veränderung der nichtsymbolischen Zahlenrepräsentation.

Hier gehen von Aster und Mitarbeiter (2005) von einer Umformung der angeborenen kardinalen Mengenrepräsentation zu einer abstrakt-symbolischen (ordinalen) Zahlenstrahlvorstellung aus. Diese Umstrukturierung vollzieht sich beidhemisphärisch im Parietallappen. Im Entwicklungsverlauf erfolgt also eine zunehmende Modularisierung der unterschiedlichen Zahlenrepräsentationen in unterschiedliche Gehirnareale.

Dies belegen aktuelle Studien, die die Gehirnaktivitäten bei der Zahlenverarbeitung anhand bildgebender Verfahren aufzeichnen. Befunde der Arbeitsgruppen um Kaufmann (2006) und Rivera (2005) zeigen eine mit dem Alter zunehmende Aktivierung parietaler Regionen, wohingegen die Aktivierung frontaler Areale mit zunehmendem Alter geringer zu werden scheint. Der Zielzustand des typischen Entwicklungsverlaufs ist das in Kapitel 1 dargestellte Triple-Code-Modell. Die Abfolge der Entwicklungsstufen ist im Modell von von Aster und Mitarbeitern nicht strikt linear, vielmehr können sie deutlich überlappen und sogar parallel ablaufen.

2.13.2 Entwicklungsmodell der Zahl – Größenverknüpfung nach Krajewski

numerische Basisfertigkeiten

Krajewski (2003; Schneider et al. 2016) differenziert den frühen Kompetenzerwerb in drei Ebenen, die in Abbildung 2.6 dargestellt sind. Auf **Ebene I** werden *numerische Basisfertigkeiten* entwickelt. Das Kind verfügt über einen relativ undifferenzierten Mengenbegriff „wenig / viel“, der den Vergleich von numerisch unbestimmten Mengen in „weniger“ und „mehr“ ermöglicht. Auf derselben frühen Ebene werden Zahlwörter und die ersten Zählprinzipien erworben (Eins-zu-eins-Prinzip und Prinzip der stabilen Zahlwortabfolge). Zum Teil werden auch bereits die „Was man zählen kann“-Prinzipien (Irrelevanz der Zählabfolge, Irrelevanz des Zählinhalts) umgesetzt, wenn etwa verschiedenartige Objekte in jeder beliebigen Reihenfolge abgezählt werden. Noch nicht erfasst wird das Kardinalitätsprinzip, d. h. die Zahlwörter werden auf dieser frühen Ebene noch nicht mit den korrespondierenden Mengen in Verbindung gebracht. Im Vordergrund steht die Ordinalität, d. h. die Zahlwortreihe wird genutzt, um Elemente in eine fixe Abfolge zu bringen.

erstes Anzahlkonzept

Ein *erstes Anzahlkonzept* wird auf **Ebene II** des Modells entwickelt. Gemäß Krajewski erwerben Kinder nun durch die Verknüpfung der Zahlen mit dem Mengenkonzept eine Bewusstheit für die hinter den Zahlen stehenden Mengen. Für kleine Mengen ist das bereits ab etwa 3 Jahren möglich. Hier ist im Laufe der Entwicklung eine Präzisierung des Anzahlkonzepts zu beobachten. Anfangs repräsentieren Zahlwörter noch keine exakten Mengen. Hier wird bereits verstanden, dass es Zahlen gibt, die eine kleine Menge („zwei“ = „wenig“), eine große Menge (z. B. „fünfzig“ = „viel“) oder eine sehr große Menge (z. B. „tausend“ = „sehr viel“) repräsentieren. Innerhalb dieser Kategorien können aber noch keine exakten Anzahlen unterschieden werden. So kann etwa die Zahl „hundert“ mit der Menge „sehr viel“ assoziiert sein (ohne dass das Kind bereits imstande wäre, bis 100 zu zählen), wobei laut Krajewski das Kind hier „viel“ gleichsetzt mit „viel zählen müssen“ (= lange zählen). Auf die Frage „Wie viele?“ beginnt das Kind gemäß dieser Interpretation zu zählen, um zu demonstrieren, wie lange man zählen müsse.

präzises Anzahlkonzept

Entscheidend für das Erreichen der zweiten Phase der Ebene II ist die Erkenntnis, dass die Länge des Zählens exakt mit der ausgezählten Menge korrespondiert und dass dieser Menge die zuletzt genannte Zählzahl zugewiesen wird (*präzises Anzahlkonzept* bzw. Verständnis für das Kardinalitätsprinzip). Aus dieser Erkenntnis ergibt sich das

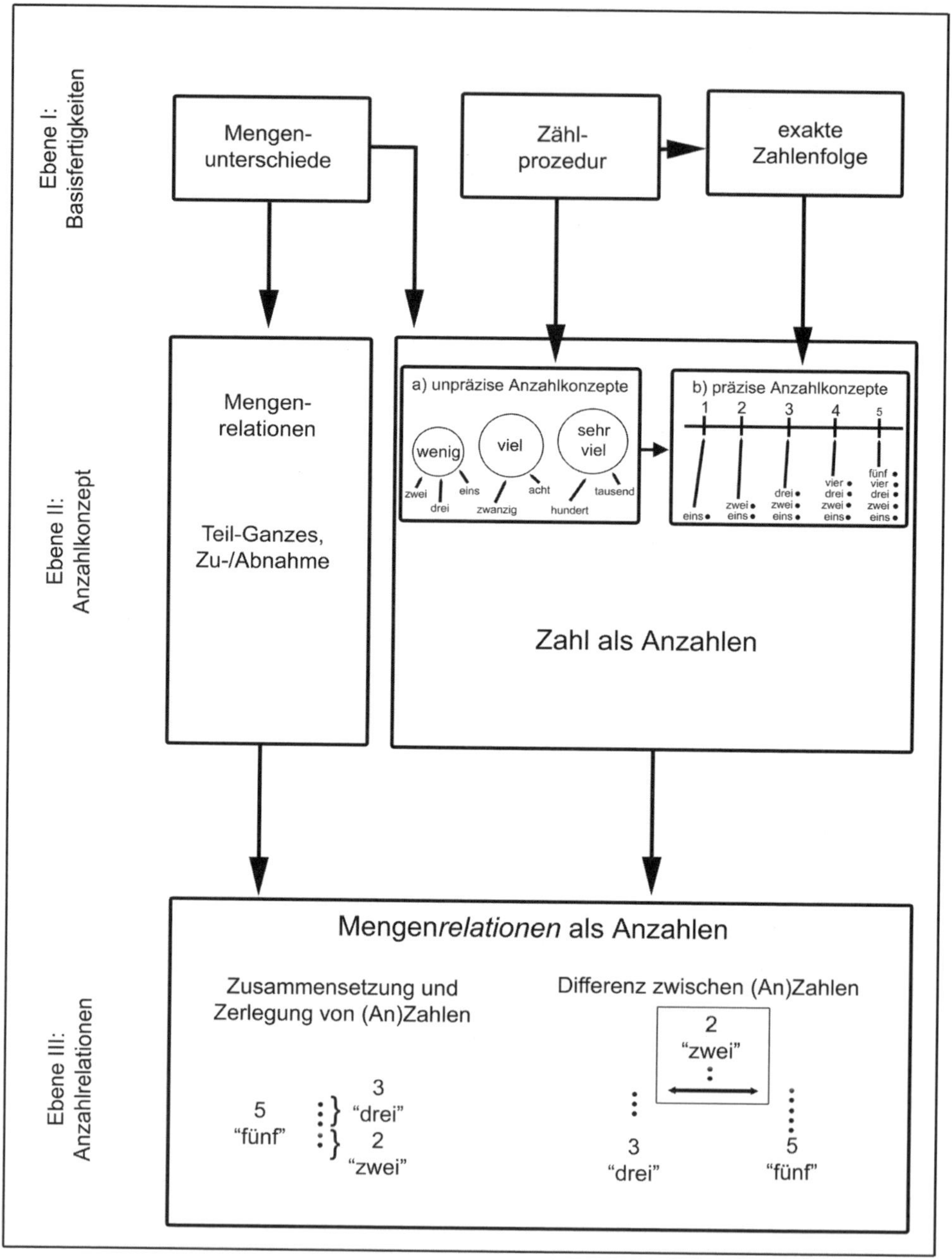

Abb. 2.6: Entwicklungsmodell früher mathematischer Kompetenzen von Krajewski (2003)

Verständnis, dass die Zahlenfolge exakte, aufsteigende Quantitäten repräsentiert (Anzahlseriation). Mengenvergleiche können nun durch Zählen der Elementsets geleistet werden, und Zahlen können nach ihrer Größe verglichen werden. Unabhängig davon entwickelt sich ein Verständnis für die Relationen von numerisch unbestimmten Mengen heraus, d.h. es wird erfasst, dass Mengen in Teile zerlegt und wieder zusammengesetzt werden können (s. Teil-Ganzes-Schema nach Resnick 1989) und dass Mengen nur dann „weniger“ oder „mehr“ werden, wenn man etwas wegnimmt oder dazugibt (s. Zunahme-Abnahme-Schema nach Resnick 1989).

Anzahlrelationen

Auf **Ebene III** – *Anzahlrelationen* – wird schließlich das Verständnis für Mengenrelationen mit dem Anzahlkonzept verknüpft, so dass ein tiefes Verständnis für die Zahlstruktur resultiert. Relationen innerhalb einer Menge oder zwischen zwei Mengen werden nun als diskrete Anzahlen begriffen, die durch Zahlen abgebildet werden können. Erst jetzt erlangen Kinder in diesem Modell die entscheidenden Basiskompetenzen für arithmetisches Wissen und für das Verständnis der Zahlen als Relationalzahlen. So wird das Teil-Ganzes-Schema zur Zerlegung einer Menge in Teile mit dem Anzahlkonzept verknüpft, woraus das Verständnis der Anzahlzerlegung resultiert („acht Elemente lassen sich in vier und vier oder fünf und drei Elemente aufteilen“ – Ebene IIIa). Weiterhin wird erfasst, dass sich zwei Mengen um eine dritte Menge unterscheiden, die ebenfalls einer exakten Zahl entspricht („acht sind drei mehr als fünf“; Ebene IIIb).

Wichtig ist, dass die drei Ebenen im Modell von Krajewski nicht zwangsläufig für Zahlwörter und arabische Zahlen und auch nicht für alle Anzahlen gleichzeitig durchlaufen werden. Auch wenn die arabischen Ziffern noch nicht bekannt sind, kann dennoch für Zahlwörter bereits eine höhere Kompetenzebene erreicht werden. Weiterhin werden höhere Kompetenzebenen für kleinere Anzahlen früher erreicht als für größere. Alle Kompetenzen können an realen Objekten vermittelt werden, so dass (im Unterschied zum ursprünglichen Piaget-Modell) ein ausschließlich mentales Operieren mit Anzahlen nicht zwingend erforderlich ist für den Übertritt in eine höhere Ebene.

2.13.3 Modell der mathematischen Kompetenzentwicklung nach Fritz und Ricken

Reihenbildung und Mengenvergleich

In manchen Aspekten ähnlich ist das Modell von Fritz und Kollegen (2007), das aufbauend auf ähnlichen Versuchen in der angloamerikanischen Forschungsliteratur (Fuson 1988; Resnick 1989) die arithmetische Kompetenzentwicklung in fünf Stufen differenziert. Auf **Stufe 1** – *Reihenbildung und Mengenvergleich* werden zwei unterschiedliche kognitive Mechanismen angenommen, die das Rechnenlernen vorbereiten. Eine vorerst allgemeine und unspezifische Fähigkeit zur Reihenbildung, die das Sortieren und Ordnen von Objekten und auch Zahlwörtern ermöglicht. Kinder sagen in einem frühen Alter (2–3 Jahre) die Zahlwortreihe oft auf, ohne noch einen tatsächlichen Zählprozess durchzuführen, der die Erfassung der Zählprinzipien erfordert. Die Fähigkeit zum analogen Mengenvergleich wird auch in diesem Modell als eine Quelle der mathematischen Entwicklung gesehen.

zählendes Rechnen

Auf **Stufe 2** – *Ordinaler Zahlenstrahl und zählendes Rechnen* wird die Zahlwortreihe auf Objekte angewendet, wobei das Eins-zu-eins-Prinzip (jedem Objekt wird genau ein Zahlwort zugeordnet) Berücksichtigung findet. Wenn die Kenntnis der Zahlwortreihe mit der Fähigkeit, Objekte zu vergleichen, verknüpft werden kann, entsteht ein mentaler Zahlenstrahl (Resnick 1983). Kinder begreifen, dass die Zahlwortreihe eine feste Abfolge hat, auf jede Zahl eine bestimmte Nachfolgerzahl folgt und diese Zahl größer ist. Der Zahlenstrahl ist mit einem Richtungsmarker versehen, der die steigende Menge ausweist. Auf Basis dieses ordinalen Zahlenstrahls ist zählendes Rechnen möglich.

kardinale Mengenvorstellung

Eine *kardinale Mengenvorstellung* wird im Modell von Fritz und Mitarbeitern aber erst auf **Stufe 3** erworben. Zahlen werden jetzt als Anzahl der in Mengen enthaltenen Objekte verstanden. Die Zahl 4 steht nun nicht mehr nur für das vierte gezählte Objekt, sondern für die Menge von 4 Objekten. Grundlage für diese Einsicht ist laut Fritz und Kollegen das Verständnis für das kognitive Konzept des „Enthaltenseins“: Die Zahl 4 enthält auch die Zahlen 1, 2 und 3. Liegt das Verständnis für die Kardinalität von Zahlen vor, so muss nicht länger – wie bisher beim Auszählen von Objekten oder beim Addieren von zwei Mengen – jeweils bei 1 zu zählen begonnen werden, vielmehr kann von der mit der Kardinalzahl bezeichneten ersten Menge weitergezählt werden (count on).

Teile / Ganzes-Zerlegbarkeit

Auf **Stufe 4** wird die *Teile/Ganzes-Zerlegbarkeit* vertieft, also das

Verständnis, dass Zahlen für Mengen stehen, die wiederum gegliederte Quantitäten enthalten. Zahlen enthalten andere Zahlen und damit Teilmengen. Zahlen können in Teilmengen zerlegt werden, die Teilmengen können umgekehrt wieder zur ursprünglichen Zahl zusammengesetzt werden. Mit diesem Verständnis können Aufgaben der Art „Gib mir 4 Bausteine, 2 davon sollen blau sein" gelöst werden. Auf Basis des Verständnisses, dass der Abstand zwischen zwei Zahlen immer „1" ist, kann ein Kind erkennen, dass Zahlen auch einen Abschnitt auf dem Zahlenstrahl bezeichnen können. Die Zahl 5 bezeichnet den Abschnitt von 1 bis 5 ebenso wie den von 6 bis 10. Damit wird der ordinale und der kardinale um den relationalen Zahlbegriff (Stern 1998) erweitert. Nunmehr können auch Differenzen zwischen zwei Mengen exakt quantifiziert werden.

Relationen und Teilmengenverständnis

Auf **Stufe 5** – *Relationaler Zahlbegriff und Teilmengenverständnis* – wird auf Basis der Erkenntnis, dass Zahlen aus anderen Zahlen zusammengesetzt sind und in unterschiedliche Teilmengen zerlegt werden können (8 = 3 + 5 = 4 + 4), ein flexiblerer Umgang mit mathematischen Anforderungen möglich. Dieses Verständnis zeigt sich etwa darin, dass Kinder jetzt imstande sind, effiziente Dekompositionsstrategien für ihre Rechenvorgänge anzuwenden. Diesem flexiblen Umgang liegt das sogenannte Teil-Teil-Ganzes-Verständnis zugrunde. Danach lassen sich Additions- wie auch Subtraktionsaufgaben betrachten als zusammengesetzt aus: Teil(menge) – Teil(menge) und Gesamt(menge). Diese Beziehung bleibt unverändert, ganz gleich, ob nach der Gesamtmenge (a + b = ?), nach einer Teilmenge (a + ? = c) oder nach der Ausgangsmenge (? = a + b) gefragt wird.

Kompetenzen bilden sich in diesem Modell allmählich und individuell heraus. Da sie von Merkmalen wie Zahlraumgröße oder der Präsentationsebene der Aufgabe abhängen (mit Material – sprachlich – als Textaufgabe), ist damit zu rechnen, dass zu gleichen Zeitpunkten ein Lösungsverhalten zu beobachten ist, das verschiedenen Niveaustufen zuzuordnen ist (s. Annahme sich überlappender Strategien von Siegler 1988). Einige Aufgaben werden mit den effektiveren Strategien bearbeitet, die höheren Kompetenzen entsprechen, andere wiederum werden „nur" mit den einfacheren Strategien der vorhergehenden Stufe bearbeitet.

?

Überprüfen Sie Ihr Wissen

1. Welche Befunde belegen, dass Tiere Numerositäten verarbeiten können?
2. Was wird als Kernsystem der arithmetischen Leistung angenommen?
3. Wie sehen die wesentlichen theoretischen Modellvorstellungen zur präverbalen Verarbeitung von Numerositäten aus?
4. Welche Prinzipien müssen erfasst werden, damit der Zählprozess gelingt?
5. Welche Schwierigkeiten birgt der Erwerb des arabischen Zahlensystems?
6. Von welchen Faktoren hängt der Erwerb des arithmetischen Faktenwissens ab?
7. Wodurch zeichnen sich mathematische Hochbegabungen aus?

3 Dyskalkulie

3.1 Definition

Ein wesentliches Problem sowohl für die Forschung als auch für die Praxis ist, dass bisher keine allgemein anerkannte Definition vorliegt, was genau unter dem Begriff der „Dyskalkulie" zu verstehen ist. So kommt diese Bezeichnung zum Teil für durchaus unterschiedliche Phänomene zum Einsatz. Dazu kommt, dass die Begriffe „Dyskalkulie", „Rechenstörung", „Rechenschwäche" oder „Arithmasthenie" von manchen Autoren synonym verwendet werden, während andere Autoren die Begriffe voneinander abgrenzen, wobei hier oft mangelnde Eindeutigkeit zu kritisieren ist.

ICD-11 und DSM-5

Die beiden zentralen diagnostischen Manuale der Weltgesundheitsorganisation (ICD-11 Beta Version) und der American Psychiatric Association (DSM-5, Falkai/Wittchen 2015) führen die Rechenstörung als eine Unterkategorie innerhalb einer Gruppe von Lernstörungen (neben Störungen des Lesens und des Schreibens) auf, die den neurologisch bedingten Entwicklungsstörungen („neurodevelopmental disorders") zugeordnet werden. Darüber hinaus wird die typische Symptomatik aber nicht besonders genau charakterisiert. Im DSM-5 wird lediglich ausgeführt, dass die arithmetischen Fertigkeiten oder die mathematische Problemlöseleistung beeinträchtigt sein können. Im ICD-11 wird spezifiziert, dass signifikante und persistierende Schwierigkeiten im Erwerb der Rechen- und Mathematikleistungen vorliegen, wie etwa im Zahlensinn, der Merkleistung für numerische Fakten, dem exakten und flüssigen Rechnen und dem Lösen mathematischer Probleme.

S3-Leitlinie „Diagnostik und Behandlung der Rechenstörung"

Für Deutschland ist darüber hinaus eine von der Arbeitsgemeinschaft der Wissenschaftlichen Medizinischen Fachgesellschaften (AWMF) e.V. (www.awmf.org/leitlinien.html) geführte S3-Leitlinie zur Diagnostik und Behandlung der Rechenstörung relevant (Haberstroh/Schulte-Körne, 2017). Diese Leitlinie wurde basierend auf einer systematischen Literaturrecherche von einem repräsentativen Fachgremium in einem Konsensprozess entwickelt. In dieser Leitlinie wird spezifiziert, dass eine Rechenstörung durch Minderleistungen bezüglich der Richtigkeit und benötigten Bearbeitungszeit im

Bereich Mathematik (Basiskompetenzen, Grundrechenarten und/oder Textaufgaben) gekennzeichnet ist. Die Leitlinie weist auch darauf hin, dass eine Rechenstörung in der Regel von Minderleistungen im visuell-räumlichen Arbeitsgedächtnis und/oder den exekutiven Funktionen begleitet wird (vgl. Kapitel 3.6).

Zentral für die Diagnose einer Dyskalkulie ist also eine eindeutige und persistierende Beeinträchtigung der Entwicklung der Rechenleistungen. Diese Beeinträchtigung sollte üblicherweise bereits in den ersten Schuljahren auffällig werden, wenn der Erwerb der Grundrechenarten im Vordergrund steht. Bei Personen, die erst in den höheren Klassenstufen auffällige Schwierigkeiten im Schulfach Mathematik entwickeln, ist die Diagnose in den meisten Fällen nicht zutreffend. Dabei ist natürlich für den Einzelfall nicht auszuschließen, dass die Problematik zwar immer schon vorlag, aber aus diversen Gründen nicht entdeckt wurde.

Allerdings erfordert bereits die altersgemäße Beherrschung der Grundrechenarten das komplexe Zusammenwirken einer ganzen Reihe von mathematischen Teilfertigkeiten, wie in den vorhergehenden Kapiteln ausgeführt wurde. Aus kognitionspsychologischer Sicht ist das Festmachen an Defiziten in den Grundrechenarten also nach wie vor unbefriedigend. Hier besteht eine Aufgabe für die Forschung in den nächsten Jahren darin, anhand empirischer Befunde die typischen Defizite von Kindern mit Dyskalkulie wesentlich genauer zu charakterisieren.

Diagnoseprobleme

Für die Diagnose einer Dyskalkulie ist es erforderlich, dass ein Kind bei einem standardisierten Test zur Erhebung der Rechenleistung auffällig schwache Leistungen zeigt. Hier erweist sich die Tatsache, dass die mathematischen Leistungen ein komplexes Konstrukt sind, das sich aus sehr unterschiedlichen Komponenten zusammensetzt, als Problem: Diagnostische Verfahren erheben zum Teil sehr unterschiedliche Komponenten (s. Kap. 4). Das bedeutet, dass auch bei Setzen eines eindeutigen Cut-off-Wertes (z.B. Prozentrang 15) ein Kind mit einem speziellen Verfahren möglicherweise eine Dyskalkulie-Diagnose erhält, mit einem anderen aber nicht. Dazu kommt, dass die Leistungsprofile betroffener Kinder sehr heterogen sind (Dowker 2005). Ein Auftrag an die Forschung ist es, Kernsymptome der Störung genauer zu erforschen und darauf zu achten, dass diese Kernsymptome in den zur Diagnose eingesetzten Verfahren auch mit entsprechender Priorität erhoben werden.

Ein weiteres Problem, das allerdings nicht nur auf den Bereich der Dyskalkulie zutrifft, sondern auf alle Lernstörungen, ist die Frage, ab welchem Testwert die Störung signiert werden soll. Die Forschungskriterien des ICD-11 legen hier fest, dass die Rechenleistungen zwei Standardabweichungen unter dem altersgemäßen Wert liegen sollten. Das bedeutet, dass maximal 3 % der Gesamtpopulation (ohne Berücksichtigung des Entwicklungsalters) die Diagnose einer Rechenstörung erhalten. Für Forschungszwecke ist ein derart strenges Kriterium zu befürworten, weil so einigermaßen gewährleistet werden kann, dass tatsächlich eine wesentliche Lernstörung der Gegenstand der Untersuchung ist. Allerdings ist festzustellen, dass sich viele Autoren nicht daran halten. Etliche Forschungsbefunde basieren auf Gruppen von Kindern, die unter Prozentrang 25 oder 30 bei einem standardisierten Test abgeschnitten haben. Es macht wenig Sinn, davon auszugehen, dass 25 bis 30 % der Bevölkerung von einer umschriebenen Lernstörung betroffen sind, vielmehr sollte hier von unterdurchschnittlichen Rechenleistungen gesprochen werden. Problematisch sind derartig locker gesetzte Selektionskriterien vor allem, weil nicht klar ist, ob die erzielten Befunde tatsächlich für die Rechenstörung ernsthafteren Ausmaßes zutreffen.

Rechenleistung ist kein dichotomes, sondern ein kontinuierliches Merkmal, so dass das Setzen eines eindeutigen Cut-off-Wertes, ab dem ein Kind eine Dyskalkulie-Diagnose erhalten soll, in gewisser Weise willkürlich bleiben muss. Liegen die Leistungen eines Kindes bei einem geeigneten standardisierten Verfahren unter einem Prozentrang von 15, so kann von einer eindeutigen Beeinträchtigung der Rechenleistungen gesprochen werden. Der Bereich der Diagnostik wird im nächsten Kapitel noch ausführlicher behandelt.

Ein weiterer kritischer Punkt der Dyskalkuliedefinition ist, ob eine Diskrepanz zum allgemeinen Entwicklungsalter gegeben sein muss. Aus Sicht der Forschung macht diese Diskrepanz durchaus Sinn, weil so ausgeschlossen werden kann, dass Auffälligkeiten, die an einer Stichprobe rechenschwacher Kinder beobachtet werden, auf eine eher allgemein schwache Intelligenz oder auf ein beeinträchtigtes Instruktionsverständnis zurückzuführen sind. Ob dieses Kriterium für die Praxis allerdings sinnvoll ist, lässt sich aufgrund einer sehr beschränkten Befundlage nicht eindeutig feststellen. Jimenez Gonzales und Espinel (2002) konnten zwischen rechenschwachen Kindern mit guter und niedriger Intelligenz beim Lösen von Textaufgaben keine wesentlichen Unterschiede in den angewendeten Strategien beobachten. Umgekehrt berichten Klesczewski und Kollegen (2015) Defizite im visuellen Arbeitsgedächtnis vor allem bei rechenschwachen Kindern mit niedriger allgemeiner Intelligenz, wohingegen Defizite in den exekutiven Funktionen und der Lese-/ Rechtschreibleistungen eher bei rechenschwachen Kindern vorlagen, die das IQ-Diskrepanzkriterium erfüllten. Bisher gibt es keine Hinweise, dass für die beiden Gruppen von Kindern mit umschriebener versus allgemeiner Lernstörung im Bereich der Rechenleistung unterschiedliche Fördermaßnahmen angezeigt sind. Für den Bereich der Lese-Rechtschreib-Störung wurde im Rahmen von etlichen empirischen Untersuchungen aufgezeigt, dass zwischen Kindern, die die Diskrepanz zwischen Leseleistung und Entwicklungsalter erfüllen, und solchen, für die diese Diskrepanz nicht festzustellen ist, keine wesentlichen Unterschiede bezüglich ihrer schriftsprachlichen Leistungen, bezüglich der der Lernstörung zugrunde liegenden kognitiven Defizite oder bezüglich des Therapieerfolgs vorliegen (z.B. Marx et al. 2001; Weber et al. 2002). Für den Bereich der Dyskalkulie stehen diese Untersuchungen bisher noch aus.

Ein methodisches Problem der Diskrepanzdefinition für Dyskalkulie besteht darin, dass etliche standardisierte Verfahren zur Intelligenzdiagnostik Untertests inkludieren, die Rechenleistungen erfassen (z.B. WISC-IV, Petermann/Petermann 2011; K-ABC-II, Melchers/Melchers 2015). Bei diesen Verfahren würden rechenschwache Kinder also als Folge ihrer Rechenschwäche schlecht abschneiden und würden in weiterer Folge möglicherweise keine Diskrepanzdiagnose erhalten.

3.2 Epidemiologie

Prävalenz: 3–8,4 %

Epidemiologische Studien, die in unterschiedlichen Ländern (Deutschland, Großbritannien, Griechenland, USA, Indien, Israel) durchgeführt wurden, berichten überraschend einheitliche Prävalenzraten zwischen 3 und 8,4 % (Badian 1983; Barbaresi et al. 2005; Gross-Tsur et al. 1996; Hein et al. 2000; Klauer 1992; Kosc 1974; Koumoula et al. 2004; Reigosa-Crespo et al. 2012; Lewis et al. 1994; Ramaa/Gowramma 2002; von Aster et al. 2007). Diese Befunde zeigen also, dass die Vorkommenshäufigkeit von Dyskalkulie durchaus mit der der Legasthenie vergleichbar ist.

Geschlechterverteilung: 1 : 1

Von Dyskalkulie sind offenbar etwa gleich viele Mädchen wie Jungen betroffen. Angesichts der Tatsache, dass für etliche andere Entwicklungsstörungen (insbesondere Legasthenie, Aufmerksamkeitsdefizit-Hyperaktivitätsstörung (ADHS), Sprachentwicklungsstörungen) stets eine höhere Prävalenz für das männliche Geschlecht berichtet wird, ist dieser Befund durchaus bemerkenswert.

Komorbidität mit Legasthenie und ADHS

Dyskalkulie tritt häufig nicht isoliert, sondern in Kombination mit Legasthenie oder ADHS auf – das belegen eine ganze Reihe von Studien mit umfassenden Stichproben deutschsprachiger Kinder. So beobachteten Landerl und Moll (2010) und Moll und Kollegen (2014) in populationsbasierten Stichproben von 8- bis 11-jährigen SchülerInnen, dass bei etwa 40 bis 50 % der Kinder mit markanten Defiziten im Erwerb der Rechenleistungen auch Probleme im Lesen und/oder Rechtschreiben vorlagen. Auch Fischbach und Kollegen (2013) bestätigten eine nur geringfügig niedrigere Prävalenzrate von 4.2% für die kombinierte Rechen- und Lese-/ Rechtschreibstörung als für eine isolierte Rechenstörung (5%).

Czamara und Kollegen (2013) identifizierten für Kinder mit ADHS ein zweieinhalbfach erhöhtes Risiko für Defizite in der Entwicklung der Rechenleistungen. In einer Stichprobe von über 3.000 10- bis 11-jährigen israelischen Kindern (Gross-Tsur et al. 1996) erhielten 26% der als rechenschwach diagnostizierten Kinder auch eine ADHS-Diagnose. Shaywitz und Shaywitz (1988) berichten, dass 33% der Kinder mit Dyskalkulie auch von ADHS betroffen seien.

3.3 Prognose

Bisher liegen nur wenige Befunde zum langfristigen Verlauf der Dyskalkulie vor, insbesondere längsschnittliche Erhebungen fehlen weitgehend. In den ersten Schuljahren ist die Varianz der numerisch-rechnerischen Leistungen möglicherweise insgesamt noch so hoch, dass die Stabilität von Defiziten noch beschränkt sein könnte. Geary und Kollegen (1999; 2000) erhoben etwa die Rechenleistungen sowohl am Ende der 1. als auch am Ende der 2. Schulstufe. Ungefähr ein Drittel der Kinder, die bei einer dieser Erhebungen eine schwache Leistung erbracht hatten, erzielten in der anderen Erhebung durchschnittliche Leistungen. Dabei bestand das typische Muster darin, dass der anfängliche Leistungsrückstand bis zum zweiten Erhebungszeitpunkt aufgeholt werden konnte.

Kritisch sollte hier allerdings bemerkt werden, dass als Kriterium für Rechenschwäche in dieser Studie eine Leistung unter Prozentrang 35 angesetzt wurde. Es könnte sein, dass in diesem breiten unterdurchschnittlichen Bereich die Leistungsstabilität insgesamt geringer ist als bei deutlicheren Beeinträchtigungen in Form einer Lernstörung. Weiterhin ist an dieser Studie methodisch problematisch, dass eine Leistung ab Prozentrang 35 bereits als unauffällig eingestuft wurde. Das bedeutet, dass Kinder, die einmal knapp über und einmal knapp unter dem Cut-off lagen, der variablen Gruppe zugeordnet wurden, obwohl ihre Leistung über die zwei Erhebungszeitpunkte stabil blieb.

Stabilität der Störung

Zumindest ab der 2. Schulstufe scheinen Defizite in den mathematischen Leistungen ohne geeignete Intervention auch längerfristig stabil zu sein. Jordan und Kollegen (2003) selektierten im Herbst des 2. Schuljahres vier Gruppen (isolierte Rechenstörung, kombinierte Störung der Rechen- und der Leseleistung, isolierte Lesestörung und Kontrollgruppe mit unauffälliger Entwicklung in beiden Domänen) und verfolgten die Entwicklung während der nächsten 16 Monate, bis zum Frühjahr des 3. Schuljahres. Besonders der Erwerb des numerischen Faktenwissens erwies sich für beide Gruppen mit Rechenstörung als pervasives Merkmal. Zwar konnten beide Gruppen im Beobachtungszeitraum ihre Leistung verbessern, der Rückstand zur unauffälligen Kontrollgruppe blieb allerdings konstant und konnte nicht verringert werden. Die Leistung bei Textaufgaben blieb bei der Gruppe mit kombinierter Rechen- und Lesestörung ebenfalls während des gesamten Beobachtungszeitraums stabil schwach. Die Kinder mit isolierter Rechenstörung konnten in diesem Bereich den Leistungsrückstand zur Kontrollgruppe verringern und erzielten am Ende der Untersuchung Leistungen, die denen der Kinder mit isolierter Lesestörung entsprachen. Eine plausible Erklärung, warum Kinder mit kombinierter Rechen- und Lesestörung in etlichen Studien insgesamt stärkere Beeinträchtigungen der Rechenleistung zeigen als Kinder mit isolierter Rechenstörung, ist, dass diese Gruppe möglicherweise weniger kompensatorische Mechanismen zur Disposition hat.

Weitere Bestätigung für eine hohe Persistenz von Rechenstörungen liefert eine israelische Studie (Shalev et al. 1998), in der dyskalkulische Kinder der 5. Schulstufe drei Jahre lang untersucht wurden. Am Ende der Beobachtungsphase zeigten 95 % dieser Gruppe nach wie vor Rechenleistungen im untersten Quartil ihrer Schulklasse, 47 % gehörten immer noch zu den schwächsten 5 %. Die Stabilität der Störung stand in direktem Zusammenhang mit dem Schweregrad: je deutlicher die Beeinträchtigung zum ersten Messzeitpunkt, desto geringer die Wahrscheinlichkeit, dass die Kinder den Rückstand aufholen konnten. Außerdem erwies sich die Stabilität bei den Kindern als besonders hoch, bei denen bereits Geschwister betroffen waren – ein erster Hinweis auf eine genetische Verursachungskomponente. Keinen Zusammenhang mit der Stabilität zeigten dagegen der sozioökonomische Status der Familie, das Geschlecht und das Vorliegen einer anderen Lernstörung.

Langzeiteffekte

Langfristige negative Effekte von schwachen Rechenleistungen bestehen in erhöhter Arbeitslosigkeit (Bynner/Parsons 1997) und niedrigem sozioökonomischen Status (Ritchie/Bates 2013). Personen mit niedrigeren Rechenleistungen geraten bei Immobilienkrediten eher in

Zahlungsrückstand (Gerardi et al. 2013). Selbst das Gesundheitsverhalten kann beeinträchtigt sein, wenn Gesundheitsrisiken falsch eingeschätzt werden (Reyna et al. 2009). Vor dem Hintergrund dieser massiven Beeinträchtigungen und der damit verbundenen gesellschaftlichen Relevanz ist es erstaunlich, dass Rechenstörungen nach wie vor weniger Aufmerksamkeit gewidmet wird als anderen Entwicklungsstörungen, wie etwa der Legasthenie.

3.4 Neurobiologische Befunde

genetische Komponente

Ein erster Hinweis, dass eine genetische Verursachungskomponente eine Rolle spielt, lässt sich aus der Tatsache ableiten, dass bei bestimmten nachgewiesenermaßen genetisch verursachten Störungen häufig eine defizitäre Entwicklung der Rechenleistung vorliegt. Dazu gehören insbesondere das Turner-Syndrom und das Fragile-X-Syndrom, beides Chromosomenfehler, die das X-Chromosom betreffen. Auch für Kinder mit Spina bifida (Barnes et al. 2005) und für Kinder mit Williams-Beuren-Syndrom (Ansari/Karmiloff-Smith 2002; Ansari et al. 2003) werden häufig Schwierigkeiten in den Rechenleistungen berichtet.

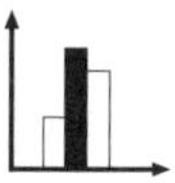

Zwillingsstudien

In einer Zwillingsstudie fanden Alarcon und Kollegen (1997), dass bei eineiigen Zwillingspaaren, von denen ein Kind dyskalkulisch war, die Wahrscheinlichkeit, dass auch das zweite Kind betroffen ist, im Vergleich zur allgemeinen Prävalenz 12fach erhöht war. Bei zweieiigen Zwillingen zeigte sich immer noch eine 8fach erhöhte Wahrscheinlichkeit.

Shalev und Mitarbeiter (2001) konnten in einer Untersuchung von 33 Familien mit einem dyskalkulischen Kind zeigen, dass bei etwa der Hälfte der Kinder auch ein Bruder oder eine Schwester von der Störung betroffen waren. Das bedeutet, dass in dieser Studie das Dyskalkulierisiko für Geschwister von betroffenen Kindern 5- bis 10-mal höher liegt als in der Gesamtpopulation – ein eindeutiger Hinweis für eine genetische Komponente.

Gehirnstruktur und -funktionen

Bisher liegen erst wenige Befunde zu Gehirnstruktur und -funktionen vor, die vor allem Auffälligkeiten in jenen Regionen aufzeigen, die mit Zahlenverarbeitung und Rechnen assoziiert sind. Strukturell zeigt sich bei Kindern mit Dyskalkulie im Vergleich zu Kindern mit unauffälligen Rechenleistungen eine geringere Dichte der grauen Substanz im intraparietalen Sulcus (IPS) und in umliegenden Regionen, etwa dem superioren Parietallappen (Isaacs et al. 2001; Rotzer et al. 2008;

Rykhlesvkaia et al. 2009). Der IPS wurde bereits in Kapitel 1 als besonders relevant für die Verarbeitung von Zahlen und Numerositäten hervorgestellt. Auffälligkeiten in der Gehirnstruktur wurden auch in anderen Gehirnregionen gefunden, allerdings sind hier die Befunde bisher wenig konsistent. Weiterhin sind bei Dyskalkulie jene Nervenbahnen reduziert, welche parietale Areale untereinander und mit occipito-temporalen Arealen verbinden, die an der Verarbeitung symbolischer Zahlenrepräsentationen beteiligt sind (Rykhlevskaia et al. 2009). Eine ganze Reihe von Studien belegt eine reduzierte Aktivierung parietaler Areale (besonders IPS) bei Aufgaben zum Mengenvergleich (Mussolin et al. 2010; Price et al. 2007), Zahlenvergleich (Mussolin et al. 2009) und beim Rechnen (Kucian et al. 2006). Gerade bei funktionellen MRT-Studien sind die Befunde bisher noch eher gemischt (Überblick bei Kaufmann et al. 2011), was vermutlich daran liegt, dass die Gehirnaktivierung stark von den verwendeten Aufgabenstellungen abhängt. Ein abweichendes Aktivierungsmuster in anderen kortikalen und subkortikalen Gehirnarealen könnte darüber hinaus auf eine stärkere Inanspruchnahme von nichtnumerischen Ressourcen wie Arbeitsgedächtnis, Aufmerksamkeit und exekutive Funktionen hinweisen.

3.5 Typische Symptomatik

vorschulische Auffälligkeiten

Frühe Defizite in den Zählfunktionen: Über die vorschulische Entwicklung von Kindern mit Dyskalkulie ist bisher wenig bekannt. Aus der Annahme, dass es sich um eine genetisch determinierte, neurobiologische Störung handelt, lässt sich ableiten, dass bereits in den vorschulischen Entwicklungsphasen des mathematischen Verständnisses Auffälligkeiten festzustellen sein müssten. Erste empirische Befunde scheinen dies auch zu belegen.

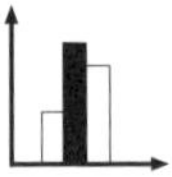

So zeigen von Aster und Mitarbeiter (2007), dass Kinder, die in der 2. Schulstufe als rechenschwach diagnostiziert wurden, bereits im Kindergartenalter Defizite im Umgang mit Zahlen (Zählfunktionen, einfache Additionen und Subtraktionen) aufwiesen. Mazzocco und Thompson (2005) fanden umgekehrt, dass Kindergartenkinder, die beim Vergleich einfacher Zahlen oder dem Benennen arabischer Ziffern schwächere Leistungen erbrachten als ihre Altersgenossen, ein hohes Risiko hatten, im Lauf der ersten Schuljahre eine persistierende Dyskalkulie zu entwickeln.

Irrelevanz der (Zähl-)abfolge

Rechenschwache Kinder weisen zum Teil auch in den ersten Schuljahren noch Schwierigkeiten im Bereich der Zählfunktionen auf. Geary und Mitarbeiter (1992) berichten, dass insbesondere das Prinzip der Irrelevanz der (Zähl-)Abfolge Schwierigkeiten bereite. Manche rechenschwache Kinder gehen fälschlicherweise davon aus, dass ein Zählprozess nur dann zum korrekten Ergebnis kommt, wenn die Objekte in einer systematischen Reihenfolge gezählt werden. Das Verständnis für Zählfunktionen wird oft in der Form überprüft, dass eine Handpuppe einen Zählvorgang durchführt und die Kinder dann beurteilen müssen, ob die Puppe richtig oder falsch gezählt hat. Wenn die Puppe in einer Reihe von Spielmarken, die jeweils in abwechselnder Farbe (z. B. gelb – blau – gelb – blau usw.) aufgelegt sind, zuerst die Marken der einen Farbe und dann erst die Marken der anderen Farbe zählt, beurteilten rechenschwache Kinder in der 1. und 2. Schulstufe diesen Prozess zum Teil noch als inkorrekt (Geary et al. 1992; 1999; 2000). Allerdings muss diese Antworttendenz nicht unbedingt auf mangelndes Verständnis für das Prinzip der irrelevanten Abfolge zurückzuführen sein. Eine Alternativerklärung für diesen Befund wäre, dass die Kinder möglicherweise bei nicht ausreichend systematisch durchgeführten Zählprozessen den Überblick verlieren, ob die Puppe auch tatsächlich alle Objekte gezählt hat.

Geary fand in seinen Studien auch, dass zumindest in der 1. Schulstufe rechenschwache Kinder nicht immer bemerken, wenn die Handpuppe eine der ersten Marken in der Reihe doppelt zählt, und das Ergebnis dann fälschlicherweise für korrekt halten. Dieselben Kinder bemerken diesen Zählfehler sehr wohl aber, wenn er an einer der letzten Spielmarken in der Reihe „passiert". Daher kann davon ausgegangen werden, dass sie das Prinzip der Eins-zu-eins-Zuordnung zwar verstehen, dass sie aber aufgrund von Beschränkungen des Arbeitsgedächtnisses Zählfehler, die zeitlich weiter zurückliegen, bereits wieder vergessen haben, wenn sie ihr Korrektheitsurteil abgeben sollen.

Zahlendreher

Defizite im Transkodieren und im Umgang mit mehrstelligen Zahlen: Erstaunlicherweise liegen bisher sehr wenige empirische Befunde in Bezug auf die Frage vor, welche Probleme Kinder mit Dyskalkulie beim Erwerb des arabischen Zahlencodes und insbesondere des Stellenwertsystems haben, obwohl aus der Praxis immer wieder berichtet wird, dass in diesem Bereich massive und zum Teil sehr hartnäckige Schwierigkeiten zu beobachten seien. Sogenannte *Zahlendreher* (z. B. 36 – „dreiundsechzig" oder umgekehrt) wurden in einer veralteten Theorie (Orton 1937), die sich empirisch nicht bestätigen ließ (s. z. B. Landerl / Wimmer 2006), als typisches Kennzeichen einer Legasthenie gewertet. Wie bereits erwähnt, sind diese Zahlendreher besonders im Deutschen vermutlich in der Zehner-Einer-Inversion bei Zahlwörtern begründet und unterlaufen auch kompetenten Erwachsenen, wenn sie z.B. eine diktierte Telefonnummer niederschreiben möchten.

Geary und Kollegen (1999; 2000) baten rechenschwache Kinder am Ende der 1. und 2. Schulstufe, jeweils drei einstellige und eine zweistellige Zahl zu lesen und zu schreiben. Insgesamt waren die Leistungen gut, ein Teil der Kinder (jene, die zusätzlich zur Rechenschwäche auch Lesedefizite und eine etwas niedrigere allgemeine Intelligenz aufwiesen) hatte allerdings am Ende der 1. Schulstufe noch Schwierigkeiten, die zweistellige arabische Zahl zu lesen bzw. nach Diktat niederzuschreiben. Bei der zweistelligen Zahl handelte es sich in beiden Aufgaben um eine Zahl der zweiten Dekade (12 bzw. 13), die aufgrund ihrer innerhalb des Zahlwortsystems untypischen Konstruktion (s. Abschnitt 2.5) keine spezifischen Rückschlüsse auf das Verständnis für die Zahlensyntax zulassen.

Landerl und Mitarbeiter (2004) präsentierten deutlich älteren, 8- bis 9-jährigen Dyskalkulikern ein- bis dreistellige Zahlen, die sie sowohl lesen (visuell-verbales Transkodieren) als auch in ihrer arabischen Form nach Diktat schreiben (verbal-visuelles Transkodieren) sollten. Bei beiden Aufgaben war die Antwortgenauigkeit hoch. Auffällig war allerdings, dass etwa die Hälfte der rechenschwachen Kinder noch zumindest einen Zahlendreher machte und ein Viertel zumindest einen Stellenwertfehler (z.B. 724 geschrieben als 7024), während diese Fehler in der Kontrollgruppe nicht mehr vorkamen. Weiterhin zeigten sich beim Lesen arabischer Zahlen deutlich erhöhte Antwortzeiten. Bei genauerer Analyse lassen sich also durchaus auch bei etwas älteren Kindern noch Schwierigkeiten in der basalen Kompetenz des Transkodierens feststellen. Nuerk und Kollegen (2004) vermuten, dass Kinder mit Dyskalkulie möglicherweise spezifische Probleme bei der parallelen Verarbeitung und Integration der Ziffern mehrstelliger arabischer Zahlen haben könnten.

Landerl (2013; Landerl/Kölle 2009) beobachtete noch in der 4. Schulstufe massive Schwierigkeiten beim Zahlengrößenvergleich mit zweistelligen Zahlen und einen besonders ausgeprägten Kompatibilitätseffekt (vgl. Abschnitt 1.5): Die Kinder mit Dyskalkulie hatten insbesondere Schwierigkeiten mit Zahlenpaaren, in denen Zehner- und Einerstelle gegenläufige Informationen über die numerische Größe lieferten (z.B. 85 vs. 37), was deutlich auf Schwierigkeiten in der Integration der Zehner- und Einerstelle zu einem gemeinsamen numerischen Wert hinweist. Zu Beginn der 2. Schulstufe lagen die

Leistungen der Kinder mit Dyskalkulie bei den inkompatiblen Items sogar noch auf dem Zufallsniveau (Landerl 2013) – offenbar hatten die Kinder noch nicht verstanden, wie genau die Ziffern in den zweistelligen Zahlen zusammengehören.

B

Einen besonders bei entwicklungsbedingter Dyskalkulie untypischen Einzelfall eines spezifischen Defizits im Transkodieren dokumentierte Temple (1997). Der 8-jährige Paul beherrschte zwar die Zahlensyntax, d.h. er war imstande, bei mehrstelligen Zahlen korrekt die Einer-, Zehner-, Hunderter- oder Tausenderstelle zu identifizieren, aber ihm unterliefen systematisch sogenannte semantische Fehler: Das heißt, er irrte sich im Zahlenwert und las beispielsweise 73 als „seventy-five" oder 752 als „seven-hundred and fourty-two". Dieser Fehlertyp unterlief ihm sowohl beim Lesen als auch beim Schreiben arabischer Zahlen und bemerkenswerterweise sogar beim Lesen von Zahlwörtern (z.B. wurde das geschriebene Zahlwort „nine" gelesen als „three"; oder „three hundred and seventy-one" als „three hundred and eighty-eight"). Pauls Lese- und Schreibleistungen waren im Allgemeinen gut entwickelt, sein Problem bezog sich tatsächlich spezifisch auf Zahlwörter, unabhängig davon, ob sie in arabischen Ziffern oder als geschriebene Zahlwörter präsentiert wurden.

Bedauerlicherweise berichtet Temple nicht, ob und inwiefern Pauls Rechenleistungen durch dieses Transkodierproblem beeinträchtigt waren. Im Prinzip wäre denkbar, dass sich seine mündlichen Leistungen möglicherweise einigermaßen altersgemäß entwickeln konnten. Ob schriftliches Rechnen ohne die Möglichkeit des kompetenten Transkodierens in den verbalen Code funktionieren kann, ist allerdings völlig unklar. Besonders interessant wäre, ob Paul in der Lage wäre, aus zwei arabischen Zahlen die numerisch größere auszuwählen. Diese Aufgabe erfordert zwar das Transkodieren der arabischen Zahl in die analoge Größenrepräsentation (Zahlensemantik), der verbale Code ist aber im Prinzip nicht erforderlich. Es könnte sein, dass Paul die Zahlen zwar falsch benannte, aber durchaus richtig verstand.

Paul ist ohne Zweifel ein sehr außergewöhnlicher Fall. Wesentlich häufiger ist, dass die Zahlensyntax nicht in ausreichendem Ausmaß beherrscht wird (Power/dal Martello 1990; 1997; Noël/Turconi 1999; Seron/Fayol 1994). Allerdings zeigt Pauls Fall sehr deutlich auf, dass Dyskalkulie keine homogene Störung ist, sondern dass sehr unterschiedliche Teilbereiche der Zahlenverarbeitung und arithmetischen Leistungen gestört sein können.

Zählfehler und unreife (Zähl-)Strategien

Defizite im numerischen Faktenwissen: Das am konsistentesten belegte Symptom bei Dyskalkulie besteht in einer deutlichen Beeinträchtigung von Aufbau und Abruf des arithmetischen Faktenwissens

(Geary 1993; Geary / Hoard 2001; Ginsburg 1997; Jordan / Montani 1997; Kaufmann 2002; Kirby / Becker 1988; Russel / Ginsburg 1984; Shalev / Gross-Tsur 2001). Der Übergang vom zählenden Rechnen zum direkten Abruf von arithmetischen Fakten aus dem Gedächtnis gelingt offenbar nicht. Darüber hinaus verwenden dyskalkulische Kinder im Vergleich zu Kindern mit unauffälliger Entwicklung häufig entwicklungspsychologisch unreifere Strategien (insbesondere Fingerrechnen), machen beim zählenden Rechnen häufiger Zählfehler und verwenden unreifere Zählstrategien (z. B. „count all" statt „count min", s. Abschnitt 2.6). Der genaue Zusammenhang zwischen Defiziten in den Zählfunktionen und dem Aufbau des arithmetischen Faktenwissens ist bisher nicht ausreichend geklärt. Offenkundig ist zählendes Rechnen die einzig verfügbare Strategie, solange kein ausreichendes Faktenwissen vorhanden ist.

Umgekehrt beeinträchtigen häufige Fehler beim Zählen aber auch den Aufbau von sicheren Gedächtniseinträgen. Wenn „5 + 3" einmal korrekt als 8, aber ein anderes Mal als 7 und wieder ein anderes Mal als 9 gezählt wird, wird die assoziative Stärke (Siegler / Shrager 1984) für „5 + 3 = 7", „5 + 3 = 8" und „5 + 3 = 9" sich nicht wesentlich unterscheiden, so dass erst recht nachgerechnet werden muss. Wie bereits ausgeführt wurde, ist besonders das defizitäre Faktenwissen ein persistierendes Merkmal der Dyskalkulie (Jordan et al. 2003; Kaufmann 2002; Kaufmann et al. 2004).

Defizite im prozeduralen und im Faktenwissen können dissoziieren: Häufig ist bei Kindern mit Dyskalkulie neben dem arithmetischen Faktenwissen auch das Wissen um und das Verständnis für mathematische Prozeduren beeinträchtigt. Allerdings können diese beiden Komponenten auch dissoziieren, also unabhängig voneinander defizitär sein.

B

Temple (1994) beschreibt etwa den Fall von 12-jährigen Zwillingen, die trotz deutlich überdurchschnittlicher allgemeiner Intelligenz (IQ um 130) massive Defizite im Faktenwissen aufwiesen. Zwar war ihre Antwortgenauigkeit bei Additionen und Multiplikationen mit einstelligen Zahlen nur geringfügig beeinträchtigt, ihre Antwortzeiten waren aber wesentlich erhöht. De facto benötigten sie für die Lösung dieser für 12-Jährige relativ einfachen Aufgabenstellungen zwei- bis dreimal so viel Zeit wie Kinder mit unauffälliger Entwicklung.

Als die beiden Jungen gebeten wurden, laut zu rechnen, zeigte sich sehr schnell die Ursache für die hohen Antwortzeiten: Da die beiden nicht einmal das kleine Einmaleins beherrschten, mussten sie jede Rechnung in komplizierte Teilschritte zerlegen. Für die Rechnung 6 x 6 benötigte einer der Zwillinge etwa beachtliche 24 s, bis er das korrekte Ergebnis benennen konnte. Offenbar rechnete er wie folgt: „2 x 6 = 12; x 2 = 24; + 12 = 36". Beherrscht wurde also lediglich die Multiplikationsreihe „x 2", die einer Addition der Zahl mit sich selbst entspricht, und das Addieren. So wurde mit großem Aufwand und offenkundig gutem mathematischen Verständnis die richtige Antwort erarbeitet. Das prozedurale Wissen war bei diesen Zwillingen offenbar intakt und wurde kompetent eingesetzt, um das fehlende Faktenwissen zu kompensieren. Der Preis für diese Kompensation war eine stark erhöhte Arbeitszeit und eine wesentlich stärkere Belastung des kognitiven Systems, als dies beim direkten Abruf von Faktenwissen der Fall wäre.

Ebenfalls von Temple (1991; 1992) stammt die Einzelfalldarstellung des 17-jährigen SW, der – anders als die Zwillinge – Additionen und Multiplikationen mit einstelligen Zahlen mit hoher Antwortgenauigkeit (98 % korrekt) und auch adäquater Geschwindigkeit bearbeiten konnte. Das arithmetische Faktenwissen war hier also unauffällig entwickelt.
Allerdings hatte SW massive Probleme, die Prozeduren des schriftlichen Rechnens mit mehrstelligen Zahlen korrekt umzusetzen, offenkundig war ihm auch die Funktion dieser Prozeduren oft nicht klar. So nahm er etwa fälschlicherweise an, dass am Beginn jeder Subtraktion mit mehrstelligen Zahlen als erster Schritt ein Zehnerübertrag erfolgen müsse, und führte diesen auch dann durch, wenn der Subtrahend ohnehin kleiner war als der Minuend. In manchen Fällen wechselte er auch von Spalte zu Spalte die durchzuführende mathematische Operation, begann also etwa in der Einerspalte korrekt mit einer Subtraktion, zählte aber dann die Ziffern auf der Zehnerstelle zusammen und subtrahierte die Ziffern auf der Hunderterstelle wiederum. Innerhalb einer Spalte verrechnete er sich so gut wie nie, was als ein weiterer Beleg für gut entwickeltes Faktenwissen interpretiert werden kann.
Auch die allgemeinen kognitiven Leistungen von SW lagen im (unteren) Durchschnitt (IQ von 89), so dass eine allgemeine Lernschwäche ausgeschlossen werden konnte. SW zeigte allerdings umfassendere Probleme im Bereich der sogenannten exekutiven Funktionen, die für die Planung und Überwachung kognitiver Prozesse zuständig sind, und wies auch strukturelle Auffälligkeiten im Frontallappen auf, die oft mit derartigen Defiziten der exekutiven Funktionen assoziiert sind.

Auch Kaufmann (2002) zeigte anhand einer systematischen Untersuchung eines 14-Jährigen mit Dyskalkulie (MO), dass (a) das Faktenwissen spezifisch gestört sein kann; (b) nicht alle Fakteneinträge gleichermaßen gut/schlecht abgespeichert sind; und (c) mangelndes Faktenwissen mit defizitären Arbeitsgedächtnisleistungen assoziiert sein kann. In einer Nachfolgeuntersuchung (Kaufmann et al. 2004) wurde deutlich, dass die Abrufleistung auch wesentlich von der Art der Aufgabenstellung abhängig ist. MO zeigte beispielsweise im Vergleich zu einer Kontrollgruppe weniger starke Beeinträchtigungen bei Verifikationsaufgaben (z. B. 3 x 6 = 24 – richtig oder falsch?) als bei Produktionsaufgaben (z. B. 3 x 6 = ?). Daraus ließ sich ableiten, dass das Faktenwissen von MO zwar generell defizitär war, jedoch – abhängig von der Aufgabenart – fallweise abgerufen werden konnte.

Interferenzeffekte trotz Defizite

Ein weiterer wichtiger Befund von Kaufmann und Kollegen (2004) ist, dass auch bei lückenhaftem arithmetischem Faktenwissen Interferenzeffekte auftreten können: So war MO langsamer und machte mehr Fehler, wenn das falsche Resultat bei Verifikationsaufgaben ein Operandenfehler war (3 x 6 = 24), als bei jenen falschen Aufgaben, bei denen das fehlerhafte Ergebnis nicht zur Malreihe eines der beiden Operanden gehörte (3 x 6 = 17). Befunde von de Visscher und Kollegen (2015) legen nahe, dass Personen mit Dyskalkulie für solche Interferenzeffekte sogar anfälliger sein könnten als Personen mit unauffälligen Rechenleistungen (vgl. Abschnitt 3.6.2). Da das Vorhandensein von Interferenzeffekten nur möglich ist, wenn Faktenwissen zumindest teilweise abgespeichert ist, lässt sich ableiten, dass MO – zusätzlich zu etwaig vorhandenen Speicherproblemen – auch Abrufschwierigkeiten hatte. Auch die Tatsache, dass die Fehlermuster sehr inkonsistent waren, weist auf das Vorliegen von Abrufproblemen hin.

fehlende Interferenzanfälligkeit

Besonders interessant war auch die Leistung von MO bei impliziten numerischen Aufgaben. Darunter versteht man Aufgaben, für die die interessierende kognitive Funktion (hier das Rechnen) eigentlich aufgabenirrelevant ist, aber die Stimuli so gewählt sind, dass bei geübten Rechnern Rechenprozesse automatisch aktiviert werden. Mit MO wurde eine Matching-Aufgabe durchgeführt: Er sah zwei Zahlen am Bildschirm und musste für zwei unmittelbar darauffolgende Zahlen entscheiden, ob sie identisch zu den vorher präsentierten waren. Gewöhnlich sind Probanden langsamer und machen mehr Fehler, wenn der falsche Zielreiz ein Produkt des Ausgangsreizes ist (z. B. auf [3 4] folgt [1 2] – 3 x 4 = 12). MO zeigte diesen Interferenzeffekt allerdings nicht. Kaufmann und Mitarbeiter (2004) postulieren, dass diese fehlende Interferenzanfälligkeit bei impliziten Aufgaben darauf zurückzuführen sei, dass Personen mit Dyskalkulie bei impliziten Aufgaben das numerisch-rechnerische Wissen nicht automatisch aktivieren.

3.6 Kognitive Defizite bei Dyskalkulie

basisnumerische Verarbeitung als Kernmechanismus

Während ältere Theorien Lernstörungen als Folge eines einzigen kognitiven Defizits zu erklären versuchten (monokausale Theorien), unterstützt die moderne kognitionspsychologische und neurowissenschaftliche Forschung eher Verursachungsmodelle, in denen eine Reihe von Verursachungsfaktoren spezifiziert werden („multiple deficit view", Pennington 2006). Mathematische Leistungen entwickeln sich in einem komplexen Zusammenwirken aus neurobiologischen, kognitiven und umweltbedingten Faktoren. Eine zentrale Rolle bei der Entstehung einer Dyskalkulie kommt offenbar so genannten *basisnumerischen Defiziten* zu. Kinder mit Rechenstörungen haben nicht nur mit dem Rechnen an sich Probleme, sondern bereits mit dem Verständnis für Zahlen und Numerositäten, auf welchem Rechnen aufbaut. Eine grundlegende Kompetenz im Verstehen von Numerositäten ist bereits bei Babys und Tieren festzustellen (vgl. Kapitel 2.1 und 2.2), was die Annahme nahelegt, dass sie genetisch determiniert ist. Defizite in dieser frühen Kompetenz ziehen im weiteren Verlauf der Entwicklung der Zahlenverarbeitung und der Rechenleistung Schwierigkeiten nach sich, die sich mit dem Anstieg der Anforderungen potenzieren. Die grundlegende Kapazität zum Verständnis von Numerositäten stellt also einen *kognitiven Kernmechanismus* dar, der bei Dyskalkulie beeinträchtigt ist.

domänenspezifisch vs. -übergreifend

Kognitionspsychologisch handelt es sich bei *Beeinträchtigung der kognitiven Verarbeitung von Numerositäten* um ein *domänenspezifisches Defizit*, weil es sich spezifisch auf die inhaltliche Domäne der basisnumerischen Verarbeitung bezieht. Zusätzlich können eine ganze Reihe von Beeinträchtigungen domänenübergreifender kognitiver Prozesse eine Rolle bei der Entwicklung einer Dyskalkulie spielen. Diese betreffen Domänen der kognitiven Verarbeitung, die nicht nur für Rechenleistungen erforderlich sind. Im Besonderen werden hier *Gedächtnisdefizite* (Speicherung und Abruf im Langzeitgedächtnis, Arbeitsgedächtnis), *Defizite in den exekutiven Funktionen* (Planungs- und Kontrollfunktionen), *der allgemeinen kognitiven Verarbeitungsgeschwindigkeit, den visuell-räumlichen Funktionen* oder *den motorischen Funktionen* im Zusammenhang mit Dyskalkulie untersucht. Im Folgenden wird die Befundlage für diese Verursachungsfaktoren detailliert dargestellt.

3.6.1 Defizite in der kognitiven Repräsentation von Numerositäten

In Kapitel 2 wurde dargestellt, dass Kinder von Geburt an mit gewissen Kompetenzen zur Verarbeitung von Mengen und Numerositäten ausgestattet sind. Auf diesen basalen Kompetenzen baut die spätere Entwicklung, insbesondere der Erwerb des Zählens und der Rechenleistungen auf. Diese grundlegende Kompetenz ist also der Ausgangspunkt für die Entwicklung eines auf Verarbeitung von Zahlen und Mengen spezialisierten neuronalen Netzwerks.

Störung des Kernmechanismus

Die Annahme besteht also darin, dass bei Kindern mit Dyskalkulie von Geburt an eine *Störung des Kernmechanismus* vorliegt, der für die automatische Verarbeitung von Numerositäten verantwortlich ist.

Längerfristig führt dieser defizitäre Kernmechanismus dazu, dass sich die kognitive Repräsentation von Zahlen und Mengen nicht ordnungsgemäß entwickeln kann. Selbst erwachsene Personen mit Dyskalkulie berichten häufig, dass ihnen Zahlen „nichts sagen". Sie müssen sich jedes Mal kompensatorisch vergegenwärtigen, welche Menge etwa mit dem Zahlwort „fünfzehn" verbunden ist, während Personen mit intaktem Zahlensinn diese Verbindung zwischen Zahlwort und Menge hochautomatisch und selbstverständlich von ihrem kognitiven System geliefert bekommen.

beeinträchtigter Zahlensinn oder Zugriffsdefizit?

Kontrovers diskutiert wird derzeit, worin genau die Beeinträchtigung des basisnumerischen Kernmechanismus besteht. Dehaene (1999) postuliert einen *beeinträchtigten Zahlensinn* („number sense") und bezeichnet damit die angeborene und intuitive Fähigkeit zur Wahrnehmung und Unterscheidung von Mengen und Numerositäten, also des approximativen, analogen Zahlencodes im Triple-Code-Modell (s. Abschnitt 1.4). Von Butterworth und Kollegen (2011) wird die approximative Mengenrepräsentation für weniger zentral gehalten als die Repräsentation der exakten Anzahl von Items in einem Set, also die Kardinalität einer Menge. Dahinter steht der Gedanke, dass Zahlen nicht die ungefähren Mengen des analogen Zahlencodes abbilden, sondern sich eben stets auf die Kardinalität, also eine diskrete Anzahl beziehen. Ein beeinträchtigtes Verständnis für Kardinalität erschwert es demnach Betroffenen, zu erfassen, was genau symbolische Repräsentationen (Zahlwörter, arabische Zahlen) abbilden. Eine weitere Konzeption besagt, dass im Triple-Code-Modell die analoge Mengenrepräsentation selbst zwar intakt, aber der *Zugriff* auf Basis symbolischer Repräsentationen beeinträchtigt sei (Rousselle/Noël 2007). Für diese Sichtweise sprechen die nachstehenden Befunde zum Mengenvergleich, welche für den Vergleich für Zahlen (= symbolisch) konsistent Defizite bei Dyskalkulie bestätigen, wohingegen die Befunde beim Vergleich von analogen, nicht-symbolischen Mengen (z.B. Punkte) weniger einheitlich sind (De Smedt et al. 2013). Auch bei anderen Aufgaben zeigen Kinder mit Rechenstörungen sehr basale Defizite.

Nonsymbolischer und symbolischer Mengenvergleich

In Aufgaben zum Mengenvergleich werden Kinder gebeten, so schnell wie möglich zu entscheiden, welche von zwei am Computerbildschirm nebeneinander präsentierten Mengen numerisch größer sei. Beim nonsymbolischen Vergleich werden die Numerositäten analog, etwa als Menge von Punkten oder Quadraten (s. Abb. 3.1) präsentiert. Im symbolischen Mengenvergleich (oder Zahlengrößenvergleich) müssen zwei symbolische Darstellungsformen von Numerositäten miteinander verglichen werden – zumeist werden einstellige Ziffern verwendet (s. Abschnitt 2.5). Aufgaben zum Mengenvergleich werden üblicherweise am Computer präsentiert und die Antwort wird durch Tastendruck gegeben, so dass die Reaktionszeit exakt gemessen werden kann. Selbst Kinder mit massiven Schwierigkeiten beim Rechnen finden diese Aufgaben recht einfach. Wenn man ihre Leistungen aber genauer analysiert, wird deutlich, dass sie signifikant schwächere Leistungen zeigen als Kinder mit guten Rechenleistungen.

In einer Längsschnittstudie (Landerl 2013) wurden beide Aufgaben mit Gruppen von 41 Kindern mit schwachen und 42 Kindern mit unauffälligen Rechenleistungen vom Beginn der 2. bis zum Beginn der 4. Schulstufe insgesamt fünfmal durchgeführt. Bei der Aufgabe zum nonsymbolischen Mengenvergleich mussten Displays mit gelben Quadraten miteinander verglichen werden (s. Beispielitem in Abb. 3.1). Die Anzahl der Quadrate lag zwischen 20 und 72, so dass systematisches Durchzählen nicht sinnvoll war, vielmehr mussten die Kinder die Anzahl schätzen.

Bei der Entwicklung der Aufgabe wurde großer Wert darauf gelegt, dass die Kinder ihre Entscheidung tatsächlich auf Basis der Anzahl der Quadrate treffen mussten und nicht zusätzliche, nichtnumerische Informationen nutzen konnten. Bei konstanter Größe aller Quadrate würde automatisch das Feld mit der höheren Anzahl auch mehr gelbe Oberfläche abdecken. Um auszuschließen, dass die Kinder ihre Entscheidung auf Basis des Ausmaßes an gelber Oberfläche treffen konnten, wurde dieses in den beiden Feldern jeweils exakt gleich gehalten,

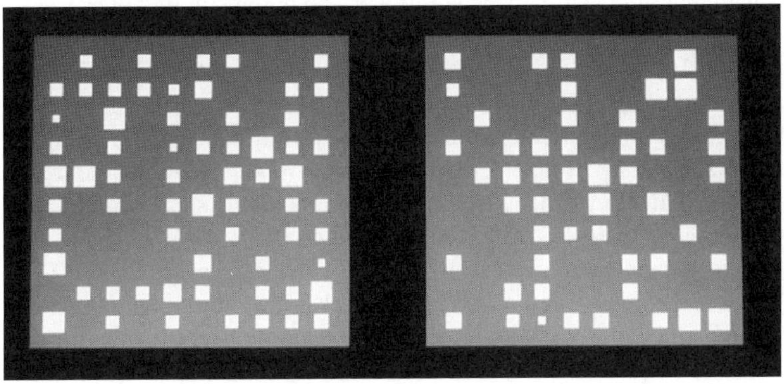

Abb. 3.1: Beispiel-Item aus der Aufgabe zum Mengengrößenvergleich (nach Landerl et al. 2009)

indem die Größe der Quadrate entsprechend variierte. Wäre die Größe der Quadrate innerhalb eines Auswahlfeldes jeweils konstant, aber die gelbe Oberfläche insgesamt identisch, so wären die Quadrate im Feld mit der größeren Anzahl jeweils kleiner als die Quadrate im Feld mit der kleineren Anzahl und die Entscheidung könnte aufgrund der Quadratgröße getroffen werden. Auch dies wurde ausgeschlossen, indem sich beide Felder jeweils aus Quadraten unterschiedlicher Größe zusammensetzten. In beiden Feldern waren jeweils gleich viele große und gleich viele kleine Quadrate, lediglich die Anzahl der Quadrate mittlerer Größe unterschied sich. Unterschiedliche Maße wurden für den nonsymbolischen Mengenvergleich vorgeschlagen: Neben der allgemeinen Antwortgenauigkeit und -geschwindigkeit, wie sie von Landerl (2013) erhoben wurden, wurde insbesondere der Weberbruch berichtet (das ist das kleinste Verhältnis zwischen den Punktmengen, die gerade noch korrekt differenziert werden kann) (vgl. Abschnitt 1.5). Diese kann etwa durch den Panamath-Test von Justin Halberda und Kollegen online erhoben werden (panamath.org).

Abbildung 3.2a und b präsentieren die Leistungen der Kinder über den gesamten Studienzeitraum. Der abgebildete Wert der inversen Effizienz bezeichnet das Verhältnis der Reaktionszeit zur Proportion korrekter Antworten. Da die Antwortgenauigkeit auch bei den schwächeren Kindern recht hoch war, bildet dieser Wert vor allem die Reaktionszeit ab. Über alle fünf Messzeitpunkte zeigten die Kinder mit Rechenstörung signifikant schwächere Leistungen als die Kinder mit unauffälliger Entwicklung.

Während bisher alle publizierten Studien Defizite bei Dyskalkulie im symbolischen Zahlengrößenvergleich bestätigten, sind die Befunde zum nonsymbolischen Mengenvergleich inkonsistent: In einer ganzen Reihe von Studien zeigten rechenschwache ProbandInnen unauffällige Leistungen und selbst für jene Studien, die einen signifikanten Unterschied zwischen guten und schwachen Rechnern fanden (z.B. Piazza et al. 2010) waren die Effekte kleiner als beim symbolischen Zahlengrößenvergleich (De Smedt et al. 2013; Schneider et al. 2016). Weiterhin zeigen Längsschnittstudien, die beide Aufgaben als Prädiktoren einsetzen, dass vor allem der Umgang mit symbolischen Zahlenformen mit der späteren Rechenleistung in Zusammenhang steht, wohingegen der Umgang mit nonsymbolischen Mengen keine zusätzliche Varianz in den Rechenleistungen erklären kann (z.B. Göbel et al. 2014).

Die derzeitige Befundlage bestätigt also eher die oben dargestellte Sichtweise des Defizits im Zugriff auf symbolische Zahlenformen als Kausalfaktor der Dyskalkulie (Rousselle/Noël 2007). Die ana-

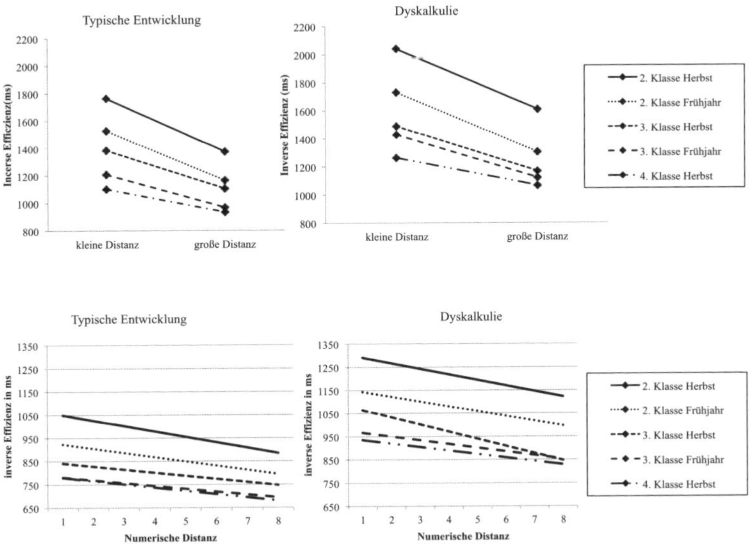

Abb. 3.2a u. b: Leistungen beim nonsymbolischen und symbolischen Mengenvergleich (Landerl 2013)

loge Mengenrepräsentation (also der Zahlensinn) scheint zwar bei vielen (wenn auch bei weitem nicht allen) Personen mit Dyskalkulie ebenfalls beeinträchtigt zu sein, es ist derzeit aber unklar, ob ihm tatsächlich eine kausale Rolle bei der Entstehung einer Rechenstörung zukommt. Die Vertreter dieser Sichtweise argumentieren allerdings, dass die eine, intakte analoge Mengenrepräsentation vor allem in frühen Entwicklungsphasen wichtig sei, wenn symbolische Zahlenrepräsentationen erworben werden. Über die frühkindliche Entwicklung von Kindern, die später eine Rechenstörung entwickeln, ist bisher wenig bekannt.

Robuster Distanzeffekt

Abbildung 3.2a und b zeigen für beide Aufgaben und beide Gruppen einen robusten Distanzeffekt (vgl. Abschnitt 1.5), d.h. die Mengen und Zahlen mit größerer numerischer Distanz werden effizienter bearbeitet als solche mit kleinerer Distanz. Die Größe des Distanzeffekts wird von einigen Autoren (z.B. Holloway/Ansari 2009) als Hinweis auf die Genauigkeit der kognitiven Repräsentation von Zahlen interpretiert: Je exakter die Repräsentation, desto schneller können auch Items mit kleiner numerischer Distanz bearbeitet werden und desto geringer ist der Distanzeffekt. In der Studie von Landerl (2013) wurde diese Annahme allerdings nicht bestätigt: Kinder mit schwachen und unauffälligen Rechenleistungen zeigten vergleichbare Distanzeffekte. Außerdem wurden die Kinder im längsschnittlichen Verlauf der Stu-

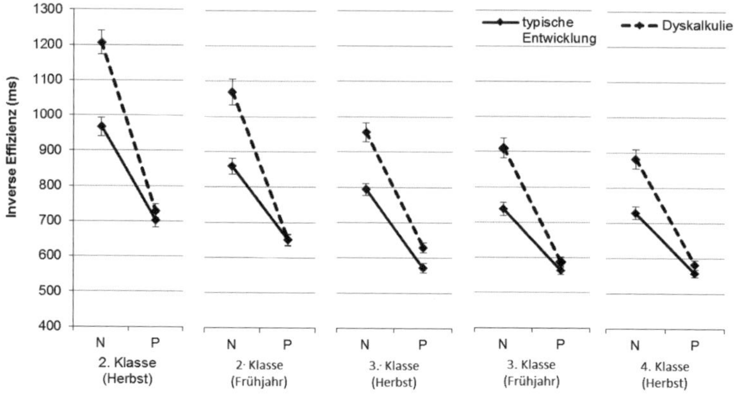

Abb. 3.3: Numerischer (N) und physischer (P) Zahlenvergleich (Landerl 2013)

die zwar insgesamt effizienter bei der Lösung der Aufgaben, aber der Distanzeffekt veränderte sich nicht.

Wichtig ist bei Aufgaben zum Zahlenvergleich die exakte Messung der Reaktionszeiten. In älteren Studien waren manche Autoren zu dem Schluss gekommen, dass beim Vergleich kleiner Zahlen keine Defizite vorliegen. Geary und Mitarbeiter (1999; 2000) legten rechenschwachen Kindern etwa nur vier Zahlenpaare vor und schlossen aus der Tatsache, dass zumeist alle vier Items korrekt gelöst werden konnten, dass keine wesentlichen Probleme vorlägen. Eine Messung der Antwortzeiten hätte vermutlich Defizite gezeigt. Auch wenn der Leistungsunterschied oft nur im Bereich von wenigen 100 ms liegt, so weist er doch auf ein sehr basales Problem hin, das sich vermutlich bei komplexeren Rechenleistungen potenziert.

Die Probleme rechenschwacher Kinder sind offenbar spezifisch auf den Zugriff auf die numerische Bedeutung von Ziffern beschränkt. In der Studie von Landerl (2013) wurden die Kinder gebeten, in einer Kontrollbedingung zwei identische Ziffern bezüglich ihrer physischen Größe zu vergleichen. Auch hier wurden also Ziffern präsentiert, aber die Aufgabe verlangte kein numerisches Urteil. Abbildung 3.3 zeigt, dass alle Kinder zu allen Messzeitpunkten diesen physischen Größenvergleich effizienter bearbeiten konnten als den numerischen, weil dieser offenbar die zusätzlichen kognitiven Ressourcen der Aktivierung der Zahlensemantik erfordert. Wichtig ist aber, dass die rechenschwache Gruppe beim physischen Größenvergleich ebenso gute Leistungen erbrachte wie die unauffälligen Rechner, während ihre Leistungen beim numerischen Zahlengrößenvergleich über die gesamte Grundschulzeit hinweg deutlich schwächer sind.

Zählen von kleinen Mengen

Subitizing und verbales Zählen: Defizite in der Entwicklung der Zählfunktionen (z.B. Geary et al. 1999; 2000) wurden bereits angesprochen. Eine Subkomponente, die in letzter Zeit besonderes theoretisches Interesse erweckte, ist das Zählen von kleinen Mengen. Abbildung 3.4 zeigt die Reaktionszeitkurve für das Zählen von 1 bis 10 Punkten. Ein typischer Befund, der auch gut zu sehen ist, besteht darin, dass die Reaktionszeiten bis zu etwa 3 oder 4 Punkten kaum ansteigen, erst ab etwa 4 oder 5 Punkten steigt die Antwortzeit systematisch mit zunehmender Punktanzahl. Wir benötigen also für das Zählen von 3 Punkten kaum länger als für das Zählen von nur 1 Punkt.

Subitizing

Manche Autoren nehmen an, dass dieses Reaktionszeitmuster auf zwei unterschiedliche Zählprozesse zurückzuführen ist. Kleine Anzahlen können offenbar auf einen einzigen Blick erfasst werden, daher spricht man in der englischsprachigen Forschungsliteratur von *subitizing* (lat. „subito" = plötzlich). Der etwas umständliche deutsche Begriff der „visuellen Simultanerfassung" impliziert bereits, dass dieser Zählprozess ausschließlich auf der visuellen Verarbeitung basiert und verbales Zählen keine Rolle spielt (für eine alternative Ansicht, s. Trick / Pylyshyn 1994). Erst ab etwa 4 oder 5 Punkten reicht dieser nonverbale Mechanismus offenbar nicht mehr aus, so dass bei größeren Mengen zumindest subvokal jeder einzelne Punkt verbal gezählt werden muss, wodurch sich der systematische Reaktionszeitanstieg ergibt.

Reflexion des Startermechanismus?

Dass der Subitizing-Mechanismus genau bis zu 4 Punkten funktioniert, erinnert stark an den Mechanismus der Object Files, der selbst Neugeborenen die Verarbeitung von Anzahlen bis 4 ermöglicht (s. Ab-

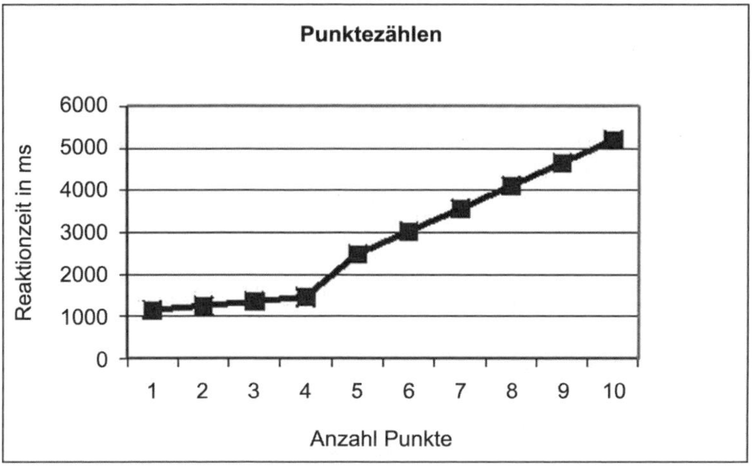

Abb. 3.4: Reaktionszeitverlauf beim Zählen von Punktmengen von 1 bis 10. Bearbeitungszeiten für kleine Punktmengen sind am schnellsten (Subitizing). Der flache Kurvenverlauf bis zu einer Numerosität von 4 Punkten ist klar unterscheidbar vom linear ansteigenden Reaktionszeitverlauf für größere Punktmengen, der den Zählprozess reflektiert.

schnitt 2.3.1). Es könnte also sein, dass Subitizing eine direkte Reflexion des angeborenen Startermechanismus zur Verarbeitung von Numerositäten ist. Diese Annahme ist derzeit rein hypothetisch, eine empirische Überprüfung etwa in Form einer Längsschnittstudie, die die Entwicklung dieses Prozesses von Geburt an verfolgt, liegt bisher nicht vor.

Eine Alternativerklärung für das schnelle Zählen kleiner Anzahlen wäre etwa, dass hier der visuelle Kurzzeitgedächtnisspeicher effizient genutzt werden kann, während dieser bei größeren Anzahlen nicht mehr ausreicht. Diese und andere Alternativerklärungen gehen nicht davon aus, dass wir tatsächlich zwei unterschiedliche Zählmechanismen zur Verfügung haben. Während der kognitive Mechanismus des Subitizings an sich bisher nicht vollständig geklärt ist, belegen empirische Befunde einen defizitären Subitizing-Prozess bei Dyskalulie.

So berichtete Butterworth (1999), dass der bereits erwähnte Student Charles kein Subitizing zeigte, sondern selbst die kleinsten Punktmengen verbal zu zählen schien, so dass seine Reaktionszeitkurve systematisch anstieg und der typische Knick bei etwa 4 Punkten nicht zu beobachten war. Damit benötigte Charles bereits für das Zählen von nur 3 Punkten nahezu 2 s, während die Reaktionszeit für unauffällige Erwachsene hier etwa bei 800 ms liegt. Für 10 Punkte benötigte Charles beachtliche 6 s, etwa dreimal so lang wie Gleichaltrige ohne Dyskalkulie. Man könnte hier kritisch einwenden, dass Charles möglicherweise in der Testsituation seine wahre Kompetenz nicht zeigen konnte. Charles war sich seiner massiven Defizite bewusst. Es ist denkbar, dass er sehr wohl 2 und 3 Punkte relativ schnell erkennen konnte, dass er aber vorsichtshalber noch einmal gewissenhaft nachzählte, um sich nur ja bei dieser simplen Aufgabenstellung nicht zu blamieren.

Spätere Studien konnten das Fehlen eines Subitizing-Mechanismus nicht bestätigen, allerdings wurde ein eingeschränkter Subitizing-Bereich (Bruandet et al. 2003; Moeller et al. 2009; Reeve et al. 2012) und ein steilerer Reaktionszeitanstieg (Landerl 2013; Landerl et al. 2004; Schleifer/Landerl 2011) inzwischen mehrfach repliziert.

Systematisch beobachten lässt sich, dass Menschen mit Dyskalkulie bei Punkteanzahlen über vier signifikant höhere Reaktionszeiten aufweisen als Personen mit unauffälligen Rechenleistungen (Bruandet et al. 2003; Landerl 2013; Landerl et al. 2004; Reeve et al. 2012; Schleifer/Landerl 2011). Hier ist allerdings die Interpretation weniger eindeutig als etwa für Defizite im Zahlenvergleich. Verlangsamte Zählleistungen könnten im Prinzip sowohl auf ein Defizit in der basisnumerischen Verarbeitung hinweisen als auch auf verbale Defizite. Allerdings scheinen etwa die Zählleistungen von Legasthenikern, für die verbale Defizite typisch sind, im Punktezählparadigma nicht beeinträchtigt zu sein (Landerl et al. 2004). Offenbar spielen also eher basisnumerische Defizite eine Rolle.

größere Abweichungen

Zahlenstrahl: Wenn Kinder mit Dyskalkulie auf einem Zahlenstrahl (z.B. von 0 bis 100 bzw. 0 bis 1.000) anzeigen sollen, wo bestimmte Zahlen zu lokalisieren sind, so sind ihre Angaben häufig ungenauer als die von Kindern mit unauffälligen Rechenleistungen (Landerl 2013; Landerl et al. 2009). In Kapitel 2 wurde erläutert, dass jüngere Kinder bei Zahlenstrahlaufgaben systematische Abweichungen zeigen, weil ihr Zahlenstrahl offenbar noch logarithmisch ist (d.h. niedrige Zahlen nehmen auf dem Zahlenstrahl bis 1.000 zu viel Raum ein, die Zahl 15 wird etwa dort vermutet, wo sich die Zahl 250 befindet) und sich erst im Zuge der Erfahrung eine lineare Zahlenstrahlrepräsentation entwickelt (s. Abschnitt 2.5 sowie Abb. 2.3). Bisher ist unklar, ob Kinder mit Rechenstörung diese Entwicklung von einem logarithmischen zu einem linearen Zahlenstrahl verzögert durchlaufen, aber ihr mentaler Zahlenstrahl insgesamt unterspezifiziert (und damit ungenau) bleibt, oder ob die im Vergleich zur Kontrollgruppe größeren Abweichungen möglicherweise dadurch zu erklären sind, dass ihre mentale Zahlenrepräsentation in einer logarithmischen Form verhaftet bleibt.

Sowohl die Leistungen beim Zahlenvergleich als auch beim Zahlenstrahl weisen darauf hin, dass Kinder mit Dyskalkulie eine weniger präzise Vorstellung von Zahlen haben. Ihre kognitive Repräsentation vom Zahlenraum (bzw. Zahlenstrahl) ist also nicht ausreichend ausgebildet, sondern scheint unterspezifiziert. Defizite in den Rechenleistungen scheinen eine nahezu unvermeidbare Konsequenz eines derart basalen Problems zu sein.

Zusammenfassung

Ein grundlegendes Verständnis für Numerositäten ist bereits im Säuglingsalter zu beobachten. Es wird vermutet, dass dieser Mechanismus von Geburt an defizitär sein kann, so dass die Entwicklung der kognitiven Repräsentation von Numerositäten und Zahlen sich nicht normal entwickeln kann. Als Folge sind Aufgaben, die basisnumerische Leistungen erfassen, wie etwa Zahlengrößenvergleich, Punktezählen oder Zahlenstrahl, beeinträchtigt, und zwar massiv und langfristig. Defizite in der Entwicklung der Rechenleistungen sind eine plausible Folge derartig basaler Defizite im Verständnis für Zahlen und Mengen. Zentral an dieser Sichtweise ist, dass die Defizite auf ein spezialisiertes neurokognitives System zur Verarbeitung von Zahlen und Mengen beschränkt sind. Darüber hinaus mögen zwar bei Kindern mit Lernstörungen oft auch andere kognitive Funktionen beeinträchtigt sein, diese stehen aber möglicherweise in keinem wesentlichen kausalen Zusammenhang mit den Rechenleistungen. Der zentrale Unterschied zwischen Personen mit Dyskalkulie und Personen mit unauffälliger Entwicklung der Rechenleistung wird also im Vorliegen basisnumerischer Defizite gesehen. Für diese Sichtweise sprechen auch die in Abschnitt 3.4 beschriebenen Befunde zu neuronalen Auffälligkeiten in intraparietalen Arealen (besonders IPS), welche offenbar bei der Verarbeitung von Zahlen und Mengen relevant sind.

Obwohl die hier dargestellten Befunde deutlich aufzeigen, dass Dyskalkulie häufig mit Defiziten in den basisnumerischen Funktionen assoziiert ist, so dass Defizite in der kognitiven Repräsentation von Zahlen als wesentlicher Verursachungsfaktor von Dyskalkulie angenommen werden können, ist bisher offen, wie viele Kinder mit Rechenstörungen tatsächlich derartige Schwierigkeiten aufweisen. Die in Kapitel 1 skizzierten Modelle zur Zahlenverarbeitung zeigen auch auf, dass es sich dabei um ein komplexes Konstrukt handelt, das sich aus zahlreichen Teilkomponenten zusammensetzt. Es kann also innerhalb der kognitiven Repräsentation von Zahlen und Numerositäten unterschiedliche Auffälligkeiten geben, die möglicherweise zu unterschiedlichen Manifestationen der Rechenstörung führen.

Wesentlich wird in den nächsten Jahren die längsschnittliche Untersuchung basisnumerischer Defizite als Ursache von Dyskalkulie sein. Erste Studien belegen bereits, dass basisnumerische Defizite bei Kindern, die eine Dyskalkulie entwickeln, bereits im Kindergartenalter festzustellen sind (Mazzocco/Thompson 2005; von Aster et al. 2007) und dass die spätere arithmetische Leistung anhand der Leistungen bei basisnumerischen Aufgabenstellungen im Kindergartenalter vorhergesagt werden kann (Göbel et al. 2014; Krajewski/Schneider 2006, 2009; von Aster et al. 2007; Weißhaupt et al. 2006).

3.6.2 Defizite im Langzeitgedächtnis

Ein zentrales Symptom der entwicklungsbedingten Dyskalkulie besteht in massiven Schwierigkeiten in Aufbau und Abruf des arithmetischen Faktenwissens (z.B. Einmaleins). Diese Schwierigkeiten können durch basisnumerische Defizite gut erklärt werden, allerdings bieten sich hier natürlich auch andere Erklärungsmodelle an.

Hypersensibilität für Interferenzen

Interessant ist die von De Visscher und Kollegen (2015, 2016) postulierte Sichtweise, dass der Aufbau des Faktenwissens durch eine Hypersensibilität für Ähnlichkeiten beeinträchtigt sein könnte, die eine verstärkte Anfälligkeit für Interferenzen bedingen könnte. So haben etwa die Fakten 6 x 7 = 42 und 6 x 8 = 48 einen Operanden und die Dekade des Ergebnisses gemeinsam und könnten deshalb leichter verwechselt werden als Fakten mit geringerer Überlappung. Tatsächlich konnten De Visscher und Kollegen (De Visscher/Noel 2014; De Visscher et al. 2015) auch in nicht-numerischen Lernaufgaben zeigen, dass Kinder und Erwachsene mit schwachen Rechenleistungen Assoziationen mit hoher Ähnlichkeit besonders oft verwechseln, also eine starke Anfälligkeit für Interferenzen zeigen. Belege für einen ursächlichen Zusammenhang dieser *Hypersensibilität für Interferenzen* mit dem Erlernen arithmetischer Fakten stehen allerdings bisher noch aus. Weiterhin vermuten De Visscher und Kollegen (2015) Probleme im Aufbau von Einträgen im Langzeitgedächtnis, die auch das arithmetische Faktenwissen betreffen (und die nicht notwendigerweise mit basisnumerischen Defiziten einhergehen), auch bei Personen mit Schwierigkeiten im seriellen Lernen. Aus dem Beleg, dass eine Gruppe von Erwachsenen mit Rechenschwäche in einem so genannten Hebbschen Lernparadigma die Abfolge von Unsinnssilben weniger exakt reproduzieren konnten als gute Rechner, lässt sich allerdings nicht unbedingt auf einen Kausalzusammenhang schließen.

semantisches Gedächtnis

Geary (1993; Geary/Hoard 2001) nimmt an, dass Probleme mit dem arithmetischen Faktenwissen auf Defizite im Zugriff auf semantische Gedächtniseinträge zurückzuführen seien. Das semantische Gedächtnis ist ein Teil des Langzeitgedächtnisses, in dem wir Faktenwissen jeglicher Art (z. B. Hauptstädte, historische Daten) speichern. Aus der Demenzforschung ist z. B. bekannt, dass dieser Teil des Langzeitgedächtnisses bei Altersdemenz früher abgebaut wird als etwa das prozedurale Gedächtnis, in welchem motorische Abläufe gespeichert sind (Petersen 2004). Geary und Kollegen vermuten, dass ein Defizit im semantischen Gedächtnis nicht nur einem Subtyp der Dyskalkulie, sondern auch der Legasthenie zugrunde liegt. Ein zentrales Symptom der Legasthenie besteht in Problemen, Wortschreibungen im Langzeitgedächtnis abzuspeichern, man könnte hier von orthografischen Fakten sprechen.

Dennoch ist die Annahme eines gemeinsamen zugrunde liegenden Gedächtnisdefizits wenig plausibel, weil die beiden Symptome auch dissoziieren können. Auch wenn die beiden Störungen oft kombiniert auftreten, so haben bei weitem nicht alle Legastheniker mit Defiziten in der Speicherung von Schriftwörtern Probleme mit dem arithmetischen Faktenwissen, und umgekehrt haben auch nicht alle Kinder mit Defiziten im arithmetischen Faktenwissen Schwierigkeiten im Schriftspracherwerb. Diese doppelte Dissoziation ist anhand einer gemeinsamen Ursache nicht zu erklären.

Benennungsaufgaben

Auch die empirische Evidenz für Defizite im allgemeinen Zugriff auf das Langzeitgedächtnis bei Dyskalkulie ist wenig überzeugend. Wie effizient dieser Zugriff ist, kann z. B. anhand von Benennungsaufgaben überprüft werden. Temple und Sherwood (2002) baten etwa Kinder mit Defiziten im arithmetischen Faktenwissen, Abfolgen von

Farbklecksen und Abbildungen einfacher Objekte so schnell wie möglich zu benennen. Tatsächlich waren bei Dyskalkulikern die Benennungszeiten systematisch erhöht, d.h. die Kinder benötigten jeweils etwas länger, um die erforderlichen Wörter aus dem Langzeitgedächtnis abzurufen. Eine genauere Analyse der Befunde konnte die Annahme eines kausalen Zusammenhangs zwischen der Zugriffsgeschwindigkeit auf das mentale Lexikon und der Zugriffsgeschwindigkeit auf numerische Fakten allerdings nicht bestätigen: Ein Teil der Stichprobe zeigte zwar Defizite in der Benennungsgeschwindigkeit für Farben und Objekte, korrekte Lösungen für einfache Multiplikationen konnten sie aber ebenso schnell finden wie eine unauffällige Kontrollgruppe.

Defizite in der Zugriffsgeschwindigkeit auf das mentale Lexikon können also gleichzeitig mit einer intakten Abrufgeschwindigkeit für arithmetische Fakten auftreten, so dass ein direkter Zusammenhang unplausibel ist. Defizite in der allgemeinen Benennungsgeschwindigkeit, welche auf Probleme im lexikalischen Zugriff hinweisen, sind typisch für Legasthenie (Vellutino et al. 2004). Bei Dyskalkulie sind derartige Defizite offenbar nur dann zu beobachten, wenn sie Zahlen und Mengen betreffen (van der Sluis et al. 2004; Willburger et al. 2008). Dies weist auf ein domänenspezifisches Defizit in der Verarbeitung von Numerositäten hin.

3.6.3 Defizite im verbalen Arbeitsgedächtnis

Das verbale Arbeitsgedächtnis dient zur kurzzeitigen Speicherung und Bearbeitung von verbaler Information (Baddeley 1986; 2000). Häufig wird angenommen, dass Defizite im verbalen Arbeitsgedächtnis auch bei der Entwicklung der arithmetischen Leistungen einen negativen Einfluss haben. Eine zentrale These besteht darin, dass Ressourcenbeschränkungen im verbalen Arbeitsgedächtnis dazu führen, dass Multiplikand, Multiplikator und das resultierende Produkt nicht gleichzeitig im verbalen Arbeitsgedächtnis behalten werden können. Daher könne in weiterer Folge kein Gedächtniseintrag für ein numerisches Faktum wie „4 x 7 = 28“ aufgebaut werden. Da Defizite im verbalen Arbeitsgedächtnis bei Legasthenie gut belegt sind (de Jong 2006), würde diese Verursachungskonzeption auch erklären, warum Dyskalkulie häufig in Kombination mit Legasthenie auftritt.

Zahlennachsprechen

Die Kapazität des Arbeitsgedächtnisses wird üblicherweise durch Nachsprechaufgaben erhoben. Am häufigsten werden Defizite im verbalen Arbeitsgedächtnis anhand der Aufgabe Zahlennachsprechen diagnostiziert: Es wird eine Abfolge von einstelligen Ziffern mit fixer Präsentationszeit (1 Ziffer pro Sekunde) vorgesprochen. Die Ziffern müssen dann vom Probanden in korrekter Abfolge wiedergegeben werden. Die Anzahl der vorgesprochenen Items steigt systematisch an, und die Zahlenmerkspanne, also die Anzahl von Ziffern, die gerade noch korrekt wiedergegeben werden können, stellt das Maß des Gedächtnisspeichers dar. Ziffern werden für dieses Paradigma gerne verwendet, weil man davon ausgehen kann, dass sie üblicherweise gut vertraut sind und Zahlen im Unterschied zu anderem Wortmaterial für alle Testprobanden in etwa den gleichen Vertrautheitsgrad haben. Bei Verdacht auf Dyskalkulie ist natürlich in Frage zu stellen, ob dieses Kriterium noch erfüllt ist oder ob Kinder mit Dyskalkulie nicht aufgrund ihrer geringeren Vertrautheit mit Zahlen und Ziffern (oder einer negativen Einstellung zu Zahlen) von vornherein bei einer derartigen Aufgabenstellung benachteiligt sind.

phonologische Schleife

Neben der Kapazität des verbalen Kurzzeitspeichers stellt die sogenannte phonologische Schleife die zweite zentrale Komponente des verbalen Arbeitsgedächtnisses dar (Baddeley 1986; 2000). Die phonologische Schleife beeinflusst die Merkleistung durch subvokales Wiederholen des Gedächtnismaterials und hilft, den Gedächtnisinhalt länger aktiv zu halten. Besonders wenn der Inhalt des Speichers nicht nur wiedergegeben, sondern auch bearbeitet werden soll, wie dies etwa beim Kopfrechnen der Fall ist, spielt auch die sogenannte zentrale Exekutive eine wichtige Rolle: Anhand dieser wird die Bearbeitung durchgeführt und überwacht. Diese Komponente wird ebenfalls häufig anhand des Zahlennachsprechparadigmas erhoben, indem die verbal präsentierte Zahlenabfolge rückwärts, also in umgekehrter Reihenfolge, wiedergegeben werden muss. Defizite in den exekutiven Funktionen bei Dyskalkulie werden im nächsten Abschnitt noch genauer diskutiert.

Die Befundlage, ob bei Kindern mit Dyskalkulie tatsächlich Defizite im verbalen Arbeitsgedächtnis vorliegen, stellt sich sehr uneinheitlich dar. In einigen Studien (D'Amico / Guarnera 2005; McLean / Hitch 1999; Siegel / Ryan 1989) schnitten Kinder mit Dyskalkulie bei Aufgaben, die das Behalten von Ziffern erforderten, zwar schlechter ab als eine Kontrollgruppe, bei Aufgaben, die ziffernfreies Material enthielten, waren ihre Leistungen aber unauffällig. Hier könnte spekuliert werden, dass das Behalten von Ziffern möglicherweise eine spezielle Subdomäne des verbalen Arbeitsgedächtnisses darstellt. Andererseits könnte es auch sein, dass die Kapazität des Arbeitsgedächtnisses gar nicht beeinträchtigt ist, sondern dass betroffene Kinder mit dem Inhalt bestimmter Arbeitsgedächtnisaufgaben, nämlich Ziffern, Verarbeitungsprobleme haben.

Koontz und Berch (1996) fanden Defizite für dyskalkulische Kinder sowohl für das Nachsprechen von Ziffern als auch von Buchstaben, was eher für eine generelle Beeinträchtigung des verbalen Arbeitsgedächtnisses spricht (für gegenteilige Resultate s. jedoch Hitch/McAuley 1991). Geary und Kollegen (1999) berichten für eine Gruppe rechenschwacher Kinder unauffällige Leistungen beim Zahlennachsprechen vorwärts, aber defizitäre Leistungen beim Zahlennachsprechen rückwärts. Dieser Befund würde dafür sprechen, dass möglicherweise nicht die phonologische Schleife, sondern eher die Komponente der zentralen Exekutive von dyskalkulischen Kindern beeinträchtigt ist.

Eine Reihe von Studien (Landerl et al. 2004; 2009; Schuchardt et al. 2008; Temple/Sherwood 2002) fanden dagegen unauffällige Leistungen im Zahlennachsprechen vorwärts und rückwärts für Kinder mit isolierter Rechenstörung. Lediglich Kinder, bei denen zusätzlich zur Rechenstörung auch eine Beeinträchtigung der Leseleistung vorliegt, scheinen zumindest tendenziell größere Probleme im Bereich der phonologischen Schleife zu haben. Die gleiche tendenzielle Minderleistung ist häufig auch bei Kindern festzustellen, bei denen eine isolierte Lesestörung (bei altersadäquater Rechenleistung) vorliegt. Defizite im verbalen Arbeitsgedächtnis scheinen also eher mit Legasthenie als mit Dyskalkulie assoziiert zu sein. Defizite in Studien zur Dyskalkulie werden möglicherweise nur dann gefunden, wenn in der Stichprobe von rechenschwachen Kindern eine beträchtliche Anzahl von Kindern mit komorbider Legasthenie zu finden ist.

3.6.4 Defizite in den exekutiven Funktionen

Planung und Überwachung

Im Arbeitsgedächtnismodell von Baddeley (1986; 2000) ist die Komponente der zentralen Exekutive für die Planung und Überwachung von kognitiven Funktionen verantwortlich. Die aktuelle Forschung zeigt sehr deutlich auf, dass exekutive Funktionen kein einheitliches Konstrukt darstellen. Unter diesem Begriff werden sehr unterschiedliche Funktionen subsumiert, die voneinander weitgehend unabhängig sind und auch spezifisch gestört sein können. Für einen Zusammenhang von arithmetischen Leistungen und exekutiven Funktionen gibt es bisher keine überzeugenden empirischen Belege. Gut belegt ist dagegen ein Zusammenhang mit den Leistungen beim Lösen von Textaufgaben (Passolunghi 2006).

Inhibition: Eine der exekutiven Funktionen, die in Zusammenhang mit Defiziten der numerischen Kognition untersucht wurden, ist die Inhibition. Darunter versteht man die Unterdrückung irrelevanter Information. Bereits seit längerem ist bekannt, dass Kinder mit Defiziten im Leseverständnis Probleme haben, irrelevante Informationen zu inhibieren (Chiappe et al. 2000; de Beni et al. 1998). Besonders beim Lösen von Textaufgaben ist es wichtig, dass die relevanten Informationen in der Textaufgabe identifiziert und weiterverarbeitet werden, wohingegen irrelevante Informationen möglichst vernachlässigt (inhibiert) werden sollten.

Passolunghi und Kollegen (1999) baten Kinder, verbal präsentierte Textaufgaben erst einmal nachzuerzählen und sie dann zu lösen. Es zeigte sich, dass jene Aufgaben, die korrekt wiedergegeben werden konnten, wesentlich besser gelöst wurden als die, die nicht korrekt gemerkt wurden. Die schlechtere Wiedergabeleistung lag nicht daran, dass die Kinder mit schwächeren Leistungen beim Lösen von Textaufgaben nicht in der Lage waren, die relevanten Informationen in der Textaufgabe zu identifizieren: Sie konnten in schriftlichen Textaufgaben die relevante Information ebenso genau unterstreichen wie die Kinder mit guten Problemlösefähigkeiten.

Hörspanne

Dagegen zeigten sie sehr wohl Defizite bei einer klassischen Aufgabe zum verbalen Arbeitsgedächtnis, der sogenannten Hörspanne (Daneman / Carpenter 1980). Bei dieser Aufgabe wird eine Reihe von Sätzen vorgesprochen, deren semantische Korrektheit von Probanden beurteilt werden muss. Gleichzeitig soll jeweils das letzte Wort im Satz behalten und am Ende der Satzreihe in der chronologisch richtigen Folge wiedergegeben werden. Die Speicherleistung muss also parallel zur semantischen Verarbeitung erbracht werden. Dies gelingt nur dann kompetent, wenn die zentrale Exekutive die kognitiven Ressourcen für die beiden Teile der Aufgabe geeignet zuweisen kann.

ADHS

Eine Lernstörung, die typischerweise mit Defiziten in den exekutiven Funktionen assoziiert ist, ist das Aufmerksamkeitsdefizit-(Hyperaktivitäts)-Syndrom (AD[H]S). Interessanterweise konnten Passolunghi und Kollegen (2005) zeigen, dass die inhibitorischen Funktionen von Kindern mit ADHS und Kindern mit Problemen beim Lösen mathematischer Textaufgaben differenziell gestört sind: Kinder mit ADHS merkten sich von verbal präsentierten Textaufgaben auch Textpassagen, die keine relevante mathematische Information enthielten. Dadurch erhöhte sich insgesamt die Merkleistung, die erforderlich war, um die Aufgabe korrekt zu lösen. Die Kinder mit Problemen im Lösen von Textaufgaben fielen im Unterschied zur ADHS-Gruppe dadurch auf, dass sie sich irrelevante numerische Informationen merkten, die sie eigentlich zum Lösen der Aufgabe nicht benötigten – d. h. sie hatten sie nicht ausreichend inhibiert.

Die Arbeitsgruppen um Geary (2000) und Barouillet (1997) argumentieren, dass auch Defizite im arithmetischen Faktenwissen möglicherweise in mangelnden Inhibitionsprozessen begründet sein könnten. Diese Erklärungsvariante besteht darin, dass Dyskalkuliker nicht in der Lage seien, irrelevante numerische Assoziationen zu unterdrücken, wenn sie ein arithmetisches Faktum abrufen sollen. Konkret bedeutet das, dass die Aufgabe „8 x 4" nicht nur die korrekte Antwort 32 aktiviert, sondern z. B. auch die Zahlen 9 und 5, weil sie im Zählprozess dem Multiplikanden bzw. Multiplikator nachfolgen. Wenn die Inhibition dieser irrelevanten Informationen nicht gelingt, dann kann es sein, dass mit einer falschen Assoziation, also etwa „9" oder „5" geantwortet wird.

Geary und Kollegen (2000) überprüften diese Hypothese, indem sie rechenschwache Kinder der 2. Schulstufe baten, Additionen mit einstelligen Zahlen nicht auszurechnen, sondern die Antwort so schnell wie möglich zu geben, auch wenn sie sich nicht sicher seien, ob die schnelle Antwort korrekt sei. Mit dieser Instruktion versuchte man die Kinder dazu anzuhalten, ihr arithmetisches Faktenwissen zur Aufgabenlösung zu benutzen und nicht prozedurales Wissen (insbesondere zählendes Rechnen). Tatsächlich fanden die Autoren, dass die rechenschwachen Kinder nicht nur mehr Falschantworten gaben als Kinder mit unauffälligen Rechenleistungen, sondern auch häufiger Ziffern benannten, die im Zählprozess einem der Addenden nachfolgten (z. B. $3 + 8 = 9$).

Die Erklärung, dass mangelnde Inhibition für diese Antworttendenz verantwortlich sei, ist allerdings stark anzuzweifeln. Diese Erklärung geht nämlich davon aus, dass die Kinder die korrekte Antwort sehr wohl zur Verfügung hatten, sie aber nicht zugunsten anderer Assoziationen abrufen konnten. Es ist aber wesentlich plausibler, dass die Kinder die korrekte Antwort gar nicht kannten. Nimmt man Kindern, die über kein ausreichendes Faktenwissen verfügen, auch noch die Möglichkeit, zählend zu einer Lösung zu kommen, so sind möglicherweise die einzigen Assoziationen, die sie noch zur Verfügung haben, derartige Zahlenreihenassoziationen.

Updating: Eine weitere exekutive Funktion, deren Zusammenhang mit den Leistungen bei Textaufgaben untersucht wurde, ist das Updating von Informationen. Als Updating bezeichnet man die Zuweisung ständig angepasster Aufmerksamkeitsniveaus zu präsentierten

Items, so dass jeweils ein beschränktes Set von Informationen kontinuierlich aktiv gehalten werden kann.

Buchstabenabfolge

Eine typische Aufgabenstellung (Morris / Jones 1990) sieht so aus, dass sich Versuchspersonen die letzten vier einer verbal präsentierten Buchstabenabfolge merken sollen. Da den Versuchspersonen nicht bekannt ist, wie lange die Buchstabenabfolge insgesamt ist, müssen sie parallel zur Präsentation ständig die letzten vier präsentierten Buchstaben im Arbeitsgedächtnis parat halten und dieses Buchstabenset zu jedem neu präsentierten Buchstaben anpassen und auf den aktuellen Stand bringen. Dieser komplexe Prozess des Updatings spielt vermutlich auch bei der Lösung arithmetischer Textaufgaben eine Rolle, weil auch hier das ständige Aktualisieren und Anpassen der Information, etwa nach der Lösung von Zwischenschritten, erforderlich ist.

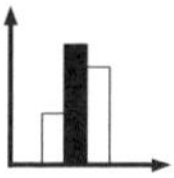

Tatsächlich konnten Passolunghi und Pazzaglia (2004) zeigen, dass Kinder der 4. Schulstufe, die bei einer Updating-Aufgabe gute Leistungen erbracht hatten, sowohl beim Lösen als auch bei der Wiedergabe von mathematischen Textaufgaben bessere Leistungen erbrachten als Kinder mit eher schwachen Updating-Leistungen. Dabei waren die beiden Gruppen in Bezug auf verbale Intelligenz und verbales Arbeitsgedächtnis vergleichbar.

Shifting: Am wenigsten untersucht ist bisher der Zusammenhang der exekutiven Funktion des Shiftings mit den arithmetischen Leistungen. Diese Funktion bezeichnet die Kompetenz des flexiblen Wechsels zwischen Informationssets, wenn die Aufgabe dies erfordert.

Benennungsparadigma

Diese Funktion kann etwa anhand eines Benennungsparadigmas untersucht werden: Es wird eine Abfolge von Ziffern präsentiert, die jeweils in eine einfache geometrische Figur eingebettet sind. Werden Ziffer und geometrische Figur in Gelb präsentiert, so muss die Ziffer benannt werden, werden sie dagegen in Blau präsentiert, so ist die geometrische Figur zu benennen.

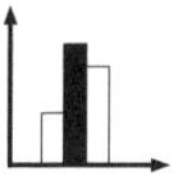

Sowohl Bull und Scerif (2001) als auch van der Sluis und Mitarbeiter (2004) fanden, dass rechenschwache Kinder mit dieser Aufgabenstellung spezifische Schwierigkeiten hatten. Willburger und Kollegen (2008) konnten diesen Befund allerdings nicht bestätigen. Ein wesentlicher Unterschied zwischen den drei Studien besteht darin, dass Willburger und Kollegen Kinder mit ADHS oder subklinischen Aufmerksamkeitsdefiziten aus ihrer Untersuchung ausschlossen. Wie zu Beginn dieses Kapitels besprochen, sind Aufmerksamkeitsprobleme häufig mit defizitären Rechenleistungen kombiniert. Möglicherweise stehen beobachtete Defizite in den exekutiven Funktionen bei rechenschwachen Kindern eher mit diesen komorbiden Aufmerksamkeitsdefiziten in Verbindung als mit der Rechenstörung an sich.

Stress, Angst und Arbeitsgdächtnis

Bekanntermaßen können stress- und angstbezogene Belastungen die Arbeitsgedächtnisleistung beschränken und damit auch die Rechenleistung negativ beeinflussen (Ashcraft 2015; vgl. Abschnitt 2.12). Bei Kindern mit Rechenstörung ist demnach etwa in Prüfungssituationen darauf zu achten, dass Hilfsmittel zur Entlastung des Arbeitsgedächtnisses genutzt werden dürfen (z.B. Notizen machen).

3.6.5 Defizite in der visuell-räumlichen Verarbeitung

Etliche Dyskalkulie-Studien belegen Defizite bei Aufgaben zum visuell-räumlichen Arbeitsgedächtnis, bei denen etwa eine Abfolge von Blöcken in derselben oder in umgekehrter Reihenfolge berührt werden muss wie vom Versuchsleiter demonstriert (Schuchardt et al. 2008; Szucs et al. 2013). Auch die bereits erwähnten Probleme bei der Platzierung von Zahlen auf einem Zahlenstrahl werden mit visuell-räumlichen Defiziten in Verbindung gebracht (Hubbard et al. 2005; Zorzi et al. 2002). Für diesen Zusammenhang spricht eine Trainingsstudie (Kucian et al. 2011), in der durch Üben der Zahlenstrahlaufgabe im Computerspiel „Rettet Calcularis" die Rechenleistung verbessert und sogar eine Normalisierung der neuronalen Aktivierungsmuster beim Rechnen dokumentiert werden konnte. Im Rahmen des Trainings mussten 9-jährige Kinder mit Rechenschwäche ein Raumschiff möglichst präzise auf einem Zahlenstrahl landen lassen. Das Training wurde fünf Wochen lang fünfmal wöchentlich für jeweils 14 Minuten durchgeführt. Fraglich ist, ob bei diesem Interventionserfolg eine Rolle spielte, dass das Zahlenstrahl-Training den Umgang mit arabischen Zahlen und auch einfaches Kopfrechnen umfasste.

In anderen Konzeptionen (z.B. Geary/Hoard 2005) wird ein Zusammenhang vor allem mit rechnerischen Fertigkeiten hergestellt, bei denen visuell-räumliche Kompetenzen eine Rolle spielen, also beispielsweise dem schriftlichen Rechnen mit Zahlenkolonnen. Bei entsprechenden Defiziten kommen möglicherweise die Spalten der Zahlenkolonnen durcheinander.

Auch aus der Perspektive der neuronalen Verarbeitung sind visuell-räumliche Defizite als Ursache für Dyskalkulie auf den ersten Blick nicht von der Hand zu weisen. Sowohl die Verarbeitung von Zahlen und Mengen als auch die visuell-räumliche Verarbeitung findet zu wesentlichen Teilen im Parietallappen statt. Allerdings ist eine vergleichbare Lokalisierung im Gehirn nicht unbedingt mit einer funktionalen Assoziation gleichzusetzen. So könnten beispielsweise benachbarte – aber funktionell distinkte – Neuronengruppen koaktiviert werden.

Auffällig ist, dass bei einer Reihe von genetisch und pränatal bedingten Entwicklungsstörungen (Turner-Syndrom, Fragiles-X-Syndrom, Williams-Beuren-Syndrom, Spina bifida, velokardiofaziales Syndrom oder DiGeorge-Syndrom) sowohl visuell-räumliche Defizite als auch eine gestörte Entwicklung der Rechenleistungen typisch sind.

3.6.6 Defizite in der motorischen Verarbeitung

motorische Entwicklung der Finger

Auch die motorische Entwicklung wird häufig mit der Entwicklung der Rechenleistungen in Verbindung gebracht. Besonders wichtig könnten hier die Fingermotorik und die kognitive Repräsentation der Finger sein, weil die Finger beim frühen Zählprozess eine wichtige Rolle spielen. Sie werden zum einen benutzt, um das Eins-zu-eins-Prinzip umzusetzen, indem auf jedes zu zählende Objekt gezeigt wird. Zum anderen werden die Finger als konkreter Hinweis für die Anzahl benutzt (also etwa 3 Finger für 3 Objekte). Letztlich stellt Fingerrechnen einen wichtigen ersten Schritt in der Entwicklung der Rechenleistungen dar. Butterworth (1999) entwickelt sogar die Annahme, dass sich die neuronalen Korrelate der Zahlenverarbeitung nicht zufällig im Parietallappen, in unmittelbarer Nachbarschaft zum primären motorischen Kortex in der Zentralwindung angesiedelt haben.

Tatsächlich gibt es auch erste empirische Hinweise für einen derartigen Zusammenhang: Camos und Mitarbeiter (1998) fanden, dass Kinder mit Dyspraxien auch mit dem Zählen Probleme hatten. Barnes und Kollegen (2005) verfolgen die Entwicklung von Kindern mit Spina bifida längsschnittlich. Aufgrund des angeborenen neurologischen Defekts weisen Kinder mit Spina bifida oft schwere motorische Defizite auf. Barnes und Mitarbeiter konnten zeigen, dass der Entwicklungsstand der Fingermotorik spezifische Varianz der Zählkompetenz im Alter von 3 Jahren aufklärt.

Umgekehrt berichtet aber Dowker (2005) vom Einzelfall eines 7-jährigen Jungen, der aufgrund eines Schlaganfalls eine stark eingeschränkte Finger- und Handmotorik aufwies. Tatsächlich war der Junge kaum in der Lage, 10 Objekte sicher und fehlerlos zu zählen. Allerdings bestätigte dieser Junge die Annahme nicht, dass sich dieses Defizit auf die Entwicklung der Rechenleistung auswirken würde: Seine Rechenleistung lag deutlich über der für sein Alter durchschnittlichen Leistung.

Ein in diesem Zusammenhang sehr interessanter Fallbericht stammt bereits aus dem Jahr 1964: Poeck beschreibt die kognitiven Leistungen eines 11-jährigen Mädchens, das von Geburt an keine Unterarme und Hände hatte. Dieses Mädchen verspürte jedoch seit dem 6. Lebensjahr „Phantomschmerzen" in den fehlenden Gliedmaßen und berichtete, dass es seine (nicht vorhandenen) Finger beim Zählen und Rechnen benutzte. Diese Einzelfalldarstellung ist also ein Hinweis dafür, dass die Benutzung der Finger nicht unbedingt von deren Präsenz und/oder Funktionsfähigkeit abhängig ist, sondern dass Kinder auch dann auf das Fingerrechnen zurückgreifen können, wenn sie diese rein mental abbilden.

kognitive Fingerrepräsentation

Wichtiger als die Fingermotorik ist also höchstwahrscheinlich die kognitive Repräsentation der Finger. Bei sogenannten Fingeragnosien können betroffene Personen etwa nicht genau zuordnen, an welchem Finger sie berührt werden. Interessanterweise beobachten Neurologen, dass bei einer bestimmten Störung, dem sogenannten Gerstmann-Syndrom (Gerstmann 1940, s. Abschnitt 1.2), welches auf eine Schädigung des Gyrus angularis (einer Struktur des Parietallappens) zurückzuführen ist, Fingeragnosien und Rechenstörungen in Kombination auftreten. Neben Fingeragnosie und Akalkulie sind auch Defizite in der Links-rechts-Orientierung und Agraphie Bestandteile des Syndroms. Vereinzelt werden auch entwicklungsbedingte Fälle des Gerstmann-Syndroms berichtet (z.B. Benson/Geschwind 1970; Kinsbourne/Warrington 1963; Suresh/Sebastian 2000). Bis heute ist unter Neurologen umstritten, ob es zwischen diesen Symptomen kausale Zusammenhänge gibt oder ob sie lediglich aufgrund der räumlichen Nähe der neuronalen Repräsentation häufig gemeinsam auftreten (Benton 1977).

Leistungsvorhersage

Die Evidenz aus Längsschnittstudien für einen Zusammenhang zwischen der kognitiven Repräsentation der Finger und der Entwicklung der Zähl- und arithmetischen Leistungen ist gemischt. Die Arbeitsgruppen um Fayol et al. (1998) und Marinthe (2001) konnten auf Basis der Leistung von 5-jährigen Kindern bei einer neuropsychologischen Testbatterie die Rechenleistung (aber nicht die Leseleistung) ein und drei Jahre später vorhersagen. Diese Testbatterie enthielt Aufgaben zur Fingererkennung (während das Kind die Augen schließt, wird ein Finger berührt); Fingerdiskrimination (es müssen die beiden Finger erkannt werden, die hintereinander bei geschlossenen Augen berührt werden); sensorische Integration (Erkennen der beiden Körperteile, die bei geschlossenen Augen gleichzeitig berührt wurden, z.B. linkes Ohr und linkes Handgelenk); und *Graphästhesie* (Erkennung von einfachen Figuren, die auf die Haut gezeichnet werden, z.B. ein „+").

In einer australischen Längsschnittstudie (Long et al. 2017) konnte allerdings kein spezifischer Beitrag der frühen Fingergnosie für die spätere Rechenleistung beobachtet werden. Lediglich die frühe Kompetenz im Umgang mit symbolischen Zahlenrepräsentationen (Zählleistung und Zahlengrößenvergleich) konnte die Rechenleistung prädizieren.

Noël (2005) konnte wiederum eine Vorhersage von Aufgaben zum Fingerbewusstsein in der 1. Klasse für die Rechenleistung 15 Monate später zeigen,, während ein allgemeines Maß der kognitiven Entwicklung keine spezifische Varianzaufklärung leistete. Wiederum zeigte sich, dass die Vorhersage der Aufgaben zum Fingerbewusstsein spezifisch war – die Leseleistung konnte nicht prognostiziert werden.

neurofunktionaler Zusammenhang

Allerdings war die Prädiktion für Aufgaben, die stark auf der kognitiven Repräsentation der Finger basieren sollten (einfache Additionen, Vergleich der Fingeranzahl), nicht besser als die Prädiktion für andere arithmetische Aufgaben. Außerdem sagten nicht nur die Aufgaben zur Fingeragnosie die Rechenleistung vorher, sondern auch neuropsychologische Aufgaben zur Links-rechts-Unterscheidung. Daraus schließt Noël eher auf eine lokalistische als eine funktionale Erklärung des Zusammenhangs, d. h. die räumliche Nähe der neurofunktionalen Gehirnareale im Parietallappen ist höchstwahrscheinlich verantwortlich für die gefundenen Zusammenhänge.

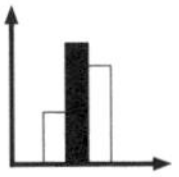

Zahlenvergleichsaufgabe

Kaufmann und Kollegen (2008b) untersuchten diesen potenziellen Zusammenhang zwischen Fingerarealen und Zahlengrößenrepräsentation, indem sie Kinder und Erwachsene aufforderten, eine Zahlenvergleichsaufgabe zu lösen. Dabei sahen die Probanden am Bildschirm zwei Hände und mussten durch Tastendruck entscheiden, auf welcher Seite bzw. Hand mehr ausgestreckte Finger zu sehen waren. Bei Kindern zeigte sich eine gemeinsame Aktivierung von Hirnarealen, die die Fingermotorik modulieren, und von solchen Arealen, die für die Zahlengrößenverarbeitung zuständig sind. Demgegenüber zeigten Erwachsene diese Koaktivierung nicht mehr: Bei Erwachsenen waren die Fingerareale deaktiviert, was darauf hinweist, dass Erwachsene diese (Finger-)Regionen beim einfachen Zahlenvergleich nicht mehr benötigen. Befunde zu Defiziten der kognitiven Repräsentation der Finger bei Dyskalkulie stehen bisher aus, entsprechende Untersuchungen sind jedoch bereits im Gange (Kaufmann et al. in Vorb.; 2008 b).

3.7 Komorbiditäten mit anderen Störungen

Legasthenie und AD(H)S

Dyskalkulie kann isoliert auftreten, ohne dass Schwierigkeiten anderer Art zu beobachten sind. Allerdings zeigen die in Abschnitt 3.2 dargestellten epidemiologischen Studien, dass Komorbidität, also das überzufällig häufige gemeinsame Auftreten, mit anderen Beeinträchtigungen eher die Regel als die Ausnahme ist. Besonders häufig zu beobachten sind Kombinationen mit Legasthenie oder Lese-Recht-schreib-Störung einerseits und mit Aufmerksamkeitsstörungen mit und ohne Hyperaktivität (AD[H]S) andererseits. Andere Störungen, die häufig in Kombination mit Dyskalkulie auftreten, sind schlechte Hand-Auge-Koordination (Siegel/Feldman 1983), nonverbale Gedächtnisdefizite (Fletcher 1985) und Defizite in den sozialen Fertigkeiten (Rourke 1989). Es ist anzunehmen, dass in der klinischen und pädagogischen Praxis komorbide Störungen überrepräsentiert sind, weil Personen mit mehrfachen Beeinträchtigungen bekanntermaßen eher geneigt sind, Hilfe in Anspruch zu nehmen, als Personen mit einer isolierten Störung.

genetische Verursachung

Aus neurobiologischer Sicht ist die Komorbidität von umschriebenen Entwicklungsstörungen nicht weiter überraschend. Schließlich kann man sowohl bei Dyskalkulie als auch bei Legasthenie und AD(H)S von einer genetischen Verursachung ausgehen, die bereits in einem sehr frühen Embryonalstadium zu einer abweichenden Gehirnentwicklung führt. Es ist plausibel, dass dabei nicht immer nur genau die den Rechenleistungen zugrunde liegenden neuroanatomischen Strukturen betroffen sind, sondern dass die Beeinträchtigung oft auch umfangreicher ausfällt. Tatsächlich belegen verhaltensgenetische Analysen einer großangelegten englischen Zwillingsstudie eine hochsignifikante genetische Korrelation von .67 für Lese- und Rechenschwäche (Kovas et al. 2007), woraus die Autoren schließen, dass die beiden Störungen wesentlich durch dieselben Gene verursacht werden („Generalist Genes Hypothesis“). Allerdings zeigt diese Analyse auch ein gewisses Maß an genetischer Spezifität für Lesen bzw. Mathematik. An derselben Zwillingsstudie konnte auch eine genetische Korrelation zwischen Rechenschwäche und ADHS-Symptomatik belegt werden, wobei interessanterweise eher genetische Gemeinsamkeiten mit dem Merkmal der Unaufmerksamkeit und nicht mit Impulsivität/Hyperaktivität festgestellt wurde (Greven et al. 2014).

Probleme für Forschung / Praxis

Aus der Komorbidität von Dyskalkulie mit anderen Lern- und Entwicklungsstörungen ergeben sich allerdings spezifische Probleme sowohl für die Forschung als auch für die Praxis. Ein typisches Forschungsdesign zur Untersuchung von Verursachung und Symptomatik der Dyskalkulie besteht darin, dass eine Gruppe von Kindern mit auffällig schwachen Rechenleistungen ausgewählt und mit einer Kontrollgruppe mit unauffällig entwickelten Rechenleistungen verglichen wird. Zeigt sich ein statistisch signifikanter Unterschied zwischen den beiden Gruppen, so wird üblicherweise geschlossen, dass dieser Unterschied mit Dyskalkulie in Verbindung steht. Wenn sich allerdings innerhalb der Experimentalgruppe der Dyskalkuliker einige Kinder befinden, die komorbide Störungen aufweisen, dann ist völlig unklar, ob die festgestellte Auffälligkeit auf Dyskalkulie oder auf die komorbiden Störungen zurückzuführen ist. Es ist also möglich, dass etliche der kognitiven Auffälligkeiten, die im letzten Abschnitt dargestellt wurden, eher mit nicht identifizierten Komorbiditäten als mit der Rechenstörung an sich in Verbindung stehen.

Zum Teil haben natürlich auch andere Entwicklungsstörungen als die Dyskalkulie negative Auswirkungen auf die Performanz bei Aufgaben zur Zahlenverarbeitung und Rechenleistung. So fanden Kaufmann und Nuerk (2006), dass Kinder mit ADHS, aber ohne begleitende Lernstörungen, beim numerischen und physischen Zahlenvergleich (welche Zahl ist größer: 3 5 – korrekte Antwort: 5 im numerischen und 3 im physischen Vergleich) mehr Fehler machten als eine Kontrollgruppe mit unauffälliger Entwicklung – und zwar besonders dann, wenn die numerische und die physische Information des Ziffernpaares inkongruent war, wenn also die numerisch kleinere Ziffer physisch größer dargestellt war und umgekehrt. Offenbar hatten die Kinder aufgrund ihrer defizitären exekutiven Funktionen Probleme, das für die Entscheidung jeweils irrelevante Merkmal (numerische Größe im physischen Zahlenvergleich, physische Größe im numerischen Zahlenvergleich) zu unterdrücken. Auf Defizite im Zahlenverständnis kann man auf Basis dieses Befundes allerdings nicht schließen.

Dieselben ADHS-Kinder machten auch bei einer einfachen Zahlenvergleichsaufgabe (bei der beide Ziffern die gleiche Schriftgröße hatten und es also keine Interferenz seitens der physischen Stimuluseigenschaft gab) mehr Fehler als Gleichaltrige ohne ADHS, wobei die Fehlerverteilung einen klassischen Distanzeffekt aufwies (d. h. mehr Fehler bei kleinen relativ zu großen Distanzen). Hinsichtlich der Bearbeitungsgeschwindigkeit zeigten beide Gruppen den erwarteten Distanzeffekt, aber die Reaktionszeiten der ADHS-Gruppe waren viel variabler als jene der Kontrollgruppe ohne ADHS. Kaufmann und Nuerk (2008) führen diese hohe Variabilität der Reaktionszeiten darauf zurück, dass ADHS-Kinder einen erschwerten Zugriff auf die mentale Zahlengrößenrepräsentation haben, weil die Aktivierung der korrekten Zahlengröße mehr Inhibitionsleistung der benachbarten, ebenfalls aktivierten Zahlengrößen erfordert. Bemerkenswert war in dieser Studie, dass die ADHS-Gruppe bei anderen arithmetischen Aufgaben (Subitizing, angewandtes Zählwissen, Faktenabruf, schriftliches Rechnen) keine Beeinträchtigungen zeigte. Eigentlich könnte man annehmen, dass ein defizitärer Zugriff auf die Zahlengrößen auch die Performanz bei komplexen Rechenaufgaben negativ beeinflusst.

Subtypen

Einige Autoren (Geary/Hoard 2002; Rourke 1993) postulieren, dass Rechenstörungen, die in Kombination mit Legasthenie auftreten, eine andere Ursache haben als Rechenstörungen bei guten Lese-Rechtschreib-Leistungen: Es handle sich also um unterschiedliche Subtypen mit unterschiedlicher Ätiologie (wie in Abschnitt 3.1 dargestellt, hat diese Sichtweise ja auch Eingang ins ICD-10 gefunden). Im Wesentlichen wird hier unterschieden zwischen Rechenschwierigkeiten, die in verbalen Defiziten begründet liegen, und solchen, die auf eher nonverbale Ursachen zurückzuführen sind. Eine Komorbidität von Dyskalkulie und Legasthenie ist in all diesen Konzeptionen nur für verbal verursachte Subtypen anzunehmen. Aus Sicht der Dyskalkulieforschung lässt sich durch eine derartige Subtypendifferenzierung gut erklären, warum bei manchen dyskalkulischen Kindern auch eine Legasthenie vorliegt, bei anderen aber keine Defizite in den schriftsprachlichen Leistungen zu beobachten sind. Allerdings erklären sie umgekehrt nicht, warum manche legasthene Kinder zusätzlich eine Rechenstörung aufweisen, andere aber nicht.

Auch in der Legasthenieforschung wurde lange versucht, unterschiedliche Subtypen zu identifizieren, allerdings war keiner dieser Versuche von durchschlagendem Erfolg gekrönt. Legasthenie ist in den allermeisten Fällen auf Defizite in der verbal-phonologischen Verarbeitung zurückzuführen (Vellutino et al. 2004). Warum diese Defizite nur bei einem Teil und nicht bei allen Kindern zu einer Beeinträchtigung der verbalen Komponente der arithmetischen Verarbeitung führen sollen, ist unklar.

Die empirischen Befunde zu Unterschieden zwischen den Leistungsprofilen von rechenschwachen Kindern mit und ohne Legasthenie sind gemischt. Landerl und Kollegen (2004; 2009) verglichen die basisnumerischen Leistungen von rechenschwachen Kindern mit und ohne Leseschwäche und fanden vergleichbare kognitive Profile für beide Gruppen.

Landerl und Mitarbeiter (2009) konnten aus einer großen Gesamtstichprobe von insgesamt über 1.000 Kindern der 2. bis 4. Schulstufe vier angemessen große Versuchspersonengruppen (zwischen 20 und 42 Kinder) anhand strenger Selektionskriterien wählen: (1) Kinder mit auffällig schwachen Rechenleistungen, aber altersgemäß entwickelten Leseleistungen; (2) Kinder mit ebenso schwachen Rechenleistungen, die zusätzlich auch im Lesen auffällige Probleme zeigten; (3) Kinder, die zwar altersgemäß entwickelte Rechenleistungen hatten, aber im Lesen ebenso große Probleme zeigten wie die komorbid rechen- und leseschwache Gruppe; und (4) eine Kontrollgruppe mit altersgemäß entwickelten Leistungen im Rechnen, Lesen und Rechtschreiben. Zwei Aspekte sind an diesem Design besonders wichtig: Erstens wurden die Kinder in beiden Gruppen mit isolierten Lernstörungen explizit so ausgewählt, dass die jeweils nicht beeinträchtigte Leistung dem Altersdurchschnitt entsprach. In der Realität ist es oft so, dass bei einer isolierten Rechenstörung auch die Lese-/ Rechtschreibleistung unterdurchschnittlich ist, auch wenn hier vielleicht nicht das diagnostische Kriterium für eine Lernstörung erfüllt wird. Aus dieser Studie wurden solche Kinder explizit ausgeschlossen. Zweitens wiesen die Kinder mit komorbiden Beeinträchtigungen keine massiveren Beeinträchtigungen auf als die beiden Gruppen mit isolierten Defiziten – die Rechenleistungen entsprachen also dem Defizit der Gruppe mit isolierter Rechenstörung und die Leseleistungen entsprachen der Gruppe mit isolierter Lesestörung. Auch hier ist es in der Realität häufig so, dass Kinder mit komorbiden Beeinträchtigungen auch in den einzelnen Domänen schulischen Lernens massivere Defizite zeigen als Kinder mit „nur“ einer Beeinträchtigung. Dieses sorgfältige Matching der teilnehmenden Gruppen, welches nicht bei allen Studien in diesem Bereich umgesetzt werden konnte, erlaubt differenzierte Schlussfolgerungen über die kognitiven Defizite, die mit Dyskalkulie und Legasthenie assoziiert sind.

Die Befunde von Landerl und Kollegen (2009) sprechen deutlich für spezifische kognitive Kernmechanismen für Dyskalkulie und Legasthenie: Während beide Gruppen von rechenschwachen Kindern gleichermaßen basisnumerische Defizite (Zahlengrößenvergleich, Mengengrößenvergleich, Zahlenstrahl) zeigten, unabhängig davon, ob auch die Leseleistung beeinträchtigt war oder nicht, waren die basisnumerischen Leistungen der Gruppe mit isolierter Lesestörung unauffällig und entsprachen denen der Kontrollgruppe. Das verdeutlicht Abbildung 3.5 für die Aufgabe Zahlengrößenvergleich. Basisnumerische Defizite sind also spezifisch für Dyskalkulie.

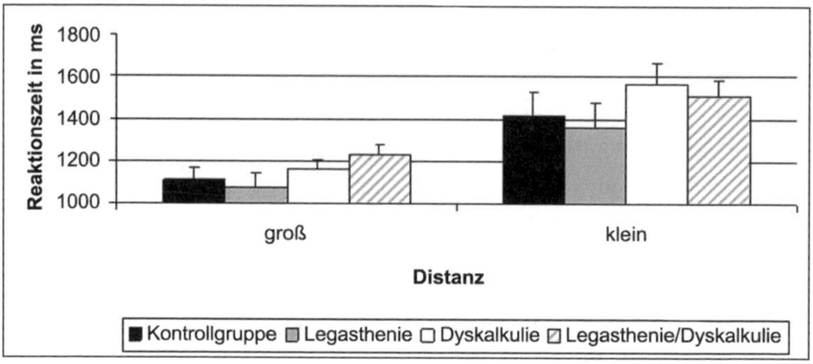

Abb. 3.5: Reaktionszeiten beim Mengengößenvergleich (große und kleine numerische Distanz zwischen den beiden Displays) für Kinder mit unauffälliger Entwicklung, Legasthenie, Dyskalkulie und kombinierter Legasthenie/Dyskalkulie (Landerl et al. 2009)

Phonemauslassung und Benennungsflüssigkeit

Neben den basisnumerischen Leistungen führten Landerl und Kollegen (2009) auch Aufgaben durch, die in der Legasthenieforschung häufig zum Einsatz kommen und Defizite in der kognitiven Repräsentation von Sprachlauten (Phonologie) belegen. Im Einzelnen handelte es sich dabei um eine Aufgabe zur Phonemauslassung („Sag ‚BLUF' ohne L") und eine Aufgabe zum schnellen Benennen einer Abfolge von Ziffern. Die zentrale Fragestellung war, inwiefern diese Aufgaben tatsächlich auf legastheniespezifische Defizite hinweisen oder ob möglicherweise die Legasthenieforschung bisher komorbide Rechenstörungen in den untersuchten Stichproben ignoriert hatte.

Die Ergebnisse belegen sowohl für Phonemauslassung als auch für die Benennungsflüssigkeit defizitäre Leistungen für beide Legastheniegruppen, unabhängig davon, ob zusätzlich eine Dyskalkulie vorlag oder nicht. Die Gruppe der Kinder mit Rechenstörung aber altersgemäß entwickelter Leseleistung erbrachte bei diesen verbalen Aufgaben ebenso gute Leistungen wie die Kontrollgruppe mit unauffälliger Entwicklung. Die Defizite scheinen also legastheniespezifisch zu sein.

Umgekehrt liegen einige Studien vor, die eine Vorhersage von Aufgaben zur phonologischen Bewusstheit, also dem expliziten Verständnis für die Lautstruktur, für arithmetischen Leistungen belegen (De Smedt/Boets 2010; De Smedt et al. 2010; Fuchs et al. 2005, 2006; Geary/Hoard 2001; Hecht et al. 2001). Weiterhin haben Kinder mit niedriger phonologischer Bewusstheit ein erhöhtes Risiko, eine Rechenschwäche zu entwickeln (Jordan et al. 2010; Slot et al. 2016). Es ist allerdings unklar, welchen direkten Einfluss die Fähigkeit zur Manipulation von Sprachlauten, wie bei der Phonemauslassung, auf die Rechenleistungen haben könnte. Moll und Kollegen (2015) postulieren ausgehend von Befunden einer Längsschnittstudie, dass es wohl nicht die phonologische Bewusstheit an sich ist, die sich auf die Rechenleistungen auswirkt. Vielmehr könnte es sein, dass frühe sprachliche Defizite (geringer Wortschatz, eingeschränktes Satzverständnis) sich einerseits negativ auf die Entwicklung der phonologischen Bewusstheit auswirken und andererseits auch auf die Entwicklung von verbalen Zahlenrepräsentationen (Zählen, Lesen und Schreiben von Ziffern), welche in weiterer Folge die Grundlage für die Entwicklung von Rechenleistungen darstellen. Festzuhalten ist auch, dass bei Personen mit Legasthenie häufig Schwierigkeiten im Aufbau und Abruf von numerischem Faktenwissen vorliegen, die in ihren verbalen Defiziten begründet sind, ohne dass Beeinträchtigungen der basisnumerischen Verarbeitung vorliegen (Göbel 2015).

Für die Benennungsflüssigkeit liegen ebenfalls Studien vor, die einen Zusammenhang mit den Rechenleistungen fanden (z.B. Donker et al. 2016; Georgiou et al. 2013; Koponen et al. 2013), wohingegen Landerl und Kollegen (2009) einen störungsspezifischen Zusammenhang mit Legasthenie, aber nicht mit Dyskalkulie aufzeigten. Man könnte vermuten, dass rechenschwache Kinder aufgrund einer geringeren Vertrautheit gerade beim schnellen Benennen von Ziffern Probleme haben könnten. Allerdings erfordert das schlichte Benennen von Ziffern, also das Transkodieren einer arabischen in eine verbale Ziffernform, nicht zwingend den Zugriff auf die Zahlensemantik. In einer weiteren Studie zur Benennungsflüssigkeit bei isolierten und kombinierten Lese- und Rechenstörungen bestätigten Willburger und Kollegen (2008) unauffällige Leistungen beim schnellen Benennen von Ziffern bei Dyskalkulie. Wenn die Aufgabe allerdings darin bestand, bei Sequenzen von 1 bis 4 Dreiecken jeweils möglichst schnell die Anzahl der Dreiecke zu benennen, waren nicht mehr nur die leseschwachen, sondern auch die rechenschwachen Kinder im Vergleich zur Kontrollgruppe massiv beeinträchtigt. Bei dieser Aufgabenvariante ist ein guter Zugriff auf die analoge Mengenrepräsentation zentral, daher zeigt sich hier auch die Beeinträchtigung.

Additivität der Defizite

Bezüglich der Frage der Komorbidität zwischen Dyskalkulie und Legasthenie zeigt sich, dass die Defizite in der komorbiden Gruppe weitgehend additiv sind – das bedeutet, sie resultierten aus der Kombination der beiden Störungen (Landerl et al. 2004; 2009; Willburger et al. 2008), wobei eine aktuelle Analyse (Slot et al. 2016) zusätzlich zu störungsspezifischen Kernmechanismen phonologische Bewusstheit als einen gemeinsamen Prädiktor identifiziert.

Für die Spezifität der beiden Lernstörungen spricht auch eine Studie von Rubinsten und Henik (2006), in der junge Erwachsene mit Dyskalkulie (und unauffälligen Leseleistungen) und Legasthenie (und unauffälligen Rechenleistungen) zwei Aufgaben vorgegeben wurden: In der Zahlenstroop-Aufgabe musste von zwei präsentierten Ziffern jeweils die ausgewählt werden, die am Bildschirm größer dargestellt war – der numerische Wert sollte möglichst unterdrückt und ignoriert werden. In einer zweiten Aufgabe sollte ein großer Buchstabe möglichst schnell benannt werden, der sich aus kleinen (nichtidentischen) Buchstaben zusammensetzte, die möglichst effizient inhibiert werden mussten. Personen mit kompetenten Rechen- und Leseleistungen zeigten bei beiden Aufgaben Interferenzeffekte (langsamere Antwortzeiten bei Inkongruenz des irrelevanten und des relevanten Aufgabenmerkmals). Interessanterweise zeigte die Dyskalkuliegruppe im Zahlenstroop eine geringere Interferenz als die unauffällige Kontrollgruppe, unterschied sich aber bei der Buchstabenaufgabe nicht. Die Legastheniegruppe zeigte dagegen bei der Buchstabenaufgabe eine geringere Interferenz als die unauffällige Kontrollgruppe, unterschied sich aber beim Zahlenstroop nicht. Hier zeigt sich also eine doppelte Dissoziation: Bei Dyskalkulie führte offenbar eine geringere Automatisierung des Zugriffs auf die Zahlensemantik zu einem geringeren Interferenzeffekt beim Zahlenstroop – die Buchstabe-Laut-Verarbeitung war aber im gleichen Ausmaß automatisiert wie bei Personen mit unauffälliger Entwicklung. Bei Legasthenie führte eine reduzierte Automatisierung der Buchstabe-Laut-Zuordnungen zu geringerer Interferenz bei der Buchstabenaufgabe. Die Zahlenverarbeitung war bei dieser Gruppe völlig intakt.

Die Befunde sind auch insofern relevant, als sie eindeutig belegen, dass keine der beiden Lernstörungen durch ein allgemeines Defizit der Automatisierungen charakterisiert werden kann – vielmehr sind Lernstörungen mit domänenspezifischen kognitiven Defiziten assoziiert. Zusätzlich können domänenübergreifende Defizite (etwa im Arbeitsgedächtnis), so sie vorliegen, die Symptomatik einer Lernstörung natürlich wesentlich mitbeeinflussen.

3.8 Die Frage der Subtypen

Bisher konnte kein einheitliches Störungsbild von Dyskalkulie beschrieben werden, weder in Bezug auf Symptomatik, noch auf Kausalfaktoren. Dies könnte zum einen eine Folge einer bisher unbefriedigenden Forschungslage sein. Unterschiedliche Autoren setzen in ihren Arbeiten zum Thema Dyskalkulie sehr unterschiedliche Schwerpunkte und wenden unterschiedliche Selektionskriterien für Dyskalkulie an, so dass die Studien oft nur schwer zu vergleichen sind.

uneinheitliches Störungsbild

Allerdings ist auch von einer großen Heterogenität des Störungsbildes auszugehen: Hinter der Diagnose Dyskalkulie verbergen sich möglicherweise unterschiedliche Symptombilder mit unterschiedlichen Ätiologien. Dies würde die Inkonsistenz der Befunde zu Verursachung und Symptomatik gut erklären.

Wenn man die hohe Komplexität des Konstrukts der mathematischen Leistungen in Betracht zieht, ist diese Annahme durchaus plausibel. Aus der Neuropsychologie ist auch seit Jahren bekannt, dass Ausfälle der Rechenleistungen bei Erwachsenen je nach Art der Gehirnläsion stark variieren können (s. Kap. 1). Die für erworbene Dyskalkulien gut belegten Subtypen sind aber nicht ohne weiteres auf die entwicklungsbedingte Dyskalkulie zu übertragen (Ansari/Karmiloff-Smith 2002).

Zum einen ist zu erwarten, dass im Entwicklungsverlauf ein Defizit, das ursprünglich möglicherweise tatsächlich in einer spezifischen Komponente des Zahlenverarbeitungssystems angesiedelt ist, auch die Entwicklung anderer, ursprünglich unbeeinträchtigter Komponenten beeinflusst. Das Ergebnis wäre ein trotz einer neurofunktional sehr beschränkten Schädigung relativ undifferenziertes Störungsbild.

Zum anderen weisen etwa Wilson und Dehaene (2007) darauf hin, dass die neuronalen Areale, in denen unterschiedliche Komponenten der Zahlen- und arithmetischen Verarbeitung (s. Kap. 1) lokalisiert sind, so nahe nebeneinanderliegen, dass eine hohe Korrelation zwischen Schädigungen dieser Areale zu erwarten ist. Dies würde ebenfalls zu einem eher undifferenzierten Störungsbild führen.

Trotz dieser Einschränkungen legen etliche Autoren vorwiegend theoretisch begründete Subtypendifferenzierungen vor, die im Folgenden dargestellt werden sollen. Vorweg sei aber bemerkt, dass die Validität dieser Subtypendifferenzierungen bisher empirisch kaum belegt ist.

Subtypen nach Wilson und Dehaene

Wilson und Dehaene (2007) unterscheiden folgende Subtypen von Dyskalkulie:

- Als erstes stellen sie eine *Beeinträchtigung des Zahlensinns*, also eines genetisch determinierten neurobiologischen Mechanismus der Verarbeitung von Numerositäten, in das Zentrum ihrer Überlegungen. Die Autoren halten die empirische Evidenz für das Vorliegen eines derartigen Defizits bei einer wesentlichen Anzahl Betroffener für überzeugend. Ein Defizit im Zahlensinn oder der nichtsymbolischen Mengenrepräsentation, das durch funktionale Auffälligkeiten im horizontalen Abschnitt des intraparietalen Sulcus verursacht ist, führt zu einem insgesamt beeinträchtigten Verständnis von Numerositäten (Vergleich von nichtsymbolischen Mengen, Schätzen und approximatives Rechnen).

Als Folge dieses Defizits ist auch das Verständnis für symbolische Mengenrepräsentationen in Form von Zahlwörtern und arabischen Zahlen beeinträchtigt. Das heißt, wenn eine arabische Zahl betrachtet oder ein Zahlwort gehört (oder gelesen) wird, kann nicht mit derselben hohen Automatisierung die zugrunde liegende nichtsymbolische Mengenrepräsentation aktiviert werden, wie dies beim unauffälligen Rechner der Fall ist – die Zahlensemantik muss erst mühsam kompensatorisch aktiviert werden. Massive Beeinträchtigungen bei allen Rechenoperationen sind bei diesem sehr basalen Defizit eine plausible Konsequenz. Allerdings könnte es laut Wilson und Dehaene (2007) durchaus sein, dass stark verbal basierte Prozesse wie Zählen und arithmetischer Faktenabruf sich trotzdem normal entwickeln können.

- Darüber hinaus stellen Wilson und Dehaene die Vermutung an, dass neben einem gestörten Zahlensinn auch andere Ursachen für Dyskalkulie in Betracht zu ziehen seien. So könnte etwa die analoge, nichtsymbolische Mengenrepräsentation (der „Zahlensinn") unauffällig entwickelt, aber die Verbindung zwischen nichtsymbolischer und symbolischer Repräsentation von Zahlen gestört sein. Auch diese *Verbindungsstörung* hätte zur Folge, dass symbolische Repräsentationen von Zahlen (Zahlwörter und arabische Zahlen) beeinträchtigt wären, und damit alle Rechenfunktionen, die ja üblicherweise auf Basis von symbolischen Zahlendarstellungen basieren. Da die analoge Mengenrepräsentation aber intakt ist, wäre etwa der Vergleich von nichtsymbolischen Mengen unbeeinträchtigt.

Bereits innerhalb des Bereichs der kognitiven Repräsentation von Zahlen können also möglicherweise zwei unterschiedliche Störungen zu sehr basalen Beeinträchtigungen des Verständnisses von Zahlen führen. Darüber hinaus postulieren Wilson und Dehaene (2007) drei weitere neurofunktionale Störungen, die sich auf die Verarbeitung von Zahlen und die arithmetischen Leistungen negativ auswirken würden.

- Erstens kann ein *Defizit der verbal-symbolischen Repräsentation*, das Wilson und Dehaene mit einer funktionalen Störung im Gyrus angularis, der linken inferioren und/oder temporalen Sprachareale oder linken Basalganglien in Verbindung bringen, zu spezifischen Schwierigkeiten bei Aufbau und Abruf des arithmetischen Faktenwissens (besonders Einmaleins) führen. Möglicherweise könnten sich auch bereits beim Erwerb des verbalen Zählens (Zahlwortsequenz) erste Probleme zeigen.
- Zweitens könnte eine Störung im Frontalhirn *Probleme in den exekutiven Funktionen* (Planungs- und Kontrollfunktionen) verursachen, die ebenfalls Probleme im Abruf arithmetischer Fakten auslösen könnten, sowie Schwierigkeiten in der kompetenten Selektion und Anwendung von Rechenstrategien und -prozeduren.
- Letztlich sehen Wilson und Dehaene ein *Defizit in der räumlichen Aufmerksamkeit* in Assoziation mit Dysfunktionen im posterioren superioren Parietallappen (s. a. Kaufmann/Nuerk 2005; 2007). Dieses Defizit könn-

te Beeinträchtigungen im Object-File-System (s. Abschnitt 2.3.1) mit sich bringen, die wiederum für Probleme im Subitizing verantwortlich sein könnten (falls Subitizing tatsächlich als eigenständige, nonverbale Zählfunktion bestätigt werden kann). Auch Schwierigkeiten in der Wahrnehmung nichtsymbolischer Mengeninformation könnten die Folge sein. Allerdings weisen die Autoren darauf hin, dass räumliche und numerische Repräsentationen vermutlich so eng miteinander verbunden sind, dass es auch hier wieder schwierig sein könnte, diesen Subtyp der gestörten räumlichen Aufmerksamkeit klar vom Subtyp des gestörten Zahlensinns abzugrenzen.

Wilson und Dehaene (2007) postulieren also insgesamt fünf unterschiedliche Ursachen und daraus resultierende Subtypen von Dyskalkulie, die alle zu schweren Beeinträchtigungen der Zahlenverarbeitung und der arithmetischen Leistungen führen. Empirisch gut belegt ist der Subtyp des gestörten Zahlensinns. Alle anderen Subtypen werden in Analogie zu gut dokumentierten spezifischen Ausfällen bei Erwachsenen angenommen. Allerdings steht hier eine empirische Überprüfung noch aus, ob diese theoretisch begründeten Subtypen tatsächlich in dieser Form existieren. Einen ersten Schritt in Richtung differenzierter Erhebung der Komponenten der numerischen, arithmetischen und allgemeinen Kognition legten Bartelet und Kollegen (2014) basierend auf einer Stichprobe von 226 niederländischen Kindern mit Rechenschwierigkeiten in der 3. bis 6. Schulstufe vor. Eine agglomerative hierarchische Clusteranalyse bestätigte die Heterogenität der Profile und identifizierte insgesamt sechs Subtypen. Allerdings entsprachen nur zwei davon den ersten beiden der von Wilson und Dehaene vorgeschlagenen, nämlich (1) eine schwache analoge Mengenrepräsentation (oder Zahlensinn) und (2) eine Verbindungs- oder Zugriffsstörung mit unauffälliger nonsymbolischer, aber defizitärer symbolischer Mengenrepräsentation. Darüber hinaus beschrieben Bartelet und Kollegen (2014) Gruppen (3) mit unpräzisem mentalem Zahlenstrahl, (4) mit Schwierigkeiten in der räumlichen Verarbeitung, (5) ohne basisnumerische Probleme und (6) mit unspezifischen kognitiven Defiziten (= niedriger IQ).

Subtypen nach Michael von Aster

Auch die von Michael von Aster vorgeschlagene Subtypendifferenzierung basiert theoretisch auf dem von Dehaene (1999) postulierten Triple-Code-Modell (s. Abschnitt 1.4). Außerdem führte von Aster (2000) eine Clusteranalyse der Leistungsprofile rechenschwacher Kinder bei einem neuropsychologisch orientierten Testverfahren (ZAREKI, von Aster 2001, s. Abschnitt 4.2) durch, anhand derer drei unterschiedliche Subtypen identifiziert werden konnten:

- Kinder mit dem sogenannten *tief greifenden Subtyp* zeigten in allen erhobenen Domänen der Zahlenverarbeitung und des Rechnens deutliche Beeinträchtigungen. Insbesondere zeigten diese Kinder erhebliche Schwierigkeiten im grundlegenden Zahlenverständnis („Zahlensinn"). Von Aster bringt diesen Subtyp auch mit klinisch relevanten Symptomen des Erlebens und Verhaltens in Verbindung, und zwar sowohl im externalisierenden (Verhaltensauffälligkeiten) als auch im internalisierenden Spektrum (z. B. Schulangst). Auch die Komorbidität mit anderen Lernstörungen war in dieser Gruppe deutlich erhöht: Mehr als die Hälfte zeigten zusätzlich Symptome einer ADHS und/oder einer Legasthenie trotz altersgemäß entwickelter allgemeiner kognitiver Fähigkeiten (IQ > 85).
- Beim *sprachlichen Subtyp* zeigten sich defizitäre Leistungen vor allem beim Kopfrechnen (Additionen und Subtraktionen) sowie beim Abzählen und beim Rückwärtszählen. Mehr als die Hälfte der Kinder dieser Gruppe zeigten Auffälligkeiten in der Sprach- und Schriftsprachentwicklung sowie Aufmerksamkeitsstörungen.
- Das dritte Cluster bezeichnet von Aster als *arabischen Subtyp*. Diese Kinder zeigten große Schwierigkeiten beim Lesen oder Schreiben arabischer Zahlen, also im Bereich des Transkodierens zwischen verbalem und arabischem Zahlencode. Bei diesen Kindern fielen als besonderer Fehlertyp sogenannte Zahlendreher (53 statt 35) auf, sowie Probleme, das Stellenwertsystem der arabischen Zahlennotation zu erfassen. Innerhalb dieser Gruppe fanden sich besonders viele Kinder, die fremdsprachig oder zweisprachig aufwuchsen.

Von Aster vermutet ebenso wie Wilson und Dehaene (2007), dass beim tief greifenden Subtyp aufgrund einer genetisch determinierten Störung der Entwicklung des intraparietalen Sulcus bereits das Kernsystem der Zahlenverarbeitung gestört ist, so dass die Entwicklung der mathematischen Kognition von Anfang an beeinträchtigt sei. Betroffene Kinder haben gemäß dieser Konzeption bereits grundlegende Schwierigkeiten, die Kardinalität von Zahlen und Mengen zu erfassen. Der sprachliche und der arabische Subtyp sind sehr wohl in der Lage, die Kardinalität von Mengen zu erfassen, haben aber Schwierigkeiten, die symbolischen Repräsentationen von Mengen in Form von Zahlwörtern und/oder arabischen Zahlen zu erfassen. Als wesentliche Einflussgrößen sieht von Aster (2000) hier Störungen der Sprachentwicklung und der Aufmerksamkeit. Für diese Verursachungstheorien gibt es bisher allerdings keine klaren empirischen Belege.

Auch ist unklar, ob es sich bei den drei Subtypen nicht eher um unterschiedlich starke Ausprägungen ein und derselben Störung handelt, so dass eher ein quantitativer als ein qualitativer Unterschied zwischen den Störungsbildern anzunehmen wäre. Weiterhin wären längsschnittliche Befunde zur Stabilität dieser Subtypen von zentraler Bedeutung. Wir wissen derzeit nicht, ob der tief greifende Subtyp nicht möglicherweise eine frühere Phase der Entwicklung der numerischen Kognition repräsentiert. Es könnte sein, dass Kinder des tief greifenden Subtyps ein oder zwei Jahre später die Symptomatik des sprachlichen oder arabischen Subtyps zeigen. Wäre dies der Fall, so sollte man allerdings nicht mehr von Subtypen, sondern eher von Entwicklungsstufen sprechen.

Subtypen nach David Geary

Auch David Geary (1993; Geary/Hoard 2005) unterscheidet drei Subtypen, nämlich einen prozeduralen, einen verbal-semantischen und einen visuell-räumlichen:

- Der *prozedurale Subtyp* ist durch die häufige Verwendung von unreifen Strategien charakterisiert. Sie werden normalerweise nur von wesentlich jüngeren Kindern angewendet (z. B. Fingerrechnen), wobei diese unreifen Strategien dann auch noch oft fehlerhaft durchgeführt werden. Die fehlerhafte Anwendung hängt vermutlich damit zusammen, dass die Kinder schon die zugrunde liegenden arithmetischen Konzepte nicht verstehen. Die Einhaltung der exakten Abfolge bei komplexeren Prozeduren gelingt nicht. Neuropsychologisch ordnet Geary diesen Subtyp der linken Gehirnhälfte zu.
- Das zentrale Charakteristikum des *verbal-semantischen Subtyps* sieht Geary im defizitären Aufbau und Abruf des arithmetischen Faktenwissens. Auch für diesen Subtyp wird eine linkshemisphärische Dysfunktion angenommen, wobei bei manchen Fällen eher posteriore, bei anderen eher präfrontale Regionen betroffen sein könnten. Dieser Subtyp tritt laut Geary und Hoard (2002) typischerweise komorbid mit Legasthenie auf. Bereits in Abschnitt 3.7 wurde aufgezeigt, dass diese Sichtweise theoretisch nur bedingt plausibel ist. Sie impliziert nämlich, dass alle Legastheniker Defizite im Faktenwissen aufweisen, und auch die empirische Datenlage ist hier wenig überzeugend.
- Der dritte *visuell-räumliche Subtyp* weist Probleme mit der räumlichen Repräsentation von Zahlen und Mengen auf. Dazu gehören etwa Fehler bei der präzisen Anordnung mehrstelliger Zahlen in Zahlenkolonnen oder insgesamt Fehler im Verständnis für das Stellenwertsystem arabischer Zahlen. Für diesen Subtyp nimmt Geary neurofunktionale Auffälligkeiten in der rechten Großhirnrinde an.

Subtypen nach Rourke

Eine frühe, stark neuropsychologisch orientierte Subtypendifferenzierung wurde von Rourke (1989; 1993) vorgeschlagen. Rourke unterschied zwischen

- Kindern, die sowohl im Lesen als auch im Rechnen massive Defizite aufwiesen (*verbal learning disorder*, VLD), und
- Kindern, die eine deutliche Diskrepanz zwischen guten schriftsprachlichen Leistungen und auffällig schwachen arithmetischen Leistungen zeigten (*nonverbal learning disorder*, NLD).

Das neuropsychologische Leistungsprofil unterschied sich in Rourkes Studien dahingehend, dass Kinder mit NLD eher Defizite in räumlichen und psychomotorischen Aufgabenstellungen zeigten, wohingegen Kinder mit VLD eher bei verbalen Aufgabenstellungen defizitäre Leistungen erbrachten. Aufgrund dieses neurokognitiven Leistungsprofils nahm Rourke an, dass die VLD auf eine linkshemisphärische, die NLD dagegen auf eine rechtshemisphärische Schädigung zurückzuführen sei.

NLD – Gerstmann-Syndrom

Rourke selbst stellte Parallelen zwischen der von ihm konzipierten NLD und dem entwicklungsbedingten Gerstmann-Syndrom (Kinsbourne/Warrington 1963) her. Bei diesem Syndrom liegen neben der Rechenstörung auch Probleme in der Graphomotorik, der Links-Rechts-Differenzierung und Fingeragnosien (s. Abschnitt 3.6.6) vor. Allerdings wird das entwicklungsbedingte Gerstmann-Syndrom nicht mit einer ausschließlich rechtshemisphärischen Störung in Verbindung gebracht, sondern mit Störungen im Bereich des rechten und linken Gyrus angularis, einem Teil des Parietallappens. Shalev und Kollegen (1997) konnten Rourkes Subtypendifferenzierung nicht replizieren.

Zusammenfassung

Allen bisher vorgelegten Subtypendifferenzierungen ist gemeinsam, dass sie zwischen Schwierigkeiten unterscheiden, die verbale Komponenten der Rechenleistungen betreffen, und solchen, die eher nonverbale Komponenten betreffen. Auch wenn die Annahme von Subtypen aufgrund der hohen Komplexität des Konstrukts der mathematischen Leistungen plausibel erscheint, ist die Befundlage bisher nicht ausreichend. Es ist völlig unklar, welcher Prozentsatz von Kindern mit Rechenstörungen eindeutig einem dieser Subtypen zuzuordnen ist und für wie viele Kinder diese Zuordnung nicht getroffen werden kann.

Besonders für neuropsychologische Konzeptionen, die typischerweise verbale Defizite eher der linken Gehirnhemisphäre zuordnen und nonverbale der rechten, stellt sich die Frage, wie Mischtypen zu erklären wären. Offenbar müssten dann neurofunktionale Defizite in völlig unterschiedlichen Gehirnregionen angenommen werden, die sich aber zufälligerweise alle spezifisch auf die Rechenleistungen auswirken, da die allgemeine kognitive Entwicklung ja häufig nicht wesentlich beeinträchtigt ist. Neuropsychologische Befunde an erworbenen Dyskalkulien bei Erwachsenen legen zwar nahe, dass unterschiedliche Läsionen zu sehr spezifischen Ausfällen von bestimmten Rechenleistungen führen können, es ist allerdings derzeit unklar, ob diese Konzeptionen ohne weiteres auf den Entwicklungsverlauf im Kindesalter übertragen werden können. Eine bessere empirische Absicherung von Subtypendifferenzierung ist von zentraler Bedeutung.

Insbesondere hängt von derartigen Befunden ab, ob für unterschiedliche Subtypen auch differenzielle Interventionsprogramme erstellt werden müssen. Auch wenn sich – analog zu den langjährigen Bemühungen in der Legasthenieforschung – Subtypendifferenzierungen letztlich als nicht haltbar erweisen sollten: die in Bezug auf diese Fragestellung erzielten empirischen Befunde sollten hilfreich sein, um die Kernsymptome, die bei allen betroffenen Kindern vorliegen, und andere Symptome, die nur bei einem Teil vorliegen, besser charakterisieren zu können, als dies derzeit möglich ist.

3.9 Dyskalkulie – ein Kausalmodell

Einflussfaktoren

Der vorangehende ausführliche Forschungsüberblick zu Symptomatik und Verursachung legt den Schluss nahe, dass es sich bei Dyskalkulie vermutlich nicht um ein einheitliches Störungsbild, sondern um eine heterogene Störung handelt, auf die viele unterschiedliche Faktoren Einfluss nehmen. Abbildung 3.6 stellt diese Faktoren in Form eines Kausalmodells (Morton / Frith 2004) dar, das aus drei Ebenen besteht:

Die oberste Ebene bildet die *biologischen Grundlagen* ab, also im Wesentlichen die neurologischen Strukturen, auf denen die einzelnen auf der mittleren Ebene dargestellten *kognitiven Funktionen* basieren. Die kognitiven Funktionen sind für uns nicht unmittelbar beobachtbar, sie repräsentieren quasi, was sich „im Kopf abspielt". Erst auf der untersten Ebene wird *sichtbares Verhalten*, also in unserem Fall die *Rechenleistung*, abgebildet.

Diese erste Darstellung ist insgesamt eher undifferenziert, auch der umfassende Bereich der frühen Anregung in Elternhaus und Kindergarten sowie der Einfluss des schulischen Unterrichts auf die Rechenleistungen wird hier nur durch wenige Pfeile symbolisiert.

Eine wesentliche Erkenntnis der aktuellen neurokognitiven Forschung besteht in der Identifizierung der Komponente der *basisnumerischen Verarbeitung* als zentrale und von anderen kognitiven Leistungen weitgehend unabhängige Grundlage der Rechenleistungen und der numerischen Kognition. Für alle anderen in Abbildung 3.6 dargestellten Komponenten wird die zukünftige Forschung erst zeigen müssen, auf welche Art und Weise sie die Entwicklung der Rechenleistung beeinflussen und ob ihnen tatsächlich eine kausale Rolle bei der Entstehung einer Dyskalkulie zukommt. In Bezug auf die basisnumerische Verarbeitung ist inzwischen empirisch gut belegt, dass viele dyskalkulische Kinder hier deutliche Defizite aufweisen.

Bei der basisnumerischen Verarbeitung handelt es sich wiederum um ein komplexes Konstrukt, das sich aus zahlreichen Teilaspekten zusammensetzt. Auch hier fehlen bisher differenzierte Befunde, wie genau diese Teilaspekte zusammenwirken und wie sie die Entwick-

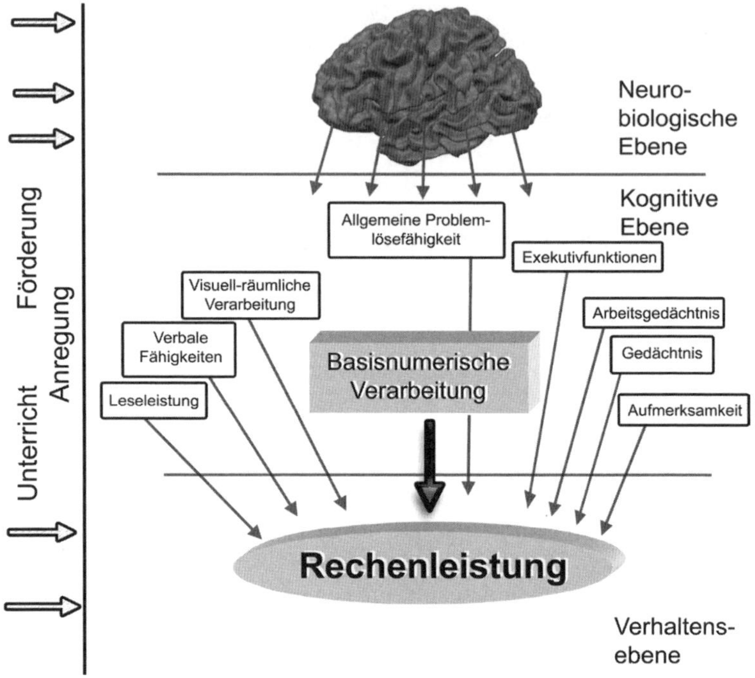

Abb. 3.6: Kausalmodell zu den Einflussfaktoren für die Entwicklung der Rechenleistungen

lung der Rechenleistungen beeinflussen. In Abbildung 3.7 wird versucht, aktuelle Befunde und theoretische Konzeptionen in einem detaillierteren Kausalmodell noch einmal zusammenzufassen.

Kernstück sind die im Triple-Code-Modell (Dehaene 1992; 1999) postulierten *Codes der kognitiven Repräsentation* von Numerositäten, nämlich die *approximative Mengenrepräsentation* sowie die *verbale und die arabische Repräsentation von Zahlen.* Die nichtsymbolische, approximative Mengenrepräsentation ist genetisch determiniert, von Geburt an funktionsfähig und neurologisch im Wesentlichen der Struktur des horizontalen intraparietalen Sulcus zuzuordnen (obwohl derzeit noch unklar ist, ob der HIPS von Geburt an die Verarbeitung von Numerositäten übernimmt oder ob sich diese neurofunktionale Struktur erst im Laufe der Entwicklung herausbildet). Ausgehend von diesem Kernsystem entwickeln sich während der Vorschul- und ersten Schuljahre die beiden symbolischen Repräsentationsformen (Zahlwörter und arabisches Zahlennotationssystem), die jeweils wieder andere neuronale Strukturen beanspruchen (s. Abschnitt 1.6).

Die Ursache für Dyskalkulie kann einerseits in einem von Anfang

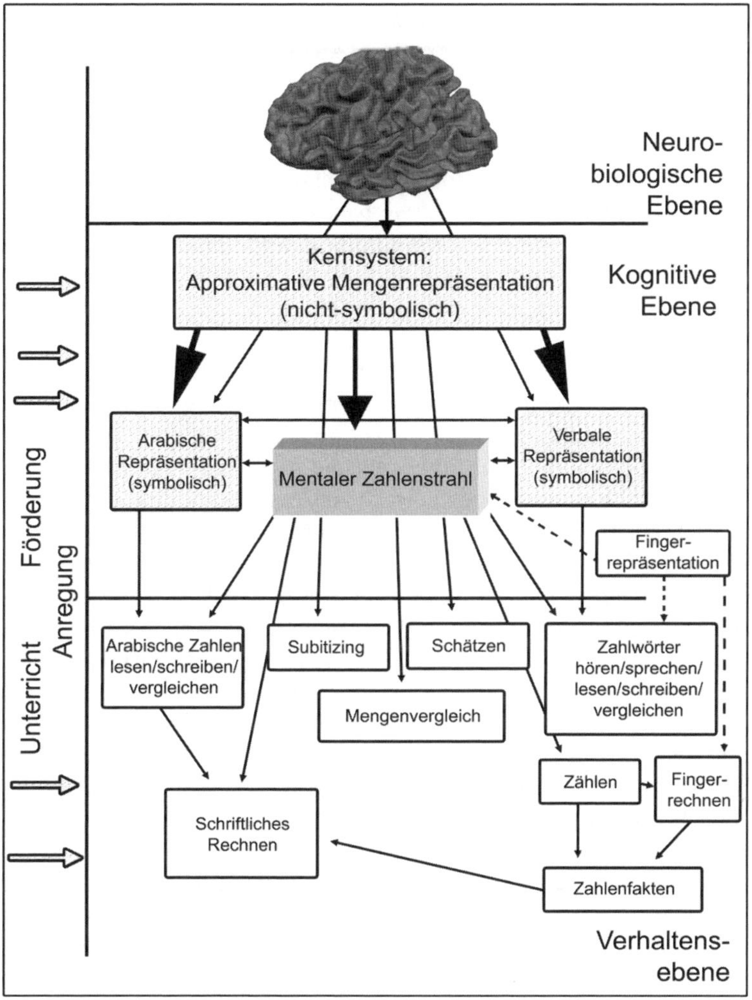

Abb. 3.7: Kausalmodell der basisnumerischen Verarbeitung

an defizitären Kernsystem der approximativen Mengenrepräsentation liegen oder aber in einem Defizit, eine intakte Mengenrepräsentation in einer verbalen oder arabischen symbolischen Form abzubilden (Verbindungsstörung, s. Abschnitt 3.8).

unterspezifizierter mentaler Zahlenstrahl

Beide Defizite würden sich negativ auf die Entwicklung des mentalen Zahlenstrahls auswirken. Zwar scheinen auch Kinder mit Dyskalkulie einen derartigen Zahlenstrahl auszubilden, allerdings erfolgt der Übergang vom ordinalen zum kardinalen Zahlenstrahl (und eventuell auch der Übergang von einem logarithmischen zu einem linearen Zahlenstrahl) zeitlich deutlich verzögert. Auch wenn sich bei Dyskalkulikern bisher ähnliche neuropsychologische Effekte der Zahlenverarbeitung belegen lassen wie bei Kindern mit unauffälliger Entwicklung (z. B. Distanzeffekt, Größeninterferenzeffekt usw.), so scheint ihr mentaler Zahlenstrahl dennoch nicht mit dem gleichen Grad an Präzision und Automatisierung aktivierbar zu sein. Man könnte sich den *mentalen Zahlenstrahl* bei Dyskalkulie also am besten als *unterspezifiziert* vorstellen. Zwar wissen auch Dyskalkuliker in etwa, dass „4“ eine kleine Zahl ist, während „10.000“ eine große Zahl ist, aber sie wissen nicht automatisch, dass „4“ das Doppelte von „2“, die Hälfte von „8“ oder ein Zehntel von „40“ ist. Vielmehr müssen sie sich diese Tatsachen ggf. kompensatorisch und mit hohem kognitiven Aufwand vergegenwärtigen.

Verhaltensebene

Auf die Bedeutung der Finger für die frühe kognitive Repräsentation von Zahlen und die frühen Rechenleistungen wurde bereits eingegangen (s. Abschnitt 3.6.6). Auf der *Verhaltensebene* wird deutlich, dass bereits sehr simple Leistungen von einem komplexen neurokognitiven System abhängen. Während etwa für den Aufbau des arithmetischen Faktenwissens eher verbale numerische Kompetenzen erforderlich sind, setzt schriftliches Rechnen ohne Zweifel einen kompetenten Umgang mit dem arabischen Notationssystem und insbesondere mit dem Stellenwertsystem bei mehrstelligen Zahlen voraus. Direkte Rückschlüsse auf das Kernsystem der approximativen Mengenrepräsentation erlauben am ehesten einfache Aufgabenstellungen wie der Vergleich der Größe von Mengen oder adäquate Aufgaben zum Schätzen der Größe von Mengen.

Schlussfolgerung für Diagnostik

Insgesamt erlaubt das in Abbildung 3.7 dargestellte Modell auch erste Schlussfolgerungen für Diagnostik und Intervention. Zum einen wird deutlich, dass für die Diagnostik von Dyskalkulie die Feststellung von Defiziten in den Rechenleistungen nicht ausreichen wird. Vielmehr müssen bereits die basisnumerischen Funktionen, auf denen die Rechenleistungen aufbauen, mit adäquaten Aufgabenstellungen abgeklärt werden. Besonders bei älteren Kindern werden diese basisnumerischen Defizite oft nur mehr durch auffällige Reaktionszeitmuster zu identifizieren sein. Inwiefern die derzeit vorliegenden Testverfahren diese Anforderungen erfüllen, wird Gegenstand des nächsten Kapitels sein.

Schlussfolgerung für Intervention

In Bezug auf die Intervention lässt sich festhalten, dass für manche Kinder vermutlich der normale schulische Unterricht bereits deutlich zu hoch ansetzt. Üblicherweise wird bei Schulanfängern vorausgesetzt, dass sie zumindest mit kleinen Zahlen und Mengen umgehen können. Bei Kindern mit Dyskalkulie kann man allerdings nicht ohne weiteres davon ausgehen, dass sie wissen, welche Bedeutung das Wort „fünf" oder die Ziffer „5" nun genau hat. Bei Dyskalkulie wird die Intervention also in vielen Fällen im basisnumerischen Bereich ansetzen müssen, und es muss bei einfachen Rechenaufgaben klar sein, dass die Kinder sich die Grundlagen dieser Rechenaufgaben stets aufwendig kompensatorisch vergegenwärtigen müssen.

In Analogie zur Legasthenieforschung, die erst zutagebrachte, dass es nicht ausreicht, Schulanfängern die Buchstaben beizubringen, sondern dass man einem nicht unbeträchtlichen Teil der Kinder Schritt für Schritt die Funktion von Buchstaben nahebringen muss, zeigt die Dyskalkulieforschung sehr deutlich auf, dass ein nicht unbeträchtlicher Teil der Schulanfänger vermutlich nicht von selbst, sondern nur anhand effizienter Unterrichts- und Interventionsmaßnahmen in der Lage ist, die basalen Funktionen von Zahlen zu erfassen. Der Bereich der Instruktion und Intervention wird in Kapitel 5 genauer erörtert.

Überprüfen Sie Ihr Wissen

?

1. Wie hoch ist die Prävalenz von Dyskalkulie?
2. Welche Besonderheiten bringt das kombinierte Auftreten von Dyskalkulie mit anderen Entwicklungs- und Lernstörungen für Forschung und Praxis?
3. Welche Dyskalkulie-Subtypen wurden postuliert?
4. Welcher Dyskalkulie-Subtyp ist empirisch am besten gestützt?
5. Stellen sie empirische Befunde zum Zusammenhang zwischen Dyskalkulie und Fingerrepräsentationen dar.
6. Welche empirischen Befunde gibt es zur basisnumerischen Verarbeitung bei Dyskalkulie?

4 Diagnostik

Ziel des diagnostischen Prozesses ist die Feststellung des Ist-Zustandes, also der Stärken und Schwächen eines Kindes in allen Bereichen, die für die Erstellung eines geeigneten Interventionsprogramms sowie für die Erstellung einer Prognose der weiteren Entwicklung relevant sein können. Kernstück jeder Dyskalkulie-Diagnostik muss zweifelsohne die detaillierte Abklärung der basisnumerischen und rechnerischen Leistungen sein. Zu unterscheiden sind hier Schulleistungstests und Verfahren, die sich an neurokognitiven Modellen des Erwerbs der Zahlenverarbeitung/Rechenleistungen orientieren:

Arten von Tests

- *Schulleistungstests* haben die Feststellung zum Ziel, welche der curricular festgelegten Rechenleistungen bei einem Kind bereits vorliegen und welche nicht. Die Feststellung der Ursache, warum bestimmte Lernziele bisher nicht erreicht werden konnten, ist im Normalfall nicht Gegenstand der Schulleistungsdiagnostik. Während also Schulleistungstests gut geeignet sind, wesentliche Lernrückstände bezüglich der Rechenleistung zu identifizieren, reichen sie üblicherweise nicht für die Erstellung eines geeigneten Interventionsprogramms.
- Für die Erstellung von Interventionsprogrammen sind *Verfahren, die sich an neurokognitiven Entwicklungsmodellen orientieren*, von besonderer Bedeutung. Ziel dieser Verfahren ist es, die in den letzten Kapiteln dargestellten neurokognitiven Komponenten der Zahlenverarbeitung und des Rechnens diagnostisch abzuklären.

mehrdimensionale Diagnostik

Eine profunde Dyskalkulie-Diagnostik muss mehrdimensional sein. Damit ist gemeint, dass zusätzlich zur Abklärung des Entwicklungsstandes im Bereich der Zahlenverarbeitung und des Rechnens auch nichtnumerische Fähigkeiten wie Sprachentwicklung, visuell-räumliche Fähigkeiten, Aufmerksamkeitsfunktionen, allgemeine Problemlösefähigkeiten und sonstige schulische Leistungen sowie psychoemotionale Befindlichkeiten abgeklärt werden müssen. Auch wenn – wie in Kapitel 3 dargestellt – ein ursächlicher Zusammenhang von Defiziten in nichtnumerischen Bereichen mit Rechenstörungen oft empirisch nicht belegt ist, sind dies doch kognitiven Ressourcen, die ein Kind für die Entwicklung seiner Rechenleistungen nutzen kann.

zusätzliche Funktionsstörungen

Auf komorbide Störungen, die häufig in Kombination mit Dyskalkulie auftreten, wurde bereits wiederholt hingewiesen. Derartige zusätzliche Funktionsstörungen können nur im Rahmen einer umfassenden Diagnostik identifiziert werden. Die Stärken und Schwächen des neurokognitiven Profils eines Kindes müssen bei der Erstellung eines geeigneten Interventionsprogramms Berücksichtigung finden. Zeigen sich etwa Auffälligkeiten im Aufmerksamkeitsverhalten, so müssen die Interventionseinheiten entsprechend zeitlich kurz und mit vielen Pausen gestaltet werden. Wenn Defizite in der Sprachentwicklung vorliegen, hat es wenig Sinn, im Rahmen der Förderung eloquente verbale Erläuterungen arithmetischer Probleme zu präsentieren. Vielmehr muss die verwendete Sprache einfach und dem Entwicklungsstand des Kindes angepasst sein, und die Anleitungen innerhalb der Rechenförderung sollten wo immer möglich handlungsorientiert sein.

Gleichzeitig müssen identifizierte nichtnumerische Defizite in ein Behandlungsprogramm integriert werden. So ist möglicherweise in einzelnen Fällen die Entscheidung zu treffen, dass der Förderung sprachlicher Fertigkeiten Priorität eingeräumt wird und die gezielte Förderung der Rechenleistung erst zu einem späteren Zeitpunkt einsetzt. In vielen Fällen bedarf es zudem einer intensiven Auseinandersetzung mit weiteren Krankheitsbildern wie etwa Angststörungen oder Depression (s. Kapitel 2).

Der diagnostische Abklärungsprozess, dessen Ausgangspunkt ein ausführliches anamnestisches Gespräch mit dem betroffenen Kind, seinen Eltern und wo immer möglich auch mit der Schule ist, sollte ausschließlich von geeignet ausgebildeten Fachleuten im Rahmen einer individuellen Testung durchgeführt werden.

Klassen- vs. Einzeltests

Verfahren, die mit Gruppen, z. B. einer gesamten Schulklasse durchgeführt werden können, haben den Vorteil, dass man sich effizient einen Eindruck sowohl über den Leistungsstand und das Leistungsspektrum der ganzen Klasse verschaffen kann als auch über die Leistungen einzelner Kinder innerhalb der Klasse. Klassentests haben gegenüber Individualtests allerdings auch wesentliche Nachteile, die sowohl zu einer Unter- als auch einer Überschätzung der Rechenleistung eines Kindes führen können.

Überschätzen der Kompetenz

Überschätzt wird die Kompetenz möglicherweise dann, wenn Abschreiben von anderen Kindern nicht ausreichend unterbunden werden kann. Hier ist es etwa hilfreich, wenn an Banknachbarn Parallelformen ausgegeben werden, also Testhefte, die dieselben arithmetischen Konstrukte anhand paralleler, aber nicht identischer Testaufgaben erheben. Parallelformen sind auch für die Verlaufsdiagnostik von Interventionsprogrammen ausgesprochen hilfreich, weil so ausgeschlossen werden kann, dass Leistungsverbesserung lediglich auf die wiederholte Präsentation derselben Testaufgaben zurückzuführen sind (= Re-Test-Effekte).

Unterschätzen der Kompetenz

Für ein mögliches Unterschätzen der Kompetenz eines Kindes gibt es diverse Gründe. In der Gruppensituation ist es für den Testleiter schwer festzustellen, ob ein Kind in der Gruppe die Instruktion nicht oder falsch verstanden hat. Auch Unaufmerksamkeit oder Ablenkung (z. B. durch ein Ereignis vor dem Klassenfenster) können die Testleistung (Performanz) trotz möglicherweise guter Kompetenz beeinträchtigen. Eine Beurteilung der Motivationslage eines Testprobanden, die natürlich einen wesentlichen Einfluss auf die Testperformanz hat, ist ebenfalls in der Gruppensituation kaum zu leisten. Aus diesen Gründen ist die Diagnose einer Rechenstörung auf Basis der Leistung in einem Klassentest nicht zulässig, vielmehr ist die individuelle Durchführung eines geeigneten Verfahrens durch eine diagnostisch geschulte Person von zentraler Bedeutung. Schulleistungstests können also einen wichtigen ersten Schritt in der Feststellung von Leistungsdefiziten im Bereich Mathematik darstellen. Die Diagnose einer Rechenstörung/Dyskalkulie sollte in einem zweiten Schritt anhand eines der nachfolgend dargestellten individuell durchzuführenden neurokognitiven Testverfahren von geschulten Fachpersonen erfolgen.

mündliche Kompetenzen

Eine individuelle Testdurchführung hat auch den wesentlichen Vorteil, dass nicht nur schriftliche, sondern auch mündliche Kompetenzen erhoben werden können. Wie in Kapitel 1 dargestellt, können die Kompetenzen in den verschiedenen Zahlencodes (arabisch, verbal, nichtsymbolisch analog) stark divergieren, daher sollte diese separate Abklärung ein integraler Bestandteil einer effektiven Dyskalkulie-Diagnostik sein.

adaptive Testvorgabe

Ein weiterer Vorteil von Individualtests ist, dass sie eine sogenannte adaptive Testvorgabe erlauben. Das heißt, die Anzahl und der Schweregrad der vorgegebenen Aufgaben kann individuell auf die Kompetenzen des Testprobanden abgestimmt werden. Dies funktioniert dann, wenn die Items innerhalb einer Aufgabe mit ansteigender Schwierigkeit angeordnet sind. Wird die Aufgabe zu schwierig, so wird sie gemäß einem standardisierten Abbruchkriterium (z. B. drei inkorrekte Antworten in Folge) beendet. Auf diese Weise kann der Kompetenzbereich des einzelnen Kindes differenziert erhoben werden und eine Über- oder Unterforderung ist von vornherein ausgeschlossen. Außerdem erlaubt diese Art der Aufgabenkonstruktion die Verwendung derselben Aufgaben über mehrere Alters- oder Klassenstufen hinweg. An Schulleistungstests ist oft problematisch, dass sie auf jeder Jahrgangsstufe andere (dem Lehrplan entnommene) Leistungen erheben, so dass ein direkter Leistungsvergleich über Schulstufen hinweg häufig nicht möglich ist.

Im nächsten Abschnitt werden diagnostische Instrumente zur Abklärung des schulischen Leistungsstandes im Fach Mathematik als auch zur neurokognitiv orientierten Dyskalkulie-Diagnostik kurz dargestellt. Auch in der in Kapitel 3.1 bereits erläuterten S3-Leitlinie „Diagnostik und Behandlung der Rechenstörungen“ wird eine Liste von geeigneten diagnostischen Verfahren aufgeführt.

Vorweg sei bemerkt, dass die zum Teil in multikomponentiellen Intelligenztests (z. B. WISC-IV, K-ABC) enthaltenen Subtests, die Zähl- und Rechenleistungen erfassen, keinesfalls für eine Dyskalkuliediagnose ausreichen. Sie sind weder an Lehrplänen noch an aktuellen neurokognitiven Modellen der Zahlenverarbeitung und Rechenleistungen orientiert und können daher keinen differenzierten Einblick geben. Umgekehrt kann es aber natürlich sehr wohl sein, dass eine spezifisch schwache Leistung eines Kindes bei diesen Aufgaben auf eine möglicherweise vorliegende Rechenstörung hinweist. Sie muss in weiterer Folge anhand geeigneter diagnostischer Verfahren abgeklärt werden.

4.1 Schulleistungstests

Als wesentliche Verfahren sind die Reihe der „Deutschen Mathematiktests“, das österreichische Pendant der „Eggenberger Rechentests“, der „Heidelberger Rechentest“ sowie der „BASIS MATH 4-8“ zu nennen. Für alle hier vorgestellten Schulleistungstests gilt, dass sie als Klassen- sowie als Individualtest durchgeführt werden können und zeitlich etwa eine Unterrichtseinheit in Anspruch nehmen.

hohe Lehrplanvalidität

Deutsche Mathematiktests – DEMAT. Deutsche Mathematiktests (DEMAT) liegen derzeit für die 1. bis 6 sowie für die 9. Schulstufe vor (DEMAT 1+, Krajewksi et al. 2002; DEMAT 2+, Krajewski et al. 2004; DEMAT 3+, Roick et al. 2004; DEMAT 4, Gölitz et al. 2006; DEMAT 5+, Götz et al. 2013a; DEMAT 6+, Götz et al. 2013b; DEMAT 9, Schmidt et al. 2012). Ausgangspunkt für alle Verfahren war jeweils eine umfangreiche Sichtung der Lehrpläne der 16 deutschen Bundesländer sowie die Beschlüsse der Kultusministerkonferenz (2005). Hohe Lehrplanvalidität war ein erklärtes zentrales Ziel der Testkonstruktion. Es wurden nur Aufgabenbereiche in die Tests aufgenommen, die in allen 16 Curricula der Bundesländer vorkommen. So ist gewährleistet, dass die Kinder nicht mit Aufgaben konfrontiert werden, die sie bisher im Unterricht noch nicht kennengelernt haben.

Das weitere Vorgehen bei der Testentwicklung entsprach den allgemeingültigen methodischen und theoretischen Prinzipien der Testkonstruktion. Alle Verfahren sind umfassend normiert und erfüllen die Testgütekriterien der Validität, Reliabilität und Objektivität in zufriedenstellendem Ausmaß und können somit für den Einsatz in der Praxis empfohlen werden. Im Handbuch ist jeweils genau angeführt, in welchem Zeitraum innerhalb eines Schuljahres das Verfahren eingesetzt werden kann. Meist wurde die Normierung so angelegt, dass der Einsatz im Übergang einer Jahrgangsstufe möglich ist, also am Ende der betreffenden und in den ersten Wochen der nachfolgenden Klassenstufe. Tabelle 4.1 gibt einen Überblick über die für die einzelnen Klassenstufen vorgesehenen Aufgabenstellungen.

DEMAT 1+, 2+

Der DEMAT 1+ enthält mehrere Aufgaben zum Bereich Zahlenverständnis / Zahlenverarbeitung (*Mengen und Zahlen, Zahlenraum, Teil-Ganzes*). Darüber hinaus werden aber auch bereits Kenntnisse zu den Grundrechenarten (*Addition, Subtraktion*) und zum Sachrechnen (*einfache Textaufgaben*) vorgegeben. Im DEMAT 2+ wird das basale Verständnis für Zahlen anhand eines einzigen Untertests abgeklärt, in dem für sieben Zahlen anzugeben ist, ob sie gerade oder ungerade sind. Der Schwerpunkt liegt hier mit sechs Untertests auf arithmetischen Leistungen (Grundrechenarten, Umrechnen von Euro und Cent bzw. den Längenmaßen cm und m). Ein Untertest ist wiederum dem *Sachrechnen* gewidmet, eine weitere Aufgabe zielt auf das räumliche Vorstellungsvermögen und damit auf frühe Kompetenzen im Bereich der *Geometrie* ab.

DEMAT 3+ und 4

DEMAT 3+ und DEMAT 4 enthalten ebenfalls jeweils nur einen Untertest zum basalen Zahlenverständnis (Zahlenstrahl). Dieser Untertest wird nun aber nicht mehr separat ausgewertet, sondern gemeinsam mit drei bzw. vier weiteren Untertests zu den Grundrechenarten zur Skala *Arithmetik* zusammengefasst. Zwei Untertests ergeben die Subskala *Sachrechnen*, jeweils drei Untertests werden zur Skala *Geometrie* zusammengefasst. Eine Auswertung auf Untertestebene ist nun nicht mehr vorgesehen, die Normtabellen erlauben lediglich eine Einschätzung der Leistung der Testprobanden auf Ebene der drei Subskalen Arithmetik, Sachrechnen und Geometrie sowie auf Basis des Gesamtwertes. Ein interessanter Aspekt der Standardisierung von DEMAT 3+ und DEMAT 4 ist, dass hier zusätzlich zu Normtabellen zur Beurteilung der individuellen Schülerleistungen auch eigene Tabellen erstellt wurden. Sie erlauben eine Einordnung des Leistungsmittelwertes einer Klasse im Vergleich zur Normierungsstichprobe, so dass eine effiziente Beurteilung der Klassenleistung möglich ist.

Tab. 4.1: Deutsche Mathematiktests (DEMAT 1+ bis DEMAT 9). N = Normstichprobe, EH = Einheit

TEST	**SUBTESTS**	**AUFGABEN** (AUFGABENANZAHL)	**DAUER**	**N**
DEMAT 1+		Mengen-Zahlen (3), Zahlenraum (5), Additionen (4), Subtraktionen (4), Zahlenzerlegung-Zahlenergänzung (4), Teil-Ganzes (4), Kettenaufgaben (4), Ungleichungen (4), Sachaufgaben (4)	1 EH, 45 min	2.936
DEMAT 2+		Zahleneigenschaften (2), Längenvergleiche (4), Additionen (4), Subtraktionen (4), Verdoppeln (3), Divisionen (4), Halbieren (3), Rechnen mit Geld (4), Sachaufgaben (4), Geometrie (4)	1 EH, 45 min	4.014
DEMAT 3+	Arithmetik	Zahlenstrahlen (3), Additionen (4), Subtraktionen (4), Multiplikationen (4)	1 EH, 45 min	4.209
	Sachrechnen	Sachrechnen (4), Längen umrechnen (4)		
	Geometrie	Spiegelzeichnungen (3), Formen legen (3), Längen schätzen (2)		
DEMAT 4	Arithmetik	Zahlenstrahlen (3), Additionen (4), Subtraktionen (4), Multiplikationen (4), Divisionen (4)	1 EH, 45 min	5.266
	Sachrechnen	Größenvergleiche (6), Sachrechnungen (8)		
	Geometrie	Lagebeziehungen (4), Spiegelzeichnungen (3)		
DEMAT 5+	Arithmetik	Zahlenstrahl (2); Bestimmung eines Anteils (1); Rechengesetze (2); Umwandlung und Rechnen mit Maßeinheiten (3); Rechnen mit unbekannter Variable (2); Aufstellen eines Terms und Gleichung (2); Grundrechenarten (2)	35 min	2.435
	Sachrechnen	Umfangmessung (1); Symmetrie (1); Umfang Quadrat und Rechteck (2)		
	Geometrie	Proportionalität (3); Aufstellung eines Terms Division, Subtraktion, Addition (3); Gleichung (1); Datenbearbeitung Tabelle und Diagramme (7)		

TEST	SUBTESTS	AUFGABEN (AUFGABENANZAHL)	DAUER	N
DEMAT 6+	Arithmetik	Zahlenstrahl (1), Bestimmung eines Anteils (1), Umwandlung von Brüchen (2), Umwandlung von Dezimalbrüchen (2), Kürzen von Brüchen (2), Umwandlung von Maßeinheiten (2), Grundrechenarten mit Brüchen (2), Bruchrechnen mit unbekannter Variabel (1), Lösung einer Geleichung (1)	35 min	1.931
	Geometrie	Symmetrie (1), Flächenberechnung (1), Winkelbestimmung (1), Volumenberechnung (1)		
	Sachrechnen	Proportionalität Dezimalzahlen (1), Aufstellen von Termen (2), Proportionalität (2), Proportionalität Bruch zahlen (2), Datenbearbeitung Tabelle (1), Bestimmung von Flächenanteilen (1), Datenbearbeitung Diagramm (5)		
DEMAT 9	Funktionaler Zusammenhang	Lineare Gleichungen (8), Zahlenrätsel (4), Prozent- und Zinsrechnen (7), Dreisatz (4)	35 min	1.230
	Messen/Raum und Form	Satz des Pythagoras (4), Geometrische Flächen (4), Geometrische Körper (4)		
	Daten und Zufall	Datenbasis Diagramm (5), Datenbasis Tabelle (3)		
KRW 9		Konventions- und Regelwissen (50)	3,5 min	

Auch DEMAT 5+ und DEMAT 6+ sind in die drei Subskalen *Arithmetik, Sachrechnen und Geometrie* gegliedert. Die Subskala *Arithmetik* erweitert die Grundrechenarten um die Aufgabenbereiche Bruch- und Dezimalrechen und besteht insgesamt aus 16 Aufgabenitems. Komplexere Aufgaben zur Abmessung und Berechnung geometrischer Körper in der Ebene als auch im Raum werden zur Subskala *Geometrie* zusammengefasst. Die letzte Subskala, *Sachrechnen*, erfasst die Fähigkeit, ausgehend von einem Sachkontext Lösungswege anhand der dargestellten Informationen zu finden. Die Aufgabenbereiche Interpretation und Bearbeitung von Tabellen und Diagrammen werden ebenfalls der Skala *Sachrechnen* zugeordnet.

DEMAT 9

Der DEMAT 9 orientiert sich an den curricularen Inhalten und Bildungsstandards des Sekundarstufenbereichs. Dieser Test setzt sich aus neuen komplexen Aufgabentypen zusammen, welche die Skalen *Messen/Raum und Form* (z.B. Ermitteln von Flächeninhalten und Umfängen sowie von Volumina und Oberflächeninhalten), *Funktionelle Zusammenhänge* (z.B. proportionale und antiproportionale Zuordnungen, Anwendung von Prozent und Zinsrechnungen sowie Lösen von Gleichungen und funktioneller Zusammenhänge) und *Daten und Zufall* (z.B. Umgang mit grafischen Darstellungen und Tabellen sowie Berechnung und Interpretation statistischer Kennwerte) bilden. Mit der Testerweiterung *Konventions- und Regelwissen* (KRW 9) können zusätzlich inhaltsübergreifende Facetten mathematischer Kompetenzen erhoben werden, worunter die Autoren ein grundlegendes Verständnis von mathematischen Symbolen und deren assoziierten Regeln verstehen. Im Bedarfsfall kann der KRW 9 auch als ökonomisches Screening-Verfahren eingesetzt werden (Durchführungsdauer von dreieinhalb Minuten). Eine weitere Besonderheit des DEMAT 9 ist, dass sowohl schulübergreifende Normen als auch schulformspezifische Vergleichsnormen für die Haupt-, Real- und Gymnasialstufe vorliegen.

lehrplanorientiert

Eggenberger Rechentests – ERT. Die Reihe der Eggenberger Rechentests (ERT) hat ebenfalls die Mathematiklehrpläne der Grundschulen zur Grundlage, die sich für Deutschland, Österreich und die Schweiz nicht wesentlich unterscheiden. Daher kann die österreichische Normierung auch ohne größere Probleme auf die anderen deutschsprachigen Länder angewendet werden (für den ERT 1+ liegen zusätzlich entsprechende Vergleichsdaten für eine Gruppe von 61 Kindern aus Bayern vor, die in ihren Leistungen nicht wesentlich von der österreichischen Normierungsstichprobe abwichen, Schaupp et al. 2007). Die Testreihe umfasst klassenspezifische Verfahren für die 1. bis 4. Schulstufe (ERT 1+, Schaupp et al. 2007; ERT 2+, Lenart et al. 2008, ERT 3+, Holzer et al. 2010 und ERT 4+, Schaupp et al. 2010). Zusätzlich gibt es ein Verfahren für die frühe Identifizierung von Risikokindern im letzten Kindergartenjahr bis zur Mitte der 1. Schulstufe (ERT 0+, Lenart et al. 2014).

3–4 Faktoren / Testverfahren

Im Rahmen einer Analyse der Lehrpläne, der Mathematiklehrbücher und bereits vorliegender Testverfahren wurde eine Reihe von theoretisch relevanten Aufgabenbereichen ausgewählt. Auf Basis einer Faktorenanalyse wurden diese zu drei bis vier zentralen Faktoren pro Testverfahren zusammengefasst. Tabelle 4.2 gibt einen Überblick über die Bereiche und Aufgaben, die in den einzelnen Versionen erhoben werden sollen.

Tab. 4.2: Eggenberger Rechentests (ERT) (Anzahl der Items)

Faktoren Skalen	**ERT 0+**	**Screening-ERT 0+**	**ERT 1+**	**ERT 2 +**	**ERT 3+**	**ERT 4+**
Grundfähigkeiten der Mathematik						
Raumlage (auditiv-verbal)	+	+				
Räumliche Beziehungen	+					
Vergleichen	+		+ (4)	+		
Klassifizieren	+		+ (6)	+		
Seriation	+	+				
Serialität	+	+	+ (3)	+		
Eins-zu-eins-Zuordnung	+		+ (3)	+		
Raum-Lage-Orientierung			+ (4)	+		
Zahlencodierung			+ (5)	+		
Kopfrechnen			+ (5)	+		
Ordinales Zahlenverständnis			+ (3)			
Mengenoperationen			+ (3)	+		
Mengen-Wissen						
Mengen vergleichen	+	+				
Seriation von Mengen	+	+				
Phonologische Bewusstheit und Mengen	+					
Zahlen-Wissen						
Arabische Zahlen erkennen	+					
Menge-Zahl-Zuordnung	+					
Zahl-Menge-Zuordnung	+	+				
Ordinalzahlaspekt	+					
Zahlenvergleich	+	+				
Kardinalzahlaspekt	+					
Angewandte Mathematik						
Sachaufgaben	+	+				
Textaufgaben			+ (6)	+	+	+
Ordnungsstrukturen						
Zahlenraumorientierung mit Einern			+ (4)	+		
Zahlenraumorientierung mit Zehnern			+ (4)			
Zahlenraumorientierung					+	+
Numerische Mengenperzeption			+ (6)	+		
Kontextuelle Mengenbeurteilung				+		
Logische Zahlenabfolgen					+	+
Menge-Zahl-Repräsentanz					+	+

Algebraische Strukturen						
Addieren (ERT 3+ und 4+ halbschriftlich)			+ (6)	+	+	+
Subtrahieren (ERT 3+ und 4+ halbschriftlich)			+ (6)	+	+	+
Rechnen mit Zehnern			+ (6)			
Multiplizieren				+		
Dividieren				+		
Größenbeziehungen				+		
Rechnen mit Platzhalter				+	+	+
Addieren nach Algorithmus					+	+
Subtrahieren nach Algorithmus					+	+
Multiplizieren nach Algorithmus					+	+
Dividieren nach Algorithmus					+	+
Größenbeziehungen						
Geldmaßbeziehungen					+	+
Zeitmaßbeziehungen					+	+
Längenmaßbeziehungen					+	+
Massenmaßbeziehungen					+	+
Flächenmaßbeziehungen						+
Itemanzahl	71	35	74	83	90	83
Skalenanzahl	17	8	16	18	15	15
Durchführungsdauer (min)	2–3 EH (60–120)	1 EH (20–30)	2 EH (25–60)	2 EH (25–60)	3 EH (25–60)	3 EH (25–60)
Normierungs-N	1.233	In Arbeit	2.117	2.538	1.861	1.494

Im Kindergarten und den ersten Klassenstufen (ERT 0+, ERT 1+ und 2+) werden sogenannte *Grundfähigkeiten der Mathematik*, zu denen die Autoren unter anderem die Raum-Lage-Orientierung, Serialität (Abfolgen reproduzieren) oder die visuelle Differenzierung (Vergleichen) zählen, erfasst und zu einem Faktor zusammengefasst. Das Kindergartenverfahren (ERT 0+) fokussiert darüber hinaus naturgemäß auf Verständnis für Mengen (Faktor *Mengen-Wissen*) und Zahlen (Faktor *Zahlen-Wissen*), außerdem werden bereits einfache Sachaufgaben („Wie viele Augen haben zwei Kinder zusammen?" – Faktor *angewandte Mathematik*) vorgegeben. Über alle vier Klassenstufen hinweg werden altersgemäße Aufgaben zu Zahlenverständnis und Zahlenraumorientierung (Faktor *Ordnungsstrukturen*), zu den Grundrechenarten (Faktor *algebraische Strukturen*) und Textaufgaben

(Faktor *angewandte Mathematik*) durchgeführt. In den Klassenstufen 3 und 4 werden zusätzlich noch Aufgaben zu Geld-, Zeit-, Längen-, Flächen- und Massenmaßbeziehungen (Faktor *Größenmaßbeziehungen*) vorgegeben.

Da das Verfahren im Wesentlichen zur Dyskalkulie-Diagnostik eingesetzt werden soll, wurde der Schwierigkeitsgrad sehr niedrig angesetzt, d.h. eine Leistungsdifferenzierung ist nur im unterdurchschnittlichen Leistungsbereich möglich. Normskalen wurden jeweils für den Gesamtwert, für die einzelnen Faktoren sowie individuell für jede Aufgabe erstellt, wobei die einzelnen Skalenwerte aufgrund der niedrigen Itemschwierigkeit nur bedingt aussagekräftig sind. Insgesamt handelt es sich bei den Eggenberger Rechentests um eine Verfahrensreihe, die die arithmetischen Leistungen sehr differenziert erfasst.

Speed-Komponente

Heidelberger Rechentest – HRT 1–4. Der Heidelberger Rechentest (HRT 1–4, Haffner et al. 2005) zielt vor allem auf die Erfassung arithmetischer Basiskompetenzen im Grundschulalter (Ende 1. bis Ende 4. Klasse) ab und ist daher von der Lehrplangestaltung weitgehend unabhängig. Im Unterschied zur DEMAT-Serie, in welcher Zeitbegrenzungen zumeist so locker gesetzt sind, dass auch langsamere SchülerInnen alle vorgegebenen Aufgaben bearbeiten können, enthält der HRT eine explizite Speed-Komponente: Bei allen zwölf Untertests soll geprüft werden, wie schnell und sicher der jeweilige Aufgabentypus bearbeitet und gelöst werden kann.

> „Dahinter steht die Annahme, dass Kinder mit ineffektiven, umständlichen oder unsicheren Lösungsstrategien weniger Aufgaben pro Zeiteinheit lösen können als geschickte, kompetente und geübte Rechner, das heißt dass die Anzahl gelöster Aufgaben pro Untertest ein guter Schätzwert für die jeweils im entsprechenden Untertest gemessene mathematische Fähigkeit darstellt." (Haffner et al. 2005, 129)

Rechenflüssigkeit

Anhand von vier separaten Untertests wird die Rechenflüssigkeit erhoben: Innerhalb von 2 Minuten müssen möglichst viele *Additionen, Subtraktionen, Multiplikationen* bzw. *Divisionen*, die im Schwierigkeitsgrad nur mäßig ansteigen, korrekt im Kopf gerechnet werden (wobei die Untertests zum Multiplizieren und Dividieren sinnvollerweise erst ab Ende der 2. Klasse vorgegeben werden). Diese Untertests sind also besonders gut geeignet, die im ICD-10 angeführten diagnostischen Kriterien für eine umschriebene Rechenstörung zu erheben, nämlich Defizite in der „Beherrschung grundlegender Rechenfertigkeiten, wie Addition, Subtraktion, Multiplikation und Division" (Dilling/Freyberger 2001, 267). Wie in Kapitel 3 ausgeführt, sind die Rechenleistungen von Kindern mit Dyskalkulie typischerweise durch unreifere Strategien charakterisiert. In den Speed-Tests des HRT führen diese unreifen Strategien zu einer deutlich reduzierten Leistungsmenge und können somit schnell und effizient diagnostiziert werden.

Skala Rechenoperationen

Die vier Untertests werden gemeinsam mit zwei etwas komplexeren Aufgaben zum Kopfrechnen (*Ergänzungsaufgaben* und *Größenvergleich*) zur Skala *Rechenoperationen* zusammengefasst.

Konzeptuell etwas problematischer sind fünf weitere Untertests (*Zahlenfolgen, Längenschätzen, Würfel, Zählen geordneter Mengen, Zahlenverbinden*), die zur Skala *räumlich-visuelle Funktionen* zusammengefasst werden. Es stellt sich die Frage, warum etwa die Kompetenzen, Zahlenfolgen logisch fortzusetzen oder Punktmengen schnell zu zählen, unter räumlich-visuelle Funktionen subsumiert werden.

Die beiden Skalenwerte *Rechenoperationen* und *räumlich-visuelle Funktionen* gehen gleichermaßen in die Skala *Gesamtwert* ein. Es ist also möglich, dass Kinder, die die Grundrechenarten nur mäßig beherrschen, aufgrund guter Leistungen bei der Skala räumlich-visuelle Funktionen einen akzeptablen Gesamtwert erreichen. In einer umfassenden Erhebung an 2.555 Kindern der 2. bis 4. Schulstufe an der Universität Salzburg fanden sich tatsächlich 249 Kinder, die in der Skala Rechenoperationen einen auffällig niedrigen Score (T-Wert <40) erzielten, im Gesamtscore aber aufgrund guter visuell-räumlicher Funktionen nicht auffällig waren. Diese Kinder (immerhin 10 % des Samples) würden also die diagnostischen Kriterien des ICD-10 erfüllen, werden aber im Gesamtwert des HRT 1–4 nicht als rechenschwach identifiziert. Die Testautoren führen zwar an, dass sowohl die Skala Rechenoperationen als auch der Gesamtwert zur Diagnostik herangezogen werden kann, geben aber nicht an, wie mit derartig diskrepanten Werten umzugehen ist.

Weiterhin ist auch der Status des zu Beginn des Tests durchgeführten Untertests *Schreibgeschwindigkeit* unklar. Dieser Untertest erhebt, wie viele Zahlen innerhalb einer Zeitbeschränkung von 30 Sekunden abgeschrieben werden können. Diese Aufgabe hat eine wichtige Kontrollfunktion, weil eine niedrige Schreibgeschwindigkeit auf alle weiteren Untertests, in denen die Antworten ebenfalls schriftlich gegeben werden müssen, einen negativen Einfluss hat. Wie in Kapitel 3 ausgeführt, sind besonders bei Dyskalkulie graphomotorische Probleme ein häufiges Charakteristikum. So ist es hier besonders wichtig, zu unterscheiden, inwiefern schwache Leistungen auf eine niedrige Schreibgeschwindigkeit oder mangelhafte arithmetische Kompetenz zurückzuführen sind. Allerdings geht der Untertest Schreibgeschwindigkeit nicht in die weiteren Skalenwerte ein, und das Handbuch gibt auch keinerlei Anleitungen, wie ein auffällig niedriger Wert in diesem Untertest in die Interpretation der Testleistungen einzubeziehen ist.

Vorteil des HRT

Ein wesentlicher Pluspunkt des HRT 1–4 ist, dass dieselben Aufgaben über mehrere Klassenstufen zum Einsatz kommen. Dadurch ist es zum einen leichter möglich, die Entwicklung eines Kindes längerfristig, über mehrere Klassenstufen hinweg zu verfolgen (Verlaufsdiagnostik). Zum anderen kann etwa die Leistung eines schwächeren Schülers der 4. Schulstufe mit den Normierungsstichproben der niedrigeren Klassenstufen verglichen werden. Entspricht die Leistung etwa dem Durchschnittsbereich der 2. Klassenstufe, so kann ein Entwicklungsrückstand von zwei Jahren konstatiert werden.

BASIS MATH 4–8. Dieses Verfahren von Moser Opitz und Kollegen (2010) kann die wichtige Funktion erfüllen, jene SchülerInnen in höheren (4–8.) Schulstufen zu identifizieren, die zentrale Mathematikkompetenzen, welche in der Grundschule vermittelt und später vorausgesetzt werden, nicht beherrschen. In insgesamt 48 Aufgaben, die individuell durchgeführt werden, wird neben den Grundrechenarten auch das Verständnis für das Dezimalsystem, komplexere Zählleistungen und die Mathematisierungsfähigkeit (also die Fähigkeit, mathematische Aufgabenstellungen geeignet zu verbalisieren bzw. aus verbal präsentierten Textaufgaben die Rechenaufgabe abzuleiten) erhoben. Zusätzlich zur Korrektheit der jeweiligen Antwort wird auch bewertet, welcher Rechenweg eingesetzt wird, weil etwa insbesondere zählendes Rechnen ein bekannter Indikator für eine defizitäre Entwicklung der Rechenleistungen ist. Teils erlaubt die Anordnung der Rechenaufgaben auch eine Bewertung, ob die Schülerin oder der Schüler in der Lage ist, Rechenwege abzuleiten (z.B. 180:2 folgt unmittelbar auf 18:2). Der Rechenweg wird durch Beobachtung oder Befragung der ProbandInnen erhoben.

Das Verfahren wurde an einer Stichprobe von fast 700 SchülerInnen der 4.–8. Schulstufe entwickelt und validiert. Die Auswertung ist allerdings kriteriumsbasiert, d.h. es erfolgt kein detaillierter Vergleich mit einer Normierungsstichprobe. Vielmehr wurden anhand der Itemschwierigkeiten drei Anforderungsniveaus beschrieben und festgelegt, welche Aufgaben ein Kind am Ende der 4. Schulstufe korrekt lösen können sollte. Zusätzlich wurde anhand einer Expertenbefragung (Bookmark-Methode) ein Grenzwert für akzeptable Testleistungen bestimmt. Unter Berücksichtigung des Messfehlers wurde daher definiert, dass ab 73 von maximal 83 zu erzielenden Punkten der mathematische Basisstoff als verstanden gilt und SchülerInnen, die weniger als 67 Punkte erzielen, das Kriterium nicht erfüllen. Die Instruktionen sind sorgfältig beschrieben und gewährleisten die Durchführungs- und Auswertungsobjektivität des Verfahrens. Im Manual werden Einzelfälle detailliert beschrieben und auch gut nachvollziehbare Anregungen für die Förderung der jeweiligen Teilbereiche gegeben.

Screening-Verfahren

Neben diesen durchwegs zeitintensiven Individualtests, gibt es in jüngster Zeit Bestrebungen, zeitökonomische Individual- und Gruppentests zu entwickeln, die auf Basis kognitionspsychologischer Erkenntnisse gezielt Teilleistungen – besonders jene des arithmetischen Faktenabrufes – erfassen und somit als sensitive Screening-Verfahren zur Eingrenzung möglicher Risikogruppen verwendet werden können. Bei diesen Verfahren handelt es sich vornehmlich um sogenannte Speedtest-Verfahren, bei denen unter Zeitdruck die Effizienz und Bearbeitungsgüte einfacher Rechenleistungen erfasst werden. Während die unkomplizierte Handhabung und zeitökonomische Umsetzung diese Tests besonders für den schulischen Kontext attraktiv machen, ersetzen sie in keiner Weise jene Verfahren, die für eine curricularorientierte Erfassung der Rechenleistung sowie für eine differenzierte Qualitätsanalyse möglicher Rechenschwächen konstruiert wurden.

Diagnostisches Inventar zu Rechenfertigkeiten im Grundschulalter – DIRG. Im Gegensatz zu den bereits beschriebenen multikomponentiellen Verfahren, beschränkt sich das DIRG (Grube et al. 2010) auf die relativ effiziente Erfassung von individuellen Unterschieden in der Bearbeitungsgeschwindigkeit (Einschätzung des Lösungstempos) und der Bearbeitungsgüte (Einschätzung der Lösungsgenauigkeit) von Additions-, Subtraktions-, Multiplikations- und Divisionsaufgaben. Damit erhebt das DIRG eine zentrale und spezifische Komponente der Rechenleistungen (Faktenabruf), mit der Kinder mit Dyskalkulie häufig Schwierigkeiten aufweisen (s. Abschnitt 3.5). Als Annahme gilt wiederum, dass Kinder mit ineffektiven Lösungsstrategien weniger Fakten pro Zeiteinheit abrufen als geschickte Rechner. Daher eignet sich das DIRG besonders als Screening-Verfahren im Rahmen einer Erstabklärung. Das Testverfahren besteht aus vier Modulen (s. Tabelle 4.3), welche jeweils einzeln oder kombiniert unter Zeitbegrenzung (Speed-Test) vorgegeben werden. Das Modul BASIS umfasst jeweils vier Blöcke mit Additions- und Subtraktionsaufgaben sowohl mit als auch ohne Zehnerüberschreitung im Zahlenraum bis 20. Die zusätzlichen Module M100, D100 und AS1000 erweitern das BASIS Modul und bestehen aus Multiplikationsaufgaben des Einmaleins, aus Divisionsaufgaben im Zahlenraum bis 100 und aus Additions- und Subtraktionsaufgaben mit dreistelligen Zahlen im Zahlenraum bis 1000.

Bearbeitungstempo/ -güte einfacher Grundrechenarten

Trotz des einfachen Aufbaus ermöglicht das DIRG eine valide Einschätzung unterschiedlicher Leistungsfacetten. So kann etwa bei einer hohen Lösungsgenauigkeit und geringem Lösungstempo davon ausgegangen werden, dass das betreffende Kind kaum Faktenwissen abgespeichert hat (oder dieses nicht nutzt), jedoch durch kognitiv aufwändigere Lösungsprozeduren zum korrekten Ergebnis kommt.

Verfügt über Parallelformen

Das Verfahren kann sowohl mit ganzen Klassen als auch mit einzelnen Kindern zeitökonomisch durchgeführt werden. Normtabellen liegen für die letzten vier Wochen der beiden Schulhalbjahre der Primarstufe (Ende 1. bis Ende 4. Schuljahr) vor. Zum Zweck des Leistungsvergleichs ist eine Testung aber auch zwischen den Normierungszeiträumen und/oder mit anderen Altersgruppen möglich. Für Gruppentestungen als auch für den verlaufsdiagnostischen Gebrauch stehen Parallelformen für alle Module zur Verfügung.

Kettenrechner für dritte und vierte Klassen – KR 3-4. Auch das Testverfahren *„Kettenrechner für dritte und vierte Klassen"* (Roick et al. 2012) erhebt Rechenleistungen im Grundschulalter und kann, wie das zuvor vorgestellte Verfahren, effizient und zeitökonomisch (etwa 16 Minuten im 3. und 12 Minuten im 4. Schuljahr) sowohl als Gruppentest als auch als Test für die Individualdiagnostik verwendet werden. Ähnlich wie das DIRG baut der KR 3-4 auf wissenschaftliche Befunde auf, welche die Effizienz des Faktenabrufs als zentrale Symptomatik bei Rechenschwäche betonen. Abgrenzen lässt sich der KR 3-4 vom DIRG durch den Einsatz komplexer Rechenaufgaben, die besonders die Leistungsfähigkeit des Arbeitsgedächtnisses belasten. Zur Erfassung dieser Leistungskomponente werden Aufgaben zur Addition, Subtraktion und Multiplikation im Zahlenraum bis 20 in Form von Rechenketten vorgegeben. Bei diesen Aufgaben ist eine der beiden angegebenen Operationen unvollständig und muss schriftlich ergänzt werden (z.B. 18-6 = 5+____). Die Schwierigkeit der Aufgaben ergibt sich durch die Komplexität in der Zusammensetzung der einzelnen Operanden. Die Aufgaben sind unter Zeitbegrenzung zu lösen und individuelle Leistungsunterschiede werden anhand eines Gesamtwertes aus der Anzahl bearbeiteter Items minus Fehler und ausgelassener Items ermittelt. Die vier gleichwertigen Subskalen ermöglichen sowohl eine Verlaufsdiagnostik als auch valide Gruppentestungen. Die Normierung wurde an einer Eichstichprobe von 1941

Tab. 4.3: Diagnostisches Inventar zu Rechenfertigkeiten im Grundschulalter (DIRG)

MODUL	Aufgabentypen	Klassenstufe	Auswertung	Dauer
BASIS	Additionsaufgaben mit und ohne Zehnerübergang (jeweils max. 110 Aufgaben)	1. und 2. Klasse	Gesamtanzahl korrekt gelöster Aufgaben sowie prozentuale Anteile der Fehler. Sämtliche Aufgaben mit und ohne Zehnerübergang lassen sich auch getrennt auswerten.	30 min
	Subtraktionsaufgaben mit und ohne Zehnerübergang (jeweils max. 110 Aufgaben)	3. und 4. Klasse		16 min
M100	Multiplikationsaufgaben zum kleinen Einmaleins (max. 110 Aufgaben)	3. und 4. Klasse	Gesamtanzahl korrekt gelöster Aufgaben sowie prozentuale Anteile der Fehler.	7 min
D100	Divisionsaufgaben basierend auf Umkehraufgaben des Moduls M100 (max. 110 Aufgaben)	4. Klasse	Gesamtanzahl korrekt gelöster Aufgaben sowie prozentuale Anteile der Fehler.	7 min
AS1000	Additions- (max. 46) und Subtraktionsblock (max. 46) mit dreistelligen Zahlen	3. und 4. Klasse	Gesamtanzahl korrekt gelöster Aufgaben sowie prozentuale Anteile der Fehler. Getrennte Auswertung von Additions- und Subtraktionsaufgaben.	13 min

Kindern des dritten Schuljahres und 1482 Kindern des vierten Schuljahres durchgeführt und beschränkt sich somit auf eng begrenzte Testzeiträume innerhalb dieser Grundschulklassen.

4.2 Tests, die auf neurokognitiven Theorien der Zahlenverarbeitung und des Rechnens basieren

Die meisten der im folgenden Abschnitt beschriebenen Tests gehen davon aus, dass kompetente Rechenleistungen auf einem effizienten Zusammenwirken einer Reihe von kognitiven Komponenten beruhen. Auf Basis dieser Erkenntnis differenzieren die vorgestellten Verfahren zwischen der Zahlenverarbeitung einerseits und der Rechenleistungen andererseits. Mit Ausnahme der BADYS Testreihe, die auch in der Gruppe durchgeführt werden können, handelt es sich bei den nachfolgend dargestellten Tests um Individualtests, welche sich besonders zur differenzierten Qualitätsanalyse schwacher Rechenleistungen eignen.

Osnabrücker Test zur Zahlbegriffsentwicklung – OTZ. Der Osnabrücker Test zur Zahlbegriffsentwicklung (OTZ, van Luit et al. 2001) ist die Übersetzung eines holländischen Verfahrens (van Luit et al. 1994). Überprüft wird das Zahlenwissen und Zahlenverständnis bei 5- bis 7,5-jährigen Kindern. Der OTZ ist damit bereits im Vorschulalter einsetzbar und eignet sich vor allem zur Überprüfung der frühen Zahlbegriffsentwicklung. Das Verfahren bietet zwei Parallelformen, so dass Testwiederholungen zur Verlaufsdiagnostik auch in relativ kurzen Zeitabständen unproblematisch sind.

8 Komponenten

Im Rahmen von acht Komponenten wird numerisches und nichtnumerisches quantitatives Wissen erfasst. Jede der acht Komponenten wird anhand von fünf Aufgaben überprüft. Der Gesamttest besteht somit aus 40 Aufgaben und ist in maximal 30 min durchführbar. Alle 40 Aufgaben laden auf einen einzigen Faktor. Somit gehen die Autoren davon aus, dass die „acht Komponenten ... als Kontinuum der frühen Zahlbegriffsentwicklung aufgefasst werden können" (van Luit et al. 2001, 31).

- Die ersten beiden Komponenten (*Vergleichen* und *Klassifizieren*) überprüfen Fähigkeiten der Objektkategorisierung (aufgrund von quantitativen/qualitativen Merkmalen oder von Objektmerkmalen).
- Die weiteren fünf Komponenten (*Eins-zu-eins-Zuordnung, nach Reihenfolge ordnen, Zählwörter benützen, synchrones und verkürztes Zählen, resultatives Zählen*) erheben das Verständnis für Zählprinzipien und -prozeduren im Zahlenraum bis 20. Beim synchronen und verkürzten Zählen besteht das Stimulusmaterial aus Würfelbildern („Zahlbildern"), welche quasi simultan – also ohne serielles Zählen – erfasst werden können. Bei dieser Komponente ist die Zuhilfenahme der Finger beim Zählen erlaubt. Beim resultativen Zählen müssen – ohne Zuhilfenahme der Finger – sowohl strukturierte bzw. regelmäßig angeordnete als auch unstrukturierte bzw. zufällig angeordnete (und sogar versteckte) Mengen gezählt werden.
- Die achte und letzte Komponente des OTZ erfasst das *Anwenden von Zahlenwissen* im Alltag. Dabei soll das Kind unter Zuhilfenahme des entsprechenden Bildmaterials einfache Textaufgaben mündlich lösen.

Die Auswertung dürfte für nicht geübte Testanwender eher kompliziert sein. In die Leistungsbeurteilung fließt ausschließlich die Bearbeitungsgenauigkeit ein. Die Bearbeitungsgeschwindigkeit und die vom Kind verwendeten Lösungsstrategien bleiben bei diesem Verfahren unberücksichtigt. Während die holländische Version sehr umfangreich an 823 Kindern normiert wurde, basieren die in fünf Altersgruppen differenzierbaren deutschen Normen lediglich auf einer Stichprobe von insgesamt 330 Kindern.

Positiv anzumerken ist, dass die Normierung in Halbjahresstufen vorliegt und die Testkonstruktion und vor allem die Aufgabenauswahl des OTZ auf einer soliden psychometrischen Basis beruhen. Der OTZ war auch das erste Verfahren, das die Abklärung der basisnumerischen Funktionen bereits im Vorschulalter erlaubte.

Neuropsychologische Testbatterie für Zahlenverarbeitung und Rechnen bei Kindern – ZAREKI-R. Das theoretische Fundament der ZAREKI-R (von Aster et al. 2006b) ist das modulare Triple-Code-Modell von Dehaene (1999; s. Kap. 1). Die Aufgabenschwierigkeit der ZAREKI-R ist generell niedrig, so dass das Verfahren vor allem im unteren und mittleren Leistungsbereich differenziert.

12 Untertests zu 4 Faktoren

Wie aus Tabelle 4.4 ersichtlich, besteht die Testbatterie aus zwölf Untertests, die basierend auf einer Faktorenanalyse in vier Faktoren zusammengeführt werden. Der erste Faktor repräsentiert das kulturvermittelte *Zahlen- und Faktenwissen* (Untertests Transkodieren, Zahlenvergleich und Multiplikation) und ist der stärkste, d. h. er erklärt den größten Anteil der Varianz. Der zweite Faktor erfasst *analog-semantische und arithmetische Fähigkeiten* (Untertests Zahlenstrahl sowie Kopfrechnen), der dritte Faktor die *Zählfertigkeiten* und der vierte Faktor das *numerische Arbeitsgedächtnis* (Zahlen nachsprechen). Dabei ist unklar, warum in einem Dyskalkulietest ein Arbeitsgedächtnistest anhand von Zahlen erhoben wird (s. Abschnitt 3.6.3).

Power-Test

Die ZAREKI-R ist ein reiner Power-Test, d. h. beurteilt wird ausschließlich die Bearbeitungsgenauigkeit. Es besteht zwar die Möglichkeit, beim Untertest Kopfrechnen die Bearbeitungszeit zu protokollieren, diese fließt jedoch nicht in die Leistungsbeurteilung ein und dient lediglich der zusätzlichen qualitativen Interpretation. Laut Handbuch ist die Diagnose einer Dyskalkulie dann gerechtfertigt, wenn entweder der Gesamtwert oder die Werte in mindestens drei Untertests des Faktors I (Zahlen- und Faktenwissen) oder des Faktors II (analog-semantische und arithmetische Fähigkeiten) im kritischen Bereich (also unter Prozentrang 10) liegen.

Normwerte liegen von der 1. bis zur 4. Klassenstufe vor und gelten jeweils für ein ganzes Schuljahr. Angesichts der beträchtlichen Leistungsunterschiede und curricular bedingten Lernzuwächse innerhalb eines Schuljahres wären kleinere Normierungszeitfenster wünschenswert. Positiv hervorzuheben sind die ökonomische Testdurchführung sowie das für Kinder ansprechende und abwechslungsreiche Testmaterial.

Für die **Kindergartenversion ZAREKI-K** (von Aster et al. 2009) wurden Normen für zwei Altersgruppen erstellt (72 Monate und 80

Tab. 4.4: Neuropsychologische Testbatterie für Zahlenverarbeitung und Rechnen bei Kindern (ZAREKI-R) (Anzahl der Items)

Untertests ZAREKI-R (maximale Itemanzahl)	**Dauer**	**Normierungs-schritte (N)**
Abzählen (5) Zahlen rückwärts mündlich (4) Transkodieren: Zahlen schreiben (8) Transkodieren: Zahlen lesen (8) Kopfrechnen: Additionen u. Subtraktionen (je 8), Multiplikationen (6) Zahlenstrahl: I Multiple-choice (6) und II Markierung muss vom Kind vorgenommen werden (12) Zahlen nachsprechen vorwärts und rückwärts (je 12) Zahlenvergleich: Zahlwörter (8) Zahlenvergleich: arabische Zahlen (8) Perzeptive Mengenbeurteilung (5) Kognitive Mengenbeurteilung (6) Textaufgaben (6)	ca. 35 min	pro Klassen-stufe: Klasse 1 (104) Klasse 2 (455) Klasse 3 (114) Klasse 4 (91)

Monate). Die Durchführungszeit beträgt in etwa 30 bis 40 Minuten. Die ZAREKI-K besteht aus 18 Untertests, welche die Aufgabenbereiche *Zahlennachsprechen*, *Kopfrechnen*, *Anordnen von Zahlen auf einem Zahlenstrahl*, *perzeptive und kognitive Mengenbeurteilung*, *Transkodieren* und *Textaufgaben* umfassen. Zusätzlich aufgenommen wurden einfache Aufgaben zur differenzierten Abklärung der basisnumerischen Funktionen (*Zählen*, *Abzählen von visuell dargebotenen Punktmengen*, *Verändern von Mengen* und *Zahlerhaltung*).

In einer empirischen Studie konnten von Aster und Kollegen (2007) belegen, dass Kinder, die in der 2. Schulstufe anhand der ZAREKI-R als rechenschwach diagnostiziert wurden, bereits im letzten Kindergartenjahr (also noch vor Einsetzen des schulischen Unterrichts) mit den Aufgabenstellungen der ZAREKI-K deutliche Schwierigkeiten hatten. Die ZAREKI-K scheint also ein effizientes Instrumentarium für die frühe Identifikation von Risikokindern zu sein.

Rechenfertigkeiten- und Zahlenverarbeitungsdiagnostikum für die 2. bis 6. Klasse – RZD 2–6. Auch das RZD 2–6 (Jacobs/Petermann 2014) basiert auf neurokognitiven Theorien. Bei der Aufgabenkonstruktion orientierten sich die Autoren explizit an den diagnostischen Leitlinien der Deutschen Gesellschaft für Kinder- und Jugendpsychiatrie (DGKJP 2007), die zusätzlich zur Abklärung der verschiedenen numerisch-rechnerischen Komponenten die Überprüfung der Gedächtnisfunktionen als relevant für die Dyskalkuliediagnose erachtet. Ebenso wie die ZAREKI-R differenziert auch das RZD 2–6 vor allem im unteren Leistungsbereich. Normen (erhoben an 497 Kindern) liegen für vier Zeitpunkte vor, die in den meisten Fällen vom Ende einer bis zur Mitte der nächsten Jahrgangsstufe gültig sind. Die ausführliche Auswertungsanweisung beinhaltet Fallstudien als Interpretationsbeispiele. Des Weiteren kann die Auswertung der Testergebnisse nun am Computer durchgeführt werden.

Untertest flexibles Anwenden

Die Untertest-Struktur des RZD 2–6 ist weitgehend vergleichbar mit der der ZAREKI-R, wobei beim RZD 2–6 die Komponente Kopfrechnen auch Divisionen abfragt. Interessant ist der Untertest *flexibles Anwenden* von arithmetischem Wissen, bei dem die Kinder Rechnungen mit unterschiedlichen Operationszeichen hintereinander schnell lösen sollen. Dabei müssen sie entweder ein fehlendes Rechenzeichen oder eine fehlende Zahl in eine unvollständige Rechnung einsetzen (z. B. 8 + ? = 15; 3 ? 6 = 18). Dieser Untertest ist vermutlich gerade aufgrund der hohen Anforderung an die Flexibilität der Rechenleistungen besonders sensitiv und kann Kinder identifizieren, die zwar Rechnungen innerhalb einer Operationsart bereits gut lösen können, aber mit dem ständigen Wechsel zwischen den Operationsarten Probleme haben.

Untertest Zählrahmen

Ein weiteres Novum des RZD 2–6 ist, dass das Verständnis für den Stellenwert mehrstelliger Zahlen anhand des Untertests *Zählrahmen* überprüft wird. Am Zählrahmen sind drei Reihen von Kugeln angebracht, wobei eine Reihe die Einer, eine die Zehner und die dritte die Hunderter repräsentiert. Jede Reihe besteht aus fünf gelben und vier grünen Kugeln. Anhand dieser Kugeln sollen die Zahlen dargestellt werden. Hervorzuheben ist, dass die Darstellung im Zählrahmen grundlegend anders ist als bei Materialien, die die Kinder möglicherweise aus dem Unterricht kennen (Rechenschieber/Abakus, Montessori Rechenmaterial). Daher setzt sie nicht nur ein gutes Verständnis des Stellenwertsystems, sondern auch gute Transferleistungen von einer bekannten zu einer unbekannten Darstellungsform des Stellenwertsystems voraus.

Power- und Speed-Komponente

Positiv hervorzuheben ist, dass bei den Untertests *Kopfrechnen* (alle vier Operationsarten), *schriftliches Rechnen*, *flexibles Anwenden* sowie bei den *Textaufgaben* zusätzlich zur Bearbeitungsgenauigkeit auch die -geschwindigkeit erhoben wird, so dass eine Leistungsdifferenzierung in Arbeitsgüte (Genauigkeit bzw. Power-Komponente) und Arbeitsgeschwindigkeit (Reaktionszeit bzw. Speed-Komponente) möglich ist. Die Erfassung der Bearbeitungszeit ist für sieben der insgesamt zwölf Untertests des RZD 2–6 vorgesehen (Kopfrechnen Addition/Subtraktion/Multiplikation/Division, schriftliches Rechnen, flexibles Anwenden, Textaufgaben). Die Antwortzeiten werden im RZD 2–6 per Handstoppung (also relativ unpräzise) für jede Rechnung separat erhoben. Grundsätzlich ist die Auswertung der Antwortzeiten nur für korrekte Antworten möglich. Die itembasierte Zeitnehmung sollte jedoch vor der ersten Testanwendung vom Testleiter gut eingeübt werden, damit ein flüssiger Untersuchungsablauf gewährleistet ist.

Die Bamberger Dyskalkuliediagnostik – BADYS 1–4+ (R) und BADYS 5–8+. Die Bamberger Dyskalkuliediagnostik (Tabelle 4.5), kurz BADYS genannt (Schardt/Merdian 2012a, b) ist das einzige der neurokognitiv orientierten Verfahren, bei dessen Entwicklung auch die Lehrpläne aller deutschen Bundesländer Berücksichtigung fanden. Die BADYS 1–4+ (R) erfasst die Rechenleistungen vom Ende der 1. bis zur 4./5. Schulstufe und ist als Lang- und Kurzform erhältlich, wobei die Aufgabenanzahl pro Klassenstufe zwischen 70 und 98 (Langformen) und 43 und 68 (Kurzformen) variiert. Während die Langformen der BADYS 1–4+ (R) individuell durchzuführende Testverfahren sind, können die Kurzformen auch als Gruppentests vorgegeben werden.

Zwei Untertests der *BADYS 1–4+ (R)* (*visuell-räumliche Grundfertigkeiten* und *Gedächtnisleistungen*) zielen im Wesentlichen auf die Abklärung von allgemeinen kognitiven Fertigkeiten ab, die die Autoren offenbar für relevant für die Entwicklung der Rechenleistungen erachten. Problematisch ist, dass (ebenso wie bei der ZAREKI-R) die Gedächtnisleistungen ausgerechnet an Zahlenmaterial erhoben werden. Drei weitere Untertests (*mathematische Begriffe, Mengenerfassung, Zahlerfassung*) fokussieren auf das Verständnis für mathematische Konzepte und Begriffe sowie basisnumerische Fähigkeiten und den Umgang mit ein- und mehrstelligen Zahlen. Darüber hinaus wird naturgemäß die Kompetenz in den Grundrechenarten umfassend erhoben (Untertests *Addition und Subtraktion* sowie *Multiplikation und Division*).

Auch die BADYS 5–8+ kann als Einzel- oder Gruppentest eingesetzt werden. Das Verfahren besteht aus fünf Subtests sowie drei Zusatzskalen. Die zwei Subtests Grundrechenarten (*Addition und Subtraktion, Multiplikation und Division*) werden im Vergleich zur BADYS 1–4+ (R) um den Subtest *Anwendung von Rechenregeln* erweitert, wobei manche Aufgabengruppen dieser Subskala nur von einzelnen Jahrgangsstufen bearbeitet werden (Umkehrproportionen bei Multiplikationen und Divisionen werden zum Beispiel in der Testversion 5+ vorgegeben). Der Subtest *Zahlerfassung* umfasst die Aufgabengruppen *Aufbau des Stellenwertsystems* und *Orientierung*

Tab. 4.5: Bamberger Dyskalkuliediagnostik (BADYS)

Untertests	**Itemanzahl Langform** (Kurzform)			
	BADYS 1+ Ende der 1. bis Anfang der 2. Klasse	**BADYS 2+** Ende der 2. bis Anfang der 3. Klasse	**BADYS 3+** Ende der 3. bis Anfang der 4. Klasse	**BADYS 4+/5+** Ende der 4./5. bis Anfang der 5./6. Klasse
Visuell-räumliche Grundfertigkeiten	**19** (0)	**13** (0)	**12** (0)	**14** (0)
Gedächtnisleistung	**8** (0)	**10** (0)	**8** (0)	**8** (0)
Mathematische Begriffe	**8** (0)	**7** (0)	**7** (0)	**8** (0)
Mengenerfassung	**9** (5)	**8** (5)	**8** (0)	**7** (0)
Zahlerfassung	**19** (19)	**21** (21)	**22** (22)	**15** (15)
Addition und Subtraktion	**20** (20)	**26** (26)	**32** (32)	**35** (35)
Multiplikation und Division	**0** (0)	**13** (13)	**22** (22)	**23** (23)
Umgang mit Maßen	5 (0)	12 (0)	16 (0)	16 (10)
Itemanzahl Langform	88	110	127	126
Itemanzahl Kurzform	44	65	76	83
Durchführungsdauer Langform (min)				70–90
Durchführungsdauer Kurzform (min)				35–45
Normierungs-N	541	467	409	277 (5. Klasse) 242 (6. Klasse)

im Zahlenraum, währen der Subtest *Geometrie* die Aufgabenbereiche *Räumliche Vorstellung und Raumlagebeziehungen* sowie *Operationsbegriffe aus der Geometrie* (z.B. Messen von Winkeln) abdeckt. Die Zusatzskala *Gedächtnisleistungen* zielt wiederum auf die Abklärung allgemeiner kognitiver Fertigkeiten ab. Hier wird allerdings nicht mehr ausschließlich numerisches Material verwendet, sondern auch einsilbige, nichtnumerische Begriffe.

Die BADYS-Reihe wurde als förderdiagnostisches Verfahren konzipiert, daher differenziert auch dieses Verfahren primär im unteren Leistungsbereich. Die Normen beziehen sich auf die letzten sechs Wochen eines Schuljahres und können auch für die ersten sechs Wochen des nachfolgenden Schuljahres herangezogen werden. Laut Handbuch können die BADYS-Tests auch während des Schuljahres eingesetzt werden. Im Gegensatz zu ZAREKI-R, RZD 2–6 und TEDI-MATH (s. u.), die für jede überprüfte Grundrechenart einen eigenen Untertest vorsehen, werden in der BADYS-Testreihe die Operationsarten gemischt dargeboten: nämlich Additionen und Subtraktionen gemeinsam in einem Untertest sowie Multiplikationen und Divisionen in einem anderen gemeinsamen Untertest. Die separate Erfassung der Operationsarten wäre jedoch wünschenswert im Hinblick auf die empirischen Befunde, die zeigen, dass Faktenwissen spezifisch beeinträchtigt sein kann (s. Kap. 1 und 3).

geschlechtsspezifische Normwerte

Darüber hinaus inkludiert die BADYS auch eine nichtnumerische Aufgabe zur Erhebung der allgemeinen Verarbeitungsgeschwindigkeit, so dass eine Einschätzung des generellen Arbeitstempos möglich ist. Erfreulich ist außerdem, dass zusätzlich zur manuellen auch eine computergestützte Auswertung angeboten wird (eine entsprechende Auswertungs-CD wird beim Gesamttest mitgeliefert).

TEDI-MATH. Der TEDI-MATH ist ein Test zur Erfassung numerisch-rechnerischer Fertigkeiten vom Kindergarten bis zur 3. Klasse. Die deutsche Version des TEDI-MATH (Kaufmann et al. 2008a) basiert auf einer französischsprachigen Originalversion (van Nieuwenhoven et al. 2001). Auch der TEDI-MATH baut auf einem multikomponentiellen Ansatz auf und ermöglicht die differenzierte Erfassung numerischer und rechnerischer Fähigkeiten bei Kindern zwischen 4 Jahren (zweites Halbjahr vorletztes Kindergartenjahr) und 8 Jahren (erstes Halbjahr der 3. Grundschulklasse) anhand von 28 Untertests. Der TEDI-MATH kann zur Früherkennung numerischer Stärken und Schwächen eingesetzt werden, da er bereits im Kindergartenalter anwendbar ist. Ebenso wie für die übrigen in diesem Abschnitt vorgestellten Verfahren gilt auch für den TEDI-MATH, dass er vorwiegend im mittleren und unteren Leistungsbereich differenziert und somit eine detaillierte Diagnostik der Profile leistungsschwacher Kinder ermöglicht.

kürzere Kernbatterie (KB)

Wenn aus Zeitgründen die Durchführung des gesamten Tests nicht möglich ist, kann man auf eine wesentlich kürzere „Kernbatterie" zurückgreifen.

Komponentendifferenzierung ab Einschulung

Ab der Einschulung sind die Aufgaben der Kernbatterie in zwei Komponenten, nämlich Zahlenverarbeitung (Größenvergleich arabische Zahlen und Zahlwörter, dekadisches Positionssystem – Repräsentation mit Plättchen, Transkodieren – Zahlen schreiben und lesen) und Rechnen (additive Zerlegung, Addition, Subtraktion, Multiplikation, Textaufgaben, Anwendung arithmetischer Konzepte) differenzierbar. Für die jüngsten Kinder gedacht sind Untertests, welche die Kenntnis arabischer Zahlen und Zahlwörter erfassen. Dabei soll das

Kind entscheiden, ob es sich bei einem gezeigten Symbol um eine arabische Zahl bzw. bei einem gehörten Wort um ein Zahlwort handelt oder nicht.

Beurteilt werden die Bearbeitungsgenauigkeit und bei einigen Untertests zusätzlich die Bearbeitungsgeschwindigkeit. Die Zeitnehmung erfolgt nicht itembasiert, sondern für den gesamten Untertest. Diese Art der Zeitmessung ist zwar relativ ungenau, gewährleistet aber einen flüssigen Untersuchungsablauf.

Komponente Zahlenverarbeitung

Interpretation der Leistung

Die klare konzeptuelle Trennung der Komponenten Zahlenverarbeitung und Rechnen wird beim TEDI-MATH auch für die Interpretation der Testleistung genutzt. So können unterschiedliche Leistungsprofile und damit das Vorliegen von potenziellen Dyskalkulie-Subtypen abgeklärt werden. Auf diese Weise können etwa Kinder gut identifiziert werden, die sich arithmetisches Wissen zwar durch Auswendiglernen aneignen konnten, die aber im Bereich der Zahlenverarbeitung so schwache Leistungen zeigen, dass sie vermutlich nicht verstehen, wie z. B. das (korrekt benannte) Ergebnis einer Multiplikation zustandekommt. Zusätzlich zur manuellen gibt es eine computergestützte Auswertung.

4.3 Synopsis der vorgestellten Verfahren

Besonders im Bereich der diagnostischen Verfahren gibt es erfreuliche Entwicklungen. Es liegen rezent und umfassend standardisierte, den Testgütekriterien entsprechende Verfahren für einen breiten Bereich der Entwicklung (Kindergarten bis 9. Klassenstufe) vor.

Einige Verfahren verfügen jedoch lediglich über einen Normierungszeitpunkt pro Jahr, was für eine differenzierte Beurteilung der Leistung und Leistungsentwicklung eines Testprobanden (Verlaufsdiagnostik) nicht immer ausreicht.

Die Identifizierung der Teilkomponenten der basisnumerischen Verarbeitung und der arithmetischen Leistung im Rahmen der neurokognitiven Forschung hat für die Diagnostik auch ein generelles Problem eröffnet: Die aktuellen Verfahren bieten eine Vielzahl von Aufgabenstellungen, die möglichst viele dieser Komponenten separat erheben sollen. Das ist grundsätzlich sehr sinnvoll, allerdings ist festzustellen, dass aus Gründen der Testökonomie bei etlichen Verfahren einzelne Aufgaben nur wenige Items enthalten, so dass eine differenzierte Leistungserhebung oft gar nicht möglich ist. Wichtig wären hier Weiterentwicklungen von adaptiven Testaufgaben, die schnell und effizient das ungefähre Leistungsniveau identifizieren und auf diesem dann eine differenziertere Abklärung ermöglichen. Die Weiterentwicklung des Forschungsstandes wird zeigen, welche Komponenten als zentraler Bestandteil einer Dyskalkulie-Diagnostik unverzichtbar sind und welche optional für die Abklärung besonders problematischer oder untypischer Fälle genutzt werden können.

prozessorientierte Diagnostik

Ein erster Schritt im Diagnoseprozess ist die klinisch-psychologische Feststellung, ob bestimmte formal festgesetzte diagnostische Kriterien für Dyskalkulie (s. Kap. 3) erfüllt sind. Darüber hinaus ist eine prozessorientierte Diagnostik wichtig, die Aufschluss darüber gibt, an welcher Stelle im Lösungsprozess und mit welchen kognitiven Teilkomponenten ein Kind Probleme hat. So kann ein auf die Denkprozesse des Kindes zugeschnittenes Interventionsprogramm erstellt werden. Wesentliche Schritte in diese Richtung sind in den aktuellen diagnostischen Verfahren bereits festzustellen. Allerdings muss bis auf weiteres die differenzierte Beurteilung der Lösungsprozesse, die ein Kind anwendet, weitgehend durch den Testleiter erfolgen. Die Dyskalkulie-Diagnostik stellt also hohe Anforderungen an die diagnostizierende Person, die über umfassende Kenntnisse der neurokognitiven Prozesse der Zahlenverarbeitung und des Rechnens sowie über profunde allgemeine Kompetenzen in der kinderpsychologischen Diagnostik verfügen muss.

Zusammenfassung

Das Hauptziel der Dyskalkulie-Diagnostik ist die Identifikation der kognitiven Stärken und Schwächen im Hinblick auf die numerisch-rechnerischen Leistungen. Die Diagnostik sollte so differenziert sein, dass sie auch für die Interventionsplanung herangezogen werden kann. Im Hinblick auf die großen interindividuellen Leistungsunterschiede und die hohe Prävalenz von Komorbiditäten mit Legasthenie, Aufmerksamkeits defizit-(Hyperaktivitäts)-Störungen etc. sollte eine umfassende förderdiagnostische Untersuchung sowohl domänenspezifische (numerisch-rechnerische) als auch domänenübergreifende Fähigkeiten (z. B. allgemeines intellektuelles Leistungsniveau, Sprache, Merkfähigkeit, visuell-räumliche Fähigkeiten, emotionale Befindlichkeiten) erfassen.

Eine weitere Anforderung an eine neurokognitive Diagnostik ist, dass sie idealerweise „prozessorientiert" sein sollte: Das heißt, zusätzlich zur quantitativen Beurteilung erfolgt auch eine differenzierte Erfassung der Denkprozesse und -strategien, die zu einer (korrekten oder inkorrekten) Lösung führen. Eine kompetente prozessorientierte Diagnostik hat das Potenzial, auch kleine und minimale Lernfortschritte erfassen zu können, welche sich meist nicht unmittelbar in der Schul- und Testleistung, sehr wohl jedoch in den verwendeten Lösungsschritten (und dahinterstehenden Denkprozessen) manifestieren können.

Überprüfen Sie Ihr Wissen

?

1. Wie unterscheiden sich Schulleistungstests von neurokognitiven Dyskalkulietests?
2. Was sind Vor- und Nachteile von Klassentests versus individuell durchgeführter Diagnostik?
3. Nennen Sie relevante Komponenten einer Dyskalkulie-Diagnostik.
4. Was versteht man unter Power- und Speed-Tests?
5. Nennen Sie Vorteile von Speed-Tests.
6. Was versteht man unter prozessorientierter Diagnostik?

5 Instruktion, Förderung und Intervention

5.1 Überlegungen zur Mathematikdidaktik

Wissen aktiv konstruieren

Lange Zeit lag der Schwerpunkt des Mathematikunterrichts auf der expliziten Vermittlung von Rechenprozeduren und -algorithmen: Die Lehrperson demonstriert den korrekten Ablauf eines Rechenvorgangs und die SchülerInnen üben diesen Rechenvorgang so lange ein, bis sie ihn (so die Hoffnung) verstanden und automatisiert haben. Die Rechenprozeduren wurden zuerst im kleinen, und dann im zunehmend erweiterten Zahlenraum eingeübt. Im Unterschied zu diesen „show-and-tell“ oder „drill-and-kill“ Modellen steht in neueren Ansätzen die Entwicklung mathematischer Konzepte im Vordergrund, die sowohl die Beherrschung mathematischer Prozeduren als auch die Flüssigkeit und Automatisierung der rechnerischen Kompetenzen in den Vordergrund stellen.

Wissen aktiv konstruieren

Auch die auf Piaget (1952; Piaget/Szeminska 1975) zurückgehende Erkenntnis, dass Kinder Lerninhalte nicht passiv rezipieren, sondern von Geburt an aktiv lernen und ihr Wissen aktiv konstruieren, hatte auf die Mathematikdidaktik wesentliche Einflüsse. Im problembasierten Mathematikunterricht entwickeln Kinder aktiv eigene Lösungswege für arithmetische Problemstellungen. Aufgabe der Lehrperson ist im Wesentlichen, die Kinder mit geeigneten Problemstellungen zu konfrontieren und die Suche nach adäquaten Lösungswegen zu moderieren.

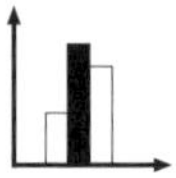

So zeigten die Ergebnisse einer Münchner Längsschnittstudie (SCHOLASTIK: Weinert/Helmke 1997), dass Schulklassen, die nach einer solchen konstruktivistischen Lehrmethode unterrichtet wurden, bessere Rechenleistungen und größere Lernerfolge erzielten als Schulklassen, die vorwiegend mit frontalen Unterrichtsmethoden (und passivem Wissenserwerb) instruiert wurden.

Den „konstruktivistischen Lerntheorien“ zufolge ist Lernen ein *aktiver Prozess*, bei dem neues Wissen konstruiert wird. Diese Wissenskonstruktion baut auf bereits vorhandenem Wissen auf und führt zu dessen Erweiterung. Im Gegensatz dazu steht der passive Wissenserwerb.

Ein wesentlicher Diskussionspunkt innerhalb der Mathematikdidaktik betrifft die Frage, ob diese konstruktivistische Herangehensweise für alle Lerninhalte und alle Lernenden gleichermaßen effizient ist. Besonders für rechenschwache Kinder wird oft angenommen, dass ein konstruktivistischer Unterricht eine Überforderung darstellen könnte: Sie seien nicht in der Lage, eigenständig Lösungswege zu entwickeln, und daher stärker als andere Kinder auf direktive Instruktionsmethoden angewiesen, die korrekte Lösungswege präsentieren und einüben. Allerdings zeigen Evaluationen der Effekte unterschiedlicher Instruktionsmethoden auf, dass diese Bedenken nicht immer berechtigt sind: Schwache Rechner profitieren etwa von einem kompetenten problemorientierten Unterricht ebenso wie gute Rechner (z. B. Kroesbergen et al. 2003; van de Rijt/van Luit 1998; Stern 2005).

Nicht zuletzt auf Basis der Befunde der vielzitierten Hattie-Studie (2013), in der Effektstärken zu schulischem Lernen aus Metaanalysen zusammengetragen wurden, rückt aktuell wieder ein stark vorstrukturierter direkter Unterricht in den Vordergrund, der allerdings deutlich von den traditionellen „show-and-tell"-Modellen abweicht. Vielmehr ist das Ziel, das mathematische Denken der SchülerInnen durch die Einführung neuer Ideen und neuen Wissens geeignet anzuregen. Laut Hattie und Kollegen (2017) sind wichtige Bestandteile eines kompetenten direkten Mathematikunterrichts, dass die Lehrperson die Intention und Lernziele des Unterrichts explizit formuliert, diese klar und deutlich vermittelt, durch Demonstrationen verdeutlicht und das Verständnis der SchülerInnen geeignet überprüft und sicherstellt. Eine zentrale Rolle nimmt dabei eine evaluative Ausrichtung des Unterrichts (im Englischen: formative assessment) ein. Bei diesem Ansatz verschafft sich die Lehrperson ein differenziertes und gezieltes Wissen über den aktuellen Lernstand und -fortschritte jedes einzelnen Kindes und macht sich explizit Gedanken über die Lernschritte, die als nächstes erforderlich sind, und wie sie geeignet angeregt werden können. Diese Herangehensweise erfordert also differenziertes Wissen über Lernwege und Entwicklungsverläufe im Bereich des mathematischen Lernens.

Umgang mit Fehlern

Einen wichtigen Hinweis auf den Lernstand eines Kindes können unter anderem auch seine Fehler darstellen. Aufgabe der Lehrperson ist es also nicht nur, Fehler zu identifizieren, sondern auch, zu erfassen, welche möglichen Denkprozesse hinter Fehlern stehen, so dass anhand der gemachten Fehler die nächsten Lernschritte spezifiziert und formuliert werden können.

5.1.1 Instruktionsmethoden

Drilltraining und konzeptueller Wissenserwerb

Als Drilltraining bezeichnet man das wiederholte schematische Üben von Aufgaben mit dem Ziel, diese Lerninhalte abzuspeichern (s. Fertigkeitenansatz gemäß Baroody 2003). Aktuelle Lerntheorien stimmen darin überein, dass Drilltraining, wie beispielsweise das Einüben von arithmetischen Fakten, unter bestimmten Umständen effektiv sein kann (z.B. Girelli et al. 1996; Hittmair-Delazer et al. 1994). Ein effizienter Abruf von gelernten Inhalten aus dem Gedächtnis stellt geringe Anforderungen an die Arbeitsgedächtnisleistungen, wodurch Arbeitsgedächtnisspeicher frei wird für das Verarbeiten von anderen Lösungsschritten (wie z.B. nötig beim Lösen mehrstelliger schriftlicher Rechenaufgaben). In Bezug auf Transfereffekte auf nicht geübte Aufgaben sind die Ergebnisse jedoch weniger einheitlich.

Drilltraining ist aber nur dann sinnvoll, wenn gleichzeitig am arithmetischen Verständnis gearbeitet wird. Das arithmetische Verständnis bzw. konzeptuelle Wissen ist eine Voraussetzung für die flexible Anwendung gelernter Inhalte und ermöglicht Lerntransfer und Generalisierung (Baroody 2003). Ohne das zugrunde liegende arithmetische Verständnis werden auswendig gelernte Inhalte rein schematisch angewendet. Fehler sind dann häufig ebenfalls schematisch, d.h. reflektieren immer das gleiche Fehlermuster.

Arthur Baroody (2003) differenziert auf einem Kontinuum von direktiv zu konstruktiv *vier Instruktionsmethoden*, nämlich den sogenannten Fertigkeitenansatz (im Englischen: skills approach), den konzeptuellen Ansatz (conceptual approach), den Problemlösungsansatz (problem-solving approach) und den investigativen Ansatz (investigative approach).

Drilltraining

- *Der Fertigkeitenansatz:* Der Fertigkeitenansatz reflektiert reines „Drilltraining", also durch wiederholtes Üben charakterisiertes Training, das ohne Einbettung in arithmetisches Verständnis angeboten wird.

Ein klassisches Beispiel für diese Art des Drilltrainings ist das Auswendiglernen von arithmetischen Fakten ohne Erläuterung der den Fakten zugrunde liegenden Zahlengrößenrepräsentationen und ohne Bearbeitung der Zusammenhänge zwischen den einzelnen Fakten. Ein Kind, das die arithmetischen Fakten auf diese Art auswendig gelernt hat, wird Schwierigkeiten haben, einzelne, momentan nicht spontan abrufbare Fakten von bekannten Fakten abzuleiten.
Ein weiteres Beispiel für eine auf einem Fertigkeitenansatz beruhende Instruktionsmethode ist das schematische Auswendiglernen von Lösungsprozeduren ohne Vermittlung der Sinnhaftigkeit der zugrunde liegenden Lösungsalgorithmen. Wird den Kindern beim Erwerb der Subtraktionsregeln beigebracht, dass beim Subtrahieren immer die kleinere von der größeren Zahl abgezogen wird, kann diese Regel beim schriftlichen Rechnen mit mehrstelligen Zahlen problematisch werden: Lautet die Aufgabe nämlich „61 – 23 = ?“, dann kann die Regel „Abziehen der kleineren von der größeren Zahl“ hier zu einem systematischen Fehlermuster führen, wenn das Kind die (für die Gesamtzahl geltende) Regel fälschlicherweise auf die Einzelziffern anwendet und dann zu dem inkorrekten Ergebnis 42 kommt.

Anschauungshilfen

- *Der konzeptuelle Ansatz:* Konzeptuelle Ansätze sind ebenfalls direktiv, zielen aber im Unterschied zum übungsbasierten Fertigkeitenansatz darauf ab, die symbolische (abstrakte) Arithmetik mit Hilfe von Anschauungshilfen darzustellen (Baroody 2003).

Ein Lehrziel eines konzeptuell orientierten Ansatzes könnte beispielsweise die Veranschaulichung der Kommutativ- sowie der Umkehrregel von Additionen und Subtraktionen mit Hilfe von Plättchen (oder anderer geeigneter Anschauungshilfen, s. Abschnitt 5.1.3) sein. Anhand von Anschauungshilfen können die Schüler ein arithmetisches Problem (z. B. 2 + 7 = 9) konkret darstellen und dann die entsprechenden Mengentransformationen vornehmen (Kommutativregel: 7 + 2 = 9; Umkehrregel Addition/Subtraktion: 9 – 2 = 7 bzw. 9 – 7 = 2).

fundiertes Verständnis

- *Der Problemlösungsansatz:* Die von Baroody (2003) als problemlösungsorientiert bezeichneten Ansätze setzen am konsequentesten Piagets Forderung nach konstruktivistischem Lernen um. Schüler sollen durch problemorientiertes Lernen selbst ein Verständnis konstruieren. Selbst entdeckte Lösungswege werden besser gespeichert als direktiv präsentierte und können dann auch mit bereits vorhandenen Wissenseinträgen verknüpft werden. Diese Art des Lernens führt also zu tiefgreifenden Einsichten und damit zu fundiertem Verständnis für mathematische Konzepte und Prozeduren.
- *Der investigative Ansatz:* Baroody hält allerdings nicht Problemlöseansätze für die effizienteste Instruktionsmethode, sondern investigative Ansätze, die er als eine Mischform aus konzeptuellen und problemlösungsorientierten Ansätzen darstellt. Investigative Ansätze sind insgesamt strukturierter als konzeptuelle und problemlösungsorientierte, weil hier die Lehrer expli-

zite Hilfestellung (siehe auch Scaffolding) bei der Wissenskonstruktion leisten. Das Bereitstellen von strukturiertem Lernmaterial soll zielgerichteten Wissenserwerb gewährleisten.

Fehleranalyse

Eine wichtige Implikation der letztgenannten Instruktionsmethoden ist, dass Rechenfehler dazu genutzt werden sollten, Lerneffekte zu provozieren. Dies geschieht durch eine detaillierte Fehleranalyse und die konzeptuelle Aufarbeitung der Fehlerquellen („positive Fehlerkultur“, Reusser 2000). In anderen Worten: Die Schüler sollen verstehen, warum eine bestimmte Lösung nicht stimmen kann.

Am obigen Beispiel der Subtraktion mit mehrstelligen Zahlen demonstriert würde das bedeuten, dass das Kind anhand von falschen Ergebnissen erfährt, dass die Regel „kleinere Zahl von der größeren Zahl abziehen“ für die gesamte Zahl gilt und nicht für die einzelnen Ziffern.

5.1.2 Optimierung des Lernprozesses – Scaffolding

Der Terminus des *Scaffoldings* leitet sich vom Englischen „scaffold“ (Gerüst) ab und bezeichnet die Optimierung des Lernprozesses durch die Bereitstellung des notwendigen Grundlagenwissens. Diese Grundlagen können Instruktionen sein, aber auch Denkanstöße oder Anschauungshilfen (s. Abschnitt 5.1.3). Sobald das Kind eine bestimmte Lernstufe erreicht hat und Teilaufgaben selbstständig lösen kann, werden die Hilfestellungen bzw. das „Gerüst“ schrittweise entfernt. Das Scaffolding geht auf den russischen Entwicklungspsychologen Lev Wygotsky (1978) zurück und ist zu den konstruktivistischen Instruktionsmethoden zuzuordnen.

Untrennbar mit dem „Scaffolding“ verbunden ist die Forderung, dass „Kinder da abgeholt werden sollen, wo sie stehen“. Sowohl die permanente Über- als auch die Unterforderung kann zu Verhaltensauffälligkeiten führen, die sich entweder in Form von introvertiertem (Rückzug) oder extravertiertem Verhalten (Störverhalten, Klassenclown) manifestieren.

Die *Grenzen der Über- und Unterforderung* sind allerdings nicht ohne weiteres zu ziehen. Jens Holger Lorenz (2005) ist ein vehementer Vertreter der These, dass Kinder (mit und ohne Dyskalkulie) häufig *unter*fordert werden und postuliert, dass eine Überforderung nützlich sein kann, soweit sie in der Zone der nächsten Entwicklungsschritte (im Englischen: zone of proximal development; Wygotsky 1978) liegt. Auch Elsbeth Stern (2005) weist darauf hin, dass Grundschulkinder – und insbesondere Kinder mit Rechenschwierigkeiten – von anspruchsvollen Lernangeboten durchaus profitieren, was sich nicht nur in besseren Leistungen, sondern auch in selbstständigerem Lernverhalten äußere. Als anspruchsvoll bezeichnet Stern (konstruktivistische) Unterrichtsmethoden, die einen aktiven Lernprozess fördern und an bestehendes Wissen anknüpfen, dabei jedoch das selbstständige Entdecken neuer Lösungswege forcieren.

5.1.3 Anschauungshilfen

Montessori-Materialien

Eine prominente Vertreterin der Ansicht, dass Lernen durch die Bereitstellung von „begreifbarem" Lernmaterial (sprich Anschauungshilfen) wesentlich erleichtert wird, war Maria Montessori. Die für die Mathematikdidaktik entwickelten Montessori-Materialien zeichnen sich dadurch aus, dass sie die Basis-10-Struktur des arabischen Zahlensystems regelhaft abbilden (www.montessori.de). Durch das Hantieren mit diesen konkreten Objekten soll das Kind eine bildhafte Darstellung von noch nicht vorhandenen mentalen (abstrakten) Zahlenrepräsentationen bekommen.

Überbrückungshilfen

Anschauungshilfen sind somit „Überbrückungshilfen", die Zahlengrößen begreif- und manipulierbar machen. Die meisten Fachleute stimmen überein, dass Anschauungshilfen im Mathematikunterricht grundsätzlich sinnvoll sind, weil sie den Übergang von einem konkreten Mengenverständnis zu einer abstrakten Zahlenrepräsentation wesentlich erleichtern können und damit auch den relationalen Zahlenaspekt verständlich und „begreifbar" machen.

Unstimmigkeit herrscht jedoch dahingehend, wie lange sie verwendet werden sollen. Das zu lange Verwenden von Anschauungshilfen birgt die Gefahr, dass der Übergang von konkreten zu abstrakten Zahlenrepräsentationen verzögert werden kann. In diesem Sinne postuliert Lorenz (2005), dass „die Konstruktion im Kopf, diese notwendige Phase bei der Entwicklung der Zahl- und Zahloperationsbeziehungen, durch rechtzeitige Entfernung (!!) von Veranschaulichungsmaterial angeregt werden kann" (S. 168). Der rechtzeitige Entzug von Anschauungshilfen fördere daher gemäß Lorenz (2005) diese Reflexions- und Verständnisprozesse und leite die Kinder zu selbstständigem Denken an. Fraglich ist natürlich, was in diesem Kontext unter „rechtzeitig" zu verstehen ist. Wird einem rechenschwachen Kind, das noch zur Gänze im zählenden Rechnen verhaftet ist, die Verwendung der Finger untersagt, so hat es keinerlei Möglichkeiten mehr, zu einer adäquaten Lösung zu kommen.

strukturierte vs. unstrukturierte Hilfen

Da das arabische Zahlensystem ein zehnerbasiertes Stellenwertsystem ist, sollten Anschauungshilfen dieses Basis-10-System möglichst strukturiert und regelhaft abbilden können. In der Praxis wird dieser Anspruch von verschiedenen Materialien erfüllt:

- Das wohl populärste Beispiel einer strukturierten Anschauungshilfe ist der *Rechenschieber* bzw. *Abakus*, bei dem je zehn verschiebbare Kugeln auf meist zehn Stangen angebracht sind.
- Ebenfalls häufig verwendet werden *Zehnerstangen*, die in Relation zum Einerwürfel zehnmal so lang sind und entweder für die horizontale oder vertikale Abbildung des Zehners verwendet werden können.
- Das *Hunderterhaus* besteht, wie bereits der Name verrät, aus 100 Kästchen, die in zehn übereinanderliegenden Zehnerreihen angeordnet sind und tatsächlich wie ein quadratisches Haus aussehen.
- Bei den sogenannten *Cuisinaire-Stäbchen* werden die Zahlen 1 bis 10 durch verschieden lange und unterschiedlich gefärbte Stangen repräsentiert: Der 1er-Würfel ist weiß, die 2er-Stange ist rot und doppelt so lang wie der 1er-Würfel, die 3er-Stange ist hellgrün und drei mal so lang wie der 1er-Würfel etc.

Problematisch kann die Verwendung von Cuisinaire-Stäbchen dann sein, wenn die fixe Zuordnung von Farben zu Numerositäten bei einigen Kindern den unerwünschten Effekt hat, dass die Numerositäten nicht anhand der (analogen) Stäbchenlänge, sondern anhand der Farben kodiert werden. Dies wird ersichtlich, wenn ein Kind wie folgt „rechnet“: „Rot plus weiß ist grün“.

Im Gegensatz zu den strukturierten Anschauungshilfen wird bei den unstrukturierten Anschauungshilfen das Basis-10-System gar nicht oder nicht systematisch dargestellt, so dass die Kinder selbst angehalten sind, sich diese Struktur eigenständig zu vergegenwärtigen.

Die Fachmeinungen darüber, welche Art von Anschauungshilfen effektiver ist, sind jedoch kontrovers. Ein wesentlicher Kritikpunkt am Hunderterhaus ist etwa, dass die Darstellungsform des Zahlensystems sehr stark vorstrukturiert ist und unkonventionelle Lösungswege kaum möglich sind (Klein et al. 1998). Besonders in den Niederlanden wird die Verwendung von unstrukturiertem Material propagiert, das nicht vorrangig auf eine systematische Darstellung des zehnerbasierten Stellenwertsystems abzielt. So wurde etwa die Verwendung eines *leeren Zahlenstrahls* in den Grundschulklassen mit teils beachtlichen Lernerfolgen praktiziert (z. B. Gravemeijer 1994).

Chao und Kollegen (2000) gingen der Frage nach, ob strukturierte und unstrukturierte Anschauungshilfen unterschiedliche Lerneffekte auf den Erwerb der frühen Zahlbegriffsentwicklung im Kindergarten-

Lerneffekte

alter haben. Dazu verglichen die Autoren bei 157 Kindern die Interventionseffekte von strukturiertem Material wie dem flächigen Zehner (also mit fünferbasierter Repräsentationsform, s. Abb. 5.1) mit jenen von sogenannten gemischten Anschauungshilfen, bei denen Zahlengrößen sowohl mittels strukturierter als auch unstrukturierter Anschauungshilfen dargestellt wurden. Zusätzlich zum regulären Kindergartencurriculum wurden über fünf Wochen Zahlen- und Rechenspiele im Zahlenraum bis 10 angeboten, wobei vor allem die Bedeutung der 5 und 10 im Vordergrund stand (Zählwissen sowie einfache Additionen / Subtraktionen, wie z. B. „Beginne bei 5 zu zählen"; „Gib so viele dazu, dass es 10 werden").

Die Ergebnisse zeigten, dass Kinder, die mit den strukturierten Materialien arbeiteten, einfache Additionsaufgaben schneller lösten und eher auf die Zuhilfenahme der Finger verzichteten als Kinder, die die gemischten Anschauungshilfen verwendeten. Demgegenüber zeigten Kinder, die mit den gemischten Materialien gefördert wurden, die eindrücklichsten Interventionseffekte hinsichtlich der Bearbeitungsgenauigkeit beim fingerbasierten Rechnen (jedoch nicht beim Rechnen ohne Zuhilfenahme der Finger). Chao und Kollegen (2000) zeigen damit recht eindrücklich, dass der Einsatz von Anschauungshilfen sehr spezifische Lerneffekte haben kann: Die Verwendung von strukturierten Mengendarstellungen scheint am ehesten die Automa-

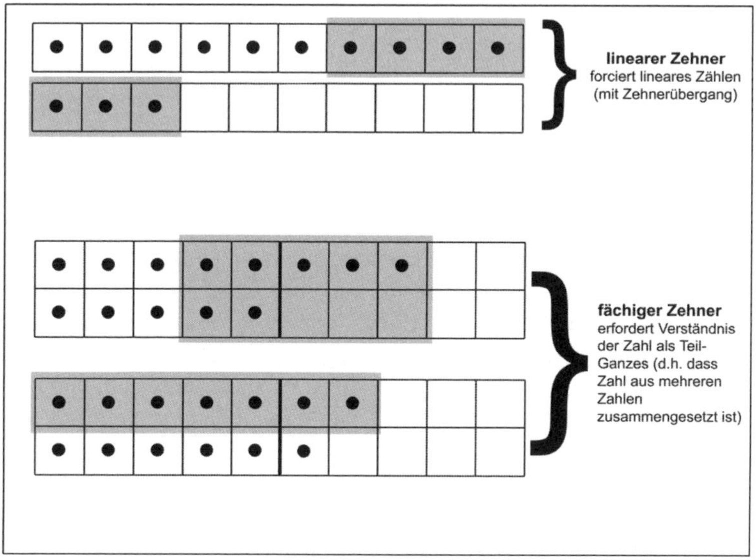

Abb. 5.1: Darstellungsformen der Subtraktion „13 – 7 = 6" anhand des linearen Zehners (oben) und des flächigen Zehners (unten; nach Gerster 2005)

tisierung direkter Rechenstrategien zu unterstützen, indem das rasche quasi-simultane Erkennen von Zahlengrößen (und damit der schnelle Zugriff auf die entsprechenden mentalen Zahlenrepräsentationen) trainiert wird. Dagegen fördern unstrukturierte Mengendarstellungen genaue, aber zeitaufwändigere Zähl- und Rechenstrategien, indem sie die Bearbeitungsgeschwindigkeit reduzieren (was wiederum einen positiven Einfluss auf die Lösungsgenauigkeit hat).

Fünferzergliederung

Hans-Dieter Gerster (2005) postuliert, dass Kinder vor allem von jenen Anschauungshilfen profitieren, die auf der Fünferzergliederung basieren. Dabei sollte der Zehner flächig, also in Form von zwei Reihen übereinanderliegender Fünfer, dargestellt werden. Der Hauptvorteil der fünferbasierten Darstellung bzw. des flächigen Zehners ist laut Gerster, dass Zehnerübergänge nicht mehr zählend gemeistert werden müssen (wie beim linearen Zehner; Abb. 5.1). Auch in der Dyskalkulie-Intervention werden zunehmend Anschauungshilfen mit fünferbasierten Repräsentationsformen verwendet (Chao et al. 2000; Gaidoschik 2007; Krajewski et al. 2007; van de Rijt / van Luit 1998; van Luit / Schopman 2000).

Die Relevanz der fünferbasierten Repräsentation in frühen Erwerbsphasen

Die Relevanz der Fünferstruktur beim Rechnenlernen ist unter anderem durch die häufige und quasi automatische Verwendung von fingerbasierten Zähl- und Rechenstrategien im Vorschulalter erklärbar (Butterworth 1999; s. Abschnitt 2.7). Werden die Finger als Anschauungshilfen verwendet, so wird lange vor der Zehnerdarstellung die Fünf (repräsentiert durch alle fünf Finger einer Hand) als wichtige Entität beim Zählen und Mengenvergleich wahrgenommen. Stimmt diese Vermutung, sollte ein Großteil der Rechenfehler bei Erstklässlern durch eine numerische Abweichung von +/– 5 vom korrekten Resultat charakterisiert sein, da das Fingerrechnen Fehlermuster provoziert, bei denen sich die Kinder „um eine ganze Hand" verzählen. Mit zunehmender Kompetenz (d. h. mit der Etablierung von mentalen Zahlenrepräsentationen, die das Fingerrechnen nicht mehr notwendig machen), sollten die Rechenfehler von älteren Kindern nicht mehr diese Charakteristik aufweisen.

Um dieser Frage nachzugehen, baten Domahs und Mitarbeiter (2008) 137 Kinder einfache und komplexe Additionen und Subtraktionen (mit Resultaten ≤ 10 bzw. ≤ 20) zu lösen. Die

Kinder wurden erstmals am Ende der 1. Klasse untersucht und danach in halbjährlichen Abständen bis zur Mitte der 3. Klasse. Die Ergebnisse dieser Längsschnittstudie bestätigen die Relevanz der fünferbasierten Repräsentation in frühen Erwerbsphasen: Rechenfehler, bei denen das inkorrekte Resultat um +/ – 5 vom korrekten Ergebnis abwich, waren am Ende der 1. Klasse tatsächlich viel häufiger als Mitte/Ende der 2. oder Mitte der 3. Klasse. Besonders deutlich ersichtlich war dies bei komplexen Subtraktionen. Hier machten die „+/ – 5 Fehler" (z. B. 18 – 7 = 6) bei Erstklässlern noch 14,2 % aller Fehler aus, bei Drittklässlern aber nur mehr 5,9 %. Erwartungsgemäß waren – über alle Klassenstufen – Rechenfehler am häufigsten, bei denen sich die Kinder lediglich um +/ – 1 verrechneten (ca. 40 %). Bei Erstklässlern (nicht jedoch in späteren Klassenstufen) waren Rechenfehler mit einer numerischen Abweichung von +/ – 10 etwa gleich häufig wie solche mit einer Abweichung von +/ – 5.

Diese Befunde unterstützen die Annahme, dass die fünferbasierte Repräsentation bei Erstklässlern durchaus relevant ist, in höheren Klassenstufen jedoch zunehmend von der zehnerbasierten Zahlenstruktur abgelöst wird.

5.1.4 Pragmatische Aspekte der Mathematikdidaktik

einheitliche vs. vielfältige Materialien

Empfehlenswert für den Einführungsunterricht ist die Verwendung einheitlicher Materialien. Weiterhin sollte nicht zu schnell von einem zum anderen Material gewechselt werden. Die Verwendung sehr heterogener Materialien kann dazu führen, dass besonders rechenschwache Kinder, die ohnehin keine oder sehr unzuverlässige mentale Repräsentationen von Zahlengrößen (Numerositäten) und vom Zahlenraum haben, durch ein zu reichhaltiges Angebot an Anschauungshilfen eher verwirrt werden. Verschiedenartige Materialien sollten erst dann eingeführt werden, wenn die grundlegenden numerischen Konzepte gut abgesichert werden konnten, so dass eine Abstraktion vom konkreten Material und damit eine flexible Anwendung des jeweiligen Konzepts möglich ist.

B

Werden die Mengen 3 und 4 mit dem gleichen Material (z. B. Plättchen) gelegt, dann ist offensichtlich, dass der Unterschied zwischen den beiden Mengen nur ein einziges Plättchen ist. Derselbe Vergleich ist ungleich komplexer, wenn die zu vergleichenden Mengen aus unterschiedlichen Objekten bestehen, wie beispielsweise 3 Orangen und 4 Bonbons. Sobald das Kind versteht, dass Zahlengrößen und Anzahlrelationen auch mit verschiedenen Objekten darstellbar sind (Prinzip der „Irrelevanz des Zählinhalts", s. Kap. 2), kann man davon ausgehen, dass es über abstrakte Zahlenrepräsentationen verfügt.

In der Dyskalkulie-Intervention sollten idealerweise solche Materialien verwendet werden, die mit den in der Schule verwendeten Abbildungen korrespondieren. Manche Mathematikbücher verwenden z. B. für die Darstellung der Einer, Zehner und Hunderter spezifische Farben. Wenn ein Kind, das eine bestimmte Farbkombination im Mathematikunterricht gewöhnt ist, im Rahmen der Dyskalkulie-Intervention mit Materialien konfrontiert wird, bei denen die Farbzuordnung zu den Einern, Zehnern und Hundertern nicht mit den Farbkodierungen des in der Schule verwendeten Mathematikbuchs korrespondiert, dann könnte dies unnötige Verwirrung auslösen.

Im Verlauf der Dyskalkulie-Intervention, also mit zunehmendem Lernfortschritt, kann das Einführen von vielfältigeren Materialien natürlich auch sinnvoll sein – nämlich dann, wenn es darum geht, die Irrelevanz des Zählinhalts (s. Kap. 2) zu verdeutlichen und das erworbene Wissen flexibel anzuwenden.

individuelles vs. Gruppenlernen

Prinzipiell besteht die Möglichkeit, Lernangebote entweder im Einzelsetting oder in der Gruppe durchzuführen. Im Regelunterricht kann das Einzelsetting darin bestehen, dass ein Tutor mit einem einzelnen Kind arbeitet (in der Klasse oder in einem separaten Raum). Ein wesentlicher Vorteil der individuellen Förderung ist darin zu sehen, dass die Lerninhalte speziell auf das einzelne Kind abgestimmt werden können. Ein offenkundiger Nachteil des Einzelsettings ist, dass kein Austausch und kein Lernen zwischen den Gruppenmitgliedern möglich sind. Bewährt haben sich Gruppensettings vor allem beim Automatisieren von Faktenwissen (z. B. Krüll 2000) und bei der Etablierung von konzeptuellem Wissen (Dowker 2001), die durch die Diskussion mit Gleichaltrigen angeregt werden kann.

B

Eine schöne gruppenorientierte Übung zum Aufbau des konzeptuellen arithmetischen Wissens wurde von Ann Dowker (2001; 2005) vorgeschlagen: Den Kindern wurden zwei Puppen vorgestellt (Harry und Sally). „Harry kann nicht besonders gut rechnen und meint nun, dass 5 – 2 gleich 4 ist. Ist diese Lösung richtig oder falsch? Falls sie falsch ist: Wie könnte Sally Harry erklären, warum diese Lösung nicht richtig ist?" Durch Diskutieren und unter Zuhilfenahme von Anschauungshilfen sollen die Kinder nun gemeinsam versuchen, diese Fragen zu beantworten, und Begründungen für ihre Antworten formulieren. Wenn dies gelungen ist, sollen die Kinder die – korrekte – Rechenaufgabe noch zusätzlich in „Rechengeschichten" verpacken.

Transformation von Zahlenformaten

Dieses gruppenorientierte Vorgehen ist ein Beispiel für den problemlösungsorientierten Lehrstil (Baroody 2003), der im Falle einer direktiven Hilfestellung auch in eine investigative Instruktionsmethode münden kann. Zudem werden die Kinder durch die Anforderung, ihre Antwort zu begründen, dazu angehalten, das Rechenproblem zu verbalisieren. Durch die Einbettung in eine Rechengeschichte wird das arithmetische Problem in einen semantischen Kontext eingebettet. Dieser Prozess der Transformation einer Rechenaufgabe in verschiedene Darstellungsformen bzw. „Sprachen" wird auch von anderen Autoren empfohlen (Gerster 2005), um das konzeptuelle Verständnis für arithmetische Prozesse und vor allem den Übergang von konkreten zu abstrakten Zahlenrepräsentationen zu fördern.

B

Gemäß Gerster (2005) sollten Instruktionsmethoden zum Einsatz kommen, die die Umwandlung einer bestimmten Aufgabe in verschiedene Repräsentationsformen bzw. „Sprachen" explizit fördern. Eine Rechenaufgabe kann *konkret bildhaft* dargestellt werden (z. B. mit Plättchen: ••••• •••), aber auch in Form einer *Rechengeschichte* („Anna hat 5 Bonbons. Silvia hat 3 Bonbons. Wie viele Bonbons haben sie zusammen?") oder in Form einer *symbolischen Darstellung mit arabischen Zahlen* (5 + 3 = 8).

Einen plausiblen Erklärungsansatz für Lerneffekte, die durch die Transformation von einem Zahlenformat in ein anderes erzielt werden, liefert das Triple-Code-Modell (Dehaene 1999, Abschnitt 1.4). In Abhängigkeit von der Darstellungsart bzw. vom Format der Rechenaufgabe können die *drei* unterschiedlichen *Zahlenformen* (*analog*, *verbal*, *arabisch*) gezielt gefördert werden. Die explizite Umwandlung von arithmetischen Aufgaben in verschiedene Repräsentationsformen unterstützt einerseits die Etablierung der einzelnen Zahlenformen und stärkt andererseits die assoziative Verbindung zwischen den drei Zahlenformen. Genau dies geschieht bei Kindern ohne Dyskalkulie automatisch im Laufe der Alltagserfahrungen und des Regelunterrichts, bei Kindern mit Dyskalkulie müssen diese Transformationen (Ko-Aktivierungen) der verschiedenen Zahlenformen explizit und nachhaltig geübt werden.

Response-to-Intervention (RTI) Programme: Dem Anspruch eines differenziellen Mathematikunterrichts für das gesamte Leistungsspektrum werden so genannte Response-to-Intervention (RTI) Programme gerecht. In diesen mehrstufigen Programmen wechseln Schüler je nach Bedarf flexibel zwischen zumeist drei Ebenen: (1) der Unterricht für die gesamte Klasse, (2) zusätzlicher Förderunterricht (meist in Kleingruppen) und (3) intensive Intervention (in Kleingruppen oder 1:1). Im Unterschied zu einem Unterricht in stabilen Leistungsgruppen, welcher keine nennenswerten Effekte erzielt, ist die Wirksamkeit von differenzierten RTI-Programmen gut belegt (Gersten/Newman-Gonchar 2011; Hattie 2013). Gersten und Kollegen (2009) geben für RTI-Programme in Mathematik folgende acht Empfehlungen:

1. Regelmäßige Screenings für alle SchülerInnen, um jene identifizieren zu können, die einer Förderung auf Ebene 2 oder 3 bedürfen.
2. Wesentlicher Bestandteil aller Interventionen auf Ebene 2 und 3 ist die intensive Förderung der basisnumerischen Kompetenzen (ganze Zahlen bis zur 5. Schulstufe und Rationalzahlen bis zur 8. Schulstufe).
3. Die Intervention auf Ebenen 2 und 3 ist explizit und systematisch. Dazu gehört das Modellieren und Einüben geeigneter Problemlösestrategien, Lautes Denken vonseiten der Schüler, angeleitete Übungen, korrektives Feedback und regelmäßige Zusammenfassung und Wiederholung der erarbeiteten Inhalte.
4. Interventionen sollen Instruktion zum Lösen von Textaufgaben anbieten, denen eine ähnliche Struktur zugrunde liegt (z.B. Multiplikation: Ergebnis/ Multiplikator/Multiplikand ist zu erschließen). Auf diese Weise können Schüler lernen, aus dem Text die Rechenaufgabe abzuleiten.
5. Interventionsmaterialien bieten vielfältige Möglichkeiten zum Umgang mit Anschauungsmaterialien und Förderlehrkräfte sind geübt im Einsatz diese Anschauungsmaterialien zur Darstellung mathematischer Konzepte und mathematischen Denkens (vgl. Abschnitt 5.1.3)
6. Interventionen auf allen Klassenstufen sollten etwa 10 Minuten zur Einübung und Automatisierung mathematischen Faktenwissens aufwenden.
7. Regelmäßiges Monitoring der Lernfortschritte aller Kinder, die eine Förderung erhalten oder bei denen ein Risiko für Rechenschwäche besteht.
8. Interventionen auf Ebene 2 und 3 inkludieren Motivationsstrategien. Kinder mit schwachen Mathematikleistungen haben typischerweise wenig Spaß an Mathematik (Köller et al. 2001). Wenn es gelingt, Freude an Mathematik zu vermitteln, werden sie eher gewillt sein, sich mit mathematischen Inhalten zu befassen und ihre Leistungen durch Übung zu verbessern.

Computergestütztes Lernen – Computer Apps: Computergestützte Übungsprogramme stellen eine Sonderform einer individuellen Intervention dar.

Zu den hervorzuhebenden *Vorteilen* von computergestützten Übungsprogrammen zählen folgende: Computerprogramme können adaptiv eingesetzt werden. Von einer adaptiven Software spricht man, wenn je nach Korrektheit der Antworten die nächsten vom Programm präsentierten Aufgaben schwieriger oder einfacher sind. Das Programm erkennt also das individuell geeignete Schwierigkeitsniveau, so dass niemals längerfristig zu schwierige oder zu einfache Aufgaben geübt werden.

Ein weiterer Vorteil von Computerprogrammen ist, dass sie von den Kindern meist als „objektiver“ empfunden werden, weil die Leistungsrückmeldungen nicht personenabhängig sind (ein Computerprogramm gibt als Feedback niemals „Jetzt hast du das *schon wieder* falsch gemacht – das konntest du doch letztes Mal schon!“). Ein weiterer Pluspunkt von Computerprogrammen ist, dass Kinder aufgrund der ansprechenden Gestaltung und des konsistenten Feedbacks eher gewillt sind, viele Wiederholungen derselben Übung zu machen als im normalen Förderunterricht oder in der Dyskalkulie-Intervention. Daher eignen sich Computerprogramme z. B. sehr gut für die Automatisierung von arithmetischem Faktenwissen.

Der wesentliche *Nachteil* von computergestützten Übungsprogrammen ist, dass sie kaum konzeptuelles Wissen vermitteln können. Wenn das Kind alleine vor dem Computer sitzt und die von der Lernsoftware vorgegebenen Aufgaben bearbeitet, kann es nicht von spontanen Rückmeldungen und Diskussionen über das Ergebnis oder die ausgewählte Lösungsstrategie profitieren. Computerprogramme können nicht aktiv und flexibel auf das gezeigte Antwortverhalten eingehen. Daher sind sie zwar komplementär zum Regelunterricht/zur Dyskalkulie-Intervention durchaus empfehlenswert, können aber nicht das durch ExpertInnen vermittelte konzeptionelle Wissen ersetzen (s. Abschnitt 5.3.2).

Rechenprogramm von Budenberg

Aufgrund des steigenden kommerziellen Angebotes computerbasierter Lernapplikationen sollte vor dem Gebrauch eine gründliche Evaluation hinsichtlich der bereits diskutierten lerntheoretischen Grundprinzipien erfolgen (Hirsh-Pasek et al. 2015). Lernwirksame Übungsprogramme sehen die übende Person als aktiv handelnd und fördern sie anhand von sinngebenden und aufmerksamkeitsbindenden Aufgaben in der zu trainierenden Domäne. Von einer Aufmerksamkeit bindenden Verarbeitung spricht man besonders dann, wenn die lernende Person kognitive Ressourcen auf den zu lernenden Bereich bündelt und diese über einen längeren Zeitraum aufrechterhält. Computerbasierte Lernumgebungen sollten daher eher reizarm gestaltet sein und auf ablenkende Elemente, wie etwa Hintergrundgeräusche und unnötige Gestaltungselemente, verzichten. Besonders Vorschulkinder reagieren auf Ablenkungen äußerst sensibel und werden daher von nicht relevanten Lerninhalten leicht irritiert (Kannas/Colombo 2007). Im Sinne konstruktivistischer Ansätze sollten die Inhalte einer Computer-App an bereits bestehende Wissensinhalte (Vorwissen) anknüpfen und mit diesen abgeglichen und integriert werden. Viele kommerziell vertriebene Computerapplikationen lassen diese lerntheoretischen

Grundprinzipien vermissen und können daher oft als nicht lernfreundlich und -wirksam eingestuft werden.

Rechenprogramm von Budenberg

Im Folgenden werden zwei computerbasierte Übungsprogramme exemplarisch dargestellt. Das in der Mathematikdidaktik bekannte Rechenprogramm von Budenberg (www.budenberg.de) besteht aus vielen Modulen, die die verschiedenen Komponenten der Zahlenverarbeitung und des Rechnens fördern. Positiv hervorzuheben ist, dass die Aufgaben und Übungen visuell einfach gehalten sind und daher eine fokussierte und aufmerksamkeitsbindende Anregung im Sinne geringer Ablenkungsreize erfolgt.

Die relevante Information (nämlich die Zahlen und Rechenaufgaben) steht im Vordergrund und es gibt weder unnötige Ablenker durch scheinbar motivationsfördernde akustische/visuelle Dauerstimulationen noch in Abenteuergeschichten verpackte (und vom Lerninhalt ablenkende) Übungseinheiten. Der Aufbau der Budenberg-Übungsprogramme ist primär am Lehrplan orientiert: Je nach Klassenstufe können verschiedene Übungen (mit oder ohne Anschauungshilfen) ausgewählt werden. Positiv hervorzuheben ist, dass didaktische Informationen in den jeweiligen Übungen integriert sind. Besonders für jüngere Kinder ist hilfreich, dass Ziffern und Texte vergrößert dargestellt werden können. Nach Übungsende kann ein schriftliches Ergebnisprotokoll ausgedruckt werden.

Rechenspiele mit Elfe und Mathis

Die computerbasierten Mathematik-Trainingsprogramme *Rechenspiele mit Elfe und Mathis I* (Lenhard/Lenhard 2010) und *Rechenspiele mit Elfe und Mathis II* (Lenhard et al. 2010) dienen der Einübung und Vertiefung mathematischer Grundkompetenzen im Primarstufenbereich (erste bis dritte und dritte bis fünfte Jahrgangsstufe). Die einzelnen Inhaltsbereiche entsprechen dabei den nationalen Bildungsstandards des Kultusministeriums in Deutschland und sind in altersgemäße Spielhandlungen (im fiktiven Elfenland) eingebettet. Kinder können zwischen einer weiblichen („Elfe") oder männlichen Begleitfigur („Mathis") wählen. Um geschlechtsspezifische Assoziationen mit der Mathematik zu vermeiden, werden allgemeine Instruktionen allerdings unabhängig von der ausgewählten Begleitfigur wiedergegeben. Das erste der beiden Programme, Rechenbeispiele mit Elfe und Mathis I, besteht aus insgesamt 17 Einzelspielen, die sich auf die Bereiche Mengen (4 Spiele), Zahlen (4 Spiele), Sachaufgaben (3 Spiele), Bilder (2 Spiele) und Rechnen (4 Spiele) beziehen. Rechenspiele mit Elfe und Mathis II baut auf 15 Einzelspielen auf, welche sich auf die inhaltlichen Bereiche Geometrie (4 Spiele), Rechnen (7 Spiele) und Sachaufgaben (4 Spiele) verteilen.

Jedes der im Übungsprogramm vorhandenen Spiele verfügt über drei Schwierigkeitsstufen. Wurden alle Einzelspiele einer Niveaustufe bestanden, kann das Kind über ein Labyrinth zur nächsten Schwierigkeitsstufe gelangen. Obwohl die Übungsprogramme nicht explizit zur Förderung rechenschwacher Kinder entwickelt wurden, enthalten sie dennoch zentrale lerntheoretische Elemente. So wird neben der intensiven Rückmeldung von Erfolg und Misserfolg auch ein tutorielles Feedback angeboten, welches je nach Spiel unterschiedlich detailliert ausfällt. Zusätzliche Verstärkerelemente werden gezielt nach Erreichen bestimmter Lösungsquoten eingesetzt. So erhält das Kind etwa beim Erreichen einer voreingestellten Mindest-Lösungsrate ein Puzzleteil zur Lösung eines Labyrinths.

Eine Besonderheit dieses computerbasierten Übungsprogramms ist, dass das Leistungsprofil eines Kindes mit Hilfe der Ergebnisse der bereits beschriebenen DEMAT-Test-Reihe (oder des TeDDy-PC) eingelesen werden kann und die Aufgabenschwierigkeit adaptiv an das individuelle Leistungsvermögen angepasst wird. Lerninhalte bauen somit auf vorhandenem Vorwissen auf und werden mit diesem verknüpft. Empirische Studien konnten erste Belege zur Wirksamkeit dieses computerbasierten Übungsprogrammes aufzeigen. So konnte eine Studie mit Kindern der ersten und zweiten Klassenstufe einen signifikanten Lernfortschritt im Vergleich zu einer angemessenen Kontrollgruppe nachweisen (Lenhard et al. 2011).

5.2 Frühförderprogramme

Generell haben Frühförderprogramme das Ziel, Kindern spielerisch einen frühen Zahlbegriff zu vermitteln. Damit ist die Erwartung verbunden, dass alle Kinder (mit und ohne Dyskalkulierisiko) nach Absolvierung der Frühförderung im Hinblick auf die Vorläufer schulischer Fertigkeiten eine homogenere Gruppe bilden als dies derzeit aufgrund der (hinsichtlich schulspezifischer Vorläuferfertigkeiten) regional sehr unterschiedlichen Kindergartencurricula der Fall ist.

In den letzten Jahren sind einige Konzepte und umfassende Programme entwickelt worden, die speziell für die Förderung basisnumerischer Kompetenzen im Kindergarten geeignet sind. Für viele dieser Programme liegen auch bereits erste wissenschaftliche Evaluierungen vor. Dies ist bemerkenswert, da die kontrollierte Überprüfung der Effizienz von Interventionsmaßnahmen mitunter sehr aufwändig ist.

Wissenschaftliche Methoden zur Überprüfung der Effizienz von Förderprogrammen

Es gibt verschiedene Indikatoren für die Effizienz eines Trainingsprogramms. Als Erstes ist zu überprüfen, ob durch die Applikation des Programms wesentliche und statistisch signifikante Leistungsverbesserungen erzielt werden können. Allerdings ist häufig unklar, ob dieselben Leistungsverbesserungen auch ohne die Intervention eingetreten wären. Verbesserungen können auch durch allgemeine Reifungsprozesse oder den parallel fortgesetzten regelmäßigen Schulbesuch induziert werden.

Ein weiterer Indikator ist, ob ein Interventionsprogramm zu größeren Leistungszuwächsen führt als der Regelunterricht oder ein anderes Interventionsprogramm. Eine *unbehandelte Kontrollgruppe* erfährt während der Trainingsphase der Interventionsgruppe keinerlei spezielle Behandlung. Verbessert sich die (rechnerische) Leistung der Interventionsgruppe von Vor- zu Nachtest stärker als die der Kontrollgruppe, so bleibt letztlich immer noch unklar, ob diese Leistungsverbesserung durch die Inhalte des Interventionsprogramms induziert werden konnten oder ob sie durch die vermehrte Zuwendung und Aufmerksamkeit, die die Kinder während der Intervention erfahren haben, zu erklären (und letztlich von den trainierten Inhalten unabhängig) sind.

Eine noch strengere Überprüfung der Effizienz von Förderprogrammen erfolgt im Vergleich zu einer *behandelten* oder *Zuwendungs-Kontrollgruppe*. Hier erhält die Kontrollgruppe im selben Umfang Zuwendung wie die Experimentalgruppe. Meist wird der Kontrollgruppe ein Training angeboten, von dessen Inhalten man *nicht* erwartet, dass sie spezifische Effekte auf die rechnerischen Leistungen haben (z. B. ein Training zur Sprachlautwahrnehmung oder ein unspezifisches Denktraining). Wenn es tatsächlich die Inhalte des Dyskalkulie-Interventionsprogramms sind, die wirken, dann sollte die mit diesem Programm geförderte Experimentalgruppe deutlich größere Fortschritte zeigen als die behandelte Kontrollgruppe.

Evidenz für die Wirksamkeit eines Trainingsprogramms ist auch, wenn die erzielten Effekte *inhaltsspezifisch* sind. Verbessern sich nach einem Training der basisnumerischen Fähigkeiten nicht nur diese, sondern auch die verbalen Leistungen, ist abzuklären, ob es sich um allgemeine Therapieeffekte handelt oder ob die Betonung von verbalen Erläuterungen innerhalb des

Trainings diesen Effekt induziert hat. Eine weitere Komponente, die es zu untersuchen gilt, die aber aufgrund mangelnder Ressourcen und aufwendiger Untersuchungsdesigns häufig nicht überprüft wird, ist die langfristige Wirksamkeit von durchgeführten Fördermaßnahmen. Nur wenn das Programm zu einer anhaltenden Leistungsverbesserung über einen längeren Zeitraum führt, kann von einer wirksamen Intervention gesprochen werden. Für die meisten der hier vorgestellten Programme fehlen derartige wissenschaftliche Belege. Letztlich ist selbst bei positiver Evaluation eines Förderprogramms oft nicht klar, welche Teilkomponenten des Gesamtprogramms wirksam sind und ob sich die positiven Interventionseffekte auch in der Schulleistung manifestieren.

Mengen, zählen, Zahlen: Ein numerisches Frühförderprogramm für Kinder ab 4 Jahren ist das von Krajewski und Mitarbeitern (2007) konzipierte Förderprogramm „Mengen, zählen, Zahlen" (MZZ). Das MZZ-Förderprogramm basiert auf dem von Krajewski und Schneider (2006) formulierten *Entwicklungsmodell früher mathematischer Kompetenzen*, das drei Kompetenzebenen differenziert: numerische Basisfertigkeiten, Anzahlkonzept und Anzahlrelationen (Abschnitt 2.13.2, Abb. 2.6). Für jede Kompetenzebene gibt es Übungen, die in einer bestimmten Reihenfolge durchgenommen werden und dem Kind helfen sollen, die nächste Kompetenzstufe zu erreichen.

3 Kompetenzstufen

Das MZZ-Programm besteht aus 24 Übungseinheiten, die über einen Zeitraum von acht Wochen dreimal wöchentlich für je 30 Minuten durchgeführt werden sollen. Empfohlen wird die Anwendung in Kleingruppen von vier bis sechs Kindern. Die Einhaltung der Reihenfolge sowie gelegentliche im MZZ-Programm vorgesehenen Wiederholungen von Übungen sind gemäß Krajewski und Kollegen sehr wichtig, um zu gewährleisten, dass die Kinder die für den Aufstieg in die nächsthöhere Kompetenzebene notwendigen Fertigkeiten meistern.

Leitfragen

Ein zentrales Konzept des MZZ-Programms ist, dass die Kinder die basisnumerischen Lerninhalte auch verbal wiedergeben sollen: Zu diesem Zwecke sollen den Kindern bei jeder Übung bzw. bei jedem Spiel vorformulierte Fragen („Leitfragen") gestellt werden, die die Lerninhalte bewusst machen sollen (Tab. 5.1).

Zahlentreppe

Eine wichtige Anschauungshilfe des MZZ-Programms ist die aus Zahlenstufen bestehende *Zahlentreppe*. Sie stellt das Anzahlkonzept (der Numerositäten von 1–10) in unterschiedlichen Repräsentations-

Tab. 5.1: Der Aufbau des Frühförderprogramms „Mengen, zählen, Zahlen" (MZZ, nach Krajewski et al. 2007)

Komponenten	**Ausgewählte Übungen (Leitfragen)** [Zahlenraum 1 bis 10]	**Konzeptuelle Zuordnung**
Zahlen als Anzahlen (Anzahlkonzept)	*Mengen zählen* („Wie viele sind das?"; „Welche Zahl ist das?"): *Mengen zuordnen und vergleichen – Transformation verschiedener Repräsentationsformen* („Welche Mengen/Anzahlen passen zu dieser Zahl?"; „Was haben alle Seiten einer Zahlenstufe gemeinsam?"; „Welche Zahl kommt zwischen diese beiden Zahlen?")	Basisnumerische Fähigkeiten (Numerosität, Zählprinzipien [Eins-zu-eins-Zuordnung, stabile Abfolge der Zählwörter], ordinaler Zahlenaspekt), Transkodieren + Konzeptuelles Wissen
Anzahlordnung	*Abzählen und Mehr/Weniger-Vergleich* („Bei welcher Zahl sind mehr/weniger Dinge"; „Woher weißt du das?"; „Wie viele Dinge liegen bei dieser Zahl mehr/weniger als bei der anderen?"); *Ordnen nach numerischer Größe* („Wohin in die Reihe gehört diese Zahlenstufe?"; „Welche Menge/Zahl ist kleiner/größer?"; „Welche Menge/Anzahl fehlt in der Reihe?"); *Bestimmen von Nachfolger-Anzahlen und Nachfolger-Zahlen* („Welche Zahl kommt beim Zählen genau nach dieser Zahl?"; „Zu welcher der Zahlen gehören mehr Dinge?"; „Welcher Punkt/Streifen etc. ist von der vorherigen Zahl zu dieser Zahl hinzugekommen?"); *Anzahlen/Höhen schätzen* („Wer von euch hat die meisten/die wenigsten Chips?"; „Warum ist dein Turm größer als mein Turm?")	Basisnumerische Fähigkeiten (ordinaler und relationaler Zahlenaspekt), Transkodieren + Einfache Arithmetik + Konzeptuelles Wissen
Teil-Ganzes-Beziehungen und Anzahlunterschiede	*Zusammenzählen von zwei Mengen* („Wie viel/hoch/lang sind beide Mengen/Zahlenstufen/Zahlenstreifen zusammen?"; *Zuordnen von Teilmengen zu einer Gesamtmenge* („Welche/-r Zahlenstufe/Zahlenstreifen ist so hoch/lang wie beide zusammen?"); *Exakte numerische Differenzen errechnen* („Wie viele Dinge gehören zu dieser Zahl mehr/weniger als zur anderen Zahl?")	Basisnumerische Fähigkeiten (relationaler Zahlenaspekt) + Einfache Arithmetik + Konzeptuelles Wissen

formen dar: vertikal angeordnete Punktmengen, Würfelbilder, Fingerbilder, Segmente eines Zahlenstrahls, Uhrenstücke, arabische Zahlen. Bei allen Repräsentationsformen wird die Fünferstruktur visuell hervorgehoben: bei vertikalen Punktmengen durch eine Trennlinie nach 5 Punkten und bei Würfel-/Fingerbildern werden Anzahlen > 5 immer kombinatorisch mit dem Fünferbild/allen Fingern einer Hand dargestellt. Die unterschiedlichen Repräsentationsformen werden auf den einzelnen Seiten der Zahlentreppenstufen dargestellt, so dass man durch Drehen der Stufen rasch die entsprechende Repräsentationsform sichtbar machen kann. Vor die Zahlentreppe können *Zahlenstreifen* gelegt werden. Diese bestehen aus quadratischen Feldern, wobei das letzte Feld mit der entsprechenden arabischen Ziffer markiert ist (z. B. 6 Felder markiert mit „6“).

Zahl Null

Krajewski und Kollegen haben sich entschlossen, im MZZ-Programm die Zahl Null bewusst nicht zu thematisieren, weil die Null keine „wahrnehmbare“ Anzahl darstelle und deshalb für besonders schwache Rechner eventuell eine Verständnishürde sein könne. Allerdings könnte man umgekehrt argumentieren, dass der Null auch im frühen Erwerb des Zählens und Rechnens eine wichtige Funktion zukommt. Das Anzahlkonzept Null (nichts, leere Menge) ist alltagsrelevant und sollte daher auch bei einfachen Additionen und Subtraktionen geübt werden. Die elementare lexikalische Funktion der Null (nichts) ist zudem eine Grundvoraussetzung für das Verständnis der syntaktischen (Platzhalter-)Funktion der Null (z. B. 201). Anhand von geeigneten Anschauungshilfen sollte es gelingen, sowohl das Konzept der Null als auch numerische Differenzen von Null „begreifbar“ darzustellen.

In einer relativ groß angelegten ersten Evaluationsstudie (Krajewski et al. 2008) mit insgesamt 260 Teilnehmern wurde eine Vorläuferversion des MZZ-Programms an 71 Kindern überprüft und mit einem anderen numerischen Frühförderprogramm („Komm mit ins Zahlenland“: Friedrich/de Galgóczy 2004; s. u.), einem nichtnumerischen Programm („Denktraining I für Kinder“: Klauer 1989) sowie einer Kontrollgruppe ohne spezielles Training verglichen.

Bedauerlicherweise konnte die Intensität der Förderung für die drei Trainingsbedingungen nicht konstant gehalten werden. Zwar wurden alle Trainings über zehn Wochen durchgeführt, aber während die Kinder der MZZ-Gruppe täglich eine halbe Stunde gefördert wurden, trainierten die Kinder der Zahlenland-Gruppe nur einmal wöchentlich einen Vormittag und die Kinder, die das Denktraining absolvierten, wurden einmal wöchentlich für ca. 15 bis 20 Minuten individuell gefördert. Somit muss letztlich offenbleiben, ob die signifikant stärkere Verbesserung in den basisnumerischen Fähigkeiten innerhalb der MZZ-Gruppe auf die spezifischen Inhalte oder auf die stärkere Intensität des Trainings zurückzuführen war. Für einen spezifischen Effekt des Trainingsinhalts spricht, dass im Bereich der Verarbeitung von Sprachlauten (phonologische Bewusstheit) während der Trainingsphase keine Unterschiede in den Leistungsverbesserungen zwischen den vier Gruppen festzustellen waren, d.h. die Leistungssteigerung war inhaltsspezifisch. Aber auch die Tatsache, dass die Aufgabenstellungen zur Erhebung der basisnumerischen Kompetenzen in Vor- und Nachtest relativ nahe an den im MZZ-Programm trainierten Inhalten waren, könnte die Ergebnisse beeinflusst haben.

Die Lerneffekte waren direkt nach Beendigung des Trainingsprogramms am eindrucksvollsten. Am Ende der 1. Grundschulklasse waren bei einem standardisierten Rechentest (DEMAT 1+) keine Leistungsunterschiede zwischen den vier Interventionsgruppen feststellbar. Die Autoren führen das Fehlen von anhaltenden Leistungsvorteilen darauf zurück, dass die unmittelbaren Fördereffekte auf die arithmetischen Vorläuferfertigkeiten der dritten und höchsten Ebene (also der Anzahlrelationen) zwischen dem Ende der Trainingsphase (Dezember des letzten Kindergartenjahres) und dem Einsetzen des schulischen Mathematikunterrichts bereits wieder zurückgegangen waren. Um maximale Lerneffekte zu erhalten, sollte man laut Krajewski und Kollegen (2008) das MZZ-Programm daher möglichst knapp vor der Einschulung durchführen.

anwenderfreundlich

Insgesamt ist am MZZ Programm positiv hervorzuheben, dass es einen soliden theoretischen Hintergrund hat und zudem durch den strukturierten Aufbau und genaue Durchführungsanweisungen auch sehr anwenderfreundlich gestaltet ist.

Förderung basisnumerischer Fertigkeiten

Entdeckungen im Zahlenland: Ein im deutschen Sprachraum weit verbreitetes Frühförderprogramm ist das didaktische Konzept „Entdeckungen im Zahlenland" das auch unter dem Namen „Guten Morgen liebe Zahlen" bekannt ist (Preiß 2005). Das Programm fokussiert explizit auf die Förderung basisnumerischer Fertigkeiten und differenziert *drei Handlungs- und Erfahrungsfelder:* das Zahlenhaus, den Zahlenweg und die Zahlenländer. Lernziele sind die Etablierung der Numerositäten von 1 bis 5 (Teil 1) sowie 6 bis 10 (Teil 2), wobei der kardinale, ordinale und relationale Zahlenaspekt spielerisch vermittelt werden soll. Bei jeder Übungseinheit taucht zudem ein „Fehlerteufel" auf, der alles durcheinanderbringt. Die Kinder sollen die Ordnung wiederherstellen, indem sie das Zahlenhaus 2 wieder mit je 2 Objekten (z.B. 2 Nüsse, 2 Bälle, 2 Steine), das Zahlenhaus 3 mit 3 Objekten etc. ausstatten. Teil 1 besteht aus zehn Übungseinheiten, Teil 2 aus zwölf Übungseinheiten, die einmal wöchentlich über ein bis eineinhalb Stunden mit einer Gruppe von 12 bis 15 Kindern durchgeführt werden sollen.

Das Programm wurde bislang nicht empirisch evaluiert. Für den interessierten Anwender liegen jedoch Erfahrungsberichte in Form von Projektdokumentationen vor. Die Rückmeldungen von KindergartenpädagogInnen sind positiv, wobei vor allem der strukturierte Leitfaden und der spielerische Umgang mit Zahlengrößen von den Anwendern geschätzt werden.

personalisierte Zahlengrößen

Komm mit ins Zahlenland: Dieses Programm ist in vielen Bereichen ähnlich dem Programm „Entdeckungen im Zahlenland“ (Friedrich / de Galgóczy 2004). Auch hier werden *drei Handlungs- und Erfahrungsbereiche* differenziert, die jedoch teilweise andere Namen tragen (Zahlenstadt, Zahlengärten, Zahlenweg). Wiederum gibt es eine Art Fehlerteufel namens „Zahlenkobold Kuddelmuddel“. Die primären Lernziele sind auch hier die Veranschaulichung der Zahlengrößen sowie die Verinnerlichung der kardinalen und ordinalen Zahlenaspekte. Anders als beim Preiß-Programm werden die Zahlengrößen hier jedoch personalisiert, d. h. jede Zahlengröße bzw. Numerosität wird den Kindern in einer bestimmten Gestalt präsentiert. Die Eins ist ein Einhorn; die stotternde Zwei sagt alle Wörter zweimal (z. B. „Hier hier oben oben bin bin ich ich!“) und wohnt in einem Haus zwischen zwei Bäumen; bei der Drei ist alles dreieckig (das Haus, das Gartentor, der dreibeinige Tisch) etc.

Dieses didaktische Konzept widerspricht allerdings dem Prinzip, dass Anschauungshilfen nicht mit den abstrakten Zahlenvorstellungen interferieren sollten (s. Abschnitt 5.1.3). Vor allem Kindern mit basisnumerischen Defiziten könnte es schwerfallen, den Wechsel von den personalisierten zu abstrakten Zahlenrepräsentationen zu meistern.

gut strukturiert

Das Programm ist in zehn Übungseinheiten gegliedert, jede Einheit ist einer Zahl von 1 bis 10 gewidmet. Pro Übungseinheit bzw. Zahl soll ein ca. einstündiges Training einmal wöchentlich durchgeführt werden. Alle Übungen liegen gut strukturiert in Buchform gemeinsam mit detaillierten Instruktionsanweisungen vor (Friedrich / de Gargóczy 2004). Zusätzlich gibt es separat für jede Zahl Zahlenmärchen und Zahlenlieder auf einer dem Handbuch beigelegten CD.

In einer Evaluationsstudie untersuchten Friedrich und Munz (2006) insgesamt 92 Kindergartenkinder, wobei die Hälfte die Übungen des Programms „Komm mit ins Zahlenland“ absolvierten und die andere Hälfte als Kontrollgruppe fungierte. Diese erhielt keine spezielle Intervention und wurde nach dem regulären Kindergartencurriculum gefördert. Vor und nach der Intervention wurden standardisierte Entwicklungstests durchgeführt, die zusätzlich zu den numerischen auch sprachliche Leistungen erhoben. In einer Nachfolgeuntersuchung wurden die Rechenleistungen der Kinder am Ende der 1. Klassenstufe mit dem DEMAT 1+ erhoben. Die Kinder der Experimentalgruppe zeigten sowohl nach Beendigung des Interventionsprogramms bei den Entwicklungstests (Untertests zur Erfassung des anschauungsgebundenen Denkens und der Sprachentwicklung) als auch ein Jahr später in den Rechenleistungen größere Lernzuwächse als die Kinder der Kontrollgruppe. Die Autoren betonen, dass das Förderkonzept „Komm mit ins Zahlenland“ sowohl domänenspezifische numerische als auch allgemeine Fördereffekte im Bereich der Sprachentwicklung induziert. Dies verwundert nicht weiter, wenn man bedenkt, dass ein wichtiger Teil des Förderprogramms im Erzählen von Geschichten und Verbalisieren von numerisch-rechnerischen Aktivitäten besteht.

In der bereits ausführlich dargestellten Evaluationsstudie von Krajewski und Kollegen (2008) hatte das Programm „Komm mit ins Zahlenland“ als eine der Kontrollbedingungen allerdings nicht so gut abgeschnitten. Hier hatten sich gegenüber der unbehandelten Kontrollgruppe weder spezifische Verbesserungen der basisnumerischen Fähigkeiten im Kindergarten noch Effekte auf die Rechenleistungen in der 1. Klassenstufe gezeigt.

5.3 Förderung und Intervention bei Dyskalkulie

5.3.1 Allgemeine Überlegungen zur Interventionsplanung

Lorenz (2005) betont, dass Dyskalkulie-Interventionen, die sich lediglich auf eine Wiederholung des Schulstoffs beschränken, wenig zielführend sind und bei Kindern mit Dyskalkulie nicht die erhofften Leistungssteigerungen bringen (s. a. Krüll 2000; Schwank 2005). Das heißt, dass Interventionen, die auf die Verbesserung der Lernleistungen abzielen, sich anderer Mittel und Methoden bedienen müssen, um Lerneffekte da zu erzielen, wo der Regelunterricht „versagt“ hat bzw. von den betroffenen Kindern nicht verstanden wird.

Scaffolding

Ein wichtiges Prinzip ist hier das weiter oben erwähnte Scaffolding, also die Sicherstellung, dass die Kinder über das nötige Grundlagenwissen verfügen, auf dem die weiteren Lerneinheiten aufbauen. Die konsistente Verwendung von Anschauungshilfen ist beispielsweise immer dann zu empfehlen, wenn die Etablierung von abstrakten Zahlenrepräsentationen unterstützt werden soll oder das konzeptuelle Verständnis für Zahlengrößen (Numerositäten) und Mengenrelationen aufgebaut werden soll. Im Regelunterricht wird das Scaffolding zwar ebenfalls angestrebt, ist allerdings auf den „Mainstream", also die durchschnittlichen Schüler, abgestimmt. Für Schüler mit umschriebenen Leistungsschwächen bedeutet dies, dass der Regelunterricht meist zu hoch ansetzt, also Lerninhalte vermittelt, für die das entsprechende Grundlagenwissen noch nicht etabliert oder nicht ausreichend automatisiert ist.

maßgeschneidert vs. standardisiert

Wie in Kapitel 3 ausführlich dargestellt, können die Leistungsprofile von Kindern mit Dykalkulie sehr unterschiedlich sein, was zu verschiedenen Klassifizierungs- und Subtypisierungsversuchen geführt hat. Eine logische Schlussfolgerung der Anerkennung von Dyskalkulie-Subtypen müsste die Entwicklung verschiedener Interventionsansätze sein, die auf die einzelnen Subtypen bzw. deren neurokognitive Leistungsprofile zugeschnitten sind. Maßgeschneiderte Intervention sollte ressourcenorientiert sein, das bedeutet, die kognitiven Ressourcen des Kindes sollen genutzt werden, um kognitive Defizite zu kompensieren (Naglieri / Johnson 2000). *Maßgeschneiderte* Programme sind von solchen zu differenzieren, die nicht speziell für ein Individuum konzipiert wurden, sondern für möglichst alle betroffenen Kinder anwendbar sind. *Standardisierte Interventionsprogramme* haben in der Regel einen mehr oder weniger strukturierten Aufbau und geben sowohl die Lerninhalte als auch die Lehr- und Lernmethoden explizit vor.

5.3.2 *Differenzielle Interventionseffekte*

evidenzbasierte Interventionsmaßnahmen

Für die Praxis überaus relevant ist die Frage nach der Wirksamkeit von Interventionsmaßnahmen. Schließlich wird viel Zeit und Energie in die Umsetzung von Fördermaßnahmen investiert, daher sollten trainingsspezifische Leistungsverbesserungen erzielt werden können, die über die allgemeinen entwicklungsbedingten Veränderungen hinausgehen. In der Intervention sollte so genannten *evidenzbasierten* Programmen, deren Effizienz in unabhängigen, wissenschaftlich kontrollierten Evaluationsstudien belegt werden konnte, der Vorzug gegeben werden gegenüber Programmen, für die diese Evidenz fehlt. Leider besteht bisher ein eklatanter Mangel an methodisch fundierten Evaluationsstudien. Dennoch haben eine Reihe von Metaanalysen die aktuelle Befundlage gesichtet und zusammengefasst.

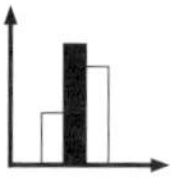

Kroesbergen und van Luit (2003) verglichen die Ergebnisse von insgesamt 58 Interventionsstudien mit 2.509 Kindern. Inkludiert in diese Meta-Analyse wurden nur Interventionsstudien, die bei Grundschülern (bis maximal 12 Jahren) mit Lernschwierigkeiten im Unterrichtsfach Mathematik durchgeführt wurden. Die Definition dieser Lernschwierigkeiten war recht großzügig, so dass in die Meta-Analyse alle Studien aufgenommen wurden, die Kinder mit Dyskalkulie, „Risikokinder" für Dyskalkulie oder Kinder mit Rechenstörungen im Rahmen von geringfügigen Intelligenzminderungen einbezogen. Explizit ausgeschlossen wurden Interventionsstudien bei Kindern mit schwerwiegender mentaler Retardierung. Weitere Einschlusskriterien betrafen die Instruktionsmethoden, die spezifisch den Mathematikunterricht betreffen und genau beschrieben sein mussten, sowie das Vorhandensein von genau definierten Kontrollbedingungen oder Kontrollgruppen. Im Hinblick auf die Interventions*inhalte* differenzierten die Autoren die verbleibenden 58 Studien in drei Gruppen: solche, die primär auf numerisch-rechnerische Vorläuferfertigkeiten abzielten (preparatory skills; n = 13); solche, die die Grundrechenarten trainierten (basic skills; n = 31); und solche, die vor allem das arithmetische Problemlösen thematisierten (problem solving; n = 17). Es zeigte sich, dass Interventionen bei Kindern mit umschriebener Dyskalkulie effektiver waren als bei Kindern mit geringfügiger mentaler Retardierung oder bei den sogenannten „Risikokindern". Mit Hilfe einer Regressionsanalyse ermittelten die Autoren dann jene Faktoren, die die beobachteten differenziellen Interventionseffekte der in die Meta-Analyse inkludierten Studien am besten erklären konnten. Der größte Anteil der Varianz (nämlich 69 %) war durch die folgenden vier Faktoren erklärbar:

(1) *Interventionsdesign:* Einzelförderung erwies sich insgesamt als effektiver als Gruppenförderung. Dies sehen die Autoren darin begründet, dass Einzelförderung immer auf einem intraindividuellen Leistungsvergleich beruht und die Förderinhalte meist an das Erreichen eines bestimmten, vorher festgesetzten Leistungskriteriums gebunden sind. Da das Training erst dann beendet wird, wenn ein bestimmtes Leistungsniveau (z. B. 80 % korrekte Antworten) erreicht wird, sei es auch nicht verwunderlich, dass beim Einzelsetting größere messbare Lernzuwächse zutage treten als bei der Gruppenförderung.

(2) *Inhalte der Intervention:* Am effektivsten waren Programme zur Förderung der Vorläuferfertigkeiten oder der Grundrechenarten (weniger effektiv solche, die auf das Problemlösen fokussier-

ten, zumindest traf dies in der hier untersuchten Population von Grundschülern zu).

(3) *Instruktionsmethoden:* Im Hinblick auf das Erlernen der Grundrechenarten (nicht jedoch hinsichtlich der numerischen Vorläuferfertigkeiten oder des arithmetischen Problemlösens) war die direktive Wissensvermittlung am effektivsten. Weiterhin zeigte sich, dass computergestütztes Lernen und Tutoring durch Gleichaltrige zu geringeren Lernzuwächsen führten als Interventionen, die durch eine Lehrperson vermittelt wurden.

(4) *Dauer:* Kürzere Interventionen führten zu größeren Lernzuwächsen als länger dauernde Interventionen. Letzteres, auf den ersten Blick überraschendes Ergebnis ist laut Kroesbergen und van Luit (2003) dadurch erklärbar, dass kurze Interventionen meist sehr spezifisch (d. h. auf bestimmte Lerninhalte beschränkt) sind und daher in den geübten Bereichen zu größeren Lernzuwächsen führen als länger dauernde und inhaltlich breiter angelegte Förderprogramme.

Weitgehend konsistent mit diesen Befunden sind die Ergebnisse einer weiteren Meta-Analyse. In dieser Studie gingen Chodura und Kollegen (2015) der Frage nach, welche interventions- und stichprobenbezogenen Einflussfaktoren einem erfolgreichen Lernzuwachs bei rechenschwachen Kindern zugrunde liegen. Dafür analysierte das Autorenteam insgesamt 35 Einzelstudien, in denen die Wirksamkeit von verschiedenen Interventionsprogrammen bei Kindern mit Rechenschwierigkeiten im Alter von 6 bis 12 Jahren überprüft wurde. Im Hinblick auf interventions- und stichprobenbezogene Faktoren differenzierten die Autoren die Studien anhand vorgegebener Kriterien. So wurden interventionsbezogene Faktoren unter anderem in *Instruktionsform* (z.B. direktive Instruktion, problemorientierte Instruktion); *Interventionsart* (z.B. Training von arithmetischen Grundfertigkeiten, computerbasierte Intervention, adaptive Interventionsform); *Interventionssetting* (z.B. Einzeltraining, Gruppentraining) unterteilt. Die Probanden wurden anhand der *Ausprägungsform der Rechenschwierigkeit* (Kinder mit Dyskalkulie, Risikokinder für Dyskalkulie und Kinder mit einer unspezifischen Lernstörung) sowie dem *diagnostischen Diskrepanzkriterium* (nach ICD-10 erfüllt/nicht erfüllt) klassifiziert.

Die Ergebnisse der Meta-Analyse zeigten ein interessantes und differenziertes Bild über die Wirksamkeit der in der Studie eingeschlossenen Interventionsprogramme. Als besonders effektiv erwiesen sich direktive Instruktionsformen, individuelle Lernangebote im Einzelsetting, computerbasierte Interventionen sowie das Training von arithmetischen Grundfertigkeiten (die Wirksamkeit von basisnumerischen Kompetenzen konnte aufgrund der geringen Anzahl empirischer Befunde leider nicht erfasst werden). Diese Befunde decken sich weitgehend mit den Ergebnissen der zuvor diskutierten Studie von Kroesbergen und van Luit (2003). Ebenso finden sich in dieser Studie keinerlei Belege dafür, dass adaptive und länger andauernde Intervention zu einem größeren Lernzuwachs führen. Wie schon zuvor erwähnt, dürften kurze Interventionen besonders aufgrund der spezifisch zugeschnittenen Lerninhalte die entstehenden Nachteile einer kürzeren Interventionsdauer aufwiegen. Die fehlende Wirksamkeit von adaptiven Interventionsprogrammen könnte als eine nicht wirksame Anpassung an das geringe Leistungsniveau von rechenschwachen Kindern interpretiert werden. Möglicherweise kann ein signifikanter Leistungsfortschritt nur dann erfolgen, wenn das Training in einem optimalen Anforderungsbereich liegt. Allerdings fehlen derzeit die empirischen Befunde, wo genau dieser optimale Anforderungsbereich bei Kindern mit Dyskalkulie zu verorten ist.

In diesem Zusammenhang sind auch die Ergebnisse einer anderen Meta-Analyse interessant, derzufolge Unterrichtsmethoden, die bei Kindern mit Dyskalkulie zu Leistungsverbesserungen führen, auch in der Regelschule erfolgreich anwendbar sind (Swanson/Hoskyn 1998). Dieser Befund ist nicht weiter überraschend, wenn man bedenkt, dass ein Hauptmerkmal effektiver Dyskalkulie-Interventionen ein konstruktivistischer Lernansatz ist, bei dem das Scaffolding (mit und ohne Anschauungshilfen) bzw. die Generierung neuen Wissens durch Anknüpfung an bereits bestehendes Wissen eine wichtige Rolle spielt. Der Regelunterricht ist oft so konzipiert, dass zwar durchschnittlich begabte Schüler Wissen konstruieren können (da sie die für einen Wissensaufbau nötigen Grundlagen gemeistert haben), Schüler mit Lernschwierigkeiten jedoch häufig überfordert sind. Ihnen fehlen diese Grundlagen, oder sie sind nur bruchstückhaft vorhanden.

Hervorzuheben ist, dass Chodura und Kollegen (2015) besonders bei Risikokindern einen äußerst nachhaltigen Lernzuwachs identifizierten konnten. Möglicherweise wirken Interventionen bei Kindern mit einer gering ausgeprägten Symptomatik besser als dies bei einer eher stark ausgeprägten Symptomatik der Fall ist. Dieser Befund könnte auf eine gewisse Behandlungsresistenz bei Kindern mit Dyskalkulie hinweisen oder auch darauf, dass viele Interventionsprogramme zu unspezifisch wirken, um einen nachhaltigen Lernerfolg einzuleiten.

Zusammenfassend zeichnen die bisherigen Daten aber ein durchwegs positives Bild. Sie verdeutlichen die Wirksamkeit spezifischer Einflussfaktoren und zeigen, dass besonders präventive Maßnahmen bei Risikokindern äußerst vielversprechend sind.

5.3.3 Dyskalkulie-Interventionsprogramme

Wie in Kapitel 3 erläutert, ist ein häufiges Kerndefizit von Kindern mit Dyskalkulie ein Defizit der Verarbeitung der Zahlengröße bzw. Numerosität. Interventionen für Kinder mit mangelnder Zahlengrößenrepräsentation müssen auch dann an diesem Punkt ansetzen, wenn der Klassenstoff weit komplexere arithmetische Probleme behandelt. In der Praxis müssen Kinder mit Dyskalkulie häufig erst jene numerischen Basisfertigkeiten erwerben, die Kinder ohne Dyskalkulie lange vor Schuleintritt und ohne expliziten Unterricht erwerben. Das heißt also, dass für viele Grundschüler mit Dyskalkulie Interventionsprogramme adäquat sind, die ursprünglich als Frühförderprogramme konzipiert wurden.

Eine weitere Hürde beim Rechnenlernen kann das arithmetische Faktenwissen sein (s. Abschnitt 3.5). Obwohl gravierende Probleme beim Speichern oder beim Abruf arithmetischer Fakten zu den am häufigsten berichteten Problemen von Kindern mit Dyskalkulie gehören, liegen bisher erstaunlicherweise kaum empirische Befunde zu Trainings vor, die spezifisch auf dieses Defizit abzielen. Außer Frage steht, dass bei Kindern mit Defiziten im arithmetischen Faktenwissen ein Drilltraining nur dann angezeigt ist, wenn gewährleistet ist, dass sie über das entsprechende arithmetische Verständnis verfügen. Ist dieses Verständnis nicht gegeben, muss in diesem Bereich angesetzt werden.

alternative Lösungsstrategien

Wenn arithmetisches Faktenwissen nicht direkt abrufbar ist, kann die Intervention darauf abzielen, die entsprechenden Lösungen mit Hilfe alternativer Lösungsstrategien zu generieren. Zu diesen alternativen Strategien gehört etwa die *Problemzerlegung* (Ableitung unbekannter Fakten von bekanntem Faktenwissen), *zählendes Rechnen* (bei Additionsfakten) oder *wiederholtes Addieren* (z. B. 4 x 6 = 6 + 6 + 6 + 6). Der Einsatz alternativer Lösungsstrategien setzt intaktes prozedurales und konzeptuelles Wissen voraus. Auch dieser Förderansatz wurde bei erwachsenen Patienten erfolgreich eingesetzt (Girelli et al. 2002).

Allerdings kann diese Interventionsmethode nicht zu einem schnellen und direkten Faktenabruf aus dem Gedächtnis führen, das Rechnen bleibt langsam und teils extrem mühevoll. Umgekehrt sind allerdings Lerntransfer und Generalisierung auf nicht geübte Aufgaben und Probleme zu erwarten.

Im Folgenden werden Interventionsansätze präsentiert, für die eine empirische Evaluierung vorliegt. Alle hier dargestellten Interventionsansätze sind modular aufgebaut und symptomorientiert.

numerische Aktivitäten

„Numeracy Recovery"-Programm: Dieses Programm wurde für 6- bis 7-jährige Kinder mit schwachen Mathematikleistungen entwickelt (Dowker 2001; 2007). Das individuell durchgeführte Training besteht aus numerischen Aktivitäten, die über einen Zeitraum von 30 Wochen, einmal wöchentlich über ca. 30 Minuten durchgeführt werden. Das Interventionsprogramm basiert auf entwicklungs(neuro)psychologischen Theorien der Zahlenverarbeitung und des Rechnens und wurde in Zusammenarbeit mit PädagogInnen entwickelt. Das Programm besteht aus neun Komponenten, und für jede Komponente liegen spezifische Übungen vor (s. Tab. 5.2).

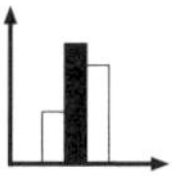

In einer ersten Studie beschrieb Dowker (2001) die Interventionseffekte für 62 Kinder, seit kurzem liegen auch die Interventionsergebnisse von 146 Kindern im Alter von 6 bis 7 Jahren vor (Dowker 2007). Unmittelbar nach Interventionsende waren im Vergleich zum Vortest signifikante Leistungsverbesserungen bei standardisierten Rechentests feststellbar, die Zahlenwissen, Rechenfertigkeiten und rechnerisches Denken in Form von Textaufgaben erfassten. Dass sich die Leistungen in standardisierten Tests verbesserten, bedeutet, dass die Kinder tatsächlich einen Teil des Leistungsrückstandes gegenüber Kindern mit unauffälliger Entwicklung wettmachen konnten. Die eindrücklichsten Leistungszuwächse waren beim abgeleiteten Faktenwissen sowie beim Schätzen ersichtlich. Nicht alle Kinder der Experimentalgruppe erreichten nach Interventionsende ein altersadäquates Kompetenzniveau. Positiv hervorzuheben ist, dass 101 von den insgesamt 146 Kindern auch ein Jahr nach Interventionsende nachhaltige Leistungsverbesserungen zeigten.

Modifizierte deutschsprachige Versionen des „Numeracy Recovery"-Programms wurden erfolgreich bei einer Gruppe von Drittklässlern mit Dyskalkulie (Kaufmann et al. 2003) und bei unselektierten Kindergartenkindern im Rahmen einer numerischen Frühförderung (Kaufmann et al. 2005) eingesetzt. Ein zentraler Aspekt dieser Interventionsprogramme ist die *simultane* Förderung des basisnumerischen und konzeptuellen arithmetischen Wissens.

Tab. 5.2: Das „Numeracy Recovery"-Programm von Dowker (adaptiert aus Dowker 2007)

Komponenten des Förderprogramms	**Ausgewählte Übungen**	**Konzeptuelle Zuordnung**
Zählprozeduren	Zählen konkreter Objektmengen von 5 bis 25: regulär/irregulär, linear/nichtlinear.	Basisnumerische Fähigkeiten + ZV – nichtsymbolisch
Zählprinzipien und deren Anwendung	*Prinzip der Irrelevanz der Zählfolge:* Zählen konkreter Objektmengen (anfangs bis 4), Beantworten von Fragen der Irrelevanz der Zählabfolge; Erwachsener demonstriert die Abfolge-Irrelevanz: „Es sind 4, wenn ich hier mit dem Zählen beginne, und 4, wenn ich hier beginne: Es ist immer 4, ganz gleich, wo ich zu zählen beginne"; Üben mit größeren Objektmengen. *Nachfolger-/Vorläuferzahlen (n + 1, n – 1):* Beobachten und Vorhersage von n + 1, n – 1 Aufgaben bis 20 mit Anschauungshilfen (Ziel: Antwort ohne Zählen); verbale Übungen: „Welche Zahl kommt vor 8? Welche nach 14?"; Arbeitsblätter mit Abbildungen von n + 1/n – 1 Aufgaben; Domino-Spiel: Anstatt desselben Dominos muss jeweils der Dominostein mit der nächstniedrigeren oder nächsthöheren Punktzahl angelegt werden.	Basisnumerische Fähigkeiten + ZV – nichtsymbolisch und verbal + Konzeptuelles Wissen
Transkodieren	Lesen und Schreiben arabischer Zahlen; Sortieren von Objekten in Zehnergruppen: Notieren der vollen Zehner, z. B. 20, 30 etc.; dieselbe Übung, nur dass diesmal Einer zu den Zehnern dazukommen, z. B. Sortieren von Objekten in zwei volle Zehner und drei einzelne = 23.	ZV – symbolisch und nichtsymbolisch + Konzeptuelles Wissen
Stellenwertsystem	Addieren von Zehnern zu Einern sowie von Zehnern zu Zehnern in verschiedenen Formaten: arabische Zahlen, Zahlenstrahl, Zehnerstangen und Einerwürfel, Hand- und Fingerbilder (bzw. jedes Anschauungsmaterial mit dem das Kind zu arbeiten gewohnt ist); Betonung, dass die Antwort unabhängig ist vom Darstellungsformat; Rechenaufgaben wie: 20 + 10, 20 + 11, 20 + 12 etc. (wenn nötig mit Anschauungshilfen).	ZV – symbolisch und nichtsymbolisch + Konzeptuelles Wissen

Verbale Textaufgaben	Kurze einfache Additions- und Subtraktionsaufgaben (Austausch-, Kombinations- und Vergleichsaufgaben*) werden verbal präsentiert und sollen diskutiert werden: „Welche Zahlen kommen da vor?" „Was müssen wir mit diesen Zahlen tun?" „Müssen wir dazu zählen oder etwas wegnehmen?" „Hat Peter nun mehr oder weniger Kekse als vorher?"; Wichtig: Die Aufgaben sollen mit Anschauungshilfen dargestellt und zusätzlich symbolisch – in arabischen Zahlen – notiert werden.	Rechnen – verbal + ZV – symbolisch + Konzeptuelles Wissen
Transformation von Rechenaufgaben in konkrete, verbale und symbolische Formate	Lesen und Schreiben arabischer Zahlen; Kinder, die Schwierigkeiten beim Schreiben zweistelliger Zahlen haben, sollen Objekte zu Zehnergruppen sortieren und diese Resultate notieren (20, 30 etc.): Wenn dies gelingt, sollen die Kinder Zehnergruppen und einzelne Objekte sortieren und die entsprechenden Ergebnisse notieren; dieselben Aufgaben werden in verschiedenen Formaten präsentiert (mündliche Textaufgaben, arabische Zahlen, konkrete Darstellungen), und es wird darauf hingewiesen, dass die Resultate unabhängig vom Präsentationsformat identisch sind.	ZV – symbolisch und nichtsymbolisch + Rechnen – verbal und symbolisch + Konzeptuelles Wissen
Ableitung von arithmetischem Faktenwissen von bekanntem Faktenwissen (Additionen und Subtraktionen)	Übungen zum Verständnis und der Anwendung von Ableitungsregeln wie Kommutativität (2 + 5 = 5 + 2), n + 1 Prinzip (5 + 1 muss nicht gerechnet werden, weil das Ergebnis die Nachfolgerzahl von 5 ist) und Umkehrregel (2 + 5 = 7 entspricht 7 – 5 = 2 bzw. 7 – 2 = 5).	Rechnen – symbolisch und nichtsymbolisch + Konzeptuelles Wissen
Mengen schätzen	Kinder sollen die Schätzungen von imaginativen Personen (z. B. Peter und Anni) auf einer fünfstufigen Smiley-Skala im Hinblick auf deren Korrektheit beurteilen und anschließend ihre Antworten zu begründen versuchen; die eigenen Schätzungen sollen mit Anschauungshilfen abgebildet werden.	ZV – nichtsymbolisch und verbal
Faktenabruf	Wiederholtes Üben derselben Fakten (Drilltraining); gleichzeitig „Zahlenspiele" zur Memorisierung der Fakten.	Rechnen – verbal

*) Beispiele für die verschiedenen Typen von Textaufgaben: *Austauschaufgaben:* „Anna hat 5 Kekse, 3 davon schenkt sie Petra. Wie viele Kekse hat Anna noch?"; *Kombinationsaufgaben:* „Peter und Lukas haben zusammen 6 Kekse. Lukas hat 4 Kekse. Wie viele Kekse hat Peter?"; *Vergleichsaufgaben:* „Sonja hat 8 Kekse. Sie hat 3 Kekse mehr als Jakob. Wie viele Kekse hat Jakob?" Generell sind Austauschaufgaben am leichtesten und Vergleichsaufgaben am schwierigsten (s. Stern 2005, 140).
Abkürzungen: ZV: Zahlenvergleich

Computer-App „Zahlenrennen“: Das von Wilson und Mitarbeitern (2006a) entwickelte „Zahlenrennen“ (Number Race; www.thenumberrace.com/nr/home.php) zur Förderung basisnumerischer und arithmetischer Leistungen basiert auf dem Triple-Code-Modell von Dehaene (1999). Das Zahlenrennen zielt primär auf die Integration der unterschiedlichen Zahlenformate und damit die Etablierung des mentalen Zahlenstrahls (s. Abb. 5.2) ab. Trainingsziel ist die Automatisierung des basisnumerischen Wissens (Zählen und relationaler Mengenaspekt) und des Rechnens mit einstelligen Zahlen.

imaginärer Gegner

Das Zahlenrennen kann alleine oder zu zweit gespielt werden, wobei die Kinder aber immer gegen einen imaginären Gegner spielen. Die Grundidee ist eine spielerische Umsetzung der Aufgabe des analogen Mengen- bzw. Zahlengrößenvergleichs (s. Abschnitt 1.4) und ist denkbar einfach: Die Kinder sollen entscheiden, welche von zwei Mengen oder Zahlen die größere ist. Nichtsymbolische Objektmengen und arabische Zahlen können auch im selben Spielitem vorkommen (z. B. Vergleich von 3 Äpfeln und der Zahl 7). Bei schwierigeren Items wird die relevante Numerosität durch einfache arithmetische Operationen (z. B. 7 + 2 oder 3 x 2) dargestellt. Die Entscheidung soll möglichst schnell getroffen werden, da der imaginäre Gegner – dargestellt durch einen kleinen Krebs, der sich auf die richtige Antwort zu bewegt – immer mitspielt. Sowohl die Auswahl des Schwierigkeitslevels als auch die Geschwindigkeit, mit der sich der kleine Krebs bewegt, hängt von den bisherigen Antworten des Spielers ab und wird automatisch laufend adaptiert, und zwar so, dass das Kind in der Lage ist, 75 % der Items zu gewinnen, wodurch eine gute Motivationslage erzielt werden soll.

zehnerbasierte Zahlenwege

Am unteren Bildschirmrand gibt es für den Spieler und den imaginären Gegner eine Art Konto in Form von Zahlenwegen, auf denen der Spielstand angezeigt und nach jedem Durchgang aktualisiert wird. Die Zahlenwege setzen sich aus jeweils zehn Feldern zusammen und veranschaulichen so das zehnerbasierte Stellenwertsystem. Der Spielstand wird aktualisiert, indem das Kind auf dem Zahlenweg so viele Schritte weiterfahren darf, wie im letzten Durchgang gewonnen wurden (z. B. Vergleich 4 – 7: Bei korrekter Lösung darf 7 Schritte vorgerückt werden). Zu Beginn werden die Kinder dies zählend tun, mit zunehmender Automatisierung wird das Dazuzählen dann aber in größeren (z. B. Zweier-)Schritten bewerkstelligt.

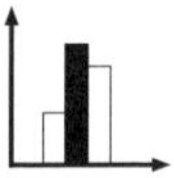

Eine erste empirische Überprüfung der Effektivität des Programms Zahlenrennen erfolgte an neun 7- bis 9-jährigen Kindern mit Dyskal-

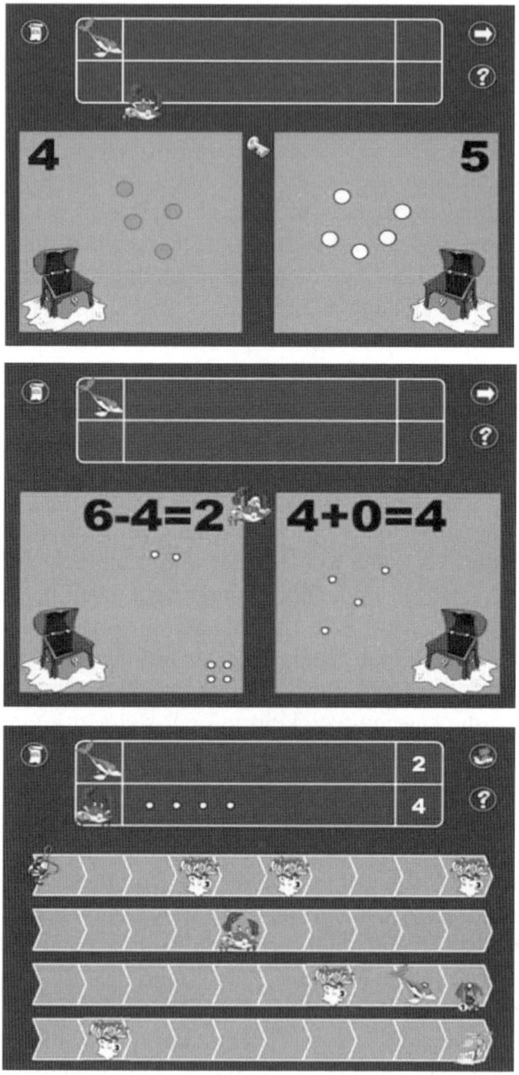

Abb. 5.2: Bildschirmausdruck des PC-Programms „Zahlenrennen“ (Wilson et al. 2006a)

kulie (Wilson et al. 2006b). Die Kinder spielten das Zahlenrennen über einen Zeitraum von fünf Wochen, und zwar viermal wöchentlich je 30 Minuten. Die Autoren berichten, dass die Kinder nach dem Training bei einer Reihe von numerischen und arithmetischen Aufgabenstellungen (Subitizing, Zahlenvergleich, Schätzen, Transkodieren, Stellenwertverständnis, Additionen und Subtraktionen) signifikant bessere Leistungen erzielten als vor dem Training. Allerdings konnte bisher lediglich eine relative Leistungsverbesserung belegt werden, weil in dieser ersten Studie weder eine Kontrollgruppe noch eine Kontrollbedingung inkludiert war, mit der man die Effekte vergleichen hätte können.

Positiv hervorzuheben ist, dass das Zahlenrennen eine solide theoretische Grundlage hat, grafisch einfach und ohne visuelle Ablenkung gestaltet ist und zudem sehr gut die Struktur des zehnerbasierten Zahlensystems veranschaulicht. Weiterhin wird den Kindern Gelegenheit gegeben, dieselbe Aufgabe, nämlich den Größenvergleich, in verschiedenen Repräsentationsformen zu lösen (konkrete Mengen, abstrakte arabische Zahlen sowie gemischte Darstellungen, bei denen die Numerosität einer Menge mit jener einer arabischen Zahl verglichen wird). Die zahlreichen Übungsdurchgänge sind dadurch abwechslungsreich. Die Motivation der Kinder wird unter anderem dadurch aufrechterhalten, dass während des Spieles diverse Gefahren am Rande des Zahlenwegs lauern und die Spieler am Ende des Spieles Fische aus einem Aquarium oder Schmetterlinge aus einem Fangnetz befreien dürfen.

Seit 2011 gibt es auch die etwas schwierigere Spielversion Number Catcher (www.thenumbercatcher.com/nc/home.php), in der anhand eines Lastwagens, auf den Obst geladen wird, zweistellige Zahlen eingeübt werden. Diese Spielversion ist allerdings nicht in deutscher Sprache verfügbar.

Computer-App „Meister Cody – Talasia“: Meister Cody – Talasia (www.meistercody.com) ist ein computerbasiertes Test- und Trainingskonzept, das von einem renommierten Forscherteam im Rahmen eines vom deutschen Bildungsministerium geförderten Projekts mitentwickelt wurde und sich vornehmlich an Kindern mit Rechenschwierigkeiten orientiert.

fantasievolle Hintergrundgeschichte

Über einen von der Universität Münster entwickelten und normierten Einstufungstest wird der aktuelle Wissensstand des Kindes zu Beginn des Rechenprogramms erhoben und zur individuellen Anpassung (adaptative Lerngestaltung) der Intervention herangezogen. Das Rechentraining ist in eine anregende und fantasievolle Hintergrundgeschichte eingebettet, in der das Kind vom Zauberer *Meister Cody* und den Königskindern *Namea* und *Fandales* bei einer Abenteuerreise begleitet wird. Im Laufe dieser Reise wird das Kind mit unterschiedlichen basisnumerischen und arithmetischen Herausforderungen konfrontiert, die es, unter Zeitbegrenzung, so schnell und so richtig wie möglich zu bewältigen gilt. So müssen etwa im Spiel *Fischfreunde* Zahlen, Punktemengen und Ergebnisse von Rechenaufgaben auf einem Zahlenstrahl von 1 bis 20 eingeordnet werden. Dabei erhält das Kind regelmäßig Feedback sowie zusätzliche Beschreibungen, wie diverse Aufgaben durch den Einsatz gezielter Strategien effizient gelöst werden können. Inhaltlich orientiert sich das Training am aktuellen Wissenstand basisnumerischer und arithmetischer Kompetenzentwicklung im Grundschulalter und fördert daher besonders den Aufbau abstrakter und symbolischer Repräsentationsformen.

Die Lernfortschritte des Kindes werden anhand einer regelmäßig durchgeführten Prozessdiagnose überprüft. Zusätzlich wird nach jeder Trainingseinheit eine E-Mail versendet, in der die Eltern/Erziehungsberechtigten über die aktuellen Trainingsleistungen des Kindes informiert werden.

Online basierte Prozessdiagnose

Somit können die Eltern den Lernfortschritt ihres Kindes relativ einfach und zeitsparend mitverfolgen. Die Betreiber empfehlen eine Interventionsdauer von sechs Wochen, mit bis zu fünf 30-minütigen Übungseinheiten pro Woche. Positiv kann erwähnt werden, dass sich *Meister Cody – Talasia* an aktuellen wissenschaftsbasierten Kriterien erfolgreichen Lernens orientiert und damit eine Sonderstellung unter den Übungsprogrammen einnimmt. Ein gewichtiger Nachteil dieser computerbasierten Applikation sind die relativ hohen Kosten.

Computer-App „Dybuster Calcularis“: Dieses ebenfalls kostenpflichtige Computertrainingsprogramm (www.dybuster.ch/calcularis) basiert auf dem „Vier-Stufen-Entwicklungsmodell der Zahlenverarbeitung“ (von Aster et al. 2005; s. Kap. 2) und wurde in einer Kooperation mit Therapeuten und Lehrpersonen von Neuropsychologen und Informatikern der Eidgenössischen Technischen Hochschule (ETH) Zürich entwickelt.

Inhaltlich zielt das Programm auf eine Förderung der Zahlenraumvorstellung ab. Simultanerfassung (Subitizing) und Schätzen von Mengen, Transkodieren zwischen den einzelnen Zahlencodes (verbal-arabisch-analog), Zahlenstrahlaufgaben sowie Rechenaufgaben (Addition, Subtraktion und Multiplikation) werden je nach Aufgabentyp im Zahlenraum von 0 bis 1000 trainiert.

adaptives Trainingsprogram

Wie die meisten computerbasierten Trainings ist auch *Dybuster Calcularis* adaptiv: Nach jeder Eingabe analysiert die Software das Lern- und Fehlerverhalten, speichert den Fortschritt und errechnet den Wissenstand des Lernenden, um Trainingsinhalte individuell anzupassen.

Laut Entwickler führt eine Trainingszeit von drei Monaten zu signifikanten Verbesserungen beim Lösen von Additions- und Subtraktionsaufgaben (35% mehr Aufgaben werden richtig gelöst). In der Tat zeigen wissenschaftliche Arbeiten der Entwicklungsgruppe empirische Evidenz für die Wirksamkeit des Programms. So konnten sowohl neurofunktionelle Veränderung im Gehirn (Kucian et al. 2011) als auch Verbesserung in der numerischen Kognitionsleistung (Rauscher et al. 2016, Käser et al. 2013) bei Kindern als Folge eines Trainings aufgezeigt werden. Eine externe und somit unabhängige Überprüfung des Trainingsprogramms steht bisher noch aus.

Schul-Version für Lehrpersonen

Dybuster Calcularis liegt auch als Schul-Version vor. Lehrpersonen verfügen in dieser Version über ein zusätzliches Online Auswertungs- und Betreuungstool (Calcularis Coach), mit dem der aktuelle Arbeits- und Wissenstand von SchülerInnen abgerufen und der Fortschritt von einzelnen SchülerInnen verglichen und ausgewertet werden kann.

Multiplikations- und Divisionswissen

MASTER-Programm: Das „**MA**thematics **S**trategy **T**raining for **E**ducational **R**emediation“ (van Luit/Naglieri 1999) ist ein Beispiel für ein konstruktivistisches Trainingsprogramm zum Erlernen von Multiplikations-(und Divisions-)Wissen. Das MASTER-Programm besteht aus 30 Lerneinheiten, die über vier Monate zweimal wöchentlich angeboten werden und in drei Modulen aufbereitet sind. Ein Modul inkludiert Übungen zum Erlernen einfacher Prozeduren (z. B. Darstellung von Multiplikationsfakten durch wiederholtes Addieren); ein anderes Modul zielt auf das Erlernen der Multiplikationsfakten ab; und in einem dritten Modul werden “einfache Multiplikationen“ (wie z. B. 10 x 10) geübt. Jede Lerneinheit setzt sich aus einer Einführungsphase (Wiederholung der Lerninhalte der letzten Übungseinheit), einer Phase mit Gruppenübungen und einer Phase mit individuellem Training zusammen.

Die Hauptziele des MASTER-Programms sind die Automatisierung von Multiplikations-(bzw. Divisions-)Fakten einerseits und das Verwenden von Backup-Strategien zur Lösungsgenerierung andererseits. Ein zentraler Aspekt der Förderung besteht darin, den Kindern ein größeres Repertoire an Lösungsstrategien zu vermitteln. Die Aufgabe „7 x 6“ kann beispielsweise nicht nur durch additive Komposition gelöst werden (1 x 6 + 1 x 6 + 1 x 6 + 1 x 6 + 1 x 6 + 1 x 6 + 1 x 6): Eine alternative Lösungsstrategie wäre „2 x 6 + 2 x 6 + 2 x 6 + 1 x 6“; und noch effizienter wäre die Problemzerlegung in „5 x 6 + 2 x 6“.

Van Luit und Naglieri (1999) evaluierten das MASTER-Programm an 84 Schülern mit schlechten Rechenleistungen, von denen die Hälfte eine umschriebene Dyskalkulie und die andere Hälfte Rechenschwierigkeiten im Rahmen einer leichten mentalen Retardierung hatten. Diese beiden Gruppen wurden wiederum halbiert, so dass die beiden Experimentalgruppen mit dem MASTER-Programm (je n = 21) und die beiden Kontrollgruppen mit dem Standardcurriculum der sonderpädagogischen Einrichtungen, in denen die Kinder platziert waren, gefördert wurden (je n = 21). Die beiden Interventionsbedingungen (MASTER-Programm und Standardcurriculum) waren hinsichtlich Förderdauer oder -intensität vergleichbar.

Leistungszuwächse

Es zeigten sich eindrucksvolle Leistungszuwächse in beiden Gruppen, wobei die Rechenleistungen (Multiplikations- und Divisionswissen in Form von arithmetischem Faktenwissen und angewandten Textaufgaben) bei dyskalkulischen Kindern von 41 % korrekt vor Interventionsbeginn auf 74 % korrekt nach Interventionsende anstiegen und jene der Kinder mit mentaler Retardierung von 18 % auf 52 %. Während der Leistungsanstieg der Kinder mit Dyskalkuliediagnose während der Intervention kontinuierlich war, zeigten sich bei den Kindern mit mentaler Retardierung die ersten messbaren Lernzuwächse erst nach drei Monaten Intervention. Besonders positiv hervorzuheben ist, dass die Leistungen auch drei Monate nach Beendigung der Intervention bei allen vier Gruppen stabil blieben.

direktive Instruktion effektiv

In mehreren Folgestudien konnten die Autoren die Effektivität des MASTER-Programms replizieren, und zwar sowohl bei Kindern mit umschriebenen Lernstörungen (Kroesbergen / van Luit 2002; Kroesbergen et al. 2003) als auch bei Kindern mit leichter mentaler Retardierung (Kroesbergen / van Luit 2005).

MARKO-Verfahren: Die Verfahren „**Ma**thematik- und **R**echen**ko**nzepte im Vorschulalter – Diagnose" (MARKO-D; Ricken et al. 2013) und „**Ma**thematik- und **R**echen**ko**nzepte im Vor- und Grundschulalter – Training" (MARKO-T; Gerlach et al. 2013) ermöglichen sowohl die Diagnose als auch die Förderung rechenschwacher und entwicklungsverzögerter Kinder im Alter von fünf bis acht Jahren. Die inhaltliche Grundlage des diagnostischen Verfahrens, sowie des separat bestellbaren Förderprogramms, basiert auf dem im Kapitel 2 vorgestellten „Modell der mathematischen Kompetenzentwicklung" (Fritz et al. 2007).

Eingangsdiagnostik zur Kompetenzeinschätzung

Beim MARKO-D handelt es sich um ein diagnostisches Einzelverfahren, mit dem Ziel, den aktuellen Entwicklungsstand von Vorschulkindern hinsichtlich ihrer bereits erworbenen arithmetischen Konzepte zu ermitteln. Durch den Abgleich der erbrachten Leistung mit der im jeweiligen Alter zu erwartenden Leistung kann festgestellt werden, welche arithmetischen Konzepte das Kind bereits erworben hat, welche Konzepte es gerade entwickelt, und welche es zukünftig entwickeln wird. Auf Basis dieser Niveaueinschätzung kann in weiterer Folge eine adaptive Förderung mit dem Trainingsprogramm MARKO-T erfolgen. Die diagnostische Abklärung beruht auf 55 Aufgaben, die den fünf Stufen des Entwicklungsmodells zugeordnet sind. Das Testmaterial besteht aus einem Aufgabenbuch mit einer Rahmenhandlung (die Kinder werden von den beiden rechnenden Eichhörnchen Ben und Lisa begleitet) sowie einzelnen Aufgabenkarten und Chips, auf denen Nüsse dargestellt sind.

Anhand der Eingangsdiagnostik (MARKO-D) und der damit verbundenen Einschätzung der aktuellen Niveaustufe, wird im MARKO-T das individuelle Lernziel sowie der individuelle Förderbedarf bestimmt. Der Einstufung entsprechend gilt es, dasjenige arithmetische Konzept zu entwickeln, das im Modell der aktuell erreichten Stufe folgt. Mittels einer standardisierten Prozessdiagnostik wird der Lernfortschritt überwacht und die Förderung gegebenenfalls an individuelle Bedürfnisse angepasst. Die 57 Einheiten des Trainings sind konzeptionell an die im Model dargestellten Kompetenzstufen angepasst und setzen gezielt an den Teilbereichen der jeweiligen Entwicklungsstufe an. Zusätzlich ist das Training in eine kindergerechte Rahmengeschichte eingebettet.

Förderung eigener Lösungswege

Begleitperson ist der Mistkäfer MARKO, der immer wieder vor Problemen steht und den Ausgangspunkt für die gemeinsame Bearbeitung der Lernaufgaben stellt. Dabei wird das Kind aufgefordert, eigene Lösungswege zu finden und diese mit dem Mistkäfer MARKO zu reflektieren. Wissensinhalte werden sowohl über Handlungen (enaktiv) und Vorstellungen (ikonisch) als auch über symbolisch-sprachliche Repräsentationsformen erschlossen. Die Aufgabenschwierigkeit steigt innerhalb einer Entwicklungsstufe sukzessive an, so dass die individuelle Leistungsgrenze der Kinder ausgereizt wird.

Die Komplexität sowie die gegebene Flexibilität machen eine intensive Vorbereitung seitens der Trainer / der Trainerin sowohl für die diagnostische Abklärung als auch für die Durchführung des Trainingsprogramms notwendig. Die Zuordnung der einzelnen Aufgaben zu den Entwicklungsstufen sowie deren inhaltliche Konzeption müssen dem Trainer / der Trainerin gut vertraut sein.

Erste positive Evaluationsbefunde werden im Manual dargestellt. So wurde die Effektivität des Trainings anhand von Daten abgeschätzt, die im Rahmen einer größeren empirischen Studie erhoben wurde. Die Analysen zeigten durchaus positive Ergebnisse. So konnten sowohl kurz- als auch langfristige Lerneffekte bei rechenschwachen Kindern im Vergleich zu einer angepassten Kontrollgruppe nachgewiesen werden. Aufgrund einer noch ausstehenden unabhängigen Replikation der Interventionseffekte kann der aufgezeigte positive Lerneffekt nicht als empirisch abgesichert gelten.

Kalkulie: Auch das Diagnose- und Trainingsprogramm *Kalkulie* (Gerlach et al. 2015), das speziell für rechenschwache Kinder der Grundschule (1. bis 3. Schulstufe) entwickelt wurde, basiert auf dem „Modell der mathematischen Kompetenzentwicklung“ von Fritz und Kollegen (2007, vgl. Kap. 2). Neben den fünf Entwicklungsstufen, die jeweils qualitativ unterschiedliche, aufeinander aufbauende arithmetische Kompetenzentwicklungen kennzeichnen, enthält das Programm auch vielfältige Mathematik-didaktische Überlegungen.

Reflexion und Versprachlichung von Strategien

So baut das Trainingsprogramm auf einer konstruktivistischen Grundannahme der Subjektivität von Lernprozessen auf und fördert, neben der Vermittlung basisnumerischer Fertigkeiten, besonders die Reflexion und Versprachlichung von Strategien und möglicher Alternativstrategien. Dieser Prozess wird inhaltlich in eine Phase der „Gewinnung grundlegender Einsichten“ (Erarbeitungsaufgaben) und eine Phase der „Übung und Flexibilisierung des Erarbeitens“ (Übungsaufgaben) aufgeteilt.

Die einzelnen Rechenaufgaben werden gezielt mit Sachaufgaben kombiniert, mit dem Ziel, theoretische und alltagsnahe Elemente miteinander zu verbinden. Die Instruktionen der Aufgaben sind offen gestaltet, wobei Vorschläge zur Vermittlung weiterführender Strategien und metakognitiver Aspekte gegeben werden. Konkrete Hinweise, wie dies zu gestalten ist, fehlen allerdings, was eine intensive Auseinandersetzung mit den Lernmaterialen seitens der TrainerInnen erfordert. Unklar bleibt auch, auf welcher wissenschaftlichen Basis konkrete und offene Instruktionsformen erarbeitet wurden.

Das gesamte *Kalkulie*-Programm besteht aus einem Diagnoseteil und drei aufeinander aufbauenden Trainingsbausteinen. Im Baustein 1 *Fertigkeitsspezifische Voraussetzungen* steht die Vermittlung der mathematischen Konzepte der Entwicklungsniveaus I – III im Mittelpunkt. Der Fokus liegt dabei auf der Vermittlung sequenzieller Aspekte (z.B. der Zahlwortreihe), elementarer Mengenerfahrungen (z.B. Vergleichen, Vermehren, Vermindern) und der Erweiterung des Zahlenbegriffs (ordinal, kardinal, relational). Im Baustein 2 wird mit dem *Strukturieren des Zwanzigerraums* der Übergang vom Auszählen zum Rechnen geleistet. Außerdem sollen Kinder nun Zahlen als gliederbare Quantitäten verstehen, also als Anzahlen, die sich aus Teilmengen zusammen setzen. Dafür werden Anregungen zur Wahrnehmung und Erkennung von Strukturen (z.B. wird mit Plättchen das strukturierte Zählen erarbeitet) vorgegeben und eigene Strukturierungsversuche unterstützt. Auf Basis der strukturierten Vorstellungen zu Zahlen, Zahlenraum und Zahlbeziehungen werden in Baustein 3 *nichtzählende Rechenstrategien* entwickelt und automatisiert. Dazu werden Stützpunktzahlen (v. a. die Zehnerzahlen) sowie z.B. Operationen des Verdoppelns verwendet.

In allen Bausteinen werden für die Aufgaben verschiedene Darstellungsformen verwendet und miteinander in Beziehung gesetzt. Außerdem soll innerhalb der Kleingruppe ein intensiver Austausch über Strategien und deren Vor- und Nachteile erreicht werden. Die Autorinnen schlagen auch vor, leistungsstärkere Kinder besuchsweise an den Fördereinheiten teilnehmen zu lassen, so dass sich die Anzahl von Strategien, mit denen eine Aufgabe gelöst werden kann, erhöht und die besseren Rechner als Modelle für die Lösung und die sprachliche Reflexion der Aufgaben und Lösungen wirken.

hohe didaktische Anforderung für Übungsleiter

Das Programm ist theoriegeleitet und modular aufgebaut, es stellt allerdings hohe Anforderungen an die diagnostischen und didaktischen Kompetenzen der Übungsleiter. Eine Evaluierung unter wissenschaftlich kontrollierten Bedingungen steht noch aus.

5.3.4 Besser rechnen durch neuronale Stimulation – derzeit noch Zukunftsmusik

Die Forschung zur numerischen Kognition hat unser Verständnis über die mathematische Kompetenzentwicklung im Kindesalter signifikant erweitert. Dieser Wissensmehrwert spiegelt sich besonders in der Umsetzung neuer, wissenschaftsbasierter Programme zur Förderung und Intervention von Kindern mit Dyskalkulie wider. Neueste Erkenntnisse der Gehirnforschung komplementieren dieses Wissen und tragen zu einer interdisziplinären Auseinandersetzung mit dem Thema Rechenschwierigkeit bei, daher sollen hier auch aktuelle Entwicklungen von neurobasierten Interventionsansätzen dargestellt werden. Gemeinsame Grundlage dieser Verfahren ist die Annahme einer neuronalen Fehlregulation, die durch eine externe oder interne Modulation verbessert werden kann und damit die Lernbereitschaft relevanter Gehirnareale erhöht.

Neurofeedback

Das *Neurofeedback* ist eine spezielle Form des Biofeedbacks und wurde bereits in den 1960er in den USA entwickelt. Grundlage für die Anwendung ist ein online-Feedback über den aktuellen Aktivitätszustand (Amplitude, Frequenz oder Signalkohärenz) bestimmter Gehirnregionen mittels EEG oder fMRT. Dieser soll durch mentale Anstrengung in einen optimalen Bereich geführt werden, was zu einer Verbesserung in der Lernbereitschaft dieser Gehirnareale führt. Obwohl die neuronalen Wirkmechanismen größtenteils noch unbekannt sind, gibt es besonders bei Kindern mit Aufmerksamkeitsdefizit-/Hyperaktivitätsstörung (ADHS) vielversprechende Ergebnisse (Vernon et al. 2003). Auch im Bereich der numerischen Kognition gibt es erste Hinweise zur Wirksamkeit von Neurofeedback bei Dyskalkulie (Hashemian/Hashemian 2015).

Transkranielle Elektrostimulation

Eine weitere neurobasierte Anwendung ist die *transkranielle Elektro-Stimulation (TES)*. Bei dieser Methode wird eine schwache, zumeist nicht spürbare, Stromspannung von 1-2 mA an der Schädeldecke über bestimmten Gehirnregionen angelegt. Dieser applizierte Strom bewirkt eine Veränderung des neuronalen Ruhepotentials, was zu einer erhöhten Erregbarkeit und somit zu einer potentiellen Steigerung der Verarbeitungsgeschwindigkeit und -genauigkeit führt (Cohen Kadosh et al. 2013). So konnte für Erwachsene eine Leistungssteigerung bei Zahlenvergleichsaufgaben und einfachen arithmetischen Aufgaben nach einer Stimulation mit Gleichstrom gezeigt werden (Hauser et al. 2013). TES wirkt nur in Kombination mit einer kognitiven Aktivierung, das heißt, es müssen entweder während oder nach der Stimulation aktiv Übungsaufgaben durchgeführt werden.

Obwohl Forschungsteams erste Hinweise auf die Effektivität dieser Methode finden konnten, sind sowohl die empirischen Befunde als auch die praktische Anwendung unter Experten derzeit umstritten. Aktuelle empirische Studien wurden bisher ausschließlich mit gesunden Erwachsenen in einem streng kontrollierten und artifiziellen Setting durchgeführt. Inwieweit diese Ergebnisse auf Kinder oder den therapeutischen Kontext übertragen werden können, ist derzeit ungeklärt. Nicht zuletzt sind die präzisen Wirkmechanismen der Methode sowie deren potentielle Risiken weitgehend unbekannt. Ziel der zukünftigen Forschung wird es sein, diese Fragen zu beantworten. Von kommerziell vertriebenen Apparaturen zur Selbststimulation kann aus wissenschaftlicher Sicht derzeit nur abgeraten werden.

5.4 Synopsis Intervention

Der Großteil der empirisch überprüften Interventionsprogramme ist auf die Förderung des basisnumerischen Wissens fokussiert und setzt dementsprechend auf sehr frühen Stufen der arithmetischen Entwicklung an. Ein gemeinsames Merkmal der hier vorgestellten effektiven Interventionsprogramme ist die *spezifische* Förderung numerisch-rechnerischer Fertigkeiten, und zwar idealerweise unter Berücksichtigung des konzeptuellen Wissens. Erst wenn ein hinreichendes Verständnis für die den Rechenoperationen zugrunde liegenden Lösungsalgorithmen und Zahlengrößen vorhanden ist, sind nachhaltige Interventionseffekte zu erwarten.

Konzeptuelles Verständnis alleine reicht allerdings nicht aus, vielmehr muss das erworbene Verständnis auch konsolidiert werden, damit es effizient und automatisiert angewendet werden kann. Insbesondere arithmetisches Faktenwissen muss konsequent eingeübt werden, weil nur durch schnellen und automatisierten Abruf von Faktenwissen wertvolle Arbeitsgedächtnisressourcen frei werden, die für die Lösung komplexer arithmetischer Aufgaben dringend benötigt werden. Drilltraining kann also unter der Voraussetzung, dass gleichzeitig an der Vermittlung des konzeptuellen Verständnisses gearbeitet wird, eine effektive Interventionsmethode sein.

qualifizierte Ausbildung

Besonders aus der Notwendigkeit der Erstellung von maßgeschneiderten und ressourcenorientierten Interventionsprogrammen, die individuell auf die Bedürfnisse des betreffenden Kindes zugeschnitten sind, ergibt sich die Forderung nach einer umfassenden und qualifizierten Ausbildung von Personen, die mit der Intervention bei Dyskalkulie befasst sind. Auf diesen zentralen Punkt weisen auch die im Kapitel 3 bereits erwähnten S3-Leitlinien zur Diagnose und Behandlung der Rechenstörung ausdrücklich hin.

Überprüfen Sie Ihr Wissen

?

1. Nennen Sie verschiedene Instruktionsmethoden und führen Sie an, welche am effektivsten ist und warum.
2. Was versteht man unter Scaffolding?
3. Was versteht man unter konstruktivistischem Lernen?
4. Sollen Anschauungsmaterialien in der Dyskalkulie-Therapie verwendet werden? Wenn nein, warum nicht? Wenn ja, welchen Zweck können bzw. sollen Anschauungshilfen erfüllen?
5. Nennen Sie einige Vor- und Nachteile von maßgeschneiderten und allgemeinen Interventionsansätzen.
6. Nennen Sie relevante Bestandteile jeder Dyskalkulie-Intervention.

Glossar

Akkumulator-Modell: Modellvorstellung eines Zählmechanismus, bei dem – analog zur Zeitwahrnehmung – über einen Schaltermechanismus ein Energiefluss mit jeder zu zählenden Einheit kontinuierlich zunimmt. Durch Vergleich mit dem Referenzgedächtnis wird dann eine Mehr/Weniger-Einschätzung (bzw. Länger/Kürzer-Einschätzung bei der Zeitwahrnehmung) ermöglicht.

Analoge Größenrepräsentation: Modellvorstellung, die besagt, dass die kognitive Repräsentation von Zahlen analog ist. Dabei sind die Zahlen wie auf einem Lineal von links nach rechts – linear – angeordnet (s. a. „mentaler Zahlenstrahl"). Diese Vorstellung bietet eine Erklärung für den Distanzeffekt beim Zahlenvergleich. Die analoge Größenrepräsentation ist die Grundlage von approximativen Rechenprozessen (z. B. Schätzen, Größenvergleich, rasches Erfassen kleiner Objektmengen).

Anschauungshilfen: Lernmaterialien zur konkreten Darstellung von Mengen und Zahlengrößen. Anschauungshilfen können *strukturiert* oder *unstrukturiert* sein. Strukturiert = regelhafte Abbildung des zehnerbasierten Stellenwertsystems; unstrukturiert = keine regelhafte Abbildung des Stellenwertsystems.

Approximatives Zahlensystem: Annahme eines rudimentären Zahlenrepräsentationssystems, in dem Anzahlen als unscharfe (approximative) Mengen repräsentiert sind. Dieses System ermöglicht Tieren und auch Babys die perzeptuelle Unterscheidung von numerischen Mengen, die in einem bestimmten Verhältnis zueinander stehen.

Arabisches Zahlenformat bzw. arabischer Zahlencode: Symbolische Darstellung von Zahlengrößen in Form von arabischen Ziffern.

Arbeitsgedächtnis – Arbeitsgedächtnismodell: Ermöglicht das kurzfristige Behalten und Manipulieren von Informationen. Das von Baddeley (1986; 2000) formulierte populäre Arbeitsgedächtnismodell postuliert drei Komponenten. Die sogenannte *zentrale Exekutive* ist das supervisorische Aufmerksamkeitssystem, das die Funktionen von zwei „Sklavensystemen" steuert und überwacht (die ihrerseits die Verarbeitung visueller und verbal-phonologischer Informationen unterstützen).

Arithmetik – arithmetisch: Teilgebiet der Mathematik. Arithmetik bezeichnet das Rechnen mit natürlichen Zahlen (Additionen, Subtraktionen, Multiplikationen, Divisionen).

Arithmetische Fakten: Einfache Additionen, Subtraktionen und Multiplikationen mit einstelligen Operanden (1–9), die von geübten Rechnern direkt aus dem Langzeitgedächtnis abgerufen werden und keine willentlichen Rechenprozesse mehr erfordern.

Arithmetische Prozeduren: Wissen um die chronologisch korrekte Abfolge von Lösungsschritten bei komplexen mehrstufigen Rechnungen.

Ätiologie: Ursache von Entwicklungsstörungen und Syndromen (z. B. genetische Erkrankung, hirntraumatische Ereignisse, umgebungsbedingte Faktoren wie Mangelernährung etc.).

ATOM-Hypothese: Abkürzung für „**A** **T**heory **O**f **M**agnitude“. Die ATOM-Hypothese wurde von Vincent Walsh (2003) postuliert und besagt, dass eine Schlüsselfunktion des Parietallappens die Modulation einer umfassenden, also nicht zahlenspezifischen, Größenrepräsentation ist. Diese generelle Größenrepräsentation inkludiert neben der Zahlenverarbeitung auch die Verarbeitung räumlicher und zeitlicher Information (s. a. „Parietallappen“).

Basisnumerische Verarbeitung: Denkprozesse und -mechanismen, die basale numerische Fähigkeiten wie Mengendiskrimination, Zählwissen, rasches Erfassen kleiner Objektmengen und einfaches Rechnen unterstützen. Ein wichtiger Teilbereich der basisnumerischen Verarbeitung ist auch die Zahlenverarbeitung im engeren Sinn, also das Lesen / Schreiben gehörter / geschriebener Zahlen.

Bildgebende Verfahren: Sammelbegriff für all jene Verfahren und Techniken, die die funktionelle oder strukturelle Darstellung des Gehirns ermöglichen.

Dekadisches Positionssystem: Synonym für *Stellenwertsystem* (s. dort). Arabisches Zahlensystem, das durch eine Basis-10-Struktur charakterisiert ist.

Dekomposition: Zerlegung von Rechnungen in Teilschritte.

Direktives Lernen: Vorgabe von strukturiertem Wissen: forciert passives Lernen (d. h. lässt wenig bis keinen Spielraum für selbstbestimmtes Lernen).

Dishabituation: s. „Habituation“.

Distanzeffekt: Reaktionszeiteffekt beim Vergleich von Zahlen oder Mengen. Der Distanzeffekt besteht in einer negativen Korrelation zwischen der numerischen Distanz zweier Zahlengrößen und der Bearbeitungsgeschwindigkeit: Zahlen mit großer numerischer Distanz (z. B. 2 vs. 6) können leichter und damit schneller verglichen werden als Zahlen mit kleiner numerischer Distanz (z. B. 2 vs. 3).

Dyskalkulie: Umschriebene – und gemessen am intellektuellen Leistungsniveau unerwartete – Beeinträchtigung der Entwicklung der Zahlenverarbeitung und / oder des Rechnens.

Dyskalkulie-Intervention: Fördermaßnahmen, die auf eine Verbesserung der numerisch-rechnerischen Leistungen abzielen.

Dyslexie: Umschriebene – und gemessen am intellektuellen Leistungsniveau unerwartete – Beeinträchtigung der Entwicklung der Lese- und / oder Rechtschreibleistung.

EEG: Abkürzung für **E**lektro**e**nzephalo**g**ramm. Ermöglicht die Aufzeichnung der elektrophysiologischen Hirnaktivität.

Eins-zu-eins-Zuordnung: Gehört zu den Zählprinzipien und besagt, dass beim Zählen jedem Zahlwort genau ein Objekt zugeordnet werden muss.

EKP: Abkürzung für **E**reignis**k**orreliertes **P**otenzial. Über bestimmten Reiz oder Reiztyp gemittelter Abschnitt des Elektroenzephalogramms. Methode der Bildgebung, die unabhängig von der sprachlichen Kompetenz (also auch bei Kleinkindern) Aufschluss über kognitive und sensomotorische Verarbeitungsprozesse gibt.

evidenzbasiert: anhand wissenschaftlich kontrollierter empirischer Studien überprüft

Exekutive Funktionen: Sammelbegriff für höhere kognitive Prozesse (wie z. B. Handlungsplanung, Arbeitsgedächtnis, Inhibition, kognitive Flexibilität), die primär von präfrontalen Hirnstrukturen gesteuert werden.

Fingeragnosie: Mangelnde oder fehlende sensorische und motorische Wahrnehmung der Finger. Vor allem bei geschlossenen Augen haben die betroffenen Personen Schwierigkeiten, die eigenen Finger zu differenzieren oder Berührungen zu lokalisieren.

fMRT: Abkürzung für **f**unktionelle **M**agnet-**R**esonanz-**T**omografie. Die fMRT zählt zu den sogenannten bildgebenden Verfahren und ermöglicht die Visualisierung jener Hirnregionen, die beim Lösen bestimmter Aufgaben aktiviert sind. Die fMRT basiert auf Magnetstrahlung, wobei der differenzielle Sauerstoffverbrauch gemessen wird (aktive Hirnregionen verbrauchen mehr Sauerstoff als inaktive Regionen).

fNIRS: Abkürzung für funktionelle Nahinfrarotspektroskopie. Ähnlich wie die fMRT ermöglicht dieses Verfahren eine Visualisierung von Hirnregionen, die bei der Informationsverarbeitung aktiv sind. Sensoren messen über die Absorption von Nahinfrarotlicht Veränderungen im Sauerstoffmetabolismus (aktive Hirnregionen verbrauchen mehr Sauerstoff als inaktive Regionen).

Größenkongruenzeffekt: Synonym für Stroop-Effekt (s. dort).

Habituation – Dishabituation: Wichtige Methode zur Erfassung kognitiver

Funktionen bei Säuglingen und Kleinkindern. Habituation bezeichnet die kontinuierliche Abnahme der Reaktion (z.B. verkürzte Blickdauer oder verringerte Saugfrequenz) auf einen wiederkehrenden (Standard-)Reiz; Dishabituation bezeichnet die erneute Aufmerksamkeitszuwendung (reflektiert in längerer Blickdauer oder erhöhter Saugfrequenz) auf einen neuen, vom Standardreiz abweichenden Reiz.

(H)IPS: Abkürzung für „(**h**orizontales **S**egment des) **i**ntra**p**arietalen **S**ulcus“. Der IPS ist eine Region im Parietallappen, die die Mengen- und Zahlenverarbeitung maßgeblich unterstützt. Der HIPS ist der Teil des IPS, der gemäß dem Dehaene'schen Rechenmodell (1999) die analoge Größenrepräsentation moduliert.

(Hirn-)Läsionen: Angeborene oder erworbene Strukturschädigungen des Gehirns (z.B. infolge von Schädel-Hirn-Traumen, Schlaganfällen, Hirntumoren).

Inhibition: Zurückhalten einer vorherrschenden Antwort- oder Reaktionstendenz. Inhibitionsleistungen zählen zu den höheren kognitiven Funktionen, die relativ spät in der ontogenetischen Entwicklung reifen und von präfrontalen Hirnregionen gesteuert werden.

Kardinalität: Die Mächtigkeit bzw. Numerosität einer Menge oder Zahl.

Kognition – kognitive Prozesse: Sammelbegriff für Denkprozesse und -mechanismen.

Komorbidität: Überzufällig häufiges gemeinsames Auftreten mehrerer Entwicklungsstörungen oder Symptome.

Kompatibilitätseffekt: Reaktionszeiteffekt beim Vergleich zweistelliger Zahlen, der als Evidenz für die separate Verarbeitung der Einer- und Zehnerstellen interpretiert wird. Relativ zu sogenannten kompatiblen Zahlenpaaren (z.B. 58 vs. 32), bei denen sowohl der Vergleich der Einer- als auch der Zehnerstelle zum gleichen Entscheidungsprozess führt, ist die Verarbeitung von sogenannten inkompatiblen Zahlenpaaren (z.B. 85 vs. 37) schwieriger, bei denen der Größenvergleich der Einer- und Zehnerstellen in unterschiedliche Richtungen geht (reflektiert in längeren Bearbeitungszeiten und höheren Fehlerraten).

Konstruktivistisch – konstruktivistisches Lernen: Konstruktivistischen Lerntheorien zufolge ist Lernen ein aktiver Prozess, bei dem Wissen konstruiert wird (indem an bereits bestehendes Wissen angeknüpft wird).

Konzeptuelles Wissen: Synonym für arithmetisches Verständnis. Verständnis der den Rechenoperationen zugrunde liegenden Rechenprozesse und Lösungsalgorithmen.

Lineare Zahlenrepräsentation: Modellvorstellung, die besagt, dass die subjektiv empfundenen Abstände zwischen den Zahlen auf dem mentalen Zahlenstrahl unabhängig sind von der Zahlengröße. Mit anderen Worten: Bei einer linearen Zahlenrepräsentation ist der subjektiv empfundene Abstand zwischen 3 und 5 gleich groß wie der Abstand zwischen 93 und 95.

Logarithmische Zahlenrepräsentation: Modellvorstellung, die besagt, dass der subjektiv empfundene Abstand zwischen den Zahlen auf dem mentalen Zahlenstrahl mit zunehmender Zahlengröße abnimmt. Mit anderen Worten: Bei einer logarithmischen Zahlenrepräsentation scheinen die numerischen Abstände zwischen kleinen Zahlengrößen (z. B. 3 vs. 5) größer zu sein als die Abstände zwischen großen Zahlengrößen (z. B. 93 vs. 95).

Mathematik – mathematisch: Es gibt keine allgemeingültige Definition von Mathematik. Mathematik inkludiert eine Vielzahl verschiedener Fertigkeiten wie Arithmetik (Rechnen mit natürlichen Zahlen), Algebra (Auflösen von Gleichungen), Geometrie (Untersuchung von Figuren), Logik (Untersuchung der korrekten Schlussfolgerungen), Stochastik (Rechnen mit Wahrscheinlichkeiten) etc.

Mengenbegriff: Wissen um die Numerosität bzw. Mächtigkeit einer Menge oder Zahl.

Mentaler Zahlenstrahl: Metapher der kognitiven Repräsentation von Zahlengrößen. Der mentale Zahlenstrahl ist räumlich von links nach rechts orientiert: Kleine Zahlengrößen sind links am Zahlenstrahl positioniert und große Zahlengrößen rechts (s. „analoge Größenrepräsentation“).

Modularität: Modellvorstellung, wonach die mentalen Repräsentationen kognitiver Funktionen wie Sprache, Aufmerksamkeit, Merkfähigkeit, Zahlenverarbeitung etc. unabhängig voneinander sind. Diese Modellvorstellung basiert wesentlich auf Beschreibungen neurologischer Patienten, die nach erworbenen umschriebenen Hirnschädigungen selektive Funktionseinbußen zeigten.

MRT: Abkürzung für **M**agnet-**R**esonanz-**T**omografie. Bildgebendes Verfahren zur Visualisierung der Hirnstruktur (graue und weiße Hirnsubstanz).

Neuropsychologie: Befasst sich mit der Beschreibung, Erklärung und Vorhersage der Beziehung zwischen Gehirn (Hirnstruktur) und Verhalten (Hirnfunktion).

Numerische Kognition: All jene Denkprozesse, die mit dem Verstehen und Verarbeiten von Zahlen (gesprochene Zahlwörter, geschriebene arabische Zahlen) sowie mit dem Ausführen von Rechenoperationen (mental im Sinne von Kopfrechnungen oder beim schriftlichen Rechnen) zu tun haben.

Numerosität: Anzahl der in einem Set befindlichen Objekte. Reflektiert die Mächtigkeit einer Menge oder Zahl (auch Zahlensemantik genannt).

Operandenfehler: Rechenfehler, bei dem das inkorrekte Ergebnis die Lösung einer Rechnung aus derselben Multiplikationsreihe mit einem falschen Operanden ist (z. B. 4 x 5 = 25).

Ordinalität – Ordinalzahlen: Anordnung von Zahlen und Mengen gemäß ihrer Numerosität bzw. Mächtigkeit. Ordinalzahlen geben die Position einer Zahl in einer Zahlenfolge an.

Parietallappen: Eine posteriore, hinter der Zentralfurche liegende Hirnregion, die für Zahlenverarbeitung und Rechnen relevant ist. Die kognitiven Funktionen des Parietallappens sind jedoch nicht zahlenspezifisch: Er moduliert auch andere Funktionen wie Aufmerksamkeit und räumliche Wahrnehmung (s. „ATOM-Hypothese").

Problemgrößeneffekt: Reflektiert den Schwierigkeitsgrad einer Rechenaufgabe: Rechnungen mit größeren Operanden (z. B. 8 x 9) sind generell schwieriger (längere Reaktionszeiten und eventuell höhere Fehlerrate) als solche mit kleineren Operanden (z. B. 2 x 3).

Response to Intervention (RTI): Schulische Förderansätze, welche auf regelmäßigen Screenings, frühzeitiger Intervention, systematischer Überprüfung von Leistungsfortschritten und evidenzbasierter Intervention auf mehreren Ebenen mit steigender Intensität basieren.

Rechensystem: Alle an der Zahlenverarbeitung und am Rechnen beteiligten Denkprozesse und -mechanismen sowie die diesen Denkprozessen zugrunde liegenden Hirnstrukturen.

Savant: Eine Person mit intellektueller Retardierung, die jedoch in einem bestimmten kognitiven Bereich überdurchschnittliche Fähigkeiten besitzt (z. B. überdurchschnittliche Merkfähigkeit für numerische Informationen). Man spricht hier auch von Inselbegabungen.

SNARC-Effekt: Abkürzung für „**S**patial **N**umerical **A**ssociation of **R**esponse **C**odes" (räumlich-numerische Assoziation des Antwortcodes). Reaktionszeiteffekt, der bei der Paritätsbeurteilung (gerade / ungerade) von Zahlen zutage tritt: Bei der Bearbeitung kleiner Zahlengrößen (die links am mentalen Zahlenstrahl lokalisiert sind) sind Reaktionszeiten der linken Hand schneller, und bei großen Zahlengrößen (die rechts am mentalen Zahlenstrahl lokalisiert sind) sind Reaktionszeiten der rechten Hand schneller. Der SNARC-Effekt wird als Evidenz für die räumliche Orientierung des mentalen Zahlenstrahls interpretiert (s. a. „mentaler Zahlenstrahl").

Stellenwertsystem: Synonym für dekadisches Positionssystem (bzw. Platz x Wert System). Das Zahlensystem der arabischen Zahlen ist durch ein Basis-10-System charakterisiert.

Stroop-Aufgabe – Stroop-Effekt: Zahlenvergleichsaufgabe, bei der die physische (Schrift-)Größe und die numerische Größe zweier einstelliger Zahlen manipuliert werden. Der Stroop-Effekt ist ein klassischer Interferenzeffekt: Die Bearbeitung ist leichter (schnell und genau), wenn die Zahlenpaare hinsichtlich der physischen und numerischen Größe kompatibel (z. B. 6 3) oder neutral sind (z. B. 3 6), und schwerer (langsam und fehlerbehaftet), wenn die Zahlenpaare inkompatibel sind (z. B. 3 6). Der Stroop-Effekt (oder *Größenkongruenzeffekt*) tritt sowohl beim physischen als auch beim numerischen Vergleich auf. Die Präsenz einer Interferenz bei der physischen Zahlenvergleichsaufgabe, bei der die Zahlengröße aufgabenirrelevant ist, gilt als Evidenz für die automatische Aktivierung der Zahlengröße.

Subitizing: Rasches visuelles Erfassen kleiner Objektmengen bis zu maximal 4 Objekten.

Synästhesie: Hier: Spontane Assoziationen von Ziffern und Zahlen mit Farben. Generell: Jede spontane Assoziation zwischen zwei physikalisch getrennten Sinneseindrücken (z. B. Farbe und Temperatur: „warmes Rot", „kaltes Weiß").

Tafelsuchmodell: Schematische Repräsentation des assoziativen Netzwerkes der arithmetischen Fakten (vor allem der einfachen Additionen und Multiplikationen). Dabei sind die Aufgaben (Addenden bzw. Operanden von 1–9) sowie die entsprechenden Lösungen in einem quadratischen Gitternetz eingetragen.

Teens: Die Zahlen zwischen 10 und 20, also 11, 12, 13 etc. (arabische Zahlen und Zahlwörter).

TES: Abkürzung für *transkranielle Elektro-Stimulation*. Mit dieser Methode werden bestimmte Gehirnregionen mittels einer schwachen, zumeist nicht spürbaren, Stromspannung stimuliert. Die Stimulation führt zu einer erhöhten Erregbarkeit und somit zu einer potentiellen Steigerung der Verarbeitungseffizienz von lernbeteiligten Gehirnregionen.

Ties: Einstellige Multiplikationen mit identischen Operanden (z. B. 5 x 5).

TMS: Abkürzung für „**t**ranskranielle **M**agnet-**S**timulation". Mit Hilfe der TMS können bei gesunden Probanden umschriebene Hirnregionen magnetisch so stimuliert werden, dass sie temporär dysfunktional werden. Während dieser Zeitspanne kann untersucht werden, welche kognitiven oder sensorischen / motorischen Funktionen das restliche funktionale Hirngewebe noch ausüben kann bzw. anders herum: welche Funktionen durch die Dysfunktion beeinträchtigt werden.

Transkodieren: Umwandlung von einem Zahlenformat bzw. einem Zahlencode (z. B. geschriebene arabische Zahl „3“) in ein anderes Zahlenformat (z. B. gehörtes oder gesprochenes Zahlwort „drei“). Transkodieren kann semantisch (unter Zugriff auf die Numerosität / Mächtigkeit) oder asemantisch (ohne diesen Zugriff) erfolgen.

Triple-Code-Modell: Von Stanislas Dehaene (1999) postuliertes Rechenmodell, das drei voneinander unabhängige Module der Zahlenverarbeitung beinhaltet. Die drei Module sind die analoge Größenrepräsentation, die verbal-phonologische Zahlenform und die visuell-arabische Zahlenform.

Umgekehrter Distanzeffekt: Im Gegensatz zu Zahlenvergleichsaufgaben zeigt sich bei Verifikationsaufgaben mit Zahlensequenzen (z.B. 2 3 4) ein umgekehrter Distanzeffekt in den Reaktionszeiten. Zahlenpaare oder Zahlentriplets mit einer numerischen Distanz von 1 (z.B. 2 3 4) werden schneller als aufsteigend oder absteigend identifiziert, als Zahlenpaare oder Zahlentriplets mit einer Distanz von 2 (z.B. 2 4 6).

Verbaler Zahlencode bzw. verbal-(phonologische) Zahlenform: Gehörtes oder gesprochenes Zahlwort.

Visuell arabische Zahlenform: Zahlennotation in arabischen Ziffern.

Zahlengröße: Die mit einer Zahl oder Menge verbundene Numerosität bzw. Mächtigkeit.

Zahlengrößenrepräsentation: Mentale Repräsentation der Numerosität bzw. Mächtigkeit einer Menge oder Zahl.

Zahlensemantik: Die numerische Größe oder Mächtigkeit einer Menge oder Zahl (auch Numerosität genannt).

Zentrale Exekutive: Eine zentrale Komponente des von Baddeley (1986; 2000) postulierten Arbeitsgedächtnismodells (s. dort). Die zentrale Exekutive steuert die Funktionen der beiden modalitätsspezifischen Modellkomponenten, die für die Verarbeitung von visueller und verbal-phonologischer Information zuständig sind.

Literatur

Alarcon, M., DeFries, J.C., Light, J.G., Pennington, Agrillo, C., Dadda, M. Serena, G., Bisazza, A. (2009): Use of number by fish. PloS one 4, e4786

Alarcon, M., DeFries, J.C., Light, J.G., Pennington, B.F. (1997): A twin study of mathematics disability. Journal of Learning Disabilities 30, 617–623

American Psychiatric Association (2013): Diagnostic and Statistical Manual of Mental Disorders, 5th edition: DSM-5. American Psychiatric Association, Washington DC

Ansari, D., Dhital, B. (2006): Age-related changes in the activation of the intraparietal sulcus during nonsymbolic magnitude processing: An event-related functional magnetic resonance imaging study. Journal of Cognitive Neuroscience 18, 1820–1828

Ansari, D., Donlan, C., Thomas, M.S., Ewing, S.A., Peen, T., Karmiloff-Smith, A. (2003): What makes counting count? Verbal and visuo-spatial contributions to typical and atypical number development. Journal of Experimental Child Psychology 85, 50–62

Ansari, D., Garcia, N., Lucas, E., Hamon, K., Dithal, B. (2005): Neural correlates of symbolic number processing in children and adults. Neuroreport 16, 1769–1773

Ansari, D., Karmiloff-Smith, A. (2002): Atypical trajectories of number development. Trends in Cognitive Sciences 6, 511–516

Antell, S.E., Keating, D.P. (1983): Perception of numerical invariance in neonates. Child Development 54, 695–701

Ashcraft, M.H. (1995): Cognitive psychology and simple arithmetic: A review and summary of the new directions. Mathematical Cognition 1, 3–34

Ashcraft, M.H. (2002): Maths anxiety: Personal, educational and cognitive consequences. Current Directions in Psychological Science 11, 181–185

Ashcraft, M.H., Fierman, B.A. (1982): Mental addition in third, fourth and sixth graders. Journal of Experimental Child Psychology 33, 216–234

Ashcraft, M.H., Kirk, E. (2001): The Relationship among working memory, math anxiety, and performance. Journal of Experimental Psychology: General 130, 224–237

Baddeley, A.D. (1986): Working memory. Clarendon, Oxford

Baddeley, A.D. (2000): The episodic buffer: A new component in working memory? Trends in Cognitive Sciences 4, 417–423

Badian, N.A. (1983): Arithmetic and nonverbal learning. In: Myklebust, H.R. (Ed.): Progress in learning disabilities. Vol. 5. Grune and Stratton, New York, 235–264

Baillargeon, R., Spelke, E.S., Wasserman, S. (1985): Object permanence in five-month-old infants. Cognition 20, 191–208

Barbaresi, W.J., Katusic, S.K., Colligan, R.C., Weaver, A.L., Jacobsen, S.J. (2005): Math learning disorder: Incidence in a population-based birth cohort, 1976–82, Rochester, Minn. Ambulatory Pediatrics 5, 281–289

Baroody, A.J. (1987): The development of counting strategies for single-digit addition. Journal of Research in Mathematics Education 18, 141–157

Baroody, A.J. (2003): The development of adaptive expertise and flexibility: The integration of conceptual and procedural knowledge. In: Baroody, A.J., Dowker, A. (Eds.): The development of arithmetic concepts and skills: Constructing adaptive expertise. Lawrence Erlbaum, Mahwah / NJ, 1–34

Barrouillet, P., Thevenot, C. (2013): On the problem-size effect in small additions: Can we really discard any counting-based account? Cognition 128, 35–44

Barrouillet, P., Fayol, M., Lathulière, E. (1997): Selecting between competitors in multiplication tasks: An explanation of the errors produced by adolescents with learning disabilities. International Journal of Behavioral Development 21, 253–275

Barrouillet, P., Camos, V., Perruchet, P., Seron, X.

(2004): ADAPT: A Developmental, Asemantic, and Procedural model for Transcoding from verbal to Arabic numerals. Psychological Review 11, 368–394

Bartelet, D., Ansari, D., Vaessen, A., Blomert, L. (2014): Cognitive subtypes of mathematics learning difficulties in primary education. Research in Developmental Dsabilities 35, 657–670

Beentjes, J. W. J., Jonker, V. H. (1987): Inconsistency in addition and subtraction. Journal of Experimental Education 56, 4–7

Beilock, S. L., Rydell, R. J., McConnell, A. R. (2007): Stereotype threat and working memory: Mechanisms, alleviation, and spill over. Journal of Experimental Psychology: General 136, 256–276.

Benson, D. F., Denckla, M. B. (1969): Verbal paraphasia as a cause of calculation disturbances. Archives of Neurology 21, 96–102

Benson, D. F., Geschwind, N. (1970): Developmental Gerstmann syndrome. Neurology 20, 293–298

Benson, D. F., Weir, W. F. (1972): Acalculia, acquired anarithmetia. Cortex 8, 96–102

Benton, A. (1977): Reflections on the Gerstmann Syndrome. Brain and Language 4, 45–62

Ben-Zeev, T., Duncan, S., Forbes, C. (2005): Stereotypes and math performance. In: Campbell (2005), 235–249

Berger, H. (1926): Über Rechenstörungen bei Herderkrankungen des Großhirns. Archiv für Psychiatrie und Nervenkrankheiten 78, 238–263

Berger, J.-L., Karabenick, S. A. (2011): Motivation and students´use of learning strategies: Evidence of unidirectional effects in mathematics classrooms. Learning and Instruction 21. 416–428

Bijeljac-Babic, R., Bertoncini, J., Mehler, J. (1993): How do four-day-old infants categorize multisyllabic utterances? Developmental Psychology 29, 711–721

Biro, D., Matsuzawa, T. (2001): Use of numerical symbols by the chimpanzee (Pan troglodytes): Cardinals, ordinals, and the introduction of zero. Animal Cognition 4, 193–199

Blackwell, L., Trzesniewski, K., Dweck, C. S. (2007): Implicit theories of intelligence predict achievement across an adolescent transition: A longitudinal study and an intervention. Child Development 78, 246–263

Brannon, E. M. (2002): The development of ordinal numerical knowledge in infancy. Cognition 83, 223–240

Brannon, E. M. (2005): What animals know about numbers. In: Campbell (2005), 85–108

Brannon, E. M. (2006): The representation of numerical magnitude. Current Opinion in Neurobiology 16, 222–229

Brannon, E. M., Gautier, T. (2003): Continuous versus discrete representations of quantity in infancy. Poster session presented at the biennial meeting of the Society for Research in Child Development, April. Tampa, Florida.

Brannon, E. M., Terrace, H. S. (1998): Ordering of the numerosities 1–9 by monkeys. Science 282, 746–749

Brannon, E. M., Terrace, H. S. (2000): Representation of the numerosities 1–9 by rhesus monkeys (Macaca mulatta). Journal of Experimental Psychology: Animal Behavior Processes 26, 31–49

Brannon, E. M., Terrace, H. S. (2002): The Evolution and ontogeny of ordinal numerical ability. In: Bekoff, M., Allen, C., Burghardt, G. M. (Eds.): The cognitive animal. MIT Press, Cambridge /MA, 197–204

Bruandet, M., Molko, N., Cohen, L., Dehaene, S. (2003): A cognitive characterization of dyscalculia in Turner syndrome. Neuropsychologia 42, 288–298

Bugden, S., Price, G. R., McLean, D. A., Ansari, D. (2012): The role of the left intraparietal sulcus in the relationship between symbolic number processing and children's arithmetic competence. Developmental Cognitive Neuroscience 2(4), 448–457

Bull, R., Scerif, G. (2001): Executive functioning as a predictor of children's mathematics ability. Shifting, inhibition, and working memory. Developmental Neuropsychology 19, 273–293

Butterworth, B. (1999): The mathematical brain. MacMillan, London

Butterworth, B. (2003): Dyscalculia Screener. nfer-Nelson Publishing Company Ltd, London

Butterworth, B., Varma, S, Laurillard, D. (2011): Dyscalculia: From brain to education. Science Magazine 332, 1049–1053

Bynner, J., Parsons, S. (1997): Does Numeracy Matter? Basic Skills Agency, London

Cahill, L. (2006): Why sex matters for neuroscience. Nature Reviews Neuroscience, published online May.

Camos, V., Fayol, M., Lacert, P., Bardi, A., Laquière, C. (1998): Le dénombrement chez des enfants dysphasiques et des enfants dyspraxiques. Approche Neuropsychologique des Apprentissages chez l'Enfant 48, 86–91

Campbell, J. I. D. (1987): Network interference and mental multiplication. Journal of Experimental Psychology: Learning, Memory and Cognition 13, 109–123

Campbell, J. I. D. (2005): Handbook of mathematical cognition. Psychology Press, New York / Hove

Campbell, J. I. D., Xu, Q. (2001): Cognitive arithmetic across cultures. Journal of Experimental Psychology: General 130, 299–315

Cantlon, J. F. (2012): Math, monkeys, and the developing brain. Proceedings of the National Academy of Science of the United States of America 109, 10725–10723

Cantlon, J. F., Brannon, E. M., Carter, E. J., Pelphrey, K. A. (2006): Functional imaging of numerical processing in adults and 4-year-old children. PLoS Biology 4, e125

Cantlon, J. F., Cordes, S., Libertus, M., Brannon, E. (2009): Comment on „log or linear"? Distinct intuitions of the number scale in Western and Amazonian indigene cultures. Science 323(5910), 38b

Cantlon, J. F., Platt, M. L., Brannon, E. M. (2009): Beyond the number domain. Trends in Cognitive Science 13, 83–91

Cappelletti, M., Butterworth, B., Kopelman, M. (2001): Spared numerical abilities in a case of semantic dementia. Neuropsychologia 39, 1224–1239

Cappelletti, M., Kopelman, M., Butterworth, B. (2002): Why semantic dementia drives you to the dogs (but not to the horses): A theoretical account. Cognitive Neuropsychology 19, 483–503

Carey, S. (2001): Evolutionary and ontogenetic foundations of arithmetic. Mind and Language 16, 37–55

Carpenter, T. P., Moser, J. (1982): The development of addition and subtraction problem solving skills. In: Carpenter, T. P., Moser, J. M., Romberg, T. (Eds.): Addition and subtraction: A cognitive perspective. Lawrence Erlbaum, Hillsdale / NJ, 9–24

Carpenter, T. P., Moser, J. (1984): The acquisition of addition and subtraction concepts in grades one to three. Journal for Research in Mathematics Education 13, 179–202

Carraher, T. N., Carraher, D. W., Schliemann, A. D. (1985): Mathematics in the streets and in schools. British Journal of Developmental Psychology 3, 21–29

Ceci, S. J., Williams, W. M. (2010): The mathematics of sex: How biology and society conspire to limit talented women and girls. Oxford University Press, New York

Chao, S. J., Stigler, J. W., Woodward, J. A. (2000): The effects of physical materials on Kindergartners' learning of number concepts. Cognition and Instruction 18, 285–316

Chiappe, P., Hasher, L., Siegler, L. S. (2000): Working memory, inhibition control, and reading disability. Memory and Cognition 28, 8–17

Church, R. M., Meck, W. H. (1984): The numerical attribute of stimuli. In: Roitblat, H. L., Bever, T. G., Terrace, S. (Eds.): Animal cognition. Lawrence Erlbaum, Hillsdale / NJ, 445–464

Cipolotti, L. (1995): Multiple routes for reading words, why not numbers? Evidence from a case of Arabic numeral dyslexia. Cognitive Neuropsychology 12, 313–362

Cipolotti, L., Butterworth, B. (1995): Toward a multiroute model of number processing: impaired number transcoding with preserved calculation skills. Journal of Experimental Psychology: General 124, 375–390

Cipolotti, L., van Harskamp, N. (2001): Disturbances of number processing and calculation. In: Berndt, R. S. (Ed.): Handbook of Neuropsychology. 2nd ed. Vol. 3. Elsevier Science, Amsterdam, 305–331

Cipolotti, L., Warrington, E. K., Butterworth, B. (1995): Selective impairment in manipulating Arabic numerals. Cortex 31, 73–86

Clearfield, M., Mix, K. (1999): Number versus contour length in infants' discrimination of small visual sets. Psychological Science 10, 408–411

Cohen, L., Dehaene, S., Verstichel, P. (1994): Number words and number non-words. A case of deep dyslexia extending to Arabic numerals. Brain 117, 267–279

Cohen Kadosh, R., Dowker, A., Heine, A., Kaufmann, L., Kucian, K. (2013): Interventions for improving numerical abilities: Present and future. Trends in Neuroscience and Education 2, 85–93.

Cohen Kadosh, R., Henik, A., Rubinsten, O., Mohr, H., Dori, H., van de Ven, V., Zorzi, M., Hendler, T., Goebel, R., Linden, D. E. J. (2005): Are numbers special? The comparison systems of the human brain investigated by fMRI. Neuropsychologia 43, 1238–1248

Cohen Kadosh, R., Cohen Kadosh, K., Schuhmann, T., Kaas, A., Goebel, R., Henik, A., Sack, A. T. (2007): Virtual dyscalculia induced by parietal-lobe TMS impairs automatic magnitude processing. Current Biology 17, 689–693

Czamara, D., Tiesler, C. M. T., Kohlböck, G., Berdel, D., Hoffman, B., Bauer, C.-P. et al. (2013): Children with ADHD symptoms hav a higher risk for reading, spelling, and math difficulties in the GINIplus and LISAplus cohort studies. PLoS ONE 8: e63859

D'Amico, A., Guarnera, M. (2005): Exploring working memory in children with low arithmetical achievement. Learning and Individual Differences 15, 189–202

Daneman, M., Carpenter, P. A. (1980): Individual differences in working memory and reading. Journal of Verbal Learning and Verbal Behavior 19, 450–466

De Beni, R. D., Palladino, P., Pazzaglia, F., Cornoldi, C. (1998): Increases in intrusion errors and working memory deficit of poor comprehenders. Quarterly Journal of Experimental Psychology: Human Experimental Psychology 51, 305–320

de Jong, P. F. (2006): Understanding normal and impaired reading development: A working memory perspective. In: Pickering, S. J. (Ed.): Working memory and education. Elsevier, Amsterdam, 33–60

De Smedt, B. (2016): Individual differences in arithmetic fact retrieval. In D. Berch, D. Geary, K. Mann-Koepke (Eds.), Mathematical Cognition and Learning. Elsevier Academic Press, San Diego, CA, 219–243

De Smedt, B., Verschaffel, L. Ghesquiere, P. (2009): The predictive value of numerical magnitude comparison for individual differences in mathematics achievement. Journal of Experimental Psychology 103, 469–479

De Smedt, B., Boets, B. (2010): Phonological processing and arithmetic fact retrieval: evidence from developmental dyslexia. Neuropsychologia 48, 3973–3981

De Smedt, B., Noël, M. P., Gilmore, C., Ansari, D. (2013): How do symbolic and non-symbolic numerical magnitude processing relate to individual differences in children's mathematical skills? A review of evidence from brain and behavior. Trends in Neuroscience and Education 2, 48–55

De Smedt, B., Taylor, J., Archibald, L., Ansari, D. (2010): How is phonological processing related to individual differences in children's arithmetic skills? Developmental Science 13, 508–520

De Visscher, A., Noël, M.-P. (2014): Arithmetic facts storage deficit: The hypersensitivity-to-interference in memory deficit. Developmental Science 17, 434–442

De Visscher, A., Szmalek, A., Van der Linden, L., Noël, M.-P. (2015): Serial-order learning and hypersensitivity-to-interference in dyscalculia. Cognition 144, 38–48

Dehaene, S. (1992): Varieties of numerical abilities. Cognition 44, 1–42

Dehaene, S. (1999): Der Zahlensinn oder warum wir rechnen können. Birkhäuser, Berlin

Dehaene, S., Bossini, S., Giraux, P. (1993): The mental representation of parity and number magnitude. Journal of Experimental Psychology: General 122, 371–396

Dehaene, S., Cohen, L. (1995): Toward an anatomical and functional model of number processing. Mathematical Cognition 1, 83–120

Dehaene, S., Dupoux, E., Mehler, J. (1990): Is numerical comparison digital? Analogic and symbolic effects in two-digits number comparison. Journal of Experimental Psychology: Human Perception and Performance 16, 626–641

Dehaene, S., Piazza, M., Pinel, P., Cohen, L. (2003): Three parietal circuits for number processing. Cognitive Neuropsychology 20, 487–506

Delazer, M., Benke, T. (1997): Arithmetic facts without meaning. Cortex 33, 697–710

Deloche, G., Seron, X. (1982a): From one to 1: an analysis of a transcoding process by means of neuropsychological data. Cognition 12, 119–149

Deloche, G., Seron, X. (1982b): From three to 3: a differential analysis of skills in transcoding quantities between patients with Broca's and Wernicke's aphasia. Brain 105, 719–733

Deloche, G., Seron, X. (1987): Numerical transcoding: A general production model. In G. Deloche, X. Seron (Eds.), Mathematical disabilities: A cognitive neuropsychological perspective. Erlbaum, Hillsdale, NJ. 137–170

DGKJP (Deutsche Gesellschaft für Kinder- und Jugendpsychiatrie und Psychotherapie) (Hrsg.) (2007): Leitlinien zur Diagnostik und Therapie von psychischen Störungen im Säuglings-, Kindes- und Jugendalter. Deutscher Ärzte-Verlag, Köln

Domahs, F., Krinzinger, H., Willmes, K. (2008): Mind the gap between both hands: Evidence for internal finger-based number representations in children's mental calculation. Cortex 44, 359–367

Donker, M., Kroesbergen, E., Slot, E., Van Viersen, S. De Bree, E. (2016): Alphanumeric and non-alphanumeric rapid automatized naming in children with reading and/or spelling difficulties and mathematical difficulties. Learning and Individual Differences 47, 80–87

Dowker, A. D. (1992): Computational estimation strategies of professional mathematicians. Journal for Research in Mathematics Education 23, 45–55

Dowker, A. D. (2001): Numeracy recovery: A pilot scheme for early intervention with young children with numeracy difficulties. Support for Learning 16, 6–10

Dowker, A. D. (2005): Individual differences in arithmetic: Implications for psychology, neuroscience and education. Psychology Press, Hove

Dowker, A. D. (2007): What can intervention tell us about arithmetical difficulties? Educational and Child Psychology 24, 64–75

Dowker, A. D., Flood, A., Griffiths, H., Harriss, L., Hook, L. (1996): Estimation strategies of four groups. Mathematical Cognition 2, 113–135

Dweck, C. S. (1999): Self-theories: Their role in motivation, personality, and development. Psychology Press, Philadelphia

Duncan, E. M., McFarland, C. E. (1980): Isolating the effects of symbolic distance and semantic congruity in comparative judgements: An additive-factors analysis. Memory and Cognition 8, 612–622

Ebersbach, M., Luwel, K., Frick, A., Onghena, P., Verschaffel, L. (2008): The relationship between the shape of the mental number line and familiarity with numbers in 5- to 9-year old children: Evidence for a segmented linear model. Journal of Experimental Child Psychology 99, 1–17

Emerson, R. W., Canton, J. F. (2014): Continuity and change in children's longitudinal neural response to numbers. Developmental Science 18, 314–13326

Falkai, P., Wittchen, H.-U. (Hrsg.) (2015): Diagnostisches und statistisches Manual psychischer Störungen DSM-5. Hogrefe, Göttingen

Fayol, M., Thevenot, C. (2012): The use of procedural knowledge in simple addition and subtraction problems. Cognition 123, 392–403

Fayol, M., Barrouillet, P., Marinthe, C. (1998): Predicting arithmetical achievement from neuropsychological performance: A longitudinal study. Cognition 68, B63–B70

Feigenson, S., Dehaene, S., Spelke, E. (2004): Core systems of number. Trends in Cognitive Sciences 8, 307–314

Ferro, J. M., Botelho, M. H. (1980): Alexia for arithmetical signs: a cause for disturbed calculation. Cortex 16, 175–180

Fischbach, A., Schuchardt, K.,Brandenburg, J., Klesczewski, J., Balke-Melcher, C., Schmidt, C. et al. (2013): Prävalenz von Lernschwächen und Lernstörungen: Zur Bedeutung der Diagnosekriterien. Lernen und Lernstörungen 2, 65–76

Fischer, M., Wood, G. (2008) (Eds.): Special Issue: Number, Space and Action. Cortex 44, 353–478

Fletcher, J. M. (1985): Memory for verbal and nonverbal stimuli in learning disability subgroups: analysis by selective reminding. Journal of Experimental Child Psychology 40, 244–259

Friedrich, G., de Galgóczy, V. (2004): Komm mit ins Zahlenland. Herder, Freiburg i. B.

Friedrich, G., Munz, H. (2006): Förderung schulischer Vorläuferfertigkeiten durch das didaktische Konzept „Komm mit ins Zahlenland". Psychologie in Erziehung und Unterricht 53, 134–146

Fritz, A., Ricken, G., Gerlach, M. (2007): Kalkulie: Diagnose- und Trainingsprogramm für rechenschwache Kinder. Handreichung zur Durchführung der Diagnose. Cornelsen, Berlin

Fuchs, L.S., Compton, D.L., Fuchs, D., Paulsen, K., Bryant, J.D., Hamlett, C.L. (2005): The prevention, identification, and cognitive determinants of math difficulty. Journal of Educational Psychology 97, 493–513

Fuchs, L.S., Fuchs, D., Compton, D.L., Powell, S.R., Seethaler, P.M., Capizzi, A.M., et al. (2006): The cognitive correlates of third-grade skill in arithmetic, algorithmic computation, and arithmetic word problems. Journal of Educational Psychology, 98, 29–43

Fuson, K.C. (1988): Children's counting and the concepts of number. Springer, New York

Gaidoschik, M. (2007): Rechenschwäche vorbeugen. Das Handbuch für LehrerInnen und Eltern. oebvhpt, Wien

Galfano, G., Rusconi, E., Umiltà, C. (2003): Automatic activation of multiplication facts: Evidence from the nodes adjacent to the product. Quarterly Journal of Experimental Psychology – A 56, 31–61

Gallistel, R.C., Gelman, R. (1992): Preverbal and verbal counting and computaton. Cognition 44, 43–47

Geary, D.C. (1993): Mathematical disabilities: Cognition, neuropsychological and genetic components. Psychological Bulletin 144, 345–362

Geary, D.C., Bow-Thomas, C.C., Yao, Y. (1992): Counting knowledge and skill in cognitive addition: A comparison of normal and mathematically disabled children. Journal of Experimental Child Psychology 54, 372–391

Geary, D.C., Hamson, C.O., Hoard, M.K. (2000): Numerical and arithmetical cognition: A longitudinal study of process and concept deficits in children with learning disability. Journal of Experimental Child Psychology 77, 236–263

Geary, D.C., Hoard, M.K. (2001): Numerical and arithmetical deficits in learning-disabled children: Relation to dyscalculia and dyslexia. Aphasiology 15, 635–647

Geary, D.C., Hoard, M.K. (2002): Learning disabilities in basic mathematics: Deficits in memory and cognition. In: Royer, J.M. (Ed.): Mathematical cognition. Information Age Publishing, Greenwich, 93–115

Geary, D.C., Hoard, M.K. (2005): Learning disabilities in arithmetic and mathematics: theoretical and empirical perspectives. In: Campbell (2005), 253–268

Geary, D.C., Hoard, M.K., Hamson, C.O. (1999): Numerical and arithmetical cognition: Patterns of functions and deficits in children at risk for mathematical disability. Journal of Experimental Child Psychology 74, 213–239

Geary, D.C., Wiley, J.G. (1991): Cognitive addition: Strategy choices and speed-of-processing differences in young and elderly people. Psychology and Aging 6, 474–483

Gelman, R., Gallistel, C.R. (1978): The child's concept of number. Harvard University Press, Cambridge / MA

Georgiou, G.K., Tziraki, N., Manolitsis, G., Fella, A. (2013): Is rapid automatized naming related to reading and mathematics for the same reason(s)? A follow-up study from kindergarten to grade 1. Journal of Experimental Child Psychology 115, 481–496

Gerardi, K., Goette, L., Meier, S. (2013): Numerical ability predicts mortgage default. PNAS, 110, 11267–11271

Gerlach, M., Fritz, A., Ricken, G., Schmidt, S. (2015): Kalkulie – Diagnose- und Trainingsprogramm für rechenschwache Kinder. Cornelsen Schulverlag GmbH, Berlin.

Gersten, R., Beckmann, S., Clarke, B., Foegen, R., Marsh, L., Star, J.R. (2009): Assisting students struggling with mathematics: Response to intervention (RtI) for elementary and middle schools

Gersten, R., Newman-Gonchar, R. (Eds.) (2011): Understanding RTI in mathematics: Proven methods and applications. Brookes, Baltimore

Gerster, H.-D. (2005): Anschaulich rechnen – im Kopf, halbschriftlich, schriftlich. In: von Aster / Lorenz (2005), 202–236

Gerstmann, J. (1927): Fingeragnosie und isolierte Agraphie: ein neues Syndrom. Zeitschrift für die Gesamte Neurologie und Psychiatrie 108, 152–177

Gerstmann, J. (1940): Syndrome of finger agnosia, disorientation of right and left, agraphia and dyscalculia. Archives of Neurology and Psychiatry 44, 298–408

Gevers, W., Lammertyn, J., Notebaert, W., Verguts, T., Fias, W. (2005): Automatic response activation of implicit spatial information: Evidence

from the SNARC effect. Acta Psychologica 122, 221–233
Gilles, P.-Y., Masse, C., Lemaire, P. (2001): Individual differences in arithmetic strategy use. Annales Psychologique 101, 9–32
Ginsburg, H. G. (1997): Mathematics learning disabilities: A view from developmental psychology. Journal of Learning Disabilities 30, 20–33
Girelli, L., Bartha, L., Delazer, M. (2002): Strategic learning in the rehabilitation of semantic knowledge. Neuropsychological Rehabilitation 12, 41–61
Girelli, L., Delazer, M. (1996): Subtraction bugs in an acalculic patient. Cortex 32, 547–555
Girelli, L., Lucangeli, D., Butterworth, B. (2000): The development of automaticity in accessing number magnitude. Journal of Experimental Child Psychology 76, 104–122
Goffin, C., Ansari, D. (2016): Beyond magnitude: Judging ordinality of symbolic numbers is unrelated to magnitude comparison and independently relates to individual differences in arithmetic. Cognition 150, 68–76
Göbel, S.M. (2015): Reading difficulties and mathematics. In Cohen Kadosh, R./Dowker, A. (Eds): Oxford Handbook of Numerical Cognition, Oxford University Press, Oxford, 680–704
Gölitz, D., Roick, T., Hasselhorn, M. (2006): Deutscher Mathematiktest für vierte Klassen (DEMAT 4). Hogrefe, Göttingen
Götz, L., Lingel, K., Schneider, W. (2013a): Deutscher Mathematiktest für fünfte Klassen (DEMAT 5). Hogrefe, Göttingen
Götz, L., Lingel, K., Schneider, W. (2013b): Deutscher Mathematiktest für sechste Klassen (DEMAT 6). Hogrefe, Göttingen
Grafman, J., Passafiumi, D., Faglioni, P., Boller, F. (1982): Calculation disturbances in adults with focal hemispheric damage. Cortex 18, 37–50
Granà, A., Lochy, A., Girelli, L., Seron, X., Semenza, C. (2003): Transcoding zeros within complex numerals. Neuropsychologia 41, 1611–1618
Gravemeijer, K. (1994): Educational development and developmental research in mathematics education. Journal for Research in Mathematics Education 25, 443–471
Greven, C.U., Kovas, Y., Willcutt, E.G., Petrill, S.A., Plomin, R. (2014): Evidence for shared genetic risk between ADHD symptoms and reduced mathematis ability: A twin study. Journal of Child Psychology and Psychiatry 55, 39–48
Griffin, S.A. (2003): Number worlds: A research-based mathematics program for young children. In: Clements, D. H., DiBiase, A. (Eds.): Engaging young children in mathematics: Findings of the 2000 national conference on standards for preschool and kindergarten mathematics education. Lawrence Erlbaum, Hillsdale / NJ, 325–342
Griffin, S.A. (2004): Building number sense with number worlds. Early Childhood Research Quarterly 19(1), 173–180
Griffin, S.A., Case, R., Siegler, R. (1994): Rightstart: Providing the central conceptual prerequisites for first formal learning of arithmetic to students at risk for school failure. In: McGilly, K. (Ed.): Classroom lessons: Integrating cognitive theory and classroom practice. MIT Press, Cambridge / MA, 25–49
Groen, G., Resnick, L.B. (1977): Can preschool children invent addition algorithms? Journal of Educational Psychology 69, 645–652
Gross-Tsur, V., Manor, O., Shalev, R.S. (1996): Developmental dyscalculia: Prevalence and demographic features. Developmental Medicine and Child Neurology 38, 25–33
Grube, D. (2006): Entwicklung des Rechnens im Grundschulalter: Basale Fertigkeiten, Wissensabruf und Arbeitsgedächtniseinflüsse. Waxmann, Münster
Grube, D., Weberschock, U., Blum, M., Hasselhorn, M. (2010): Diagnostisches Inventar zu Rechenfertigkeiten im Grundschulalter (DIRG). Hogrefe, Göttingen
Haberstroh, S. & Schulte-Körne, G. (2017, März). S3-Leitlinie „Diagnostik und Behandlung der Rechenstörung“. Vortrag gehalten im Rahmen des 19. Bundeskongresses des Bundesverbandes für Legasthenie und Dyskalkulie, e.V., Würzburg.
Haffner, J., Baro, K., Parzer, P., Resch, F. (2005): Der Heidelberger Rechentest (HRT 1–4). Erfassung mathematischer Basiskompetenzen im Grundschulalter. Hogrefe, Göttingen
Halpern, D.F., Benbow, C.P., Geary, D.C., Gur, R.C., Hyde, J.S., Gernsbacher, M.A. (2007): The science of sex differences in science and mathematics. Psychological Science 8, 1–51

Hashemian, P., Hashemian, P. (2015): Effectivness of neuro-feedback on mathematics disorder. Journal of Psychiatry 18, 2–4

Hattie, J. (2013): Lernen sichtbar machen. Schneider Verlag Hohengehren, Baltmannsweiler

Hattie, J., Fisher, D., Fry, N. (2017): Visible learning for mathematics, Grades K-12: What works best to optimize student learning. Corwin, Thousand Oaks

Hauser, M.D., Carey, S., Hauser, L.B. (2000): Spontaneous number representation in semi-free-ranging rhesus monkeys. Proceedings of the Royal Society 267, 829–833

Hauser, T., U., Rotzer, S., Grabner, R., H., Merillat, S., Jäncke, L. (2013): Enhancing performance in numerical magnitude processing and mental arithmetic using transcranial direct current stimulation. Frontiers in Human Neuroscience 7, 1–9

Hauser, T., MacNeilage, P., Ware, M. (1996): Numerical representations in primates. Proceedings of the National Academy of Science 93, 1514–1517

Hecaen, H., Angelerques, R. (1961): Etude anatomoclinique de 280 cas de lésions rétrorolandiques unilatérales des hémisphères du cérébraux. Encéphale 6, 533–562

Hecht, S.A., Torgesen, J.K., Wagner, R.K., Rashotte, C.A. (2001): The relations between phonological processing abilities and emerging individual differences in mathematical computation skills: a longitudinal study from second to fifth grades. Journal of Experimental Child Psychology 79, 192–227

Hein, J., Bzufka, M.W., Neumarker, K.J. (2000): The specific disorder of arithmetic skills. Prevalence studies in a rural and an urban population sample and their clinico-neuropsychological validation. European Child and Adolescent Psychiatry 9 (Suppl. 2), 87–101

Hembree, R. (1990): The nature, effects, and relief of mathematics anxiety. Journal of Research in Mathematics Education 21, 33–46

Henik, A., Tzelgov, J. (1982): Is three greater than five: The relation between physical and semantic size in comparison tasks. Memory and Cognition 10, 389–395

Henschen, S.E. (1919): Über Sprach-, Musik- und Rechenmechanismen und ihre Lokalisation im Grosshirn. Zeitschrift für die gesamte Neurologie und Psychiatrie 52, 273–298

Hirsh-Pasek, K., Zosh, J.M., Michnick Golinkoff, R., Gray, J.H., Robb, M.B., Kaufmann, J. (2015): Putting education in „Educational" apps: Lessons from the science of learning. Psychological Science 16, 3–34

Hitch, G.J., McAuley, E. (1991): Working memory in children with specific arithmetical learning difficulties. British Journal of Psychology 82, 375–386

Hittmair-Delazer, M., Semenza, C., Denes, G. (1994): Concepts and facts in calculation. Brain 117, 715–728

Hittmair-Delazer, M., Sailer, U., Benke, T. (1995): Impaired arithmetic facts but intact conceptual knowledge – a single case study of dyscalculia. Cortex 31, 139–148

Hodges, J.R., Patterson, K., Oxbury, S., Funnell, E. (1992): Semantic dementia. Brain 115, 1783–1805

Holloway, I.D., Ansari, D. (2009): Mapping numerical magnitudes onto symbols: the numerical distance effect and individual differences in children's mathematical achievement. Journal of Experimental Child Psychology 103, 17–29

Holloway, I.D., Ansari, D. (2010): Developmental specialization in the right intraparietal sulcus for the abstract representation of numerical magnitude. Journal of Cognitive Neuroscience 22, 2627–2637

Holzer, N., Schaupp, H., Lenart, F. (2010): Eggenberger Rechentest 3+ – Diagnostikum für Dyskalkulie für das Ende der 3. Schulstufe bis zur Mitte der 4. Schulstufe. Hans Huber, Bern

Hope, J.A., Sherrill, J.M. (1987): Characteristics of unskilled and skilled mental calculators. Journal for Research in Mathematics Education 18, 98–111

Hubbard, E., Piazza, M., Pinel, P., Dehaene, S. (2005): Interactions between number and space in parietal cortex. Nature Reviews 6, 435–448

Hughes, M. (1981): Can preschool children add and substract? Educational Psychology 1, 207–219

Hyde, D.C., Boas, D.A., Blair, C., Carey, S. (2010): Near-infrared spectroscopy shows right parietal specialization for numbers in pre-verbal infants. Neuroimage 53, 647–52

Hyde, J.S. (2005): The gender similarities hypothesis. American Psychologist 60, 581–592
Hyde, J.S., Fennema, E., Lamon, S.J. (1990): Gender differences in mathematics performance: A meta-analysis. Psychological Bulletin 107, 139–155
Isaacs, E.B., Edmonds, C.J., Lucas, A., Gadian, D.G. (2001): Calculation difficulties in children of very low birthweight. A neural correlate. Brain 124, 1701–1707
Jackson, M., Warrington, E.K. (1986): Arithmetic skills in patients with unilateral cerebral lesions. Cortex 22, 611–620
Jacobs, C., Petermann, F. (2014): Rechenfertigkeiten- und Zahlenverarbeitungs-Diagnostikum für die 2. bis 6. Klasse (2., überarbeitete und erweiterte Auflage). Hogrefe, Göttingen
Jimenez Gonzales, J.E., Espinel, A.I. G. (2002): Strategy Choice in Solving Arithmetic Word Problems: Are There Differences between Students with Learning Disabilities, G-V Poor Performance and Typical Achievement Students? Learning Disability Quarterly 25, 113–122
Jordan, J.A., Wylie, J., Mulhern, G. (2010): Phonological awareness and mathematical difficulty: a longitudinal perspective. British Journal of Developmental Psychology 28, 89–107
Jordan, K.E., Brannon, E.M. (2003): Cardinal number representation in Rhesus monkeys. Paper presented at the annual North Carolina Cognition Group Conference. Durham/NC.
Jordan, N.C., Hanich, L.B., Kaplan, D. (2003): A longitudinal study of mathematical competencies in children with specific mathematics difficulties versus children with comorbid mathematics and reading difficulties. Child Development 74, 834–850
Jordan, N.C., Hanich, L.B., Kaplan, D. (2003): Arithmetic fact mastery in young children: A longitudinal investigation. Journal of Experimental Child Psychology 85, 103–119
Jordan, N.C., Huttenlocher, J., Levine, S.C. (1992): Differential calculation abilities in young children from middle- and low-income families. Developmental Psychology 28, 644–653
Jordan, N.C., Montani, T. (1997): Cognitive arithmetic and problem solving: A comparison of children with specific and general mathematics difficulties. Journal of Learning Disabilities 30, 624–634
Kahneman, D., Treisman, A., Gibbs, B.J. (1992): The reviewing of object-files: Object specific integration of information. Cognitive Psychology 24, 174–219
Kaufmann, L. (2002): More evidence for the role of the central executive in retrieving arithmetic facts – a case study of severe developmental dyscalculia. Journal of Clinical and Experimental Neuropsychology 24, 302–310
Kaufmann, L., Delazer, M., Pohl, R., Semenza, C., Dowker, A. (2005): Effects of a specific numeracy educational program in preschool children: a pilot study. Educational Research and Evaluation 11, 405–431
Kaufmann, L., Handl, P., Thöny, B. (2003): Evaluation of a numeracy intervention program focusing on basic numerical knowledge and conceptual knowledge: a pilot study. Journal of Learning Disabilities 36, 564–573
Kaufmann, L., Koppelstaetter, F., Siedentopf, C., Haala, I., Haberlandt, E., Zimmerhackl, L.B., Felber, S., Ischebeck, A. (2006): Neural correlates of a number-size interference task in children. NeuroReport 17, 587–591
Kaufmann, L., Lochy, A., Drexler, A., Semenza, C. (2004): Deficient arithmetic fact retrieval: Storage or access problem? Neuropsychologia 42, 482–496
Kaufmann, L., Nuerk, H.C. (2005): Numerical development: current issues and future perspectives. Psychology Science 47, 142–170
Kaufmann, L., Nuerk, H.C. (2006): Interference effects of a numerical Stroop paradigm in 9 to 12 year-old ADHD children. Child Neuropsychology 12, 223–243
Kaufmann, L., Nuerk, H.C. (2007): Zahlenverarbeitung: typische und atypische Entwicklungsverläufe. In: Kaufmann, L., Nuerk, H.C., Konrad, K., Willmes, K. (Hrsg.): Kognitive Entwicklungsneuropsychologie. Hogrefe, Göttingen, 383–398
Kaufmann, L., Nuerk, H.C. (2008): Therapie der Dyskalkulie. In: Gauggel, S., Herrmann, M. (Hrsg.): Handbuch der Neuro- und Biopsychologie. Hogrefe, Göttingen, 760–764
Kaufmann, L., Nuerk, H.C., Graf, M., Krinzinger, H., Delazer, M., Willmes, K. (2008a): TEDI-

MATH. Test zur Erfassung numerisch-rechnerischer Kompetenzen vom Kindergarten bis zur 3. Klasse. Hans Huber, Bern

Kaufmann, L., Vogel, S., Wood, G., Kremser, C., Schocke, M., Zimmerhackl, L. B., Koten, J. W. (2008b): A developmental fMRI study of nonsymbolic numerical and spatial processing. Cortex 44, 376–385

Kaufmann, L., Wood, G., Rubinsten, O., Henik, A. (2011): Meta-analyses of developmental fMRI studies investigating typical and atypical trajectories of number processing and calculation. Developmental Neuropsychology 36, 763–787

Kelly, S. J., Macaruso, P., Sokol, S. M. (1997): Mental calculation in an autistic savant: a case study. Journal of Clinical and Experimental Neuropsychology 19, 172–184

Kinsbourne, M., Warrington, E. (1963): The developmental Gerstmann syndrome. Archives of Neurology 8, 490–501

Kirby, J. R., Becker, L. D. (1988): Cognitive components of learning problems in arithmetic. Remedial and Special Education 9, 7–16

Klauer, K. J. (1989): Denktraining für Kinder I. Hogrefe, Göttingen

Klein, A. S., Buishuizen, M., Treffers, A. (1998): The empty number line in Dutch second grades: Realistic versus gradual program design. Journal for Research in Mathematics Education 29, 443–464

Klesczewski, J., Brandenburg, J., Fischbach, A., Grube, D., Hasselhorn, M., Büttner, G. (2015): Working memory functioning in children with poor mathematical skills: Relationship to IQ-achievement discrepancy and additional reading and spelling difficulties. Zeitschrift für Psychologie 223, 83–92

Klingberg, T., Hedehus, M., Temple, E., Salz, T., Gabrieli, J. D. E., Moseley, M. E., Poldrack, R. A. (2000): Microstructure of temporo-parietal white matter as a basis for reading ability: evidence from diffusion tensor magnetic resonance imaging. Neuron 25, 493–500

KMK (2005): Bildungsstandards im Fach Mathematik für den Hauptschulabschluss. Neuwied: Luchterhand

Köller, O., Baumert, J., Schnabel, K. (2001): Does interest matter? The relationship between academic interest and achievement in mathematics. Journal for Research in Mathematics Education 32, 448–470

Koontz, K. L., Berch, D. B. (1996): Identifying simple numerical stimuli: Processing inefficencies exhibited by arithmetic learning disabled children. Mathematical Cognition 2, 1–23

Koponen, T., Salmi, P., Eklund, K., Aro, T. (2013): Counting and RAN skill: Predictors of calculation and reading fluency. Journal of Educational Psychology, 105,162–175

Koumoula, A., Tsironi, V., Stamouli, V., Bardani, I., Siapati, S., Annika, G., et al. (2004): An epidemiological study of number processing and mental calculation in Greek schoolchildren. Journal of Learning Disabilities 37, 377–388

Kovas, Y., Haworth, C. M., A., Harlaar, N., Petrill, S. A., Dale, P. S., Plomin, R. (2007): Overlap and specificity of genetic and environmental influences on mathematics and reading disability in 10-year old twins. Journal of Child Psychology and Psychiatry 48, 914–922

Krajewski, K. (2003): Vorhersage von Rechenschwäche in der Grundschule. Kovac, Hamburg

Krajewski, K., Küspert, P., Schneider, W. (2002): Deutscher Mathematiktest für erste Klassen (DEMAT 1+). Hogrefe, Göttingen

Krajewski, K., Liehm, S., Schneider, W. (2004): Deutscher Mathematiktest für zweite Klassen (DEMAT 2+). Hogrefe, Göttingen

Krajewski, K., Nieding, G., Schneider, W. (2007): „Mengen, zählen, Zahlen". Die Welt der Mathematik entdecken (Theoretische Konzeption). Cornelsen, Berlin

Krajewski, K., Nieding, G., Schneider, W. (2008): Kurz- und langfristige Effekte mathematischer Frühförderung im Kindergarten durch das Programm „Mengen, zählen, Zahlen". Zeitschrift für Entwicklungspsychologie und Pädagogische Psychologie 40, 135–146

Krajewski, K., Schneider, W. (2006): Mathematische Vorläuferfertigkeiten im Vorschulalter und ihre Vorhersagekraft für die Mathematikleistungen bis zum Ende der Grundschulzeit. Psychologie in Erziehung und Unterricht 53, 246–262

Krajewski, K., Schneider, W. (2009): Exploring the impact of phonological awareness, visual-spatial working memory, and preschool quantity-number competencies on mathematics achievement in elementary school: Findings from a 3-year longitudinal study. Journal of Experimental Child Psychology 103, 516–531

Krapf, E. (1937): Über Akalkulie. Schweizer Archiv für Neurologie und Psychiatrie 39, 330–334

Krinzinger, H. (2008): Early gender differences in the understanding of the base-10 system. Paper presented at the 20th Biennial Meeting of the ISSBD (International Society of the Study of Behavioural Development). Würzburg, Germany.

Krinzinger, H., Kaufmann, L. (2006): Rechenangst und Rechenleistung. Sprache, Stimme, und Gehör 30, 1–5

Krinzinger, H., Kaufmann, L., Willmes, K. (2009): Math anxiety and math ability in early primary school years. Journal of Psychoeducational Assessment 27, 206–225

Kroesbergen, E. H., van Luit, J. E. H. (2002): Teaching multiplication to low math performers: guided versus structured instruction. Instructional Science 30, 361–378

Kroesbergen, E. H., van Luit, J. E. H. (2003): Mathematics intervention for children with special educational needs. A meta-analysis. Remedial and Special Education 24, 97–114

Kroesbergen, E. H., van Luit, J. E. H. (2005): Constructivist mathematics education for students with mild mental retardation. European Journal of Special Needs Education 20, 107–116

Kroesbergen, E. H., van Luit, J. E. H., Naglieri, J. A. (2003): Mathematical learning difficulties and PASS cognitive processes. Journal of Learning Disabilities 36, 574–582

Krusche, P., Uller, C., Dicke, U. (2010): Quantity discrimination in salamanders. The Journal of Experimental Psychology 213, 1822–1828

Krutetskii, V. A. (1976): The psychology of mathematical abilities in schoolchildren. University of Chicago Press, London

Kucian, K., Grond, U., Rotzer, S., Henzi, B,, Schönmann, C., Plangger, F. et al. (2011): Mental number line training in children with developmental dyscalculia. Neuroimage 57, 782–795

Kucian, K., Loenneker, T., Dietrich, T., Martin, E., von Aster, M. G. (2005): Development of neural networks for number processing: an fMRI study in children and adults. Neuroimage 26, 46

Kucian, K., Loenneker, T., Dietrich, T., Dosch, M., Martin, E., von Aster, M. (2006): Impaired neural networks for approximate calculation in dyscalculic children: a functional MRI study. Behavioral and Brain Functions 2, 31

Landerl, K. (2013): Development of numerical processing in children with typical and dyscalculic arithmetic skills—a longitudinal study. Frontiers in Psychology 4:459

Landerl, K., Bevan, A., Butterworth, B. (2004): Developmental dyscalculia and basic numerical capacities. A study of 8–9 year old students. Cognition 93, 99–125

Landerl, K., Fussenegger, B., Moll, K., Willburger, E. (2009): Dyslexia and dyscalculia: Two learning disorders with different cognitive profiles. Journal of Experimental Child Psychology, 103, 309–324.

Landerl, K., Kölle, C. (2009): Typical and atypical development of basic numerical skills. Journal of Experimental Child Psychology 103, 546–565

Landerl, K., Moll, K. (2010): Comorbidity of learning disorders: Prevalence and familial transmission. Journal of Child Psychology and Psychiatry 51, 287–294

Landerl, K., Wimmer, H. (2006): Lese-Rechtschreib-Schwächen. In: Rost, D. H. (Ed.): Handwörterbuch Pädagogischer Psychologie. 3. Aufl. Belz PVU, Weinheim, 441–450

Lee, J. (2009): Universals and specifics of math self-concept, math self-efficacy, and math anxiety across 41 PISA 2003 participating countries. mLearning and Individual Differences 19, 355–365

LeFevre, J. A., Bisanz, J., Daley, K., Buffone, L., Greenham, S., Sadesky, G. (1996): Multiple routes to solution of single-digit multiplication problems. Journal of Experimental Psychology: General 125, 284–306

Leibovich, T., Henik, A. (2013): Magnitude processing in non-symbolic stimuli. Frontiers in Psychology 4, 375

Leibovich, T., Ansari D. (2016): The symbol-grounding problem in numerical cognition: A review of theory, evidence, and outstanding questions. Canadian Journal of Experimental Psychology 70, 12–23

Leibovich, T., Vogel, S. E., Henik, A., Ansari, D. (2015): Asymmetric processing of numerical and nonnumerical magnitudes in the brain: An fMRI study. Journal of Cognitive Neuroscience 28, 166–176

Lenart, F., Holzer, N., Schaupp, H. (2008): Eggenberger Rechentest 2+ (ERT 2+) – Diagnostikum für Dyskalkulie für das Ende der 2. Schulstufe bis zur Mitte der 3. Schulstufe. Hans Huber, Bern

Lenart, F., Schaupp, H., Holzer, N. (2014): Eggenberger Rechentest 0+ (ERT 0+) – Diagnostikum für Dyskalkulie-Disposition für das Ende des Kindergartenalters bis Mitte der 1. Schulstufe. Hans Huber, Bern

Lenhard, A., Lenhard, .W., Schug, M., Kowalski, A. (2011): Computerbasierte Mathematikförderung mit den „Rechenspielen mit Elfe und Mathisl." Zeitschrift für Entwicklungspsychologie und Pädagogische Psychologie 43,79–88

Lenhard, W., Lenhard, A. (2010): Rechenspiel mit Elfe und Mathis I [CD-Rom]. Hogrefe, Göttingen.

Lenhard, W, Lenhard, A., Lingel, K. (2010): Rechenspiele mit Elfe und Mathis II [CD-Rom]. Hogrefe, Göttingen

Leslie, A.M., Glanville, M., Lerner, S. (2003): So, maybe infants do count after all. Paper presented at the biennial meeting of the Society for Research in Child Development, April. Tampa, Florida.

Leslie, A.M., Xu, F., Tremoulet, P., Scholl, B. (1998): Indexing and the object concept: Developing „what" and „where" systems. Trends in Cognitive Sciences, 2, 10–18

Levine, S.C., Jordan, N.C., Huttenlocher, J. (1992): Development of calculation abilities in young children. Journal of Experimental Child Psychology 53, 72–103

Lewandowsky, M., Stadelmann, E. (1908): Über einen bemerkenswerten Fall von Hirnblutung und über Rechenstörungen bei Herderkrankungen des Gehirns. Journal für Psychologie und Neurologie 11, 249–265

Lewis, C., Hitch, G.J., Walker, P. (1994): The prevalence of specific arithmetic difficulties and specific reading difficulties in 9- and 10-year-old boys and girls. Journal of Child Psychology and Psychiatry 35, 283–292

Lloyd-Fox, S., Blasi, A., Elwell, C., (2010): Illuminating the developing brain: The past, present and future of functional near infrared spectroscopy. Neuroscience and Behavioural Reviews 34, 269–284

Logie, R.H., Gilhooly, K.J., Wynn, V. (1994): Counting on working memory in arithmetic problem solving. Memory and Cognition 22, 395–410

Long, I, Malone, S., Tolan, T., Burgoyne, K., Heron-Delaney, Witteveen, K., Hulme, C. (2016): The cognitive foundations of arithmetic skills: It is counting and number judgment, but not finger gnosis, that count. Journal of Experimental Child Psychology 152, 327–334

Lorenz, J.H. (2005): Grundlagen der Förderung und Therapie. In: von Aster / Lorenz (2005), 165–177

Luria, A.R. (1973): The working brain: An introduction to neuropsychology. Basic Books, New York

Lyons, I .M., Ansari, D. (2015): Numerical Order Processing in Children: From Reversing the Distance-Effect to Predicting Arithmetic. Mind, Brain, and Education 9, 207–22

Lyons, I .M., Price, G.R., Vaessen, A., Blomert, L. Ansari, D. (2014): Numerical predictors of arithmetic success in grades 1-6. Developmental Science 17(5), 714–726

Lyons, I .M., Vogel, S.E., Ansari, D. (2016): On the ordinality of numbers: A review of neural and behavioural studies. Progress in Brain Research 227, 187–221

Maccoby, E.E., Jacklin, C.N. (1974): The psychology of sex differences. Stanford University Press, Stanford / CA

Maloney E.A., Ansari, D., Fugelsang, J.A. (2011): The effect of mathematics anxiety on the processing of numerical magnitude. The Quarterly Journal of Experimental Psychology 64, 10–16

Maloney E.A., Risko, E.F., Ansari, D., Fugelsang, J. (2010): Mathematics anxiety affects counting but not subitizing during visual enumeration. Cognition 114, 293–297

Marinthe, C., Fayol, M., Barrouillet, P. (2001): Gnosies digitales et développement des performances arithmétiques. In: Hout, A.V., Meljac, C. (Eds.): Troubles du calcul et dyscalculies chez l'enfant. Masson, Paris, 239–254

Marx, H., Krocker, N. (2005): Das Prokrustesbett der deutschen Lehrpläne für die Entwicklung von lehrplanvaliden Testverfahren – Zur Konstruktion der Deutschen Mathematiktests für fünfte und sechste Klassen (DEMAT 5+ und DEMAT 6+). In: Hasselhorn, M., Marx, H., Schneider, W. (Hrsg.): Diagnostik von Mathematikleistungen. Tests und Trends. Hogrefe, Göttingen, 139–232

Marx, P., Weber, J.M., Schneider, W. (2001): Legasthenie versus allgemeine Lese-Rechtschreibschwäche: Ein Vergleich der Leistungen in der phonologischen und visuellen Informationsverarbeitung. Zeitschrift für Pädagogische Psychologie 15, 85–98

Matejko, A.A., Ansari, D. (2015): Drawing connections between white matter and numerical and mathematical cognition: A literature review. Neuroscience & Biobehavioral Reviews 48, 35–52

Mathieu, R., Gourjon, A., Couderc A., Thevenot, C., Prado, J. (2016): Running the number line: Rapid shifts of attention in single-digit arithmetic. Cogntion 146, 229–239

Matsuzawa, T. (1985): Use of numbers by a chimpanzee. Nature 315, 57–59

Mazzocco, M.M.M., Thompson, R.E. (2005): Kindergarten predictors of math learning disability. Learning Disabilities Research and Practice 20, 142–155

McCloskey, M. (1992): Cognitive mechanisms in numerical processing: Evidence from acquired dyscalculia. Cognition 44, 107–157

McCloskey, M., Caramazza, A., Basili, A.G. (1985): Cognitive mechanisms in number processing and calculation: Evidence from dyscalculia. Brain and Cognition 4, 171–196

McComb, K., Packer, C., Pusey, A. (1994): Roaring and numerical assessment in contest between groups of female lions, Panthera leo. Animal Behaviour 47, 379–387

McLean, J.F., Hitch, G.J. (1999): Working memory in children with specific learning disabilities. Journal of Experimental Child Psychology 74, 240–260

Meck, W.H., Church, R.M. (1983): A mode control model of counting in timing processes. Journal of Experimental Psychology: Animal Behavior Processes 9, 320–334

Melchers, P., Melchers, M. (2015): KABC-II. Kaufman Assessment Battery for Children – II von Alan S. Kaufman & Nadeen L. Kaufman. Deutschsprachige Fassung. Pearson, Frankfurt a. M.

Moeller, K., Neuburger, S., Kaufmann, L., Landerl, K., Nuerk, H.-C. (2009): Basic number processing deficits in developmental dyscalculia: Evidence from eye-tracking. Cognitive Development 24, 371–386

Moeller, K., Zuber, J., Olsen, N., Nuerk, H.-C., Willmes, K. (2015): Intransparent German number words complicate transcoding – A translingual comparison with Japanese. Frontiers in Psychology 6:740

Moll, K., Kunze, S., Neuhoff, N., Bruder, J., Schulte-Körne, G. (2014); Specific learning disorder: Prevalence and gender differences. PLoS ONE 9: e103537

Moll. K., Snowling, M.J., Göbel, S. Hulme, C. (2015): Early language and executive skills predict variations in number and arithmetic skills in children at family-risk for dyslexia and typically developing controls. Learning and Instruction 38, 53–62

Morris, N., Jones, D.M. (1990): Memory updating in working memory: The role of central executive. British Journal of Psychology 81, 111–121

Morton, J., Frith, U. (2004): Understanding developmental disorders: A causal modelling approach. Blackwell Publishing, Oxford

Moser Opitz, E., Reusser, L., Moeri Müller, M., Anliker, B., Wittich, C., Freesemann, O. (2010): Basisdiagnostik Mathematik für die Klassen 4–8 (BASIS-MATH 4–8). Hans Huber, Bern, Hogrefe

Moyer, R.S., Landauer, T.K. (1967): The time required for judgements of numerical inequality. Nature 215, 1519–1520

Mussolin, C., de Volder, A., Grandin, C., Schlögel, X., Nassogne, M-C., Noël, M-P. (2010): Neural correlates of symbolic number comparison in developmental dyscalculia. Journal of Cognitive Neuroscience 22, 860–874

Naglieri, J.A., Johnson, D. (2000): Effectiveness of a cognitive strategy intervention in improving arithmetic computation based on the PASS theory. Journal of Learning Disabilities 33, 591–597

Noël, M.P. (2000): Numerical Cognition. In: Rapp, B. (Ed.): A Handbook of Cognitive Neuropsychology. Psychology Press, New York, 495–518

Noël, M.P. (2005): Finger gnosia: a predictor of numerical abilities in children. Child Neuropsychology 11, 413–430

Noël, M.P., Désert, M., Aubrun, A., Seron, X. (2001): Involvement of short-term memory in complex mental calculation. Memory and Cognition 29, 34–42

Noël, M.P., Turconi, E. (1999): Assessing number transcoding in children. European Review of Applied Psychology 49, 295–302

Nuerk, H.-C., Graf, M., Willmes, K. (2006): Grundlagen der Zahlenverarbeitung und des Rechnens. Sprache, Stimme und Gehör 30, 147–153

Nuerk, H.-C., Kaufmann, L., Zoppoth, S., Willmes, K. (2004): On the development of the mental number line: more or less or never holistic with increasing age? Developmental Psychology 40, 1199–1211

Nuerk, H.-C., Weger, U., Willmes, K. (2001): Decade breaks in the mental number line? Putting the tens and units back into different bins. Cognition 82, B25-B33

Nuerk, H.-C., Willmes, K. (2005): On the magnitude representation of two-digit numbers. Psychology Science 47, 52–72

Nuerk, H.-C., Wood, G., Willmes, K. (2005): The universal SNARC effect. The association between number and space is amodal. Experimental Psychology 52, 187–194

Opfer, J.E., Siegler, R.S. (2007): Representational change and children's numerical estimation. Cognitive Psychology 55, 169–195

Orton, S.T. (1937): Reading, writing and speech problems in children. Norton, New York

Passolunghi, M.C. (2006): Working memory and arithmetic learning disability. In: Alloway, T.P., Gathercole, S.E. (Eds.): Working memory and neurodevelopmental disorders. Psychology Press, Hove, 113–138

Passolunghi, M.C., Cornoldi, C., Liberto, S.D. (1999): Working memory and intrusions of irrelevant information in a group of specific poor problem solvers. Memory and Cognition 27, 779–790

Passolunghi, M.C., Marzocchi, G.M., Fiorillo, F. (2005): Selective effect of inhibition of literal or numerical irrelevant information in children with attention deficit hyperactivity disorder (ADHD) or arithmetic learning disorder (ALD). Developmental Neuropsychology 28, 731–753

Passolunghi, M.C., Pazzaglia, F. (2004): Individual differences in memory updating in relation to arithmetic problem solvine. Learning and Individual Differences 14, 219–230

Pennington, B.F. (2005): From single to multiple deficit models of developmental disorders. Cognition 101:385–413

Pepperberg, I. (2006): Ordinality and inferential abilities of a grey parrot (psittacus erithacus). Journal of Comparative Psychology 120, 205–216

Pepperberg, I., Carey, S. (2012): Grey parrot number acquisition: The inference of cardinal value from ordinal position on the numeral list. Cognition 125(2), 219–232

Peritz, G. (1918): Zur Pathopsychologie des Rechnens. Deutsche Zeitschrift für Nervenheilkunde 61, 234–340

Pesenti, M., Seron, X., van der Linden, M. (1994): Selective impairment as evidence for mental organisation of arithmetic facts: BB, a case of preserved subtraction? Cortex 30, 661–671

Petermann, F., Petermann, U. (2011): Wechsler-Intelligence-Scale for Children – Fourth Edition. Pearson, Frankfurt a.M.

Petersen R.C. (2004): Mild cognitive impairment as a diagnostic entity. Journal of Internal Medicine 256, 183–194

Piaget, J. (1952): The Child's Conception of Number. Routledge and Kegan Paul, London

Piaget, J. (1974): Die Bildung des Zeitbegriffs beim Kinde. Suhrkamp, Frankfurt a. M.

Piaget, J., Szeminska, A. (1975): Die Entwicklung des Zahlbegriffs beim Kinde. Klett-Cotta, Stuttgart

Piazza, M., Facoetti, A., Trussardi, A.N., Berteletti, I., Conte, S., Lucangeli, D., et al.(2010): Developmental trajectory of number acuity reveals a severe impairment in developmental dyscalculia. Cognition 116, 33–41

Pixner, S., Möller, K., Zuber, J., Nuerk, H.C. (2009): Decomposed but parallel processing of two-digit numbers in Austrian 1st Graders. The Open Psychology Journal, 2, 40–48

Platt, J.R., Johnson, D.M. (1971): Localization of position within a homogenous behavior chain: Effects of error contingencies. Learning and Motivation 2, 386–414

Poeck, K. (1964): Phantoms following amputation in early childhood and in congenital absence of limbs. Cortex 1, 269–275

Power, R., dal Martello, M. F. (1990): The dictation of Italian Numerals. Language and Cognitive Processes 5, 237–254

Power, R., dal Martello, M. F. (1997): From 834 to Eighty Thirty Four: The Reading of Arabic Numerals by Seven-year-old Children. Mathematical Cognition 3, 63–85

Preiß, G. (2005): Leitfaden Zahlenland 1 und 2. Zahlenland Prof. Preiß OHG, Kirchzarten

Price,G. R., Holloway, I., Räsänen, P., Vesterinen, M., Ansari, D. (2007): Impaired parietal magnitude processing in developmental dyscalculia. Current Biology 17, R1042-R1043

Pylyshyn, Z. W. (1989): The role of location indexes in spatial perception: A sketch of the FINST spatial-index model. Cognition 32, 65–97

Reeve, R., Reynolds, F., Humberstone, J., Butterworth, B.(2012): Stability and change in markers of core numerical competencies. Journal of Experimental Psychology: General 141, 649–666

Reigosa-Crespo, V., Valdés-Sosa, M., Butterworth, B., Estévez, N., Rodríguez, M., Santos, E., et al. (2012): Basic numerical capacities and prevalence of developmental dyscalculia: The Havana study. Developmental Psychology 48: 123–135.

Resnick, L. B. (1982): Syntax and semantics in learning to subtract. In: Carpenter, T. P., Moser, J. M., Romberg, T. (Eds.): Addition and subtraction: A cognitive perspective. Lawrence Erlbaum, Hillsdale / NJ, 136–155

Resnick, L. B. (1983): A developmental theory of number understanding. In: Ginsburg, H. G. (Ed.): The development of mathematical thinking. Academic Press, New York, 109–151

Resnick, L. B. (1989): Developing mathematical knowledge. American Psychologist 44, 162–169

Reusser, K. (2000): Success and failure in school mathematics: effects of instruction and school environment. European Child and Adolescent Psychiatry 9, 17–26

Reyna, V. F., Nelson, W. L., Han, P. K., Dieckmann, N.F. (2009): How numeracy influences risk comprehension and medical decision making. Psychological Bulletin 135, 943–973

Ritchie, S. J., Bates, T. C. (2013): Enduring links from childhood mathematics and reading achievement to adult socioeconomic status. Psychological Science 24, 1301–1308

Rivera, S. M., Reiss, A. L., Eckert, M. A., Menon, V. (2005): Developmental Changes in Mental Arithmetic: Evidence for Increased Functional Specialization in the Left Inferior Parietal Cortex. Cerebral Cortex 24, 50–60

Roick, T., Gölitz, D., Hasselhorn, M. (2004): Deutscher Mathematiktest für dritte Klassen (DEMAT 3+). Hogrefe, Göttingen

Roick, T., Gölitz, D., Hasselhorn, M. (2012): Kettenrechner für dritte und vierte Klassen (KR 3–4). Hogrefe, Göttingen

Rossor, M. N., Warrington, E. K., Cipolotti, L. (1995): The isolation of calculation skills. Journal of Neurology 24, 78–81

Rotzer, S., Kucian, K., Martin, E., von Aster, M., Klaver, P., Loenneker, T. (2008): Optimized voxel-based morphometry in children with developmental dyscalculia. Neuroimage 39, 417–422

Rourke, B. P. (1989): Nonverbal learning disabilities: The syndrome and the model. The Guilford Press, New York

Rourke, B. P. (1993): Arithmetic disabilities, specific and otherwise: A neuropsychological perspective. Journal of Learning Disabilities 26, 214–226

Rousselle, L., Noël, M. P. (2007): Basic numerical skills in children with mathematics learning disabilities: a comparison of symbolic vs non-symbolic number magnitude processing. Cognition 102, 361–395

Rubinsten, O., Henik, A., Berger, A., Shahar-Shalev, S. (2002): The development of internal representations of magnitude and their association with Arabic numerals. Journal of Experimental Child Psychology 81, 74–92

Rubinsten, O., Henik, A. (2006): Double dissociation of functions in developmental dyslexia and dyscalculia. Journal of Experimental Educational Psychology 98, 854–867

Russell, R. L., Ginsburg, H. P. (1984): Cognitive analysis of children's mathematical difficulties. Cognition and Instruction 1, 217–244

Rykhlevskaia, E., Uddin, L. Q., Kondos, L., Menon, V. (2009): Neuroanatomical correlates of developmental dyscalculia: combined evidence from morphometry and tractography. Frontiers in Human Neuroscience 3, 51

Schardt, K., Merdian, G. (2006): BADYS 1–4+ Bamberger Dyskalkuliediagnostik. Ein förderdiagnostisches Verfahren zur Erfassungvon Rechenproblemen. PaePsy Verlag, Bamberg

Schaupp, H., Holzer, N., Lenart, F. (2007): ERT 1+. Eggenberger Rechentest. Diagnostikum für Dyskalkulie für das Ende der 1. Schulstufe bis Mitte der 2. Schulstufe. Hans Huber, Bern

Schaupp, H., Lenart, F., Holzer, N. (2010): ERT 4+ Eggenberger Rechentest. Diagnostikum für Dyskalkulie für das Ende der 4. Schulstufe bis Mitte der 5. Schulstufe. Hans Huber, Bern

Schleifer, P., Landerl, K. (2011): Subitizing and counting in typical and atypical development. Developmental Science 14, 280–291

Schmidt, S., Ennemoser, M., Krajewski, K. (2012): Deutscher Mathematiktest für neunte Klassen (DEMAT 9). Hogrefe, Göttingen

Schneider, M., Beeres, K., Coban, L., Merz, S., Schmidt, S. S., Stricker, J., et al. (2016): Associations of non-symbolic and symbolic numerical magnitude processing with mathematical competence: a meta-analysis. Developmental Science, epub ahead, DOI: 10.1111/desc.12372

Schneider, W., Küspert, P., Krajewski, K. (2016): Die Entwicklung mathematischer Kompetenzen (2. Aufl.). Ferdinand Schöningh, Paderborn

Scholl, B. J., Pylyshyn, Z. W. (1999): Tracking multiple items through occlusion: Clues to visual objecthood. Cognitive Psychology 38, 259–290

Schuchardt, K., Maehler, C., Hasselhorn. M. (2008): Working memory deficits in childen with specific learning disorders. Journal of Learning Disabilities 41, 514–523

Schwank, I. (2005): Die Schwierigkeit des Dazu-Denkens. In: von Aster / Lorenz (2005), 93–133

Sekuler, R., Mierkiewicz, D. (1977): Children's judgements of numerical equality. Child Development 48, 630–633

Semenza, C., Miceli, L., Girelli, L. (1997): A deficit for arithmetical procedures: Lack of knowledge or lack of monitoring. Cortex 33, 483–498

Seron, X., Fayol, M. (1994): Number transcoding in children. A functional analysis. British Journal of Developmental Psychology 12, 281–300

Shalev, R. S., Gross-Tsur, V. (2001): Developmental dyscalculia. Review article. Pediatric Neurology 24, 337–342

Shalev, R. S., Manor, O., Gross-Tsur, V. (1997): Neuropsychological aspects of developmental dyscalculia. Mathematical Cognition 3, 105–120

Shalev, R. S., Manor, O., Auerbach, J., Gross-Tsur, V. (1998): Persistence of developmental dyscalculia: what counts? Results from a 3-year prospective follow-up study. Journal of Pediatrics 133, 358–362

Shalev, R. S., Manor, O., Kerem, B., Ayali, M., Badichi, N., Friedlander, Y., Gross-Tsur, V. (2001): Developmental dyscalculia is a familiar learning disability. Journal of Learning Disabilities 34, 59–65

Shallice, T. (1988): From neuropsychology to mental structure. Cambridge University Press, Cambridge

Shaywitz, S. E., Shaywitz, B. E. (1988): Attention deficit disorder: Current perspectives. In: Kavanaugh, J. F., Truss, T. J. (Eds.): Learning disabilities: Proceedings of the national conference. York Press, Parkton / MD, 369–523

Shrager, J., Siegler, R. S. (1998): SCADS: A model of children's strategy choices and strategy discoveries. Psychological Science 9, 405–410

Siegel, L. S., Feldman, W. (1983): Non-dyslexic children with combined writing and arithmetic difficulties. Clinical Pediatrics 22, 241–244

Siegel, L. S., Ryan, E. B. (1989): The development of WM in normally achieving and subtypes of learning disabled children. Child Development 60, 973–980

Siegler, R. S. (1988): Strategy choice procedures and the development of multiplication skills. Journal of Experimental Psychology: General 117, 258–275

Siegler, R. S., (1996): Emerging minds: The process of change in children's thinking. New York, NY: Oxford University Press

Siegler, R. S., Booth, J. L. (2004): Development of numerical estimation in young children. Child Development 75, 428–444

Siegler, R. S., Jenkins, E. (1989): How children discover new strategies. Lawrence Erlbaum, Hillsdale / NJ

Siegler, R. S., Opfer, J. E. (2003): The development of numerical estimation: Evidence for multiple representations of numerical quantity. Psychological Science 14, 237–243

Siegler, R. S., Shipley, C. (1995): Variation, selection, and cognitive change. In: Simon, T. J., Halford, G. S. (Eds.): Developing cognitive competence: New approaches to process modeling. Lawrence Erlbaum, Hillsdale / NJ, 31–76

Siegler, R. S., Shrager, J. (1984): Strategy choices in addition and subtraction: How do children know what to do? In: Sophian, C. (Ed.): Origins of cognitive skill. Lawrence Erlbaum, Hillsdale / NJ, 229–294

Simon, O., Mangin, J.-F., Cohen, L., LeBihan, D., Dehaene, S. (2002): Topographical layout of hand, eye, calculation and language-related areas in the human parietal lobe. Neuron 33, 475–487

Simon, T. J., Hespos, S. J., Rochart, P. (1995): Do infants understand simple arithmetic? A replication of Wynn (1992). Cognitive Development 10, 253–269

Singer, H. D., Low, A. A. (1933): Acalculia: a clinical study. Archives of Neurology and Psychiatry 29, 467–498

Sittig, O. (1917): Über Störungen des Ziffernschreibens bei Aphasischen. Zeitschrift für Pathopsychologie 2, 298–306

Sokol, S. M., McCloskey, M., Cohen, N. J., Aliminosa, D. (1991): Cognitive representations and processes in arithmetic: Inferences from the performances of brain-damaged patients. Journal of Experimental Psychology: Learning, Memory and Cognition 17, 355–376

Spelke, E. S. (2005): Sex differences in intrinsic aptitude for mathematics and science? A critical review. American Psychologist 60, 950–958

Spelke, E. S., Kinzler, K. D. (2007): Core knowledge. Developmental Science 10, 89–96

Starkey, P. (1992): The early development of numerical reasoning. Cognition 43, 93–126

Starkey, P., Cooper, R. G. (1980): Perception of numbers by human infants. Science 210, 1033–1035

Starkey, P., Spelke, E. S., Gelman, R. (1983): Detection of intermodal numerical correspondences by human infants. Science 222, 179–181

Stern, E. (1998): Die Entwicklung des mathematischen Verständnisses im Kindesalter. Papst Publisher, Lengerich

Stern, E. (2005): Kognitive Entwicklungspsychologie des mathematischen Denkens. In: von Aster / Lorenz (2005), 137–149

Stevenson. H. W., Lee, S., Chen, C., Lummis, M., Stigler, J., Fan, L. et al. (1990): Mathematics achievement of children in China and the United States. Child Development, 61, 1053–1066

Stoet, G., Geary, D. C. (2013): Sex differences in mathematics and reading achievement are inversely related: Within- and across-nation assessment of 10 years of PISA data. PLoS ONE 8: e57988.

Strauss, M. S., Curtis, L. E. (1981): Infant perception of numerosity. Child Development 52, 1146–1152

Sulkowski, G. M., Hauser, M. D. (2000): Can rhesus monkeys spontaneously substract? Cognition 79, 239–262

Suresh, P. A., Sebastian, S. (2000): Developmental Gerstmann's syndrome: a distinct clinical entity of learning disabilities. Pediatric Neurology 22, 267–278

Swanson, H. L., Hoskyn, M. (1998): Experimental intervention research on students with learning disabilities: a meta-analysis of treatment outcomes. Review of Educational Research 68, 277–321

Szucs, D., Devine, A., Soltesz, F., Nobes, A., Gabriel, F. (2013): Developmental dyscalculia is related to visuo-spatial memory and inhibition impairment. Cortex 49, 2674–2688

Temple, C. M. (1991): Procedural dyscalculia and number fact dyscalculia: Double dissociation in developmental dyscalculia. Cognitive Neuropsychology 8, 155–176

Temple, C. M. (1992): Developmental dyscalculia. In: Segalowitz, S. J., Rapin, I. (Eds.): Handbook of neuropsychology. Vol. 7. Child Neuropsychology. Elsevier, New York, 211–222

Temple, C. M. (1994): The cognitive neuropsychology of developmental dyscalculia. European Bulletin of Cognitive Psychology 13, 351–370

Temple, C. M. (1997): Developmental Cognitive Neuropsychology. Psychology Press, Hove

Temple, C. M., Sherwood, S. (2002): Representation and retrieval of arithmetical facts: Developmental difficulties. Quarterly Journal of Experimental Psychology 55A, 733–752

Temple, E., Posner, M. (1998): Brain mechanisms of quantity are similar in 5-year-olds and adults. Proceedings of the National Academy of Sciences USA 95, 7836–7841

Thibodeau, M.H., LeFevre, J., Bisanz, J. (1996): The extension of the interference effect to multiplication. Canadian Journal of Experimental Psychology 50, 393–396

Tomonaga, M., Matsuzawa, T. (1993): Teaching ordinals to a cardinal trained chimpanzee (in Japanese with English summary). Primate Research 9, 67–77

Trick, L., Pylyshyn, Z.W. (1994): Why are small and large numbers enumerated differently? A limited capacity preattentive stage in vision. Psychological Review 101, 80–102

Tronsky, L.N. (2005): Strategy use, the development of automaticity, and working memory involvement in complex multiplication. Memory and Cognition 33, 927–940

Turconi, E., Campbell, J.I. D., Seron, X. (2006): Numerical order and quantity processing in number comparison. Cognition 98, 273–285

Van de Rijt, B.A. M., van Luit, J.E. H. (1998): Effectiveness of the additional early mathematics program for teaching children early mathematics. Instructional Science 26, 337–358

Van der Sluis, S., de Jong, P.F., van der Leij, A. (2004): Inhibition and shifting in children with learning deficits in arithmetic and reading. Journal of Experimental Child Psychology 87, 239–266

Van Harskamp, N.J., Cipolotti, L. (2001): Selective impairments for addition, subtraction, and multiplication. Implications for the organisation of arithmetical facts. Cortex 37, 363–388

Van Lehn, K. (1990): Mind bugs. The origin of arithmetical misconceptions. MIT Press, Cambridge / MA

Van Loosbroek, E., Smitsman, A.W. (1990): Visual perception of numerosity in infancy. Developmental Psychology 26, 911–922

Van Luit, J.E. H., Naglieri, J.A. (1999): Effectiveness of the MASTER program for teaching special children multiplication and division. Journal of Learning Disabilities 32, 98–107

Van Luit, J.E. H., Schopman, E.A. M. (2000): Improving early numeracy of young children with special educational needs. Remedial and Special Education 21, 27–40

Van Luit, J.E. H., Van de Rijt, B.A. M., Hasemann, K. (2001): Osnabrücker Test zur Zahlbegriffsentwicklung. Hogrefe, Göttingen

Van Luit, J.E. H., Van de Rijt, B.A. M., Pennings, A.H. (1994): Utrechtse Getalbegrip Toets. Graviant, Doetinchem

Van Nieuwenhoven, C., Grégoire, J., Noël, M.P. (2001): TEDI-MATH. Test Diagnostique des Compétences de Base en Mathématiques. ECPA, Paris

Vellutino, F.R., Fletcher, J.M., Snowling, M.J., Scanlon, D.M. (2004): Specific reading disability (dyslexia): what have we learned in the past four decades? Journal of Child Psychology and Psychiatry 45, 2–40

Vernon, D., Frick, A., Gruzelier, J. (2004): Neurofeedback as a treatment for ADHD: A methodological review with implications for future research. Journal of Neurotherapy 8, 53–82

Vogel, S.E., Goffin, C., Ansari, D. (2015): Developmental specialization of the left parietal cortex for the semantic representation of Arabic numerals: An fMRI-Adaptation study. Developmental Cognitive Neuroscience 12, 61–73

Vogel, S.E., Ansari, D. (2012): Neurocognitive foundations of typical and atypical number processing. Lernen und Lernstörungen 1, 135–149

Vogel, S.E., Haigh, T., Sommerauer, G., Spindler, M., Brunner. C., Lyons, I.M., Grabner, R.H. (2017): Numerical and non-numerical ordinality processing and their relationship with arithmetic fluency. Journal of Numerical Cognition, xx

Vogel, S.E., Matejko, A.A., Ansari, D. (2016): Imaging the developing human brain using functional and structural Magnetic Resonance Imaging: Methodological and practical guidelines. In: Prior, J., Van Herwegen, J. (Eds.): Practical Research with Children. Routledge, London, 46–69

Vogel, S.E., Remark, A., Ansari, D. (2015): Differential processing of symbolic numerical magnitude and order in first-grade children. Journal of Experimental Child Psychology 129, 26–39

Von Aster, M. (2000): Developmental cognitive neuropsychology of number processing and calculation: varieties of developmental dyscalculia. European Child and Adolescent Psychiatry 9, 41–57

Von Aster, M., Deloche, G., Dellatolas, G., Meier, M. (1997): Number processing and calculation in 2nd and 3rd grade school children: a comparative study of french-speaking and german-speaking children. Zeitschrift für Entwicklungspsychologie und Pädagogische Psychologie 24, 151–166

Von Aster, M., Kucian, K., Martin, E. (2006a): Gehirnentwicklung und Dyskalkulie. Sprache, Stimme, Gehör 30, 154–159

Von Aster, M., Kucian, K., Schweiter, M., Martin, E. (2005): Rechenstörungen im Kindesalter. Monatsschrift Kinderheilkunde 153, 614–622

Von Aster, M., Lorenz, J.H. (Hrsg.) (2005): Rechenstörungen bei Kindern. Neurowissenschaften, Psychologie, Pädagogik. Vandenhoeck und Ruprecht, Göttingen

Von Aster, M., Schweiter, M., Weinhold Zulauf, M. (2007): Rechenstörungen bei Kindern: Vorläufer, Prävalenz und psychische Symptome. Zeitschrift für Entwicklungspsychologie und Pädagogische Psychologie 39, 85–96

Von Aster, M., Weinhold Zulauf, M. (2009): Neuropsychologische Testbatterie für Zahlenverarbeitung und Rechnen bei Kindern – Kindergartenversion. Harcourt, Berlin

Von Aster, M., Weinhold Zulauf, M., Horn R. (2006b): Neuropsychologische Testbatterie für Zahlenverarbeitung und Rechnen bei Kindern (ZAREKI-R). Harcourt, Berlin

Wakely, A., Rivera, S., Langer, J. (2000): Can young infants add and subtract? Cognition and Language 71, 1525–1534

Walsh, V. (2003): A theory of magnitude: common cortical metrics of time, space and quantity. Trends in Cognitive Sciences 7, 483–488

Wang, Z., Lukowski, S.L., Hart, S.A., Lyons, I.M., Thompson, L.A., Kovas, Y. et al (2015): Is math anxiety always bad for math learning? The role of math motivation. Psychological Science, 26, 1863–1876

Warrington, E.K. (1982): The fractionation of arithmetical skills: a single study. Quarterly Journal of Experimental Psychology 34, 31–51

Washburn, D., Rumbaugh, D.M. (1991): Ordinal judgements of numerical symbols by macaques (Macaca mulatta). Psychological Science 2, 190–193

Weber, E.H. (1834): De Pulsu, Resporptione, Auditu et Tactu: Annotationes Anatomicae et Physiologicae. Koehler, Leipzig

Weber, J.-M., Marx, P., Schneider, W. (2002): Profitieren Legastheniker und allgemein lese-rechtschreibschwache Kinder in unterschiedlichem Ausmaß von einem Rechtschreibtraining? Psychologie in Erziehung und Unterricht 49, 56–70

Weinert, F.E., Helmke, A. (Hrsg.) (1997): Entwicklung im Grundschulalter. Beltz, Weinheim

Weißhaupt, S., Peucker, S., Wirtz, M. (2006): Diagnose mathematischen Vorwissens im Vorschulalter und Vorhersage von Rechenleistungen und Rechenschwierigkeiten. Psychologie in Erziehung und Unterricht 53, 236–245

Whalen, J., Gallistel, C.R., Gelman, R. (1999): Nonverbal counting in humans: The psychophysics of number representation. Psychological Science 10, 130–137

Willburger, E., Fussenegger, B., Moll, K., Wood, G., Landerl, K. (2008): Naming speed in dyslexia and dyscalculia. Learning and Individual Differences 18, 224–236

Wilson, A.J., Dehaene, S. (2007): Number sense and developmental dyscalculia. In: Coch, D., Dawson, G., Fischer, K. (Eds.): Human behavior, learning, and the developing brain: Atypical Development. Guilford Press, New York, 212–238

Wilson, A.J., Dehaene, S., Pinel, P., Revkin, S.K., Cohen, L., Cohen, D. (2006a): Principles underlying the design of „The Number Race“, an adaptive computer game for remediation of dyscalculia. Behavioral and Brain Functions 2, 19

Wilson, A.J., Revkin, S.K., Cohen, D., Cohen, L., Dehaene, S. (2006b): An open trial assessment of „The Number Race“, an adaptive computer game for remediation of dyscalculia. Behavioral and Brain Functions 2, 20

Wood, G., Willmes, K., Nuerk, H.C., Fischer, M. (2008): On the cognitive link between space and number: A meta-analysis of the SNARC effect. Psychology Science 50, 489–529

World Health Organization (2017): International Classification of Diseases, 11th edition: ICD-11 Beta version. Download von http://apps.who.int/classifications/icd11/browse/f/en (Stand 31.1.2017)

Wright, R.J., Martland, J., Stafford, A.K. (2000): early numeracy. Assessment for teaching and intervention. Paul Chapman Publishing Ltd, London

Wright, R.J., Martland, J., Stafford, A.K., Stanger, G. (2002): Teaching number. Advancing children's skills and strategies. Paul Chapman Publishing Ltd, London

Wygotski, L. S. (1978): Mind in society: The development of higher mental processes. Harvard University Press, Cambridge / MA

Wynn, K. (1992): Addition and subtraction by human infants. Nature 358, 749–750

Wynn, K. (1996): Infants' individuation and enumeration of actions. Psychological Science 7, 164–169

Xu, F. (2003): Numerosity discrimination in infants: evidence for two systems of representations. Cognition 89, B15–B25

Xu, F., Spelke, E. S. (2000): Large number discrimination in 6-month-old infants. Cognition 74, B1-B11

Xu, F., Spelke, E. S., Goddard, S. (2005): Number sense in human infants. Developmental Science 8, 88–101

Zamarian, L., Stadelmann, E., Nuerk, H. C., Gamboz, N., Marksteiner, J., Delazer, M. (2007): Effects of age and mild cognitive impairment on direct and indirect knowledge of arithmetic knowledge. Neuropsychologia 45, 1511–1521

Zbrodoff, N. J., Logan, G. D. (2005): What everyone finds: The problem size effect. In: Campbell (2005), 331–346

Zorzi, M., Priftis, K., Umilta, C. (2002): Neglect disrupts the mental number line. Nature 417, 138–139

Sachregister